U0139114

21世紀
歐洲聯盟高等教育整合
與世界高等教育大趨勢
——兼論台灣高等教育問題及因應之道——

Higher Education Integration in the European Union and
major Trends of World Higher Education

EU

鄒忠科 Chong-Ko Peter TZOU 著

序言

　　興邦富國以人才爲本，而人才之培育則須依靠教育。當今全球化之巨浪襲捲全球，國際情勢劇變，世界高等教育也產生重大變化，例如歐、美、日等先進國家早已紛紛提出新的高等教育變革以及因應之道，殊值我國重視與參考。

　　撰寫本書係自2004年本人從英國牛津、劍橋客座研究返台後，即接受教育部委託研究「九十三年歐盟學制研究」開始，之後又接受「淡江大學重點研究計畫」贊助研究「歐洲聯盟高等教育整合：機會與前瞻」、「歐盟高等教育整合與知識經濟」。接續之前研究擴大研究「歐盟高等教育整合與世界高等教育大趨勢」，前後經歷9年才完成拙作。研究期間亦曾三次前往「歐洲聯盟」（European Union-EU，以下簡稱歐盟），研搜相關歐盟會員國資料以及實地訪談有關專家、學者等，獲益良多，併此感謝。亦於2010年前往義大利訪問世界與歐洲最古老的著名大學：University of Bolona（1088年建立）與University of Padova（1222年建立）。歐盟高等教育整合之重要宣言文獻-Bolona Joint Declaration，由30個歐洲國家簽署於University of Bolona，深具歷史意義。本書以宏觀的國際觀、現代化的理念來撰寫。

　　歐洲聯盟（European Union-EU）爲一個超國家組織，目前有28個會員國，超過400萬平方公里的土地面積，擁有5億3千萬的人口僅次於中國與印度，歐盟的進出口貿易總值與美國不相上下，又爲西方文化的發源地，已逐漸扮演全球性的角色，頗受國際矚目。歐盟的高等教育在世界上亦扮演著主導性的角色，其成效斐然，傲視全球，殊值世人參考仿效。

　　全球化的今天，國際情勢劇變，台灣正面臨諸多嚴峻之挑戰，例如：國防弱化與國家安全問題、國庫空虛與天文數字之鉅

額國債問題、國家財政瀕臨破產問題、外交路線問題、面對中國所謂的和平併吞問題、如何重振台灣經濟問題以及嚴重的教育問題，將危及國家生存以及將使國家喪失競爭力。

而這嚴重的教育問題如前國安會副秘書長張榮豐先生所言：1.十二年國教與廢除大學指考，將造成升學更不公不義，寒門子弟恐難登優秀學校。2.技職體系毀壞，台灣勞動技工素質勢必每況愈下，影響工業發展與競爭力。3.研發創新消極，理論與實務未結合，喪失國際競爭力。4.過去政府高等教育政策錯誤，廣設大學，忽視技職教育，使目前勞動供給呈倒三角形狀態，白領階級過剩失業，底層藍領階級欠缺，以致每年輸入50萬左右外勞。而今面臨少子化，造成大學比學生多，在兩、三年內（2015年）開始必有很多私立大學將大量陸續倒閉，勢必造成嚴重的社會問題。上述問題將傷害國家的競爭力，他山之石可以攻錯，而拙作或許可供參考。

世界高等教育大趨勢列舉美、英、德、芬蘭、澳洲、日本、印度以及南韓等具特色與意義之高等教育作介紹。

以美國為例，美國為了維持世界一流強權的競爭力，聯邦政府將提供必要的財政支助；同時為因應歐盟高等教育區的整合影響，美國的高等教育也產生幾個未來重要的發展趨勢：1.通識教育重要性提升。2.外籍生將大幅增加與營利性大學興起，且學費高昂。3.研究經費越趨增加，並大量投入研發與創新。

因此美國制定高等教育的重要政策如下：1.增加獎學金。2.提高學習品質與資格認證。3.大量投入研究與創新。4.獎勵各大學院校，利用資訊科技發展合作工具增加總體能量，利用開放資源及開放學習，建立新的合作典範，為下一世代建立符合知識經濟的學習環境，為確保美國全球市場的競爭力，美國聯邦政府將在重點領域增加投資經費，以確保美國在關鍵領域，例如科學、工

程、醫學以及其他知識密集工業之領先地位。

英國人口約有6,200萬人，180所大學和約249萬名高等教育學生，總共約有30萬6千名外籍留學生，其中有9萬2千人來自歐盟國家。英國高等教育吸引留學生對英國經濟貢獻達50億英鎊的總產值。英國是高等教育發展歷史最悠久的國家之一，也是全球高等教育與文化產業的重鎮。根據2010年OECD的統計，英國出版的學術論文占全世界的7.2%，在全球最頂尖前1%的學術論文裡有13.8%引用英國的學術成果，表現僅次於美國的高等教育。從世界大學排名來看，英國有32所大學排進世界前200名，牛津大學、劍橋大學、倫敦帝國學院更是擠進前十大排名的知名學府，以人口比例而言，英國無疑是世界最頂尖的高等教育學區。

歐、美先進國家約每100萬人才設一所大學。人口約800萬人的以色列也不過才設立8所大學，2013年元月筆者有幸參加本校與該國BESA-Center of Bar-Ilan University（位於以國首都特拉維夫）合辦之國際學術會議，另外也參觀了另一所大學，對該國辦學之成效（軟、硬體設備齊全堅實），印象非常深刻，亦殊值效法。相較之下，台灣有2300餘萬人就有163所大學，造成大學過剩，此乃未審國際高等教育之大趨勢以及事先未嚴謹慎重評估所致，因之浪費國家很多寶貴資源又引發嚴重社會問題。因此歐、美、日等先進國家之高等教育政策以及經驗作為，可資借鑑與參考。

歐洲大學的性質主要是國立的或地方的，就組織、管理與運作條件包括法規、就業條件及教職員的聘用等方面來看，歐洲大學呈現高度的異質性（heterogeneity）。因為文化與法規的不同，不僅各國大學呈現異質性，即便在一國之內，並非所有大學都奉行著相同使命；也因此每一所大學面臨改變的衝擊時所採取的反應與步調不盡相同。波隆那歷程提出大學結構的改革，即是期望前述的多樣性能在一個更一致與相容的歐洲架構下整合，才能提

高歐洲大學在歐洲及全世界的競爭力。

今日歐洲高等教育所面臨的新挑戰:1.對高等教育的要求俱增。2.教育與研究的國際化。3.大學與產業的密切合作亟需建立。4.知識重組:知識的多樣性與專業化日增,研究與教學日趨專業化;另一方面,今日社會主要問題如永續發展、醫療難題及危機管理等,亟需學術界適應跨領域學門的訓練。5.新期待的出現:大學除肩負傳統使命外,尚須符應知識經濟社會的要求,包括增加科學與科技教育、技能培養、及終身學習的機會等。此外,知識經濟與社會的成長使大學與社區生活更趨緊密。最後,由於公私部門的補助,大學才得以運作,也因此須對其贊助者與大眾負責管理與經營績效。

歐盟境內約有3,300所高等教育機構,全歐洲大約4,000所。在過去數年,歐盟各會員國中,大學的組織制度於國內與國際上所面臨的挑戰之分歧成長快速,問題的徵結點可綜合如下:

　　—歐洲勞力市場的出現促使歐洲人自由流動。

　　—歐盟透過伊拉斯摩斯行動促進人才流動並鼓勵學歷認可制。

　　—全球化趨勢造成頂尖學生與研究人員流失。

　　—基於歐洲大學的異質性,上述這些問題將隨著歐盟擴大更趨嚴重。

上述這些挑戰的性質與範圍與歐洲大學的未來密切相關,意謂必須由歐盟層級來解決這些議題。大學的行動方案在研究領域,大學獲得架構計畫三分之一的補助從事科技研究與發展,特別是支持研究訓練與交流的行動方案。補助創設訓練與交流方案、提出訓練卓越種子的計畫、卓越學術網絡或聯合計畫的基礎研究。歐盟並透過蘇格拉底計畫、伊拉斯莫斯計畫,強化歐洲各大學的交流,同時鼓勵歐洲大學吸引全世界優秀學生赴歐留學。

歐盟同時支持波隆尼亞歷程、補助學分轉換制度；執行達文西計畫補助大學與企業界的交流計畫。

　　本書分成三篇，第一篇為歐洲聯盟高等教育整合，第二篇為歐洲聯盟會員國高等教育學制分析，第三篇為世界高等教育大趨勢。歐洲聯盟會員國高等教育學制分析為93年度歐盟學制研究報告（教育部，民國94年，鄒忠科為計畫主持人）感謝教育部之贊助該研究，也感謝參與研究人員（當時是本校歐洲研究所博士生）：倪周華先生、吳又茗小姐、許琇媛小姐以及吳幼婷小姐（當時歐洲研究所碩士生）以及鄭欽模老師。

　　本書之完成出版也要感謝淡江大學之「97學年度重點研究計畫贊助（21世紀歐洲聯盟高等教育整合：機會與前瞻，研究助理：歐洲研究所博士生黃筠凱先生）」、「100學年度重點研究計劃（歐洲聯盟高等教育整合與區域經濟，研究助理：黃筠凱先生）」外，更要特別感謝我的研究助理黃筠凱先生之參加本研究與鼎力幫助以及林姿均小姐之最後協助全面重整本書之格式、校稿。也非常感謝五南圖書出版股份有限公司董事長楊榮川先生與劉靜芬副總編輯之幫助出版。也很感恩我在台北的家兄以及妹妹們皆克盡孝道，代替我奉侍觀照家母，使我能專心致志教學與研究。

　　本書包含三個主題「歐盟高等教育整合」、「世界高等教育大趨勢」以及「台灣高等教育問題及其因應之道」，皆為當今重大議題，範圍廣泛、龐繁，筆者才疏學淺，僅以初生之犢不畏虎與關懷台灣恨鐵不成鋼之心情，拋磚引玉，略盡棉薄。疏漏錯誤之處在所難免，極盼專業前輩以及各界先進不吝指教。

鄒忠科 謹誌

2013.12.30.於台北淡水

目錄
CONTENTS

第二篇 歐洲聯盟會員國高等教育學制分析

第三篇　世界高等教育大趨勢

第 1 章 緒論

　　從第一次世界大戰到第二次世界大戰，戰爭對歐洲所帶來沉重的傷害與代價，所以歐洲有志之士承襲先人思潮，開始思考歐洲和平與繁榮之道。這些先人所遺留的豐富文明，主要是歐洲在羅馬帝國融合包含日耳曼、匈牙利與斯拉夫的文化，讓歐洲文明呈現出多元化態勢，使歐洲能夠在近代世界舞台上處於領導地位。之後，隨著基督教發展、歐洲開始出現語言統一的趨勢、教育迅速發展，而羅馬法更成為統治者的法典。

　　文藝復興時期產生的世界政府論與歐洲聯邦論明確流露出歐洲統合的思想，許多哲學家，包含但丁（Dante Alighieri）、伊拉斯摩斯（Desiderius Erasmus）和杜波依斯（Pierre Dubois）等人相繼提出歐洲統合之倡議。到了啟蒙時代，聖皮耶（De Saint-Pierre）、盧梭（Jean-Jacques Rouseau）與康德（Immanuel Kant）之著作直接毫無掩飾地揭露歐洲統合的渴望。而十八世紀法國大革命以降，拿破崙（Napoleon Bonaparte）以民族國家為號召實現其歐洲統合之野心，然而歐洲人卻也驚覺到，沒有任何制度的歐洲統合代價是如此高昂。因此，歐洲國家隨後在維也納會議中提出歐洲協調概念，提倡歐洲國家定期召開會議之制度，共同商討歐洲相關事務，並成為往後歐洲國家間協商運作的常態。

　　雖然歐洲國家間固定舉行會議以維持和平，然而十九世紀工業革命帶來的工業技術與經濟成長直接挑戰了國家間的關係。國家因經濟發展而壯大了帝國主義思想，為了殖民地與資源的爭奪使國際體系變得不安定，歐洲國家間大小衝突頻頻上演，最後導致第一次世界大戰。該次大戰改寫了戰爭型態，人員傷亡與財產損失達到空前記錄。對此，許多有志之士包含愛諾迪（Luigi Einaudi）、卡勒基（Conte Richard de Coudenhov-Kalergi）、布理安（Aristide Briand）等人提倡建立聯邦制度進行歐洲統合。然而希特勒（Adolf Hitler）藉由1930年代，經濟恐慌、保護主義、民族主義與德國戰債等問題，使用武力進行歐洲重新統一的狂妄戰爭，進而爆發第二次世界大戰。之後，聯邦主義再度出現於歐洲人的腦海中，洛西安（Lord Lothian）、克爾（Philip Henry Kerr）、史畢尼里（Altiero Spinelli）與羅西（Ernest Rossi）等人認為聯邦制度是解決歐洲問題的重要方式之一。

　　第二次世界大戰結束後，舒曼（Robert Schuman）、莫內（Jean Monnet）、艾德諾（Konrad Adenauer）、加斯培里（Alcide Gasperi）與史巴克（Paul-Henri Spaak）等歐洲政治家，展現政治勇氣與智慧，在戰爭物資煤鐵工業領域上展開歐洲統合運動。雖然緊

接的歐洲防衛共同體與歐洲政治共同體雙雙宣告失敗，但是歐洲國家卻在經濟整合上找到合作的出口，為歐洲統合展開劃世紀的開端。第二次世界大戰的創痛深深烙印在世人心中，歐洲人除了藉由美國的協助重建自己家園外，許多有志之士也開始尋求歐洲統一與和平的美夢，希望歐洲能永久免於戰爭的恐懼。在許多和平提案中，法國外交部長舒曼以莫內計畫為基礎，提出舒曼宣言（Schuman Declaration）闡述經由煤鋼共同管理，進而預防戰爭、使戰爭永不再發生的主張，獲得許多歐洲國家的認同，並成為歐洲統合的基礎。法國、德國、義大利、荷蘭、比利時與盧森堡等六國在政府間會議協商後，於1951年4月18日在巴黎簽署條約成立歐洲煤鋼共同體（European Coal and Steel Commu-nity, ECSC）。在巴黎條約的規範下，歐洲煤鋼共同體創立高級公署（High Authority；即為歐洲執委會：European Commission；以下簡稱執委會）、部長理事會（Council of Minister）、共同大會（Common Assembly；即為歐洲議會：European Parliament）與歐洲法院（Court of Justice）等重要機構。在這些機構創設原始構想中，高級公署主要負責共同體的行政與立法相關事務，然而經過協商後，高級官署雖號稱具有獨特的超國家特性，但事實上在未諮詢會員國政府意見之前，高級官署是無法做出任何重大的決策，使之成為類似一個執行單位而已。

　　雖然歐洲煤鋼共同體為現代歐洲統合跨出第一大步，並擁有超國家特性，可謂前所未有之創舉，但這個史無前例的組織卻沒有受到各國太多的關注。儘管如此，它成功地解決法國與德國兩國長久以來的爭議，為歐洲重建與未來找到出路卻也是不爭的事實。此外，它也為國際爭端找到另一種解決的方式，即建立一個獨立於國家之外的機構，將國際規範法制化，使政策衝突得以找到新的外交解決途徑。就在歐洲煤鋼共同體協商之際，韓戰於1950年6月爆發，引發西歐國家對東德入侵西德的擔憂。在法國總理普烈文（Rene Pleven）倡議下，提出建立一個歐洲政治共同體（European Political Community, EPC），並以此成為共同成立歐洲防衛共同體（European Defence Community, EDC）之管理控制機構。然而在會員國批准歐洲防衛共同體條約過程中，提案國法國國會卻未完成條約批准，使計畫胎死腹中，如此一來，歐洲政治共同體條約的批准程序也不須進行。雖然被視為高階政治的歐洲防衛共同體與歐洲政治共同體雙雙宣告失敗，但卻將統合的路徑轉向較不具爭議的統合上。

　　1954年莫內與史巴克進行會談，提出經濟整合與運輸和能源共同規劃的新計畫。歐洲煤鋼共同體六個創始會員國於1955年6月1日在義大利美西那（Messina）的西西里恩城（Sicilian）召開外交部長會議，決議由史巴克主持一個專家與會員國代表組成的委員會商討創設新共同體相關事宜。在史巴克報告的基礎與法國對原子能共同體的堅持下，六國首長與外交部長於1957年3月25日在羅馬舉行歐洲經濟共同體（Euroepan Economic Community, EEC）與歐洲原子能共同體（European Atomic Energy Community, Euratom）條約簽署儀式，並將兩個共同體條約合稱為羅馬條約（Treaty of Rome）。歐洲經濟共同體的主要機構和功能與歐洲煤鋼共同體相似，分別有部長理事會、執委會、議會與法

院（議會與法院則是三個共同體的共享機構）。在交付各國批准後，羅馬條約於1958年1月1日生效，展開歐洲統合的新頁。在往後眾人所熟悉的歐洲統合中，其運作主要是以歐洲經濟共同體為中心（歐洲煤鋼共同體條約效期為50年），其創設目標在於建立一個採行共同關稅的共同市場。當時若干自由主義的經濟學者或專家認為：內部無障礙市場是一件好事，然而共同體的成立也可能干預市場的正常運作，成為一個百分百的保護主義組織；而保守主義者則擔心：共同體的運作將大肆干預國家事務，成為各會員國政府無法控制的大怪獸。只是在共同體實際運作步入正軌後，各界也逐漸發現，這些擔憂看來似乎是多餘了。歐洲經濟共同體不像歐洲煤鋼共同體般只把整合項目局限在單一領域內，而是一個更廣泛的統合共同體。因為其條約中明言，只要各會員國一致同意，各國可隨時擴大整合的政策領域。如此看來，歐洲統合的行動是沒有界線的，歐洲經濟共同體可說是為歐洲統合埋下一顆充滿無限可能的種子。

　　1951年歐洲煤鋼組織（ECSC）的建立，在於記取慘痛的歷史經驗、避免歐洲地區再次爆發戰爭，以永久和平作為遠程目標。繼之而起歐洲統合運動，主要著重在經濟層面上，法、德、義、荷、比、盧六個創始會員國讓渡煤礦和鋼鐵的經營權予高級公署（High Authority），並在多方經濟事務上以合作代替競爭，有效復興戰後滿目瘡痍的歐洲經濟，藉由會員國之間的合作，達成和平穩定的長遠目標。隨著會員國的增加，以及歐洲共同體統合的廣化與深化，1993年馬斯垂克條約（Treaty of Maastricht，亦稱歐盟條約，Treaty of European Union, TEU）的簽訂，奠定歐洲聯盟（European Union, EU，以下簡稱歐盟）的基礎，同時也為這個位於歐洲的國際組織開啟整合的新頁。從以往的歐洲共同體到歐洲聯盟，經濟事務一直是該組織合作的重心；而發展經濟最為重要的根基便是精良的人才，但是教育以往為各會員國之內政事務，主權握在會員國手上，使得國家間的教育整合始終沒有突破性的進展。此一情形在1970年代有了改變，此時正逢世界經濟危機與失業率高漲，歐洲開始正視人力資源問題，著手教育的整合與改革。

　　「教育」在歐洲統合上是一項紮根的工作，讓歐洲青年學子聚集，透過交流、溝通，達到相互了解、避免衝突、尊重不同文化的包容胸襟，然而歐洲各國學制分歧，此一情形使得「歐洲教育整合」路程相當艱鉅，但是憑藉著會員國對人力資源的重視、整合的決心，以及1987年歐洲單一法案（European single act）之生效所落實之四大流通等因素，[1]使得歐洲教育整合向前跨出一大步。

　　整合結果所帶來的正面價值，讓歐盟之會員國更有心投入教育事務的整合上，1999年波隆尼亞進程（Bologna Process）帶給歐洲教育整合史上一個突破性的轉折，歐洲學分轉換制度（European Credit Transfer and Accumulation System, ECTS）也為分歧的歐洲學分體制建立一個準則，同時也方便了學生交流學習上，文憑認證的依據。現今的歐

1　四大流通所指的是：貨物的自由流通（Free movement of Goods）、資金的自由流通（Free movement of Capital）、人員的自由流通（free movement of Persons）和服務的自由流通（free movement of Service）。

盟[2]境內，人員自由流動，歐洲人民得以離開母國到任何一個會員國內工作並定居，一位德國的中學老師可以憑藉其在德國所考取之教師執照在西班牙任教，這樣的情形在50年前的歐洲是難以想像的。

　　近年來歐盟為了有效提升其境內青年學子之競爭力，以及落實人員流動的目標，實行了多項高等教育計畫，其中伊拉斯摩斯計畫（European Community Action Scheme for the Mobility of University Students, 簡稱Erasmus）之適用對象更擴及非歐盟會員國的第三國學生，顯示出歐盟為提升其高等教育之競爭力與吸引力之決心，全球化下的世界體系下，世界觀的建立是相當重要的，歐盟透過高等教育政策的整合，以溝通取代刻版印象、以包容取代歧視，在學制的整合、終身學習的落實上皆有相當成果；面對失業率問題則提倡「產學合作」，將理論帶入實務，提升歐洲青年學子之競爭力，同時也豐富歐洲學子之經驗，營造雙贏之局勢。歐盟朝著知識的歐洲邁進的路程上，透過各會員國間的研討、專家學者的集思廣益，終有今日成就，除了歐洲境內高等教育與會員國各國學制的整合外，近年來對第三國（歐盟會員國以外國家）之高等教育的合作上，也有不凡的成果，其整合路上豐富的經驗著實可為我國參考之範本。

表1-1　世界主要國家大學數量與人口數和台灣之現況比較表

	德國	英國	芬蘭	日本	韓國	台灣
大學（所）	106所	180所	20所	783所	158所	163所
人口（萬）	8,100	6,300	520	1億2,700	4,800	2,300
人口／ 1所大學	大學比率 16.2萬人	76.4萬 1所大學	1所大學 30.3萬人	35萬人 1所大學	1所大學 14.1萬人1所大學	26萬人

資料來源：BMBF, Hochschule. Retrieved from http://www.bmbf.de/de/655.php; Statistics-Students and qualifiers at UK HE institutions, Higher Education Statistics Agency (HESA). Retrieved from http://www.hesa.ac.uk/content/view/1897/239/;Ministry of Education and Culture, Universities and University Networks, Finland. Retrieved from http://www.minedu.fi/OPM/Koulutus/yliopistokoulutus/yliopistot/?lang=en;Higher Education, Ministry of Education, Korea. Retrieved from http://english.moe.go.kr/web/1697/site/contents/en/en_0207.jsp；教育部電子報（2013年11月8日）。日本大學過多，需嚴格把關新校之設立。第537期。取自http://epaper.edu.tw/windows.aspx?windows_sn=11364。

2　歐盟28個會員國為：德國、荷蘭、比利時、盧森堡、義大利、法國、丹麥、英國、愛爾蘭、希臘、西班牙、葡萄牙、瑞典、芬蘭、奧地利、賽普勒斯、愛沙尼亞、拉脫維亞、立陶宛、波蘭、捷克、斯洛伐克、匈牙利、馬爾他、斯洛維尼亞、羅馬尼亞、保加利亞、克羅埃西亞（2013年7月1日正式加入歐盟）

　　雖然至今爲止，在歐盟層級尙未發展出統一的學制，但是透過波隆尼亞進程中一連串的計畫推行、政策宣示及補助方案，加上各會員國相對因應之高等教育改革措施，歐盟的高等教育正朝向教育透明化、高品質及學歷相互認可制等理想逐步整合。本書主要目的在研究歐盟高等教育整合的歷史發展、決策運作模式、政策目標，以及相關配合的教育計畫；也根據我過去對教育部所主持的《歐盟學制研究》計畫，作出歐盟會員國高等教育學制分析，以及國際上重要國家的高等教育政策發展與趨勢，以瞭解歐盟如何運用高等教育之整合提升經濟競爭力，創造國際外交的軟實力，和邁向第五類自由的流通，也就是「知識」的自由流通。台灣的高等教育近年來因爲社會急遽的變遷，面臨許多衝擊與挑戰，導致高等教育問題叢生，本書是自1958年歐洲共同體（歐盟前身）創建以來，歐盟高等教育整合較有系統的整理與分析，其中也涵蓋歐盟與亞洲關係，如與日本、韓國和台灣的高等教育交流及獎學金計畫，希望本研究能有助於教育相關部門及學術界參考。

　　歐盟高等教育整合路程歷經多年的磨合期，期間所發展出的相關政策相當多元，有限於政策的廣度並非三言兩語便可道盡，爲此，我特別挑選幾個歐盟高等教育政策作爲本書章節的主要脈絡，本書第一篇將以歐盟高等教育政策與體制分爲六個章節來論述，此六個章節將針對歐盟高等教育整合之歷程、波隆尼亞進程之發展、伊拉斯摩斯計畫之成果，歐盟高等教育之品質保證制度，歐盟高等教育整合與歐洲總體經濟競爭力，以及歐盟高等教育與第三國之對外關係（以台灣、日本，以及南韓爲例）；第二篇則爲歐盟會員國高等教育學制分析，以中西歐、南歐、北歐共14個歐盟會員國的高等教育制度作一介紹，以期提供一個較清楚的輪廓，使國人更易瞭解歐盟主要國家高等教育的學制與架構，並辨認其學位。第三篇則論歐洲地區國家如英國、德國、芬蘭、俄羅斯與世界重要國家如美國、日本、韓國、印度等國之高等教育政策趨勢，並分析當前高等教育的最新高等教育大趨勢，該篇最後以「歐盟高等教育整合對台灣之啟示」作爲結論，包括對台灣高等教育未來規劃的整體建議。台灣近年來大學數量不斷攀升，但高等教育之質量發展卻不均衡，「研究所大學化，大學高中職化」更爲台灣高等教育之寫照。歐盟高等教育整合之經驗，著實可爲我國參考，希望藉此對我國高等教育當前面臨之困局能收「他山之石，可以攻錯」之效。

第一篇
歐洲聯盟高等教育之整合

　　歷經二次大戰嚴峻洗禮的歐洲，正處於萬物凋零、百廢待興的情勢，法國雖爲當時歐洲的強權國家，仍舊無法擺脫經濟上的困頓，此外歐洲各國皆有懼於戰爭強大的破壞力，以及德國再次的強盛，1950年當時法國外交部長舒曼（Robert Schuman）便提議建立歐洲煤鋼共同體（European Coal and Steel Community, 簡稱ECSC），將當時發展工業及軍事武器最重要之原料，煤和鋼交付給超國家組織的高級公署（High Authority）的去管理，期望藉由經濟的合作，達成復甦歐洲經濟以及永久和平的政治目標。

　　歐洲整合的初始時期，法、德、義、荷、比、盧六國，主要的整合重心在經濟暨政治層面，鮮少觸及教育方針，但是70年代因爲世界經濟危機與失業率高漲，教育是發展人力資源的重要方向，因此歐洲各國開始正視人力資源問題。但當時教育攸關國家主權問題，故僅由歐洲理事會（The Council of Europe）開始進行多次歐洲高等教育合作論壇，隨後歐洲共同體在1971年才召開第一次教育部長理事會，商討高等教育合作與整合的計畫，會後要求執委會提出相關報告。

　　進入1990年代，隨著歐洲共同體快速整合，歐盟也進行一連串教育整合的改革進程。1999年歐洲教育部長在義大利發表波隆尼亞聯合宣言（Bologna Declaration），揭示歐洲高等教育區域（European Higher Education Area, EHEA）的建立，接著又進行一連串計畫的實施，使教育整合得以進入「政府間協商」（intergovernmental coordination）的平台。2012年4月26、27日參與歐洲高等教育區域的47個歐洲國家代表於羅馬尼亞布加勒斯特（Bucharest）召開協商波隆尼亞進程未來目標的高教部長級會議，強調下一階段的歐盟高等教育整合必須以提升總體就業能力爲新目標，也將更注重職業技術與資歷認證的接軌。歐盟已爲高等教育整合與改革進行多次會議，除建構知識爲基礎之經濟與社會學習爲目標外，更提出終身學習的創新計畫，使高等教育得以普及到各層級，進而促進就業競爭力與區域總體經濟發展。

　　本篇採用歷史制度主義的觀點來闡釋歐盟高等教育整合的建構、維持、效果與影響。制度研究向來是政治學的核心，遠自柏拉圖（Plato）的《理想國》（Republic）即曾經比較政體類型；亞里斯多德（Aristotle）的《政治學》（Politics）專注政府體制的類型研究，他們相信制度能塑造政治動機與價值規範，對政治行爲與結果產生重大影響。1950年代後，「行爲革命」（Behavioral Revolution）的科學理論當道，強調個體行爲的社會因素，將制度研究排除於學術主流之外。1980年代後新制度主義以一種更寬

廣的學科定義，但並非是內在統一的理論（theory）；分別承襲經濟學、政治學、組織社會學的影響。其對政治制度的研究有不同的假設與研究途徑，形成多樣的學派，常被區分爲「理性選擇制度主義」（rational choice institutionalism）、「歷史制度主義」（historical institutionalism）、與「社會學制度主義」（sociological institutionalism）三個學派。[1]

　　彼得（Peter A. Hall）是哈佛大學歐洲研究中心的高級研究員，亦爲政府研究的教授。他在1986年的著作《治理經濟》（Governing the Economy）被視爲歷史制度主義的立派之作，明確指出制度對於形塑政策的重要性。他將國家當作一套鑲嵌在社會中的制度體系，從國家與社會互動中，主張制度具有兩項重大作用：第一，組織結構影響所有行動者的權力大小；第二，在組織結構中的特定位置制約行動者去界定自我利益，並建構行動者間相互之關係。他在著作中比較1970至1980年代英國與法國的經濟政策中，國家干預程度的差異；指出制度在歷史因素形塑政策的重要性，並強調欲理解英、法經濟政策決定，必須分析兩國的政治與政策發展歷史，任何政策都受早期的政策選擇所影響。[2] 由此導引出制度的持續性，乃因制度發生自我強化（self-reinforcing）的正反饋（positive feedback）現象，而形成歷史發展中「路徑依賴」（path interdependence）的模式。

　　歐盟高等教育統合是一部漫長且還在持續的歷史進程，從1950年代即伴隨著歐洲（歐盟）政治經濟上的統合逐步發展，在歷經70年代歐洲各國大學間缺乏資訊交流和彼此溝通認識，高等教育整合產生信任危機下。而到了1985年直到馬斯垂克條約實行前的1992年爲止，歐盟會員國爲了有效落實教育合作目標，再度實行了多個高等教育合作計畫，會員國爲了有效落實教育合作目標，1998年歐洲教育部長會議從法國、德國、義大利以及英國四國教育部長共同簽署《索邦宣言》，開啓波隆尼亞進程的序幕，到1999年6月19日，29個歐洲國家的教育部長在義大利波隆尼亞（Bologna）召開會議，期望達成高等教育整合，創造一個富有彈性與競爭力的特別歐洲高等教育區域，此一進展也爲未來歐盟高等教育施行方針奠定新的基礎。索邦宣言帶給了歐盟在高等教育整合路上一個高峰期的轉折點，此爲歐盟發展高等教育二十餘年來，第一次在政府間協商中獲得最具體之成果。接著1999年29個歐洲國家提出《波隆尼亞宣言》，開啓現行歐洲高等教育統合「波隆尼亞進程」（Bologna Process）的方針。依照觀歐洲高等教育統合的歷史發展脈絡，吾人可以清楚發現由歐盟高教部長會議訂下發展目標，歐洲執行委員會所設計之高等教育整合制度設計對於歐盟的東擴，領先於一般大眾所認知歐盟政治和法律的統合，中東歐國家被歐盟的制度所吸引而產生了「路徑依賴」的效果。

1　蔡相廷（2010）。〈歷史制度主義的興起與研究取向─政治學研究途徑的探討〉，《臺北市立教育大學學報》，第41卷第2期，頁40。

2　Peter A. Hall (1986), *Governing the economy: The politics of state intervention in Britain and France*, New York: Oxford University Press, p. 19.

　　回顧歐盟高等教育整合進程，如以歷史演進觀之，那麼從二次大戰後萌芽時期到現今已有60餘年的歷史；但如以1974年理事會接受執委會名爲共同體教育（Education in the European Community）的通訊文件（Communication），開始進行共同體國家的教育合作來界定的話，那麼歐盟高等教育整合大約有30餘年。歐盟高等教育整合之初是伴隨（職業）訓練共同發展，雖然1970年代因爲世界經濟危機所引發的一連串問題，使得歐盟開始重視教育議題，但歐盟仍將教育與訓練並列共同發展；在這個基礎下，1980年代開始結合教育與訓練實施多項計畫，爲歐盟高等教育發展奠定基礎；接著在80年代末與90年代初，歐盟正式把教育事務納入條約規範當中，使教育整合開始蓬勃發展；1990年代受經濟全球化的衝擊，歐盟開始思考因應挑戰之道，確定朝向知識爲本的經濟（knowledge-based economy）與社會發展；直到1999年波隆尼亞聯合宣言與2000年里斯本議程（Lisbon Agenda）後，歐盟整併教育與訓練項目下的計畫，強調知識是聯盟更緊密連接公民的工具，高等教育成爲歐洲公民共享的價值，歐盟高等教育整合至此開始邁入新紀元。[3]

　　近來歐洲經濟面臨債務問題，歐盟整體也對此作出政策上之因應，2010年3月3日歐洲執行委員會（European Commission）爲了因應歐洲經濟上的危機發布了《歐洲2020戰略》報告書，針對未來10年到2020年的經濟發展列出具體之目標。歐洲執行委員會在該報告中確認驅動歐洲未來發展的方針，其首要目標包含才智成長（smart growth），也就是建立知識、創新、教育和數位化社會，歐盟國民生產毛額（GDP）的3%必須投入研究和發展（R&D）當中。[4]而高等教育正是發展知識經濟，培育高素質人力與國家競爭力之先決條件，故高等教育整合不只是各歐盟會員國的內政，而是攸關歐盟整體發展與競爭力的重要共同政策。以下，本章節將歐盟高等教育整合進程分爲五個階段，針對各階段之發展重點作一介紹。

第一節　高等教育萌芽期1948-1968年

　　二次大戰結束後，西歐開始進行歐洲整合的大業。當時主要優先目標是經濟的復甦，對於教育上的合作鮮少提及，一則爲「教育」爲各國憲法規範權限之內政事務，亦象徵著國家主權，二則當時的政治家認爲唯有把國家的經濟連結在一起，增加雙方的相互依賴，才能避免戰爭的可能性。1946年9月，英國首相邱吉爾（Winston Churchill）在蘇黎世發表了「歐洲合眾國」（United States of Europe），此一理念正符合當時歐洲政

3　European Commission., *The history of European cooperation in education and training. Europe in the making – an example* , (Luxembourg: Office for Official Publications of the European Communities, 2006), PP. 45-263.
4　Chong-Ko Peter Tzou(鄒忠科), "Europe 2020 Strategy", *Major trends in Contemporary World Affairs* (Taipei: College of International Studies, Tamkang University, 2011), p. 413.

治家的想法，開啓二次大戰後的歐洲一個促成長久和平的契機，並啓動了歐洲整合之路的動能，當時法國的外交部長舒曼便提議倡組歐洲煤鋼共同體（European Coal and Steel Community, ECSC）。[5]

　　1951年六個創始會員國在巴黎簽署歐洲煤鋼共同體條約（Treaty of European Coal and Steel Community, 亦稱「巴黎條約」Treaty of Paris）建立歐洲煤鋼共同體，歐洲整合的時代正式來臨，接著又在1957年簽署歐洲經濟共同體條約（Treaty establishing the European Community）與歐洲原子能共同體條約（Treaty establishing the European Atomic Energy Community），建立歐洲經濟共同體（European Ecinomic Community）及歐洲原子能共同體（European Atomic Energy Community, Euratom），創建一個無關稅障礙壁壘的歐洲，增進會員國間經濟上的合作，並強化技術層面的研究。[6]但是當時經濟復甦發展的設計，主要建立在提升共同市場就業率與自由移動的原則之上。歐洲經濟共同體條約第128條提到共同職業訓練政策，卻沒有關於教育的規範。其實各國政府並不想碰觸這個領域的事務，因爲教育是關於國家主權象徵的問題，無論是法國、義大利，或是任一歐洲國家，其國內學制皆有其特色及不可抹滅之特性，加上歐洲各國深遠的歷史及文化特色，無論是在國民教育亦或高等教育上皆有其長久貫徹之方針，尤其是高等學府，歐洲各國之大學皆有其豐富的辦學經驗及依循方向，各國政府皆制定了一套適合自己國家的良善教育政策，因此，統整歐洲教育的路是既艱辛又漫長。不過，經過多年協商，會員國認爲教育是經濟發展的重要基礎，1972年終於決定在義大利佛羅倫斯（Florence）創造一個以歐洲統一相關事務爲研究主題的歐洲共同體大學（The European University Institute of Florence）。[7]從歐洲大學的成立過程可以發現，教育是一個極爲敏感的領域。因此，歐盟初期教育整合的發展並不順利，所以會員國對教育整合事務都由體制外的歐洲理事會進行處理，由歐洲理事會來舉辦相關研究論壇，進行教育合作事務。

　　儘管歐盟早期教育整合因主權問題而沒有重大突破，但檢視歐洲共同體條約內容，在前言即提到：建立一個更接近歐洲人民的聯盟；第117條：提升工作環境與生活品質；第57條：保證移動自由、非歧視與雙方學位、證件與其它正式證明之承認。1962年在部長理事會完成共同職業政策決議中，終於提及教育整合問題，要求職業訓練與教育事務相互結合。從而正式邁出歐盟高等教育整合的第一步。歐洲共同體的創始人之一莫

5　鄒忠科（2007）。〈21世紀歐洲聯盟高等教育整合與發展：機會與前瞻—以Bologna Process爲例〉，徐慧韻（主編）。《歐洲文化與歐洲接軌文化交流》，高雄：文藻外語學院。

6　雖然當時歐洲合眾國之理念爲英國率先提出，但是英國遲至1973年才加入當時的歐洲共同體（European Community），因爲當時對於釋放國家主權仍感到疑慮，無法全然信任將國家主權交由一個超國家組織去統一管理運用，然而隨著當時的歐體發展越來越好，英國於1961年申請入會卻慘遭法國總統戴高樂之反對，一直遲至1973年才得以加入歐盟。

7　當時歐洲共同體執委會總計花費17年（1955年到1972年）與會員國協商教育整合問題，最後決定在1972年成立歐洲大學。

內（Jean Monnet）曾表示：「假使有機會再創建歐洲共同體，則我將會以教育作為起始點。」[8]換言之，「以人為本」的措施實行與政策制訂，才是促進國家福利發展與繁榮之根本之道。

第二節　基礎建立時期1969-1984年

　　戰後初期，歐洲各國教育整合的困境終於在1960年代末期稍有改變，會員國開始重視高等教育的合作議題，主要是因為歐盟之經貿與農業的整合已無法滿足當前的需求，更深化整合的倡議聲不絕於耳。因此，開始有政治家認為教育發展是追求經濟與社會事務整合之重要條件；歐洲議會（European Parliament）在1969年也提出要求以大學歐洲化來建立一個特殊文化共同體的聲明。[9]同年，海牙高峰會中，當時的法國總統龐畢度（Georges Pompidou）除了提出「完成」、「深化」及「擴大」之綱領外，[10]也對教育整合提出相關指導方針，爾後法國教育部長基查爾（Olivier Guichard）直接指出共同體層級合作的必要性，倡議創立歐洲教育發展中心（The European centre for the development of education）。[11]

　　1972年7月，歐洲執委會請亨利·珍尼教授（Professor Henri Janne）提交歐洲教育政策指導原則報告之前，教育並非是共同體最主要的協商議題，[12]因為1971年歐洲共同體才終於召開第一次教育部長理事會（The meeting of ministers for education），但是，在此之後執委會的動作開始積極，同年便提出教育政策與相關行政管理提案。[13] 1973年歐洲共同體第一次擴大（英國、丹麥與愛爾蘭加入）後，歐體便在執委會下增設總署，第一個正式處理教育事務的總署（Directorate-General for Research, Science and Education）終於誕生。1973年2月珍尼教授與35位教育知名專家諮詢相關意見，向歐洲執委會正式提交教育政策整合規劃報告，也提出幾套外來歐洲教育整合的方案，以及各國教育與訓練制度優點，描繪出共同體教育整合的基本輪廓，當然報告內容也挑戰當時疑歐派的禁忌，畢竟教育政策領域是有民族國家特有文化代表性的，一些會員國代表當時甚

8　原文為"given the opportunity to create the EC again, I would take education as a starting point." 閱Annemarie Sprokkereef (1993). "Developments in European Community education policy", in Juliet Lodge(ed.), *The European Community and the Challenge of the future*, London: Pinter Publishers, p. 340.

9　European Parliament. Final Text, OJ C 139, 28. 10. 1969, P. 14.

10　「完成」指的是完成共同農業政策（Common Agricultural Policy）建立自主財源的目標；「深化」即在經濟暨貨幣聯盟（European Economic and Monetary Union）上加強整合，並確立會員國國家定期會晤之基礎，而「擴大」則為展開對英國、愛爾蘭、挪威以及丹麥的申請入會談判。

11　European Commission (2006). Ibid., p. 23.

12　LYA KREMER, "The committee on youth, culture, education, information and sport of the European parliament", International Review of Education, Volume 27, No. 3 (Sep 1981), p. 338.

13　European Commission. *The Teaching and education*, SEC (72).

爲恐懼歐洲統合政策進展過快，但卻認爲教育整合政策是不可或缺的。[14]

　　根據第一份針對歐洲教育整合規劃的「珍尼報告」（Janne Report），部長理事會（the Council of the European Communities）分別在1974年和1976年召開各國教育部長會議，擬定兩份「歐洲部長理事會決議」，並做出一些重要性的指導原則，[15] 初步規劃歐洲共同體教育政策，正式確立哪些領域的教育政策是可以被整合的。[16] 1974年部長理事會接受執委會名爲共同體教育（Education in the European Community）之通訊文件（Communication），開始進行共同體教育合作，同時理事會也做出第一個關於教育合作的決議，正式創立教育委員會（Education Committee），並要求教育委員會進行教育整合工作之重要計畫。展現會員國正式在教育事務合作的政治意願。

　　依據1974年執委會的通訊文件，部長理事會在1976年通過一項決議，雖然此決議內容認定其文件是無法律效果，卻爲教育合作確立幾項合作的重點項目：[17] 1. 外籍勞工子女教育；2. 更緊密教育體系的關係；3. 增進教育學術及統計資料之合作；4. 高等教育；5. 外語學習；6. 教育機會公平性（equal opportunities）。另外，1974年部長理事會的決議同時也確立了日後歐盟高等教育整合的指導四大方針：[18]

　　1. 共同體教育領域的合作必須協調該領域之具體目標和需求；
　　2. 教育必須被考慮爲組成經濟生活的構成要素（component of economic life）；
　　3. 合作上應考量每個國家各自的傳統和教育政策的多樣性（diversity）；
　　4. 政策和制度的協調不能被視爲教育整合本身的目的。

　　不過當時的合作情況並不理想，主要因爲這些計畫與行動並沒有法源基礎，所以個別國家的態度不一，再者，各國大學間缺乏資訊交流和彼此溝通認識的基礎和機會、明確的指導方針和引導，因此歐洲教育合作上的步伐在1980年代初期開始慢下來，產生所謂教育整合危機問題。經過多方協調後，歐洲執委會把總署名稱改爲就業、社會事務與教育總署（Directorate-General for Employment, Social Affairs and Education），改變之前教育與訓練分別獨立運作的情況，使這兩個事務整併合而爲一，讓未來教育合作再露曙光。

　　1976年理事會決議後，是共同體教育整合的重要階段，也確立歐洲共同體教育政策整合將以高等教育或稱第三級教育（Tertiary Education）爲方向，排除會員國權限的初、中等教育事務範疇。然而，此一決議並未順利的被執行，因後續並未有一明確之施行決策。因此1982年時，歐洲議會通過決議表明對理事會在高等教育方面缺乏行動的不滿，並要求執委會及理事會加強促進歐體在高等教育政策的合作行動。隔年歐洲議會亦

---

[14] *The history of European cooperation in education and training*, Belgium: European Commission (2006), p. 65.
[15] 此時期歐洲各國教育部長便開始定期聚會，商討方針及做出意見交流。
[16] *The history of European cooperation in education and training*, op. cit., p. 66.
[17] The Council. OJ C 38, 19. 2. 1976.
[18] *The history of European cooperation in education and training*, op. cit., p. 67.

決議促進歐盟境內的語言教學，及實施境內高等教育機構間對同等學歷文憑的相互承認。此後共同體開始提出許多教育合作計畫，而共同體的主要合作架構也在危機後被確立，爲往後更深化的教育合作提供一條完整道路，1980年代中期後的歐體高等教育整合，有了更進一步的發展，同時也爲歐洲高等教育合作寫下歷史的新頁。

第三節　正式發展與條約化1985-1992年

基於1970年代末期，歐體會員國元首及部長體認到教育的整合是共同體邁向深化的一項要務，再者，爲了有效提升共同體國民對歐體的認同感，以及促進會員國間的交流與認識，消除歧見，爲歐洲永久和平奠下穩固的根基，1980年代初期，會員國便對教育合作事物有了更深一層的商討與協商，雖然一開始的決議並未順利的在各會員國內全面落實，不過在經過多次的會議協商，終究突破困境。對現在的歐盟而言，[19] 80年代中期以後是高等教育整合一個重要里程碑。從1985年一直到馬斯垂克條約實行前的1992年爲止，會員國爲了有效落實教育合作目標，實行了多個高等教育合作計畫，包括了促進會員國青年學子相互交流的伊拉斯摩斯計畫（European Community Action Scheme for the Mobility of University Students, ERASMUS）、縮減會員國語言隔閡的歐語學習計畫（Languages in Europe, Lingua）、與有關國際合作的哥倫布計畫（Project Columbus）等，1980年代中期至1992年期間，共同體所實行之高等教育計畫主要有七大項：[20]（參照表2-1）

1986年起，共同體的高等教育政策開始朝向推動與國際交流的方向前進，將對象從會員國青年學子擴及至非會員國，伊拉斯摩斯計畫（European Community Action Scheme for the Mobility of University Students, ERASMUS）便是其中發展的最成功的政策之一，近年來我國多位青年學子獲得該筆獎學金赴歐修習學位，該計畫之發展雛型便是從1980年代中期所發展起來的。[21]

爲順應1985年通過之單一歐洲法案（Single European Act）之實行，共同體爲了有效落實更深化之共同體，普及歐洲意識，以及全面落實人員流動所需克服之證照的核發標準，以及打破語言隔閡等技術性層面的問題，歐洲共同體發展語言政策於1980年代中期及1990年代初期皆有了許多突破性的進展。

19　1993年馬斯垂克條約（Treaty of Maastricht）正式實行時，歐洲共同體才正式更名爲歐洲聯盟（European Union, EU，簡稱歐盟）。
20　郁忠科（計畫主持人），《93年度歐盟學制研究報告》（台北：教育部，2005年)，頁2-3。
21　請參閱第三章伊拉斯摩斯計畫之建立與成果。

表2-1　1985-1992年歐盟高等教育主要六大計畫

計畫名稱	計畫目標
科技教育暨訓練計畫（Community Programme for Education and Training in Technology, COMETT）	此計畫的目的主要是為了促進大學與工業之間合作，藉此增加大學與工業在科技發展上的合作，並擴大培訓高科技人才的規模。
伊拉斯摩斯計畫（European Community Action Scheme for the Mobility of University Students, ERASMUS）	此計畫的施行主要的目的是資助會員國大專教師與學生在境內不同國家教學和進行修習，藉以提升教職員的學術與教學水準和學生的學習素質，跨國學習上，學分認證便成為一項須克服的關卡，因此歐體便以歐洲學分轉換制度與學分累積制度（European Credit Transfer and Accumulation System，簡稱ECTS）作為學分認證上的標準，讓各會員國之各大專院校得以有一統一標準，此外，還透過「大學校際合作計畫」（Inter-University Cooperation Program, ICP）成立大學之間的合作網路和機制，共同改善與發展課程，共同體希冀藉由各項政策以達到會員國青年學子間的交流，提升歐洲學子的競爭力。
歐洲青年交流計畫（Youth Exchange System, YES）	此計畫之目標在於鼓勵和資助15至25歲青年到境內不同國家旅遊或受訓，培養歐洲青年學子之國際視野及建立其國際觀，建立「歐洲意識」，為歐洲未來的經濟、社會和政治統合奠定基礎。
歐語學習計畫（Languages in Europe, Lingua）	Lingua計劃的目標為鼓勵和資助教師及學生學習其它歐洲國家語言，縮減語言上的隔閡，加強跨國交流和教學的成效及提高會員國國民之競爭力。
一般體系指引（General System Directive）	於1988年訂定，規範會員國彼此認可專業資格，統一認可與評核標準，方便專業人才在境內自由流動和就業。
哥倫布計畫（Project Columbus）	主要是為因應全球化趨勢，建立歐洲與拉丁美洲區域國家的跨區高等教育交流合作，為歐盟高等教育發展的全球化做準備。
職業教育與訓練改革計畫（Vocational Education and Training Reform Program, TEMPUSPHARE）	該計劃是因應德國統一與蘇聯解體，中東歐國家欲加入歐盟，而為使這些國家的教育不造成未來成為會員國時的嚴重落差而提出的計畫。

資料來源：作者自繪。

　　當時歐體從十國擴展到十二國，[22] 其官方語言包括了英文、法文、德文、西班牙文、義大利文、葡萄牙文，語言的多元性，除了使得官方文件的翻譯帶來成本上的負荷，各國元首或部長與會時，彼此語言上的隔閡都是需跨越的關卡，再加上語言的多元化也帶給人員流通上極大的困難產生。在會員國境內，雖然各國國民得以前往歐體境內任何會員國國家工作，並享有不被歧視之平等權待遇，然而語言上的障礙卻成了計畫實行上的絆腳石。一位德國的工程師雖然取得共同體所認證的工程師證照，得以赴西班牙或其他歐體會員國長期居住，並享有工作權，然而僅懂得德語的德國工程師卻因為己身並不具有西班牙語的日常溝通能力，因此打消了赴西定居工作的念頭，或者當此位德國工程師赴西之後因溝通上的困難，而無法取得良好的工作機會也時常發生，因此語言的多元性在歐體境內的確衍生多層次的問題待解決。再者，當時的共同體在1980年代中期及1990年代初期之時進行會員國各國青年學子到其他會員國修習課程的交流計劃，期許藉由不同文化之接觸以增進國際觀，並以包容及尊重的態度來面對不同的文化，然而，當會員國之學子選擇交換計畫時，多半因語言上的考量而選擇語言相通之國家為交換國，並未能真正落實共同體最初之目標，因此，共同體為因應「語言隔閡」此一關卡，提出了歐語學習計畫（Languages in Europe, Lingua），鼓勵教師及學生學習有別於母語之歐語，以消弭語言隔閡之困境。

　　除了上述之伊拉斯摩斯計畫及歐語學習計畫外，1985-1992年間，歐體也擬訂其他高等教育相關計畫，包括產學合作之科技教育暨訓練計畫、鼓勵青少年藉由旅遊及受訓增進國際視野的歐洲青年交流計畫、專業資格認證之一般體系指引、與拉丁美洲合作，跨出歐盟全球化的一步的哥倫布計畫、縮短未來中東歐國家加入歐盟所產生的教育斷層所擬定之職業教育與訓練改革計畫。這些重大計畫的提出與發展，主要是歐洲法院在1985年因有一位法國年輕人的跨國學習問題，而針對歐洲經濟共同體條約第128條做出解釋，歐洲法院的解釋不僅使會員國對於教育主權觀念有所改變，最後並允許執委會在教育領域上能夠提出立法草案之權利。[23] 歐洲法院的作為使共同體教育整合上獲得法律基礎，讓整合得以持續推動。此外，1986年開始由歐洲歷史最悠久的義大利波隆尼亞大學號召，於1988年創校900週年校慶時與430所大學院校簽署大學大憲章（Magna Charta Universitatum）。該憲章確立大學的基本原則與目的，在憲章第一條原則即表明：大學是由不同的地理和歷史遺產所構成社會為中心之自主機構（autonomous institution），還強調教學與研究的自由是大學的生命，大學之角色在於文化的維繫和傳遞，以及平衡

22　1951年歐洲煤鋼組織成立以來歐盟一共歷經五次擴大分別為:1973年英國、愛爾蘭、丹麥加入;1981年希臘加入、1986年西班牙、葡萄牙加入;1995年:芬蘭、瑞典、奧地利加入;2004年愛沙尼亞、拉脫維亞、立陶宛、波蘭、捷克、匈牙利、斯洛伐克、斯洛維尼亞、馬他、賽普勒斯加入;2007年羅馬尼亞、保加利亞加入,直至今日歐盟一共有28個會員國（原訂2007年應入盟之克羅埃西亞於2013年加入）。

23　Case 293/83. Francoise Gravier v City of Liege, http://digm.meb.gov.tr/uaorgutler/AB/AB%20BELGELER/WORD/GRAVIER%20CASE.doc (09, August, 2009).

研究與教學的成果。[24]此憲章給予大學自主法人基本權利義務的法源與保障，同時也賦予歐洲在地各高等教育機構「自主」參與歐盟高等教育整合機制波隆尼亞進程的基本條件。

「教育」並非屬於歐盟而是各會員國絕對主權內的事務。在非專屬權限（non-exclusive competence）領域，歐盟得依據「輔助原則」（principle of subsidiarity）[25]採取行動，歐盟各會員國教育部長以共同體名義作成有拘束力的決定之事實，在制度上跡象顯示現在高等教育政策已被提升當作共同體層級的目標追求；由於當時歐洲共同體經濟發展良好，1988年歐洲大學憲章的簽署的合作典範也激勵歐洲國家想在高等教育上創造共同的內部的市場，在此經濟需求因素的背景下，歐洲執委會於馬斯垂克條約（Treaty of Maastricht）簽署前夕，發布高等教育備忘錄（Memorandum on Higher Education）做為歐洲高等教育整合的基礎性原則，首次提出歐洲面向（European Dimension）的教育準則：[26]

1. 學生流動性（Student mobility）
2. 高等教育學校機構的合作
3. 於學校課程（curriculum）教育導入歐洲層面
4. 重點性的語言教育
5. 歐洲層面的師資訓練
6. 學習階段的資格認證
7. 高等教育的國際角色
8. 歐洲層面之資訊與政策分析
9. 增加會員國高等教育部門間的對話（dialogue）

1992年根據歐洲執委會提出的「歐洲面向」教育準則，歐盟終於把教育事務納入馬斯垂克條約（亦稱為歐洲聯盟條約，Treaty of European Union, TEU）之126與127條當中，[27]明白道出未來歐盟教育整合的方針，表示會員國有義務完成聯盟所賦予之任務，多年來有關教育整合的法規基礎爭議終告一段落；而執委會因應需求再度把總署名稱改為教育、訓練與青年總署（the Directorate-General for Education, Training and

24　Paul L. Gaston, *The Challenge of Bologna: What United States Higher Education Has to Learn from Europe, and Why It Matters That We Learn It* (Virginia: Sterling, 2010), p. 24.

25　「輔助原則」之適用範圍主要是在歐盟的非專屬權限領域內，唯有制定措施之目標無法由會員國有效達成時，歐盟才能介入。允許歐盟介入補助執行政策之情況須符合兩項標準：其一為會員國無法有效達成制定措施之目標時；其二為相較於會員國，此項制定措施由歐盟執行較為適當者，例如涉及歐盟整體利益之政策者。這樣的適用範圍亦同時確保了會員國地方層級保有某些領域之執行權限，如文化、教育、區域結構基金、社會政策等原屬於地方區域政策之範疇。轉引自許琇媛，「從歐盟憲法條約探討歐盟與會員國間之權限劃分」，《歐洲國際評論》（2005），第1期，頁73。

26　Voldemar Tomusk (ed.), *Creating the European Area of Higher Education* (Dordrecht: Springer, 2007), pp. 12-13.

27　參閱歐盟條約（TEU）第126、127條。

Youth）。此外，馬斯垂克條約另一項重要意義，即把教育事務交由歐洲議會參與的共同決定程序（co-dicision procedure）來決議，這不只是歐盟邁向民主合法性的一大步，更重要的是歐洲議會擁有和理事會一樣的平等決定權，而歐洲議會一直以來都是支持共同體教育事務合作的，增加年度預算就是歐洲議會對支持教育合作最好的證明。[28]另外在1994年尚有一個諮詢性機構成立：區域委員會（Committee of the Regions），它也是傾向支持教育合作發展的歐盟機構之一，到1992年止，教育合作已完全成為共同體層級領域內的事務。

　　歐盟在高等教育領域的行動之法源主要為歐體條約（Treaty establishing European Community）之第149條（教育）及第150條（職業訓練）[29]闡明會員國的權責及什麼層次是歐盟可以的，條約中明示必須尊重文化與語言的差異性，歐盟文教政策不是建立一個同質性的文化或文化大熔爐，歐盟深信各國間文化的差異性是歐洲豐富的資產。第149條款明示，在完全尊重會員國對教學內容及教育制度之權責並尊重其文化與語言的差異性之前提下，歐盟將藉由鼓勵或補助會員國間的合作活動來提昇教育的品質。歐盟的行動方案目標為：[30]

1. 發展歐洲面向（European dimension）的教育；並藉由學習各會員國的語言來達成此目標。
2. 鼓勵學生與教師交流，並進一步推動文憑及進修認可制度。
3. 推動教育機構彼此間的合作交流。
4. 建立各會員國彼此間教育的資訊與經驗交換。
5. 鼓勵青年交流及社會教育專家交流。
6. 鼓勵發展遠距教學。

　　歐體條約第149條對於高等教育合作的發展意義，第149條第1款顯示：歐盟應鼓勵各會員國，同時必要時可給予支持及輔助，推行會員國間之合作計畫以助益增進教育品質；然而前提須充分尊重各會員國對於教學內容、教育系統的組織，以及各國在文化及語言方面的差異性。第149條第2款表明歐盟行動目標，茲就實務上歐盟高等教育整合的各方案印證其目標的成效如下：

1. 特別透過教導及普及會員國的語言，以發展歐洲面向。此項目標包含兩個內容：(1)為發展高等教育的「歐洲面向」（European dimension）；(2)為對於外語學習的重要性眾所皆知，外語知識對歐洲人在文化、經濟、科技及科學各方面的合作，以及完成內部市場工作等等皆扮演一個關鍵性的因素及角色。因此通過實施

28　European Commission (2006). Ibid., p. 148.
29　1997年10月3日簽署，1999年5月1日生效的歐盟條約附約「阿姆斯特丹條約」（Treaty of Amsterdam）中，原馬斯垂克條約第126、127分別為Art.149、Art.150 EC。
30　TREATY OF AMSTERDAM AMENDING THE TREATY ON EUROPEAN UNION THE TREATIES ESTABLISHING THE EUROPEAN COMMUNITIES AND RELATED ACTS, Art. 149.

「共同體外語教學推廣計畫」（European Community Programme for the promotion of the teaching and learning of foreign language within the Community, LINGUA）以致力促進歐盟人民外語知識，目前此計畫的對象主要爲高等教育學生。歐盟的最終目標在提供其全民有機會學習以彼此國家甚至多種語言進行溝通。

2. 由於歐洲國家間學位制度存在很大差異，這對人員流通是一大阻礙。藉由增進機構間對學業文憑及短期進修的相互承認，歐洲學分轉換制度（ECTS）的施行，使得所修習的課業對所有學生、本國學校或國外學校容易判讀與比較，歐洲學分轉換制度輔助學生流動與學術認可，鼓勵學生及教師的交流：教師及學生相互交流目的在增強歐洲高等教育的吸引力。學位互認既是針對歐盟內部市場人力的流動，也是針對歐洲高等教育提升國際的競爭力的措施。

3. 推動教育機構彼此間的合作交流。透過「大學校際合作計劃」（Intercollegiate Cooperation Program, ICP）成立大學之間的合作網絡和機制，共同改善和發展課程。而國際視野和「歐洲面向」也被融入了基礎教育範疇，讓學生升讀大專後更容易接受和適應跨國學習理念。[31] 天普（Tempus）計畫主要爲歐盟各國與中東歐地區進行大學交流計畫，旨在協助這些國家從事經濟、社會及教育改革，進一步提昇大學教育品質。

4. 建立各會員國彼此間教育的資訊與經驗交換。設立國家高等教育承認資訊中心（National Academic Recognition Information Centre），目的在提供學生、高等教育機構、雇主及有關各會員國教育當局，對其他員國高等教育機構關於學業文憑相互承認與價值評估看法等相關詳細資訊、建議或報告。歐盟將積極推動交流，推動必要的歐洲面向高等教育，特別有關於課程發展、校際合作、交流計畫及就學、訓練及研究的整合計畫來克服自由流動的障礙。

5. 鼓勵青年交流及社會教育專家交流。高等教育旨在培養高品質人力資源、藉由教育來傳播科學發現與先進知識，培育符合時代需求之人才、教育具有歐洲面向的新世代，上述皆爲歐洲長期發展之重要目標。快速的腳步使現存知識成爲過時，急速變遷將要求高等教育部門採取新方法，及全心致力於終身學習準備。基於上述背景，伊拉斯莫斯計畫（Erasmus）涵蓋廣泛作法來支持歐洲高等教育學術機構之活動和推廣教師與學生之交流與交換。

6. 鼓勵發展遠距教學。歐盟推動有關遠距教學計畫爲－資訊教育及科技學習計畫（Minerva）鼓勵學校及大學應用資訊通訊（Information and communications technology, ICT）設備教學。「遠距教學」乃歐盟嶄新的活動領域，因爲遠距教學可補足高等教育傳統結構所缺乏的必要彈性，以因應最近幾十年發展以來教學及持

31　Commission of the European Communities (1991), ERASMUS: European Community Program for the Development of Student Mobility in the European Community, *European Education*, Vol, 23, No. 2, pp. 5-17.

續教育所需的不同條件，及擺脫傳統教育結構在時間及地理上被特別加諸的限制，同時，遠距教學亦可加強偏遠地區的教育基層組織。

歐體條約第149條為歐盟推行高等教育領域行動奠定了適當的法律基礎，此條款為歐盟在教育領域權力之重要但亦是唯一的媒介及界限；但此條款並不代表歐盟共同高等教育政策的建立，亦並非像其他共同政策（如農業、貿易、能源及競爭等政策）是為一個整合性的政策，因為此政策的權能仍各自掌握於其會員國的當局中；此條約目的只限在藉由鼓勵會員國及公私立教育機構等採取配合措施以共同促進共同體「品質教育」的發展。如需必要，歐盟將支持及輔助各會員國在語言教學及傳播、師生交流、教育機構間之合作、資訊及經驗交換，和遠距教育發展等方面的行動；此外，根據第251條之共同決定程序，理事會議應與歐洲議會協力通過一些具激勵性的措施以促進高等教育政策上的整合。

歐盟在高等教育領域採取行動之原則，許多國家曾經表明對於讓渡部分屬於國家或地方權能的政策領域給歐盟的恐懼，或防止演變成中央集權（fall into central authorities）。為確保會員國同意讓渡部分權力至「超國家機構」（Supranational institution），即歐盟必須保證其行動不會侵犯到會員國政策的權責，而第149條中「歐盟的共同體行動應著重支持及輔助會員國的相關行動，而非與會員國的法律及規範達成一致」，亦即明白點出此種輔助原則。[32] 1993年歐盟條約（馬斯垂克條約）生效後，歐盟高等教育整合更加深化及廣化，奠定現行歐盟高等教育政策理念根基的波隆尼亞進程（Bologna Process）的跨國合作平臺也在1999年啟動，[33] 下一節將針對1993-1999年歐盟高等教育整合歷程作一介紹。

第四節　知識為本的發展概念1993-1999年

歐盟在1990年代開始面臨許多新的挑戰。首先，歐洲聯盟的本質出現變化，政策整合之領域產生了外擴現象（spill over effect）[34]，同時歐盟下一波擴大事宜也著手進行中，為因應未來更多的中東歐國家的加入，歐盟在教育整合上做了許多的努力。1951年歐洲煤鋼共同體正式成立以來，歐盟歷經多次的擴大，會員國的增加無異是對歐洲整合的認同，此也意味著整個歐洲大陸統一的新頁。此外，挑起歐盟高等教育更深度整合的另一問題便是全球化與資訊社會的建立與發展問題。1990年代，知識社會與終身學習

32　European Parliament(1992), working document—changes made by the Treaty of European Union with regarded to education, vocation training and culture, *People's Europe*, Vol. 2, p. 7.

33　請參閱第二章波隆尼亞進程。

34　1993年生效之馬斯垂克條約創造一個涵蓋原有三個共同體、共同外交暨安全政策與內政暨司法合作三柱型的歐洲聯盟。

（Lifelong Learning）的概念慢慢地成爲公開討論的議題。這些挑戰卻迫使歐盟不得不加快教育整合速度，以符合世界潮流的趨勢，維持並提升歐盟高等教育在國際體系上的競爭力，該等情況也使得教育整合在1990年代有顯著的進展。

　　1993年執委會主席狄洛（Jacques Delors）提出一份關於成長、競爭力與就業（Growth, Competitiveness and Employment - the challenges and ways forward into the 21st Century）的白皮書，強調教育與訓練體系的重要性，爾後於1995年時，執委會便以1993年這份白皮書爲基礎，提出另一個名爲《教學與學習-邁向學習的社會》（Teaching and Learning - towards the Learning Society）的白皮書，[35]並將1996訂爲歐洲終身學習年（European year of lifelong learning），這份白皮書的提出，被視爲歐盟教育的政策宣言，主要內容強調的重點爲「終身學習」。由於目前人類正面臨三大衝擊：1. 資訊社會的衝擊；2. 經濟國際化的衝擊；3. 科技知識的衝擊。爲了因應這三項人類的大衝擊，歐盟希望藉由終身學習白皮書的提出，以及訂立1996年爲歐盟終身學習年，期望能夠推動目的在於促成歐盟三大政策目標的實現：社會統合、提升就業能力、自我實現。希望藉由個體的自我潛能開發實現，進而促成個人在尋找工作時，獲得就業能力的提升。因爲唯有每個人的「適才」與「適性」，才能尋覓到一份眞正適合自己、發揮自己的職業，終而能夠達成整理歐洲社會協調與歐洲統合的最終目標。[36]這份白皮書的出現，使政治家們驚覺教育整合可能面臨的困境與挑戰，因此，同年歐盟部長理事會接受執委會白皮書，並要求執委會再進行教育整合研究。

　　1996年，歐盟爲了因應全球化時代的需求，給予已經在社會上工作許久未能定期進修者重回大學修習相關課程以因應職場所需，並冀望歐盟會員國國民得以擁有良好的教育資源，不斷精進自我，執委會再度提出終身學習的報告，理事會經過討論後決議通過相關法規，[37]高等教育範圍因此延伸到不同層級的學習對象。再者，「學以致用」之理念不但是東方教育的最終目標，歐盟也是持著相同理念的，其希冀境內青年學子在求學期間便能習得一技之長與社會接軌，畢業後找到適合自己的工作，從1990年代開始「產學合作」便成爲歐盟高等教育整合計畫上重要的一環。歐盟期望藉由一套適宜的指導方針，配合普遍性的實行以提高歐盟青年學子的競爭力，並冀望這些被培育的精良人才帶領歐盟朝向更進一步的發展，並使歐盟高等教育在世界體系中，占有不可取代的地位和特性。1997年11月歐洲執行委員會提出《邁向一個知識的歐洲》（Towards a Europe of knowledge）報告書樹下對下一世代以知識爲基礎的政策發展目標：

　　1. 對歐洲公民開放全面性的教育資源；

---

[35]　European Commission, Teaching and Learning – towards the learning society, White Paper, 29. 11. 1995, http://aei.pitt.edu/1132/01/education train wp COM 95 590.pdf.

[36]　Chiara Mellini (2008). "Growth and development of Lifelong Learning European policies, the role of e-Learning and its programmes," *Journal of e-Learning and Knowledge Society*, Vol. 4, No. 1, 2008, pp. 241-242.

[37]　Conclusion of the Council. 97/C 7/02.

2.針對研究、教育、訓練資源提倡全面創新（innovation）；

3.開拓教育實務面的良性宣導。[38]

除此之外，歐盟爲了建構對下一世代知識的歐洲（a Europe of Knowledge）之重點目標，開始針對1980年代相關教育整合計畫進行檢討。例如，於1994年時決議把當時六個計畫合併成二個計畫，即關於教育方面之蘇格拉底（Socrates）計畫，與有關職業教育與訓練方面之達文西（Leonardo da Vinci Programme）計畫。[39]

隨著時間的推移，歐盟會員國對於高等教育的合作與政策實行，已比以往有著更高的接受度，各國在體認到教育政策不單僅爲一國的內政事務，同時也爲一項產業，更是歐盟更進一步整合的路徑。1998年歐盟高等教育整合有了突破性的進展，英國、法國、德國與義大利教育部長於該年倡議召開高等教育整合會議，並於會後共同發表索邦宣言（Sorbonne Declaration），期望達成高等教育整合，創造一個富有彈性與競爭力的特別歐洲高等教育區域，此一進展也爲未來歐盟高等教育施行方針奠定新的基礎。索邦宣言帶給了歐盟在高等教育整合路上一個高峰期的轉折點，此爲歐盟發展高等教育二十餘年來，第一次在政府間協商中獲得最具體之成果。緊接著在1999年29個歐洲國家提出波隆尼亞宣言（Bologna Declaration）[40]，大膽宣示整合歐洲高等教育的共同體制，強調教育發展不再只是合作的問題，而是不同體制整合的進程；當時計劃於2010年完成歐洲高等教育區域（European Higher Education Area, EHEA）之建立，[41] 以期達到更進一步整合的高教聯盟，在高等教育整合面上以制度上的統合替代傳統上政策的合作，眞正邁入制度化統合的進程。

38 Summary of the EU legislations, *Towards a Europe of knowledge*, http://europa.eu/legislation_summaries/other/c11040_en.htm.

39 歐盟高等教育計畫分支甚多，涵括語言學習、學生交流、職業等多元層面，1994年時，歐盟爲了簡化高等教育政策的複雜性，並使計畫得以有效實行，便統整其高等教育計畫，將主要政策一分爲二，一爲專司教育層面的蘇格拉底計畫（Socrates），另一爲負責職業教育的達文西計畫（Leonardo da Vinci Programme）。歐盟在2004年接受歐洲執行委員會的提案，把蘇格拉底與達文西計畫整併合而爲一，成爲歐盟終身學習行動計劃（EU Action Programme in the Field of Lifelong Learning）。蘇格拉底計畫之目的在於創建「知識的歐洲」此一目標，其計畫內容包括語言的學習、學生的跨國交流，以及與第三國合作等方面。達文西計畫於1994年12月6日通過，其爲歐盟底下專司職業訓練的整合型計畫，其下有上千個子計畫，該計畫之實行期間分爲兩期，第一期爲1995-1999，年第二期則爲2000-2006年，其主要計畫內容包括了提升歐洲公民之技能、增加就業機會、促進跨國交流、推廣語言與文化之學習與交流，並支持終身學習之理念。達文西計畫之深入內容請參閱歐盟官方網站：Leonardo da Vinci Programme, http://ec.europa.eu/education/lifelong-learning-programme/doc82_en.htm.

40 The official Bologna Process website 2007-2010- About the Bologna Process, http://www.ond.vlaanderen.be/hogeronderwijs/bologna/about/，簽署波隆尼亞宣言的29國分別爲：奧地利、比利時、捷克、愛沙尼亞、法國、匈牙利、愛爾蘭、拉脫維亞、盧森堡、荷蘭、保加利亞、丹麥、芬蘭、德國、希臘、冰島、義大利、立陶宛、馬爾他、波蘭、羅馬尼亞、斯洛維尼亞、瑞典、英國、挪威、葡萄牙、西班牙、斯洛伐克以及瑞士。

41 2010年已完成歐洲高等教育區域（EHEA），歐盟實行多項計畫來整合各國學制，訂立一套學分轉換系統，以達成青年學子在歐洲高等教育區域修習學位時，能獲得平等的對待，2009年入學之新生已採行歐盟學制新制，也就是將高等教育學位分爲三個階段（3 cycles），分別爲學士、碩士，以及博士，以使明年計畫實行時得以銜接。

　　這個前瞻性的波隆尼亞進程隨後在2000年里斯本高峰會獲得各國政府首長採用，成爲歐盟朝向新經濟與社會戰略的方針。歐盟部長理事會隨後形容波隆尼亞進程是歐洲自1968年以來，最重要也是範圍最大的高等教育改革，[42] 至今，此一波隆尼亞進程仍在進行當中，隨著時間的推移，各國部會首長在每個階段皆有一份前瞻性的計畫書及執行過後的報告書，依循這些經驗，未來歐盟高等教育將走向更深化的整合，創造更符合世界脈動之教育方針，讓歐盟的青年學子、教師以及一般公民皆能具備應有之學識與技能，因應世界的挑戰，在國際舞台上發光發熱。

第五節　歐洲聯盟經濟與社會戰略核心2000年後迄今

　　波隆尼亞宣言的簽訂，開啓了決定現今歐盟高等教育目標與方向的波隆尼亞進程（Bologna Process）政策合作與對話平台，[43] 2000年後，會員國教育部長藉由定期集會，磋商協調以及檢討教育方針，自今共歷經六次的集會，分別爲2001年的布拉格公報（Prague Communique）、2003年的柏林公報（Berlin Communique）、2005年的柏根公報（Bergen Communique）、2007年的倫敦公報（London Communique）、2009年的魯汶公報（Leuven/Louvain-la-Neuve Communique），以及2012年的布加勒斯特公報（Bucharest Communique），此五次集會分別爲歐盟高等教育寫下新的一頁。

　　2000年後的歐盟高等教育整合，主要受到里斯本高峰會結論的影響，在「里斯本策略」（Lisbon Strategy）中指出，歐洲聯盟應在2010年前達成新經濟、社會與環保的戰略走向，而教育與訓練就是達成目標的基石，唯有使共同體成爲知識的聯盟，才有可能完成戰略目標，並且因應時代的轉變，歐盟在高等教育上的方針亦隨之調整，除了加強歐盟境內學子的交流及提高競爭力外，歐盟亦對非會員國之學子，提供獎學金鼓勵第三國之青年學子赴歐修習，促進文化交流，並且與第三國之大學進行學術上的合作，增加交流的管道。

　　除此之外，爲增進世界其他區域對歐盟的認識，在莫內計畫（Monnet Plan）下，透過歐盟提供的經費，給予非會員國在其大學部門開設歐洲聯盟相關之課程，推廣歐盟，使得非會員國之學子，得以更加認識歐盟的運作及其基本理念。另外2004年的歐洲憲法條約中談到教育與訓練，將對公民生活產生直接影響，[44] 強調知識是聯盟更緊密連接公民的工具，亦如同教育是支撐起國家重要的根基，教育未來也將是支撐起歐盟發展的一大棟樑。

42　European Commission (2006). *Ibid.*, p. 197.
43　詳細波隆尼亞進程介紹，請參閱本文第二章。
44　歐洲憲法條約至今尚未獲得全部會員國的批准，因此仍未生效，2009年生效的里斯本條約實質上爲歐洲憲法條約的修正版本。

　　里斯本策略爲歐盟高等教育發展帶來新的方向，因爲該次教育部長理事會首次把高等教育整合視爲政策（Policy）而不是以往的合作（Cooperation）。各會員國接續1990年代合作發展，歐盟在2004年接受執委會的提案，把蘇格拉底與達文西計畫整併合而爲一，成爲歐盟終身學習行動計劃（EU Action Programme in the Field of Lifelong Learning）（2007年至2013年）。[45]（詳細歐盟教育計畫架構請參閱圖2-1）

　　隨著高等教育順利發展，相關預算費用也漸漸提升。1986年的教育事務預算只占共同體總預算的0.1%，但是教育事務逐漸獲得各會員國的重視，因此，1990年時，教育事務預算占整個共同體預算的0.3%，增加三倍之多。隨著里斯本策略與波隆尼亞進程的進行，爲歐洲高等教育整合注入推力， 2006年時，教育預算已占共同體預算的0.6%，近期歐盟預算2007年至2013年則已獲得1%的預算。從預算獲得的比率看似不高，但歐盟總預算的基數是年年增加，所以從0.1%到1%的實質預算是超過十倍以上。[46] 2010年3月3日歐洲執行委員會（European Commission）爲了因應歐洲經濟上的危機發布了《歐洲2020戰略》報告書，針對未來10年的經濟發展列出具體之目標。歐洲執行委員會在該報告中確認三大驅動歐洲未來發展的方針，該三大優先目標（three Priorities）包含：才智成長（smart growth），建立知識、創新、教育和數位化社會；永續成長（sustainable growth），使生產上之資源應用更有效率，提高競爭力；包容成長（inclusive growth），提高勞動市場參與率，獲取技術以及對抗貧窮。

　　《歐洲2020戰略》著手規劃歐洲下一個十年的經濟社會的願景，它建立在歐盟國家相互作用和相互連結的重要領域上：才智成長，發展建立於知識和創新的經濟社會；永續成長，促進低碳（low-carbon）有效率的能源配置，以提高生產競爭力；涵蓋成長，建立高度就業的經濟模式，致力於社會和區域的凝聚。這些代表著歐盟層次未來十年的首要政策目標，歐盟會員國則能以此規劃國內的目標以因應共同的發展。歐洲執行委員會列出的首要目標包含：年齡在20至64歲的人口能達到75%之就業率；歐盟國民生產毛額（GDP）的3%必須投入研究和發展（R&D）當中；製造生產必須符合2020年「20/20」的氣候變遷規範；提早離校之中輟生人口必需低於10%，在高等教育方面，40%的青年應取得學位和文憑，以及面臨貧窮威脅的人口應少於兩千萬人。[47]「才智成長」是構築歐洲下個十年經濟社會願景的優先目標之首，它建立在歐盟國家以知識追求經濟成長創造價值，發展教育、研究以及數位經濟的潛力，[48]而高等教育正是發展知識經濟的優先條件。

45　European Commission. COM (2004) 156 final, 9 March 2004.

46　European Commission (2006). Ibid., p. 30.

47　Europe 2020 – public consultation: First Overview of Responses, European Commission Staff Working Document, February 2, 2010.

48　European Commission launches consultation on EU 2020: *A New Strategy to Make the EU a Smarter, Greener Social Market*, European Commission Press Release, November 24, 2009.

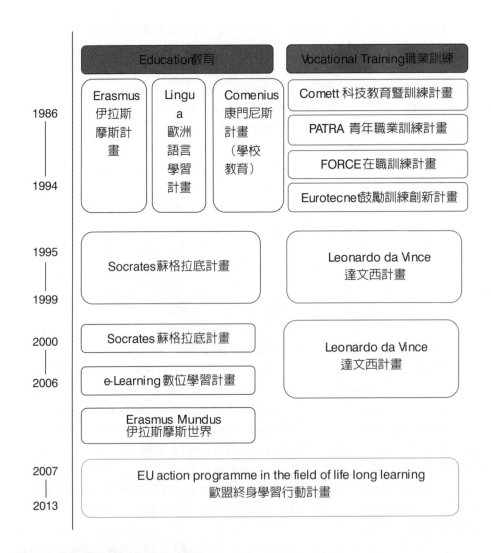

圖2-1　歐盟教育整合計畫進程圖

資料來源：European Commission (2006), *The history of European cooperation in education and training. Europe in the making - an example* . Luxembourg: Office for Official Publications of the European Communities, pp. 268-269.

　　《歐洲2020戰略》將教育和培訓視為歐盟未來發展的核心。在其提出的五項可量化目標中，有一項專門涉及教育，即為歐洲的輟學率由目前的15%下降於2020年至10%，30-34歲人口中完成高等教育的比例由目前的31%提高至40%。此後的波隆尼亞進程會議上，歐盟提出一系列措施來推動2020年目標的實現，並要求其成員國將此轉化為各自的

國家目標，加速教育事務之改革。而在振興歐債危機後經濟發展的背景下，歐盟首要任務乃是推動職業教育的各項政策整合。廣大人力資本的素質對歐洲經濟發展將產生關鍵性的作用。《歐洲2020戰略》高度重視發展職業教育和培訓，以實現才智成長、永續和包容性的成長三大目標。在2020戰略頒布后，歐盟委員會首先對職業教育與培訓提出了明確的發展要求。

2011年4月，歐洲執委員會公布《2011年度教育和培訓進程報告》（Progress toward Common European Objectives in Education and Training: Indicators and benchmarks），逐一對比了歐盟教育與培訓領域提出各項關鍵指標：[49]

1. 青少年輟學率低於10%。目前這一比例為14.4%，還需將輟學學生人數減少170萬。
2. 30-34歲成年人接受高等教育的比例不低於40%。目前這一比例為32.3%，還需增加260萬大學畢業生。
3. 4歲至小學入學年齡的兒童接受學前教育的比例不低於95%。現在這一比例為92.3%，至少還要解決25萬兒童的入園問題。
4. 15歲青少年閱讀、數學和科學能力較差的比例不高於15%。目前這一比例為20%，還需減少25萬方可達標。

參與終身學習的25-64歲成年人比例平均要達到15%。目前這一比例僅為9.3%，還需增加1500萬成年人參與終身學習。

歐盟指出，歐洲國家平均有大約50%的高中生選擇職業教育和培訓，必須再增強職業教育和培訓的吸引力。預測表明，未來10年歐洲市場將對具有中高級技能的勞動力產生巨大需求。應使學生於初等職業教育階段，掌握與就業市場直接相關的勞動技能，而傳統的「培訓－就業－退休」的人生模式將逐漸被多次職業更新所取代。特別是在中國、巴西、印度等新興經濟體職業教育和培訓蓬勃發展的情勢下，提高歐洲人的技能水準就更勢在必行。總之，歐盟為了提高職業教育的整體成效，建議各成員國的職業教育與培訓將以下層面進行改革：[50]

1. 確實開拓職業教育通往高等教育的路徑，開發高等職業教育專業和課程。使初等職業教育與培訓成為既能高度適應勞動力市場需求，又能通向高等教育之有吸引力的學習選擇。
2. 擴大企業、傳統培訓機構和高等教育機構提供的培訓機會。
3. 與職業工會團體和國家就業部門合作規劃，使職業教育和培訓更加適應不斷發展

49　European Commission staff working document. *Progress toward Common European Objectives in Education and Training: Indicators and benchmarks*, SEC (2011)526, Directorate-General for Education and Culture, p. 7.
50　COM(2010) 296 final, "A new impetus for European cooperation in Vocational Education and Training to support the Europe 2020 strategy," COMMUNICATION FROM THE COMMISSION TO THE EUROPEAN PARLIAMENT, THE COUNCIL, THE EUROPEAN ECONOMIC AND SOCIAL COMMITTEE AND THE COMMITTEE OF THE REGIONS, European Commission, Brussels, 9.6.2010, pp. 2-3.

變化的勞動力市場的需求。

4. 加強教師的培訓能力。提供綜合指導和諮詢服務，幫助學生在學習的同時，進行職業的選擇。

5. 加強關鍵能力的開發，確保學習者和勞動者具備適應能力，加強採納實務爲導向學習方式。

6. 向弱勢群體提供充分幫助，幫助其提高技能或更新職業。使非正規學習和非正式學習都可獲得有效的高等教育學位。

7. 使用「歐洲終身學習資歷架構」（European Qualifications Framework for Lifelong Learning, EQF）、「歐洲職業教育學分轉換系統」（European Credit Transfer System for VET, ECVET），使學習者資歷更加透明，學習成果得到普遍承認。

歐洲執行委員會研究總署與歐洲研究及科技組織（The European Association of Research and Technology Organisations）、歐洲大學協會（European University Association, EUA）、歐洲研究型大學聯盟（The League of European Research Universitis, LERU）、北歐應用合作研究組織（NORDFORSK）、科學歐洲組織（Science Europe, SE）簽署了一項備忘錄，將結合歐洲執行委員會的歐洲研究區域計畫（European Research Area, ERA），建立一個科研人員、就業、研究成果等知識自由移動的開放市場－歐洲知識單一市場，透過加強合作，追求卓越與成長。

備忘錄的簽署顯示，研究總署與歐洲各重要研究機構聯盟達成共識，希冀打破現在歐洲研究人員、職缺、研究成果等移動的藩籬，使知識的相關元素，在歐洲境內自由的跨國移動，以建構歐洲的知識單一市場計畫。歐洲1990年代將貨物、服務等納入單一市場，掃除關稅障礙，至終促進當代的經濟成長，因此歐洲也應該規劃建立知識的單一市場。歐洲研究型大學聯盟秘書長Kurt Deketelaere在簽署儀式中大聲呼籲，除了人員、貨物、服務、資本四類自由移動外，歐盟還需要有第五類自由，就是知識的自由移動。

這項備忘錄被視爲歐洲執行委員會研究總署第八期架構計畫Horizon 2020的先聲，所謂「Horizon 2020」是歐盟一項針對研究、創新、科學的投資計畫，整合各項歐洲科研人力、經費等資源，以鞏固歐洲未來的科學與技術基礎，進而轉化爲產業競爭力，而凝聚「單一」歐洲市場爲其先期目標。Horizon 2020計畫經費爲800億歐元。所謂的第五類自由－知識的自由移動，包含了研究人力市場、研究經費、研究成果等各項的自由移動。高等教育整合無疑就是爲歐盟邁向第五類自由的流通鋪下道路。因此，未來歐盟高等教育與研發、創新的整體發展方向爲：[51]

1. 研究人力市場的自由移動

歐盟科研創新執委Geoghegan-Quinn女士表示，歐洲各國應打破國界的限制；研究

51　駐歐盟兼駐比利時代表處教育組，「歐盟文教系列報導之十——第5類自由：知識移動的自由」，教育部電子報，國際視窗，2012年8月23日，http://epaper.edu.tw/windows.aspx?windows_sn=10844。

人員的職缺公告、應徵程序、資格審查等，應更公開化及透明化。她鼓勵各國運用歐洲執行委會所設的EURAXESS就業服務網站。另外科技職場中兩性平等的議題，也應受到關注。Geoghegan-Quinn執委表示，各國應該制定各項措施鼓勵更多婦女投入科研人力市場。

2. 研究經費的自由移動

Geoghegan-Quinn執委指出，從2000年提倡單一市場至今已超過10年，但各國現今投資於跨國科研基礎設施的經費，仍不足其科研預算的1%。希望透過備忘錄的簽署，未來10年能逐步提昇。

3. 研究成果的自由移動

歐洲執行委會副主席Neelie Kroes承諾，Horizon 2020經費將挹注於open access，以鼓勵研究成果的自由移動。open access是將尚未出版的研究成果典藏於機構或學科領域的開放數位典藏系統，以免費的方式提供外界取用。Geoghegan-Quinn執委指出，各國應重新調整現行科研成果出版品的課稅結構，與此同時，現行open access將研究成果免費提供的方式，加速學界與產界的交流，也值得提倡。

第六節　歐盟高等教育整合政策運作模式

歐盟是一個龐大具超國家性質的政治與經濟實體，其政策運作的政治運作的模式也與大多數三權分立的國家迥異。在教育政策的合作領域上因為涉及會員國相關的政府部門繁多，而且教育事務本屬歐盟的非專屬權限，因此，歐盟僅能依照「輔助原則」，唯有制定措施之目標無法由會員國有效達成時，歐盟才能協助會員國，進而介入政策的執行。然而，因應時代變遷許多歐盟內的政策領域開始需要跨國整合共同的計畫或方案（如：歐盟教育、社會，以及結構基金等政策），於是歐盟開始延伸出「開放協調法」（Open Method of Coordination, OMC）的開放性政策協商與運作模式。

「開放協調法」（OMC）一詞出現於2000年在里斯本歐盟高峰會的結論中，但是早於馬斯垂特條約建立起歐洲貨幣聯盟時，便有類似的程序協調各國的經濟和財政政策。依據歐盟條約（Treaty of the European Union, TEU）第98與99條，歐盟已經嘗試由執委會及部長會議每年提出「廣泛經濟政策準則」（Broad Economic Policy Guidelines），再由歐盟高峰會採納要求各國提出執行進度報告，說明如何制定執行國內經濟政策以符合歐盟的經濟金融目標。[52] 如果有偏離的情形，部長會議即提出無法律約束力的建議請個別會員國改進。在總體經濟調控上，「廣泛經濟政策準則」的軟性治理方法搭配

---

52 Ninni Wahlström, *A European Space for Education Looking for Its Public, European Educational Research Journal*, Volume 9 Number 4 (2010), p. 434.

「穩定與成長公約」（Stability and Growth Pact, SGP）的硬性治理法，以確保歐洲經濟金融的穩定，並促進整體經濟政策之間的協調和效率。里斯本高峰會的結論中界定「開放協調法」的四項要素：[53]

1. 歐盟制定固定的準則（Benchmarks），並要求各會員國定出達成目標的短中長時間表。例如：波隆尼亞進程可依據部長會議設定會員國達成整合目標的時間表，更成立具諮詢地位之波隆尼亞進程追蹤小組（Bologna Follow-Up Group），以每兩年一次的績效清查報告（Stocktaking report）評估會員國執行成效。

2. 建立起質化和量化的指標（Indicators），並以最佳實踐的情形訂出標竿尺度，同時將之適用於各會員國及各部門的需求，以作爲比較最佳實踐的工具。例如：波隆尼亞進程所提出的文憑補充（Diploma Supplement）標準。

3. 設定特定目標（Target; Objectives）並採取措施將歐盟的準則融入各會員國及地區的政策中，同時顧及各國國情的不同。在具體條件中，定期整合各會員國的政策改革行動於各自的行動方案（action plans）中，例如參與波隆尼亞進程的簽署國必須於國內立法建立能與歐洲終生學習資歷架構（European Qualifications Framework for Lifelong Learning）可比照的國內資格架構。

4. 報告（Reporting）：將定期調控、評鑑以及同儕監督組織作爲相互學習的過程。例如：參加歐洲研究區域（European Research Area, ERA）的國家必須設立國內行動計畫或對歐洲研究人員夥伴（European Partnership for Researchers, EPR）等機構提出策略報告，以確保整體研發目標和促進就業競爭力。參與波隆尼亞進程歐洲教育區（EHEA）國家也必須依照「歐洲高等教育品質保證網路」（European Network for Quality Assurance in Higher Education, ENQA）所訂立的品質保證規範進行該國內的內部與外部高等教育評鑑。

雖然歐盟強調「開放協調法」作爲一個新的治理模式，它並不是徹底取代以往的共同體方法或是條約爲基礎的協議，而是補充後者的不足之處，協助處理傳統方法不易碰觸或處理的領域，其前提是不使用硬性法規來實現政策協調。歐洲執行委員會在2003年的報告中便明確指出這點：「開放協調法被視爲彈性的治理模式，補充既有的共同體方法以及條約爲基礎的過程，乃基於輔助性原則，訂定的目標爲幫助會員國漸進發展自身的政策。」[54]歐盟提升知識經濟與競爭力策略需要整合各會員國的研發、就業與高等教育政策，然而教育事務向來爲各會員國國內立法的專屬權限，各國教育體制也有文化上的異質性，若使用硬性法規來實施一致性的原則在整合的實踐上將曠日費時，各國意

53　Peter van der Hijden, *Mobility Key to the EHEA and ERA*, Adrian Curaj, Peter Scott, Lazăr Vlasceanu and Lesley Wilson (eds.) European Higher Education at the Crossroads (New York: Springer, 2012), p. 383.

54　Nafsika Alexiadou, Danica Fink-Hafner & Bettina Lange, *Education Policy Convergence through the Open Method of Coordination: theoretical reflections and implementation in 'old' and 'new' national contexts, European Educational Research Journal*, Volume 9 Number 3, (2010), pp. 347-348.

見也會難以協調，因此以「開放協調法」準則的制定，和會員國的實施之間不具強制性的特色，並注重會員國政府和民間社會利益代表的意見溝通強化歐盟政策的正當性以及有效性。以及，運用互相監督之同儕壓力輔以執委會的追蹤評估機制加強整體目標之實現。

　　歐盟高等教育整合自1974年理事會接受執委會名為共同體教育（Education in the European Community）的通訊文件（Communication），開始進行共同體國家的教育合作起，歐盟高等教育整合實質發展至今已有30餘年，主要由教育與訓練兩大主題構成，而這兩大主題的互動為聯盟帶來新契機，特別是2000年里斯本策略對歐盟未來經濟與社會發展提出明確的戰略方針，它不只成為推動歐洲層級之高等教育政策的工具，更把高等教育視為建構知識基礎歐洲的核心。此外，提供里斯本策略藍圖的波隆尼亞聯合宣言已成為歐盟發展高等教育之重要方針，參與波隆尼亞進程的國家截至2013年已有49國。[55] 會員國定期針對波隆尼亞進程進行研究與討論，對高等教育提供完整計畫，成為推動歐洲高等教育政策的領航員。為更深入了解歐盟高等教育政策之發展與成果，下一章節將針對波隆尼亞進程之發展歷程，及其各階段之重要成果與目標作一介紹。

55　The official Bologna Process website 2007-2010- Participating countries and organisations http://www.ond.vlaanderen.be/hogeronderwijs/bologna/pcao/index.htm.

第 ③ 章　波隆尼亞進程（Bologna Process）

在特有的歐洲高等教育體系下，歐洲各國學制迥異，學分及學位的多樣性，雖爲擁有悠久歷史背景的歐洲各國古老大學之辦學特色。但是，該等差異性也爲進一步的歐洲高等教育整合上帶來了障礙。隨著歐洲共同市場的建立，四大流通的實行，歐洲人民得以跨國流動，然而，學分及學位的無法相互認可承認，以及轉換上的繁複程序，都成了落實人員流通的一項挑戰。並且，隨著全球化時代的來臨，世界體系不斷轉變，在如此多元的全球架構體系下，歐洲秉持古老辦學理念的教育模式逐漸在國際市場上缺乏競爭力，有鑑於此，1998年，法國、德國、義大利以及英國四國教育部長共同簽署《索邦宣言》（Sorbonne Declaration），開啓波隆尼亞進程的序幕，此一進程爲歐盟高等教育整合歷程中最爲重要亦影響深遠之一項進程，其重要內容及宗旨將於本節中詳盡介紹。

第一節　波隆尼亞進程之基礎來源－索邦宣言（Sorbonne Declaration）

1990年代以來，歐盟高等教育整合進展相當快速，特別因爲波隆尼亞聯合宣言（Bologna Joint Declaration）的提出，使高等教育整合得以打破政府間運作的藩籬。該進程截至目前，一共歷經了八個階段，如表3-1，分別爲《索邦宣言》（Sorbonne Declaration）、《波隆尼亞宣言》（Bologna Declaration）、《布拉格公報》（Prague Communique）、《柏林公報》（Berlin Communique）、《柏根公報》（Bergen Communique）與《倫敦公報》（London Communique）、《魯汶公報》（Leuven/Louvain-la-Neuve Communique）[1]、《布達佩斯暨維也納宣言》（Budapest-Vienna Declaration），以及2012年的《布加勒斯特公報》（Bucharest Communiqué），其中，由法國、德國、義大利以及英國四國教育部長於1998年5月25日在巴黎索邦大學共同簽署《建立和諧歐洲高等教育體系聯合宣言》（Joint Declaration on Harmonization of the Architecture of the European Higher Education System），也就是《索邦宣言》，正式揭開最新一期之歐盟高等教育整合－波隆尼亞進程的序幕。

1　請參閱bologna process官方網站（http://www.ehea.info/article-details.aspx?ArticleId=43）。

表3-1　波隆尼亞進程表

日期	名稱	改革目標內容
1998年5月19日	索邦宣言 （Sorbonne Declaration）	1. 提出建立歐洲高等教育區域 2. 推展歐洲學分轉換制度 3. 協調國家間學歷制度體系
1999年6月19日	《波隆尼亞宣言》 （Bologna Declaration）	1. 採用易判讀與可互相比較的學歷制度 2. 採用兩階段的大學學制 3. 建立學分制度 4. 推展交流、師生流動 5. 推展歐洲品質保證合作 6. 推展歐洲領域之高等教育
2001年5月19日	布拉格公報 （Prague Communiqué）	1. 終身學習 2. 推展歐洲地區高等教育之吸引性 3. 歐盟伊拉斯摩斯世界
2003年9月19日	柏林公報 （Berlin Communiqué）	1. 改革兩階段的大學學制 2. 歐洲教育與研究領域結合
2005年5月20日	柏根公報 （Bergen Communiqué）	1. 檢討歐洲高等教育區域 2. 積極推動博士層級的流動 3. 強化高等教育的社會面向
2007年5月18日	倫敦公報 （London Communiqué）	1. 要求國家修訂法規 2. 重新審視波隆尼亞進程
2009年4月28-29日	魯汶公報（Leuven/Louvain-la-Neuve Communiqué）	1. 強調擴大參與終身學習 2. 實現三階段學制
2010年3月11-12日	布達佩斯暨維也納宣言 （Budapest-Vienna Declaration）	1. 確定了2010-2020年十項政策優先領域 2. 注重高教改革的社會需求
2012年4月26-27日	布加勒斯特公報 （Bucharest Communiqué）	1. 提高學生的就業能力 2. 連結職業資歷與文憑學歷認可 3. 倡導學習流動力 4. 2015年開發「歐洲高等教育區域準則」

資料來源：筆者自行整理歐盟官方資料。

　　四國教育部長在《索邦宣言》中指出，歐洲不該只發展成一個擁有共同銀行，經濟的歐洲，而是應該發展成一個文化、知識、科技以及社會的歐洲，該宣言主要提及三大共識：[2]

2　Sorbonne Joint Declaration, available from: http://www.bologna-bergen2005.no/Docs/00-Main_doc/

(一) 推動建立歐洲高等教育區域（European area for higher learning）

在此一開放的歐洲高等教育區域，建立學分及學位一致性的框架系統，以循序漸進的方式達成學位及學制的統一，宣言中指出，希望能藉由學分及學位的統一，消除人員流動的障礙，尊重歐洲多元文化，促進合作。

(二) 推動學士學位（undergraduate）及研究生（graduate）相同學位制度

歐洲高等教育體系缺乏競爭力之其一要素爲多元紊亂的學位制度，因此，該宣言指出，未來的歐洲應統一學士及研究生學位階段之學位制度，[3] 以清晰易判別之學制，統整以往歐洲各國迥異之學制，朝向歐洲高等教育一統之路邁進，並藉此政策的實行，方便歐洲內部人員的流動，提高歐洲高等教育在國際體系上的競爭力，吸引更多海外學子赴歐求學。

(三) 增加及促進學生及教師的流動

同時宣言中亦指出，鼓勵青年學子赴他國大學學習，[4] 最少爲一個學期，藉由歐洲學分轉換與累積制度（European Credit Transfer and Accumulation System, ECTS）的通用，[5] 以實現學位制度的靈活性，達成歐洲青年學子在任何時間進入歐洲他國大學就讀期間所修習之學分皆可被承認，並且，教師和研究人員亦應該擁有他國工作及生活的經驗，四國教育部長，期盼藉由歐洲各國青年學子彼此之間的交流，豐富其人生閱歷，建構多元學習環境，培養菁英人才，增強歐洲學子之競爭力，並希冀藉由教師及研究人員的豐富閱歷，爲歐洲學子開啓一扇多元學習之窗。

索邦宣言爲近期歐洲高等教育之整合開啓了序幕，奠定下波隆尼亞進程的根基，雖然該宣言的簽署國僅有法、德、英、義四國，且當時簽署之背景是因法國索邦大學八百周年校慶邀請各方學者、學生、歐盟等多方代表商討集會，所簽定的，並非爲一嚴謹之法律文件，但是，該宣言的訂立，代表著歐洲高等教育整合歷程一個重要的轉折點，同

980525SORBONNE_DECLARATION.PDF.

3　這裡所指之研究生爲碩士及博士。

4　不同的文化歷史背景及宗教信仰，是歐洲百年來吸引世界各地人們前往觀光的主要原因，同時亦爲歐洲各國主要的特色，然而，文化習俗上的差異性，也爲歐洲大陸開啓殘虐的戰爭歷史，爲了使多元文化得以在歐洲領土上長久傳承，並消弭因差異性所帶來的歧見和衝突，歐洲高等教育之整合，朝著尊重多元文化之路邁進。欲達成此一目標之作法，則爲增廣視野，接觸與己身不同之文化，爲此，索邦宣言中便提及，鼓勵歐洲青年學子走出母國，至歐洲他國大學求學，接觸多元文化，以包容和尊重的胸襟，看待異於母國之文化習俗，此一作法，除了可寬廣歐洲學子之視野，豐富其人生閱歷外，同時亦爲歐洲之和平奠立重要之根基。

5　歐洲學分轉換與累積制度於1989年第一次被推介使用，在歐盟蘇格拉底計畫伊拉斯摩斯（Erasmus）行動方案架構下進行，歐洲學分轉換制度只是一項學分制度，成功地在歐洲地區試用，歐洲學分轉換制度成立之初是爲學分轉換，這項制度輔助留學期間學分的認可，也因此提高了歐洲地區學生的流動（mobility）量與品質。近來歐洲學分轉換制度發展成學分累積制度，並在學校機構、區域、國家及歐盟等層級實施，這也是1999年6月《波隆尼亞宣言》（Bologna Declaration）的主要目標之一。European Credit Transfer and Accumulation System (ECTS)，available from: http://ec.europa.eu/education/programmes/socrates/ects/index_en.html#top。

時也確立歐洲建立高等教育區之理念，未來歐洲著力於高等教育之改革及整合，將以此宣言作爲基礎依據，朝著知識的歐洲邁進。

第二節　《波隆尼亞宣言》（Bologna Declaration）

延續《索邦宣言》的基礎精神，歐洲要朝著知識歐洲之路邁進，此外，爲了人員流通之需要，歐盟除了要更進一步整合高等教育學制統一性及學分相互認證，同時也需要致力於基礎法律文件的規範，以落實到各個會員國國內。1999年6月19日，29個歐洲國家的教育部長在義大利波隆尼亞召開會議，確立歐盟高等教育未來整合發展的目標，並在會後發布《波隆尼亞聯合宣言》（Bologna joint Declaration），簡稱《《波隆尼亞宣言》》。正如《波隆尼亞宣言》中開宗明義揭示，在歐洲整合擴大之際，其在政治、經濟、學術界及一般大眾均意識到建立一個更完整、且更具影響力的歐洲，特別是在加強學術、文化、社會及科技等方面。[6]因此，知識基礎的歐洲已被視爲促進社會與經濟成長的重要元素。此外，教育與文化一直被視爲推動民主化與社會安定的最重要項目，特別在東南歐與中東歐民主化的進程中表現最爲明顯，也代表著歐盟把高等教育整合視爲歐盟東擴（EU Enlargement）的重要預備政策與方針。

《波隆尼亞宣言》在索邦宣言基礎之下，確立一系列發展目標。之後，歐盟高等教育整合發展就以此宣言爲基礎進行一連串的檢討會議，即2001年的布拉格會議、2003年的柏林會議、2005年的柏根會議、2007年的倫敦會議，以及2009年的魯汶會議，近年則於2010年3月11至12日在布達佩斯召開，對波隆尼亞進程十年進行總結評估。12日，該會議通過了《關於歐洲高等教育區域的布達佩斯暨維也納宣言》（Budapest-Vienna Declaration on the European Higher Education Area）。這些會議除了重申《波隆尼亞宣言》精神外，還進行檢討與修訂高等教育區的主要目標。依據1999年《波隆尼亞宣言》的內容，其主要目標可分爲以下六項：[7]

(一) 採用易判讀與可互相比較的學歷制度

學歷認可（Academic Recognition）是認可國外所核發之文憑或修業階段證明，得以讓學生或學者在本國繼續深造。而歐盟歐洲執行委員會爲促進對學歷認定問題的了解，特別在此目標下成立國家學歷認可資訊中心（Network of National Academic Recognition Centers, NARIC）以提供會員國學歷認可程序等相關資訊。至目前爲止，各會員國都已設置國家學歷認可資訊中心，該中心對學歷文憑認可與出國進修期間之學分認可提供

6　《波隆尼亞宣言》文件請參閱：
　　http://www.bologna-bergen2005.no/Docs/00-Main_doc/990719BOLOGNA_DECLARATION.PDF。
7　Ibid.

權威性的建議與資訊。在《波隆尼亞宣言》中同時也提到，在採用易判讀及可比較之學歷同時，也藉由文憑輔助文件（Diploma Supplement）來提高歐洲公民就業率，以及高等教育制度國際競爭力。文憑補助性文件是一項不具規定性，但又有相當彈性的工具，不只可以節省許多時間、公錢與行政工作負擔，同時又可依地域性需求作出適當的調整。現行文憑補助性文件主要由各國政府機構，依據聯合國教科文組織（United Nations Educational, Scientific and Cultural Organization, UNESCO）及歐盟歐洲執行委員會與歐盟部長理事會共同合作研究、設計與修訂之範本來進行。

(二) 採用兩階段的大學學制

波隆尼亞會議中決定採用大學及研究所兩階段的高等教育制度。取得第二階段入學條件者必須獲得大學學歷文憑，第一階段修業年限最少三年，大學文憑將可視為一種合格的就業申請文件，第二階段則為現行歐洲許多國家已施行多年的碩士或博士學位制度。[8]另外歐洲執行委員會也支持由大學創辦的「轉換歐洲教育架構」（Turning Educational Structures in Europe），該計畫強調波隆尼亞進程的多項目標，特別強調採用兩階段大學學制與易判讀且可相互比較之學歷制度，該計畫還進一步明定七大學門在第一與第二階段應培養之基礎與專業能力。

目前許多歐盟會員國都已透過法令修改實施學士、碩士兩階段學制，改變各國傳統學制以符合波隆尼亞進程，不過現今還有部分國家允許新舊學制並存。歐盟要求各會員國對於兩階段學制的修業年限與功能有更統一的作為（舊制度對於單獨學歷通常不承認，因為它們的制度通常是學士與碩士合而為一），因此在芬蘭赫爾辛基召開研討會，明確要朝新制學歷發展，要求會員國訂定相關法規與經費及相關措施來支持此目標。

(三) 建立學分制度

在《波隆尼亞宣言》中明確提到建立良好學分制度的目標，因為歐洲學分轉換制度（ECTS）是促成學生交流的良好機制，[9]另外在非高等教育體系中，只要修習之課程為大學所認可也可以獲得學分，如此一來將有助終身學習的推展。在高等教育體系中，可依照各領域不同的參數（Parameters）來定義學分。根據歐洲執行委員會的資料，歐洲早在1989年就已開始推薦使用歐洲學分轉換制度。

各大學應用歐洲學分轉換制度於所有第一與第二階段課程者將授予歐洲學分轉換制度的標章，這個標章將會提高學校的形象，在國際上被視為可信賴之合作夥伴。歐洲學分轉換制度使所有學生（包含本國與外國學生）所修習的課業容易判讀與比較，成了對學生流動與學術認可上的最佳輔助制度，更幫助許多大學重組與改善課程的規劃與實施，該項制度並可應用於廣泛的課程，使得歐洲高等教育對來自其它國家的學生更具吸

8　傳統上歐洲高等教育主要分成前期兩種類型，即為學術取向與職業取向，即學士；進入後期第二階段者大都從事學術研究，即博士。

9　ECTS之詳細介紹請參閱本文第三章第三節。

引力；此外，歐盟更把學分轉換制度的實施成效視爲高等教育整合的重要指標。

(四) 推展交流

　　歐盟鼓勵每一所大學考量自己的歐洲特色，看哪些合作夥伴適合自己的興趣與未來發展，考量學生流動問題，提供他們伊拉斯摩斯經驗，來豐富學生的生活。目前絕大多數學生是屬於非流動型，因此，歐盟期望創造機會讓學生在充滿歐洲化或國際化氣氛的大學機構學習成長，與外國學生一起上課、學習他國語言、參與暑期課程與訪問學者接觸等多層面的學習機會。

　　歐洲執行委員會目前正推動兩個交流方案，第一個爲「數位化學習」e-Learning方案，主要在於推廣與補助資訊傳播科技有效整合於教育與訓練體系，藉由虛擬校園與網路姐妹校方式來推動；另一個方案爲伊拉斯摩斯世界方案（Erasmus Mundus）[10]，伊拉斯摩斯世界方案希望招收全世界最優秀學生與學者參加歐盟碩士課程，該歐盟碩士課程在歐盟不同國家上課，同時也包含非歐洲國家。

　　歐洲執行委員會希望藉由該計畫與其他非歐洲國家建立跨國對話。因此，伊拉斯摩斯世界計畫，意謂增加歐洲與世界其它國家在高等教育之合作。歐盟期望利用市場行銷策略使歐洲的信譽成爲頂尖學生、學者與合作夥伴的焦點，使雙方高等教育水準得以提高。

(五) 推展歐洲地區品質保證合作

　　許多會員國因應波隆尼亞進程，已著手成立品質保證單位或機構，歐盟目前也正推廣各校內及校外品質保證機制，來支持這項計畫，使得品質保證與評鑑更廣爲周延、更普遍及更一致。因此，「歐洲高等教育品質保證網路」（European Network for Quality Assurance in Higher Education, ENQA）就此成立。高等教育教學的質與量保證一般可以通過兩條途徑，一爲評估（evaluation）；二爲認證（license）。評估是爲了改善教育管理和教學品質，而認證是爲新設的專業或院系等教學科學研究機構得到官方許可。波隆尼亞進程中高等教育質量保證體系的建立涉及到的就是評估和認證的問題。於是ENQA成立的目的在於交換歐洲高等教育機構（大學、學院與品質保證機構）有關品質評鑑與保證的資訊、經驗與典範，及推動彼此間品質評鑑與保證方面的合作。

　　由於建立歐洲文憑架構之先決條件，是健全品質保證制度，所以歐盟欲使歐洲高等教育品質保證能更爲一致與具信賴度，目前歐洲執行委員會正研擬一套可比較的判讀標準，用來系統化評鑑現行大學內在品質保證機制。另外還要建立一套可比較的判讀標準來評鑑學習成果或能力，以協助歐洲地區學校註冊人員、學歷檢定人員及雇主更有效的學歷認可決定。

10　伊拉斯摩斯世界方案請參閱本文第四章第四節。

(六) 推展歐洲領域之高等教育

　　歐盟推動教育整合很大的一個特色就是歐洲面向（European Dimension）的教育，其內容從一般大學教育擴展到非大學之學術機構。使大學與非大學機構能有交流的平台。歐洲高等教育之整合，在《波隆尼亞宣言》的確立下向前跨一大步，藉由《波隆尼亞宣言》的實行，提升歐洲高等教育在全球化的世界體系中的競爭力，吸引外國留學生赴歐求學，透過學分的彼此認證、學制的統一性，以利歐洲境內學生的交流以及學術之間的合作，使得知識的歐洲得以進一步的實現。並且，循著簽署國的允諾及配合，歐洲將形成一個歐洲高等教育區域（European Higher Education Area, EHEA），有效提升歐洲人民的歸屬感。《波隆尼亞宣言》之主要精神，在於提升歐洲學生之競爭力、培育菁英人才、簡易學分轉換制度、有效落實人員自由流動之目標，以期在全球化下的國際社會中，提高歐洲高等教育之競爭力，在二十一世紀的多元世界體系中，教育不單只是一個國家的內政，同時也為一門產業，吸引國外留學生赴歐修習學位，是《波隆尼亞宣言》裡的另外一項重要指標。

　　《波隆尼亞宣言》的確立，幾乎等同於歐洲高等教育區域之代名詞，確立了歐洲高等教育學制的易讀性（readability），易讀性是波隆那進程的第一步，就是要使彼此能讀懂對方的教育文件，由於歐洲各國的高等教育體制不一，授予資格標準不相同，術語不同或含意不盡相同，因此必須有一個共同的參照框架，才能便於溝通，因此建議使用「文憑補充說明文件」就是一例。就是在各國的學位證書以外，附加一份補充說明，對其教育層次、教學內容、學習成果和成績等，用大家易懂的概念加以解說。《波隆尼亞宣言》廣受各方的贊同和支持，在許多歐洲國家內，歐洲人民對於高等教育的觀念和習慣正在轉變，部分傳統制式的教育模式也為新的制度所取代。[11] 由此窺知，歐洲高等教育區域是歐洲高等教育整合之最重要目標，未來的歐洲也將朝著建立廣大之高等教育區域邁進，成為全球最具競爭力之高等教育體系區域，吸引更多來自海外之留學生，並有效培育歐洲菁英人才，提升歐洲青年學子之競爭力。

第三節　布拉格公報（Prague Communique）

　　2001年5月19日，各國教育部長在布拉格，召開了第一次的雙年度檢討會議，該會議中，各國教育部長發表聯合聲明，除重申《波隆尼亞宣言》精神、檢視波隆尼亞進程之實行狀況外，在其聯合聲明中增列三項具體新目標：[12]

11　L. Angelis & Grollios, G, "From the white paper to the concrete future objectives of education and training systems in Europe", *European Education,* Vol. 35, No. 2 (2003), p. 85.

12　教育部長布拉格會議公報請參閱：
　　Communiqué of the Conference of Ministers responsible for Higher Education in Berlin on 19 September 2003,

(一) 終身學習

波隆尼亞進程希望建立一個沒有中輟生的教育體系，其目標是人人皆可以終身學習，無論是從正規或非正規教育場所，在日常生活、工作經驗或自我教育。另外，面對歐洲人口年齡層結構的改變，在未來大學可能面臨招生不易的問題，因此大學必須考慮向非傳統學習者開放招生，不然可能面臨辦學危機。所以歐盟鼓勵歐洲大學重新思考學生入學的方式、畢業條件及課程類型，建議大學提供不同的修業時間、不同的學生對象、不同的上課地點、不同的教學方法等。此外，歐盟更鼓勵設立歡迎中心（Welcome Centers）進一步讓這個中心成為所謂學習區域，與社會相關的合作夥伴及其他教育訓練機構相互連結。

(二) 推展歐洲地區高等教育之吸引性

歐盟歐洲執行委員會教育暨文化總署在2002年的會議中提出一項歐洲碩士的計畫，認為歐洲大學應匯集資源，創造高水準的碩士課程，成為能標榜歐洲高等教育的特色與吸引來自歐洲境內、甚至全世界學子來此留學，使歐洲成為全世界最被嚮往的高水準留學地區。

提高歐洲高等教育之競爭力與吸引力，已成為歐洲各大學的主要目標，其重要性僅次於他們在提升學術品質與畢業生之就業能力方面的努力。

(三) 歐盟伊拉斯摩斯世界（Erasmus Mundus）

歐盟伊拉斯摩斯世界此一計畫於2002年提出，主要目的為提高歐洲高等教育的品質，以及促進與第三國的合作，迎合教育全球化的挑戰與創造歐洲成為卓越中心地位及吸引更多第三國研究生赴歐洲留學，自2004年起實施的歐盟伊拉斯摩斯世界有以下幾項特色：[13]

1. 歐盟碩士：提供250個有名望的歐盟各大學校際合作之歐盟碩士予歐洲及非會員國學生攻讀，而所謂歐盟碩士的研究生至少需在兩所大學就讀才能獲頒歐盟碩士文憑。
2. 獎學金：此項獎學金分成二大項，對象為非會員國人民。第一大項提供非會員國學生赴歐攻讀歐盟碩士課程，每月1,600歐元；第二大項提供非會員國訪問學者參與歐盟碩士課程之教學與研究，每月4,000歐元。
3. 合作夥伴：歐盟鼓勵非會員國頂尖大學參與歐盟碩士課程，以達成教育全球化，目的在於提供歐洲學生攻讀歐盟碩士課程者可赴這些大學短期留學一至六個月。

有鑑於2000年歐盟建置「歐洲高等教育品質保證網路」（ENQA），2001年的布拉格公報除了重申《波隆尼亞宣言》之精神外，同時也督促歐盟會員國加強在高等教育品

---

available from: http://www.bologna-bergen2005.no/Docs/00-Main_doc/010519PRAGUE_COMMUNIQUE. PDF。

13 伊拉斯摩斯世界之詳細介紹請參閱本文第四章第四節。

質保證方面的合作，且再次呼籲各國應建構高教品質保證之機制，及鼓勵大學及其他高
等教育機構分享良好的執行範例或經驗，並設計可互相接受的評量及評鑑機制，[14] 並
且，布拉格公報同時亦提出促進波隆尼亞進程之實現，提出對波隆尼亞進程之建言，同
時亦強調終身學習及學生參與教學的重要性，欲進一步提升歐洲高等教育之競爭力及吸
引力。

　　在波隆尼亞進程下，雖然布拉格公報之內容不如《波隆尼亞宣言》，帶給歐盟高等
教育整合一項前所未有的整合新制，然而布拉格公報之簽訂，帶給了歐盟高等教育整合
一項重要的意義，也就是《波隆尼亞宣言》之下，所訂立的雙年制集會，在布拉格會議
中順利的舉行，且運作良好，往後每兩年波隆尼亞進程之會員國教育部長也將會定期集
會，檢討實行中的歐洲高等教育整合政策，以利政策和實務得以契合，運作順利，並確
保新制的歐洲高等教育整合政策符合世界潮流，與國際社會接軌，並達成確實提升歐洲
高等教育之競爭力和對海外留學生之吸引力之目標。

　　從《布拉格公報》中可以發現，歐盟為高等教育體系的趨同，除了仍繼續推進波
隆尼亞進程；與此同時，還要充分利用現成的國家法規和各歐洲組織提供的機會，以
獲得對已有課程、學位和其他資格的承認；並以現有的各組織和團體，如國家高等教育
承認資訊中心（National Academic Recognition Information Centre, NARIC）和歐洲網路資
訊中心（European Network Information Center, ENIC）等在學校、國家或歐洲層面上促進
簡便、高效率和公正的承認。有了高品質，才有信任也才能談得上流動、相容、和吸引
力。強調品質保證體系在確保歐洲高品質標準和資格可比性、協調性方面的重要性。鼓
勵文憑相互承認和質量保證這兩方面之間的更緊密合作。號召高等學校、各國國家品質
保證機構和歐洲高等教育品質互聯網（ENQA）之間的合作，建立一個歐品質保證的
共同參照框架。改善歐洲流動，吸引全球學生。會議還強調了終身學習，和跨國教育的
重要性。截至2001年，波隆尼亞進程下歷經索邦宣言、《波隆尼亞宣言》以及布拉格公
報三階段，歐洲高等教育之整合雛型已大致底定，各會員國國內亦處於新舊體制轉換時
期，為未來歐洲高等教育區域做足準備，以達到真正落實知識的歐洲之理想。

第四節　柏林公報（Berlin Communique）

　　接續2001年之布拉格會議，歐洲各國教育部長於2003年9月19日在柏林舉行新一屆
的雙年制會議，再度就波隆尼亞進程，進行意見的交換與檢討，並對新一期的高等教育
整合確立新行措施，會後各國教育部長達成共識，擬定《柏林公報》，呼籲強化大學在

14　楊瑩（2007）。〈歐洲高等教育品質保證機制九大進展－「波隆那歷程」執行成效高峰會最新成果報
　　告〉，《評鑑》，第8期（2007），頁55-56。

建設歐洲為一「知識歐洲」之角色，並加強歐洲在品質保證方面的合作，該會議明確呼籲應建構一個讓各國高等教育的文憑資格可易於認定及比較的資格文憑架構（a system of easily readable and comparable degrees），並提及可透過歐洲高等教育品質保證網絡，來達成高等教育機構的外部品質保證。[15]

《柏林公報》包括多項非常具體和重要的條款。各國部長將最終敲定在未來兩年內優先發展的三個領域：品質保證、兩階段循環系統、學位和學習階段的認證，從而推展波隆尼亞進程的發展。除此之外，與會的各國外交部長，也認為歐洲高等教育區域（EHEA）與歐洲研究區域（European Research Area, ERA）結合，是建構知識歐洲的條件。發展研究活動是歐洲高等教育整合的重要部分，並認為應該增設博士層級學位整合，使兩個階段的大學學制變成三個階段的大學學制，他們強調提升競爭力的方法，就是重視研究、研究訓練和提升各學科發展的品質，並建議大學機構或博士與後博士層級的合作。[16]（參閱圖3-1）此外，在柏林公報上，尚包含品質保證、與學位和學習階段認證之重點項目，其主要目標分述如下：

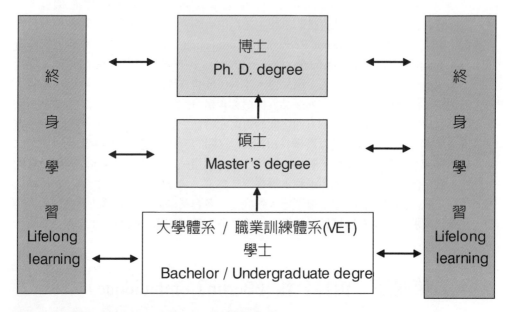

圖3-1　波隆尼亞進程之三階段大學學制體系圖

資料來源：筆者依據柏林公報內容自行整理。

---

15 "Realising the European Higher Education Area," Communiqué of the Conference of Ministers responsible for Higher Education in Berlin on 19 September 2003, p. 5.

16 Ibid., pp. 3-8.

(一) 高等教育品質保證

高等教育的品質是教育的核心要素，柏林公報中明確規範高等教育機構的職責，建立網絡與合作機制，與會的歐洲各國教育部長認為應支持大學、國家以及歐盟層級，對於高等教育品質保證所實行之措施，並強調應該制訂統一性的共用品質標準和方法以及完善的學位證書頒發系統。

(二) 兩層級學位架構

柏林會議與會之歐洲各國教育部長認為，應制定一項被整個歐洲高等教育區域，所統一使用之資格架構，在這樣一個架構之下，不同的學位應具有不同的定義與結果。第一層級之學位與第二層級之學位應具有不同的形式，以因應個人、學術和市場的多樣性。[17] 此一說法指的是，學士階段分為兩個層級，一個是職業體系另外一個則為大學體系，依據學生之興趣與志向，選擇適合自己的體系，選擇職業體系者，求學期間便能獲得在企業公司實習的機會，為未來投身社會做好準備，這也是歐盟所訴求的產學合作，透過大學與企業間的「產學合作」，達成學以致用、理論與實務接軌之目標；選擇大學體系者，則繼續鑽研學術，歐洲透過高等教育之改革與整合，期盼給予求學之歐洲青年學子得以在多元環境下修習學分，提升學子的競爭力。

(三) 學位之認可

在柏林會議中，與會的歐洲各國外交部長，重申里斯本策略的重要性，並且，就學位認可的部分發表新的方針。波隆尼亞進程前三階段歷程：索邦宣言、《波隆尼亞宣言》以及布拉格公報，僅將歐洲高等教育整合學制分為兩大層級，一為學士，另外一個則為研究生，此一模式在柏林會議中有了改變，各國教育部長認為，應將研究生此一層級，再畫分為碩士及博士，亦就是三層級（three-cycle）的學位資格架構，並加強歐洲高等教育區域與歐洲研究區域之間的聯繫與合作。該會議中同時決定接受阿爾巴尼亞、安道爾、波西尼亞、赫賽哥維納、羅馬教廷、俄羅斯、塞爾維亞和蒙特內哥羅等國為新成員。波隆那進程意味著高等教育的實質性改革。宣言中決定對新成員國的高等教育改革給予支持和幫助，至此歐洲高等教育區域有40個成員國。

波隆尼亞進程各會員國之教育部長，透過柏林會議這個平台進行諮商，做意見上的交換，統整該進程下，從1998年索邦宣言所訂立之精神與目標，到布拉格公報所確立的新策略，該會議所擬定柏林公報的宗旨精神，與布拉格公報一般，主要在於檢視波隆尼亞進程的重要改革，及其施行情形，對於不適用之部分進行檢討，對於不足之處進行補充，雖然這次的公報僅是檢視性質，但是其內文所提及之三層級（three-cycle）的學位資格架構，可謂該公報的核心策略，未來歐盟高等教育整合之歷程亦將循著此一模式，循序漸進，進行整合，以達成建立歐洲高等教育區域之理想，並希冀歐洲能成為全球最

17　李長華，「推進歐洲高等教育一體化的博洛尼亞進程」，《外國教育研究》，第4期（2005）。

具潛力，與最具吸引力之高等教育學區，網羅各方人才，吸取多方文化精隨，建構多元色彩之歐洲高等教育區域的目標。

第五節　柏根公報（Bergen Communique）與倫敦公報（London Communique）

　　2005年5月20日，波隆尼亞進程會員國之各國教育部長在挪威的柏根（Bergen）舉行第三屆的雙年制會議，該次會議中再次重申博士層級成為三個階段大學學制的重要性，並具體指出，最慢應於2010年創立歐洲教育區域以完成波隆尼亞進程之目標，經由彈性的方式，促使歐洲成為知識基礎的公民社會，與此同時，波隆尼亞進程之會員國因加入了烏克蘭等五國，因此會員國數已達到45國，該公報主要確立了三大目標：[18]

(一) 高等教育品質保證

　　該次會議中，45個歐洲國家的教育部長，強調應建立一套歐洲學位制度或歐洲文憑資格架構，並提出未來將建構歐洲品質保證登記局（European Register of Quality Assurance Agencies, ERQAA），以有效實現歐洲高等教育品質保證之審查制度之完善，並落實高等教育品質保證之目標。

(二) 學位制度

　　45國歐洲教育部長於該次集會中提出，為了真正使大學層級和研究生層級之教育體系順暢運作，各國應擬定具有可比較性，以及相容性之高等教育學術資格架構，並以學習時數、畢業生能力以及學習水準等方面之表現，對該學生之學術資格作一描述。並且，教育部長們認為，無論是大學層級或者研究生層級，各層級之教育都應該具有多樣性，並且能滿足個人、學術以及勞動市場的需求。

(三) 推動博士學位

　　該次會議中45位教育部長認為應積極推動博士學位（Ph. D. degree）博士層級的流動，鼓勵大學增設博士學位教育，使歐洲高等教育更具競爭力，能吸引更多領域之海外留學生赴歐就讀，並擴展歐洲境內人員流動之層級，由學士、碩士延伸到博士層級。

　　柏根會議的召開，主要是在於檢討柏林會議以來，波隆尼亞進程實行情形，各國教育部長進行意見上的交換。由於知識訊息不斷的在轉變，科技日新月異，因此，波隆尼亞進程各會員國教育部長得定期集會，商討並制定新一期的實行計畫與目標，柏根公報

18　Communiqué of the Conference of European Ministers Responsible for Higher Education, Bergen, 19-20 May 2005 http://www.bologna-bergen2005.no/Docs/00-Main_doc/050520_Bergen_Communique.pdf.

的內容，如同以往雙年制的部長會議，教育部長們爲了因應世界潮流的脈動，擬訂新制方針，爲的是要歐洲高等教育整合，得以不偏離高競爭力之核心目標，在該次公報中，開始積極於博士層級的設立，並鼓勵培育科技研發人才，由此可以看出，歐洲高等教育整合之路，是一步一步的循序漸進往前邁進，順應著世界脈動調整腳步，讓歐洲高等教育發展永不偏離軌道，朝著高競爭力與高吸引力之路邁進，未來歐洲高等教育區域亦將發展成世界最具有競爭力之高等教育學區。

接續《柏根公報》後爲歐洲高等教育整合之路，奠定另一項基礎的就是倫敦公報，2007年5月18日，波隆尼亞進程會員國教育部長於倫敦集會，召開第四次的雙年制會議，該會議把教育整合連結國家層級，要求會員國儘速修訂相關法規，讓學生、教師或相關人員有法律保障，加速人員流動性（mobility），以利完成歐洲教育區域之目標[19]，公報一開始便提及了該次集會的目的，在於爲了對2005年柏根會議以來的波隆尼亞進程實施情形做一系列的評估，同時2006年公投後獨立之蒙特內哥羅共和國（Republic of Montenegro）正式加入波隆尼亞進程，成爲會員國一員，波隆尼亞進程會員國於2013年已達49國。[20]

倫敦會議上，會員國教育部長認爲，在歐洲這個多元的文化遺產的基礎上，按照大學自治、學術自由、機會平等和民主的原則建立歐洲高等教育區域，將能促進流動性（mobility），提升歐洲的吸引力（attractiveness）和競爭力（competitiveness），在這個多變的世界體系下，歐洲高等教育制度需要不斷的適應和變化，以確保歐洲高等教育區域保持其競爭力，有效的因應全球化的挑戰。[21]除此之外，會中各國部長也重申對增強歐洲高等教育區域的「協調性」（compatibility）與「可比較性」（comparability），以及尊重各國高等教育制度的多樣性，部長們認爲，高等教育機構（Higher Education Institutions, HELs）不但是傳統的學習、研究、創造和知識傳播中心，同時也在社會的基本價值界定和傳播過程發揮了關鍵作用，歐洲高等教育整合的其中一項目標，就是保證高等教育機構擁有其必需的資源，以利各項目標得以全面實現。

這些目標包括了：幫助學生做好成爲民主社會的公民的準備，以及協助學生爲未來的事業和個人發展做好準備，爲此，高等教育機構便相形重要，爲了有效達成上述之目標，則必須確保高等教育機構具有多樣性（diverse）、具備經費充足（adequately funded）的條件、擁有自主權（autonomous）以及對社會負責（accountable），此外，也須確實落實在歐洲高等教育區域內，尊重和提倡無歧視（nondiscrimination）以及公平原則，保證教育區域內的學生及教師不受任何情形的歧視。[22]除了訂立新目標外，

19　London Communiqué Towards the European Higher Education Area: responding to challenges in a globalised world, http://www.ond.vlaanderen.be/hogeronderwijs/bologna/documents/MDC/London_Communique18May2007.pdf>.

20　波隆尼亞進程49會員國請參閱波隆尼亞進程官方網站, http://www.ehea.info/members.aspx.

21　請參閱London Communiqué第一條第一項至第一條第三項。

22　請參閱London Communiqué第一條第四項及第一條第五項。

倫敦公報中對於歐洲高等教育進程也做出了評估報告，分爲以下幾項：

(一) 流動性（mobility）

　　倫敦公報指出，教職員、學生以及畢業生的流動是波隆尼亞進程的一項核心目標，人員的流動促進了個人和高等教育機構間的國際合作，自1999年以來，人員的國際流動有了相當的進展，但是仍然面臨了些許挑戰，該等挑戰分別爲：移民、學分與學歷的相互認可、財政不足以及資金分配不平均等，因此，教育部長們認爲，各國政府應該便利簽證、居住和工作的許可，尋求各國政府的合作，以進一步達到人員流動的進一步發展。另外，在國家層面上，未來歐洲高等教育之整合將會運用一致性的認可制度和程序，例如：開設更有彈性的課程以及促進歐洲高等教育區域內的各個會員國得以更加均衡的發展。[23]

(二) 學位制度

　　在歐洲高等教育區域下建構三層級的學位制度，無論是在國家層面或是高等教育結構層面上，都有相當的進展。第一層級學位和第二層級學位課程的學生註冊人數大大增加，此外，兩層級學位之間的結構性障礙有所降低，此外，三層級架構下的博士生計畫的數量也有所增加。因此，教育部長們認爲，爲了使文憑更加能符合勞動市場的需要，課程的改革相形重要，未來歐洲高等教育將會朝著消弭高等教育各學位層級間的障礙，落實在考慮學習結果和學生學業負擔的基礎上，適當的運用歐洲學分轉換制度（ECTS）。[24]

(三) 認證

　　對於高等教育文憑、學習期限以及以往學習經歷（包括正式和非正式的學習）的公平認證，是歐洲高等教育區域的重要組成部分，提供易讀的、可比較的學位，是促進公民流動，保證歐洲高等教育區域，長期具有吸引力和競爭力的前提要件，因此，未來歐洲高等教育區域將會要求波隆尼亞進程後續工作追蹤小組（Bologna Follow-up Group，BFUG），請歐洲網絡資訊中心（ENIC）和國家學歷認可資訊中心（Network of National Academic Recognition Centers, NARIC），就各國行動計畫進行分析，並推廣於各個會員國內。[25]

(四) 文憑資歷架構

　　會員國教育部長們認爲，柏根會議上所通過的歐洲高等教育區域文憑資歷架構（Framework for Qualifications of the EHEA）是促進全球化背景下的歐洲高等教育發展的核心要素，因此，未來歐洲高等教育區域，將會推動全面性的國家文憑架構（National

---

23　請參閱London Communiqué第二條第二項及第二條第三項。
24　請參閱London Communiqué第二條第四項。
25　請參閱London Communiqué第二條第五項和第二條第六項。

Qualifications Frameworks），並在2010年以前完成歐洲高等教育區域文憑架構，此外，國家文憑架構，不但將與歐洲高等教育區域文憑架構一致，也將與歐盟歐洲執行委員會，所提出之歐洲終身教育文憑架構（European Qualifications Framework for Lifelong Learning）一致。[26]

(五) 終身學習

　　未來歐洲高等教育整合，將就終身學習層面將會請波隆尼亞進程後續工作小組（BFUG）與歐洲網絡資訊中心（ENIC）和國家學歷認可資訊中心（Network of National Academic Recognition Centers, NARIC）合作，對如何認可以往的學習經歷提出改進建議。[27]

(六) 博士學位

　　未來歐洲高等教育區域和歐洲研究區域之間，將會更加密切的合作，並在歐洲高等教育區域文憑架構內，發展各樣的博士生項目，達到真正落實三層級學位制度之目標。[28]

　　《倫敦公報》裡也確定了2009年歐洲高等教育整合之計劃，在流動性、學生就業能力、數據蒐集以及全球視野下的歐洲高等教育區域等方面，皆有明確的目標和計畫，為2010年的歐洲高等教育區域做準備，期盼能真正達成歐洲高等教育之整合與合作，並有效提升歐洲高等教育之吸引力與競爭力，提升歐洲青年學子之能力，強調產學合作及品質保證，並期望能真正達成三層級學位制度之目標，有效落實博士層級之實行，使歐洲高等教育區域成為全球最具競爭力之高等教育學區，吸引更多海外留學生赴歐求學，豐富歐洲多元文化，並達到歐盟四大流通中人員流動之學歷標準的公平性與一致性，創建知識歐洲。

第六節　魯汶公報（Leuven/Louvain-la-Neuve Communique）

　　波隆尼亞進程於2009年4月28、29日在比利時的魯汶召開部長會議，主要針對歐洲高等教育區域下一個十年擬定新計劃方向，其中包括了終身教育、品質認證、產學合作等方面。公報裡提到為了因應歐洲人口老化以及經濟危機等困境，促進高等教育之合作、提升高等教育之品質、發展終身學習及創建一個富有活力（dynamic）及彈性（flexible）的高等教育制度是相當重要的，為了更完整化歐洲高等教育區域之發展，有

26　請參閱London Communiqué第二條第七項至第二條第十項。
27　請參閱London Communiqué第二條第十一項。
28　請參閱London Communiqué第二條第十五至第二條第十七項。

效提升歐洲高等教育之吸引力及競爭力，主要有以下之計劃重點：[29]

(一) 社會層面

　　未來歐洲高等教育將融入社會特色，並擴大進入高等教育之入口，提供一個高品質的教育體系，為了達成以上之目標，所需之要項包括了改善學習環境、消除一切障礙，以及創造有利的經濟條件，使各層級之學生皆可受惠。

(二) 終身學習

　　實行終身學習計劃將能促進畢業之人士持續習得新技能，豐富個人經歷，為了有效的執行該計劃，擴大參與者之廣度是重要的，此外，為了使得終身學習計劃非消極性的鼓勵，而是積極性的推動，各會員國擬定未來將制訂國家資格框架，並預計在2012年以前完成自我認證的總體學歷資格框架，落實參與終身學習計劃之人士在修習課程後可獲得認證文憑。

(三) 國際化

　　全球化下的國際體系，國家已無法有效的實行保護主義鞏固自身利益，為提升競爭力，各國需擬定新方針來因應，對此，歐洲高等教育提倡各大學之國際化，參與全球合作（global collaboration），藉由政策對話以及合作夥伴關係的基礎來加強與世界其他地區之聯繫。

(四) 就業

　　隨著勞工市場對高技術水準的需求，學生必須在求學期間習得符合市場需求之知識與技能，為此，加強學生之能力以及促進產學合作是相當重要的，魯汶公報中有關於就業之相關計劃中提到，未來將持續推動高等教育機構與產業間的交流，增加學生在就學期間到企業服務的機會，同時也增進企業對高等教育之瞭解，有效提升學生之專業能力，培訓未來投身社會之菁英人才。

　　波隆尼亞進程明確的確立，歐盟以和平的方式，也就是教育改革來深化歐洲整合，高等教育合作以及學生及人員的流動，將是消弭緊張局勢的利器，[30]為了下一階段之歐洲高等教育區域之發展，以及伊拉斯摩斯課程之改革，各會員國之教育部長藉由集會訂立《魯汶公報》，該公報亦針對第三層級之博士課程提出了相關課程改革方針，期望歐洲高等教育區域得以成為全球最大同時亦為品質最為優良之高等教育學區，對此，魯汶公報可謂歐洲高等教育進程中跨越碩士層級進入博士層級重要依據。

29　The Bologna Process 2020 - The European Higher Education Area in the new decade, http://www.ond.vlaanderen.be/hogeronderwijs/bologna/conference/documents/Leuven_Louvain-la-Neuve_Communiqué_April_2009.pdf 2009.0530 (24, May, 2009).

30　Clifford Adelman, *The Bologna Process for U.S. Eyes:Re-learning Higher Education in the Age of Convergence* (Lumina Foundation for Education to the Global Performance Initiative of the Institute for Higher Education Policy, 2009), p. 6.

第七節　布達佩斯暨維也納宣言

　　歐洲地區47國高等教育部長會議於2010年3月11-12日在布達佩斯召開，對波隆尼亞進程十年進行總結評估。12日，該會議通過了《關於歐洲高等教育區域的布達佩斯暨維也納宣言》（Budapest-Vienna Declaration on the European Higher Education Area），隨後，各國代表出席了在維也納召開的第二次波隆尼亞政策論壇，主題為「建立全球知識社會：高等教育的體制和制度變化」（Building the Global Knowledge Society: Systemic and Institutional Change in Higher Education），會議結束時發表了《波隆尼亞政策論壇聲明》（Bologna Policy Forum Statement）。[31]

一、「波隆尼亞進程」的新進展

　　「波隆尼亞進程」是面向新世紀的歐洲高等教育改革計劃，於1999年由29個歐洲國家在義大利波隆尼亞共同提出。「波隆尼亞進程」的目標是，整合歐洲的高教資源及教育體制。在參與「波隆尼亞進程」的任何一個國家的大學畢業生畢業證書和成績，都將獲得其他簽約國家的承認，大學畢業生可以毫無障礙地在其他歐洲國家申請學習碩士階段的課程或者尋找就業機會，實現歐洲高教和科技的統合，建構「歐洲高等教區」（EHEA）。

　　經過10多年的發展，「波隆尼亞進程」取得了諸多進展：歐洲高等教育體系已更具相容性和可參照性，使得學生和教師流動也更為便利；高等教育現代化進一步推進，採用了「三階段」學制以及歐洲品質保障標準與準則。同時，建立了歐洲品質保障機制，建立與歐洲高等教育區域符合的國家架構計畫，實行文憑附加說明以及歐洲學分轉換制度（ECTS），增強高等教育的透明度和認可度。政府、高等教育機構、學生、教師及其他利益攸關者在歐洲價值觀的基礎上共同合作，為「歐洲高等教區」的建立奠定了良好基礎。

　　雖然「波隆尼亞進程」的某些預定目標未能完全實現，但其政策目標今後10年仍然適用，歐洲執行委員會、會員國、高等教育機構將繼續協力推進。2009年4月，歐洲46國教育部長在比利時魯汶舉行峰會時確定了2010-2020年十項優先政策領域，即：努力實現高等教育的社會公平；實施終身學習戰略；提高就業能力；堅持以學生為中心的教學模式；促進教育、科技研發和創新的融合；高等教育的國際開放；提高流動性；加強數據收集工作；開發多維透明工具以及加大經費支援。

　　按照波隆尼亞進程的最初設想，本次部長會議代表「歐洲高等教區」時代的正式來臨，通過了《波隆尼亞政策論壇宣言》和《波隆尼亞政策論壇聲明》，並歡迎哈薩克斯

31　"Bologna Ministerial Anniversary Conference 2010 in Budapest and Vienna," The official Bologna Process website, available from: http://www.ond.vlaanderen.be/hogeronderwijs/bologna/2010_conference/.

坦（Kazakhstan）作爲波隆尼亞進程的新成員，至此參與該進程的國家增至47國。[32]

二、《波隆尼亞政策論壇聲明》強調高教改革需加大執行力度

《波隆尼亞政策論壇宣言》再次強調，需在已有基礎上擴大歐洲高等教育改革的執行力度。將繼續致力於實現2009魯汶高峰會商定的目標；再次承諾把學術自由、自主性及高等教育機構責任制作爲「歐洲高等教區」的原則；強調高等教育機構應在促進和平民主社會和加強社會凝聚力方面發揮作用；強調以學生爲中心；加強教師和研究人員的國際網路合作；進一步與歐洲研究區域加強合作；重申高等教育是公共責任，承諾要確保高等教育機構在經濟困難時期有必要的資源，並由主管機關監督實施。

該宣言還指出建設「歐洲高等教區」需要改進的地方。根據「波隆尼亞進程」的獨立評估報告和相關組織的評估報告，雖然高等教育機構、工作人員和學生越來越認同「波隆尼亞進程」在實現歐洲高教改革目標方面取得了許多進展，但各國在學位、課程改革、品質保證、學歷文憑認證、流動性和社會層面的落實程度不一。最近一些國家的抗議活動，部分原因是針對發展問題和具體措施，與「波隆尼亞進程」無關。但也應看到，「波隆尼亞進程」的目標還有沒有向社會大眾做出滿意的解釋，一些相關改革措施尚未完整落實。爲了促進「波隆尼亞進程」原則和行動方針正確和充分執行，該會議也要求「波隆尼亞進程」後續行動小組（Follow-up Group）提出相關措施，特別是在國家和機構層面開發輔助工作方法，如同行學習、考察訪問和其他資訊共用活動。[33] 此外，該會議也決定下次歐盟高等教育部長會議將於2012年4月26至27日在羅馬尼亞布加勒斯特（Bucharest）舉行。

三、《波隆尼亞政策論壇聲明》強調高教改革應滿足社會需求

《波隆尼亞政策論壇聲明》認爲，建立「歐洲高等教區」，有助於重新定義歐洲高等教育。同時也可促進歐洲以外的國家更加有效地增進同博洛尼亞國家開展合作。該聲明指出，在第二屆「波隆尼亞進程」政策論壇上，與會各國代表就如何改革高等教育體制和制度以應對全球知識社會的發展、滿足社會不斷增長的需求進行討論，涉及勞動者和學生的流動、人才流動之挑戰和機會、如何平衡國際高等教育之間的合作和競爭等問題。該聲明也強調，爲了解決重大社會的挑戰，需要不同地區的高等教育和研究機構更緊密地合作。同時，應加強教研機構、教師和學生間對話，特別要促進與全球學生的對話交流。《波隆尼亞政策論聲明》宣布將開展以下工作：

1.建立聯絡人制度。爲了促進整個「歐洲高等教區」的國家、機構和組織之間進行

---

[32] *Budapest-Vienna Declaration on the European Higher Education Area*, European Higher Education Area, March 12, 2010, p. 1, available from: http://www.ond.vlaanderen.be/hogeronderwijs/bologna/2010_conference/documents/Budapest-Vienna_Declaration.pdf.

[33] Ibid, p. 2.

政策辯論和經驗交流，各國將分別提名一位聯絡人（contact person），並於2010年5月31日前通知「波隆尼亞進程」祕書處。這些聯絡人將作為各國聯絡點，以便更好地開展資訊交流和合作活動，包括協助下一次「波隆尼亞進程」部長級會議的籌備工作。

2. 召開相關會議。於2010年9月，經濟合作暨發展組織（OECD）主辦一個高等教育國際會議，內容是關於影響高等教育之危機，以及政府、機構和其他高等教育事務相關者如何共同行動，以確保未來之永續發展。2011年歐盟歐洲執行委員會將大力支援舉辦歐洲高等教育品質保障（quality assurance）會議。[34]會後由荷蘭的高等教育政策研究中心（Center for Higher Education Policy Studies, Cheps）和位於德國卡塞爾大學的高等教育國際研究中心（International Centre for Higher Education Research Kassel, INCHER-Kassel），以及英國的ECORYS國際公共政策研究與管理顧問公司負責教育與文化部門的ECOTEC團隊，匯集15名歐洲高等教育專家學者的研究成果，發表了針對歐洲高等教育區域「波隆尼亞進程」第一個十年期的成效評估報告（The Bologna Process Independent Assessment: The first decade of working on the European Higher Education Area）。

第八節　布加勒斯特公報（Bucharest Communique）

2012年4月26、27日參與歐洲高等教育區域的47個歐洲國家代表於羅馬尼亞布加勒斯特（Bucharest），召開協商波隆尼亞進程未來目標的高教部長級會議，會後做出布加勒斯特公報（Bucharest Communiqué）。公報中首先強調高等教育是解決歐洲當前難題的重要部分，堅強且負責任的高等教育系統需仰賴繁盛的知識社會。而波隆尼亞進程藉由高教機構、教職員與學生們的投入已經徹底改變歐洲的高等教育樣貌，現在的歐洲高等教育更具相容和可比較性，品質保證系統的引進更確保教育品質，跨國界的教育資歷更容易被承認，學生們今日得以享受更多元的高等教育機會，學習也更具移動性，歐洲高等教育區域（EHEA）的願景於焉成型了。[35]

該公報闡明未來高等教育畢業的學生必須能反映歐洲的社會多樣性，應發展弱勢族群進入高等教育的社會面向（Social dimension），會員國可藉由在社會面的同儕學習及檢視方式保障高教的學習進路。在教學上，致力於推動以學生學習為中心（student-

---

34　*Bologna Policy Forum Statement*, Bologna Policy Forum, Vienna, March 12, 2010, available from: http://www.ond.vlaanderen.be/hogeronderwijs/bologna/forum2010/Vienna_BPF_Statement.pdf.

35　*Making the Most of Our Potential: Consolidating the European Higher Education Area, Bucharest Communiqué*, Bologna Process Minsterial Conferences, available from: http://www.ehea.info/Uploads/%281%29/Bucharest%20Communique%202012%281%29.pdf.

centred learning）的創新教學方法，讓學生成為學習的主動參與者，使學生和學校、教職員一起相互激發出工作和學習的環境。品質保證對於建立大眾對歐洲高等教育區域的信心和加強吸引力至關重要，因此，為了維持高等教育的品質和公共責任，過去「E4集團」（E4 Group）包括歐盟成立之「歐洲高等教育品質保證網絡」（European Network of Quality Assuarance in Higher Education, ENQA）已經協同「歐洲大學聯盟」（European University Association, EUA）、「歐洲高等教育組織協會」（European Association of Institutions in Higher Education, EURASHE）、「歐洲學生組織」（National Unions of Students in Europe, ESIB）一起推動「歐洲品質保證標準和指導方針」，未來將修訂2005年會員國所簽署的「歐洲高等教育區域品質保證標準和指引」（Standards and Guidelines for Quality Assurance in the European Higher Education Area, ESG）使其更清楚地於會員國內有效適用，ESG的修訂報告將由「E4集團」和「教育國際」（Education International）、歐洲雇主團體（BUSINESSEUROPE），以及2008年成立之「歐洲品質保證機構註冊局」（European Quality Assurance Register for Higher Education, EQAR）等外部相關組織合作，並提交報告給予波隆尼亞進程後續工作追蹤小組（Bologna Follow-up Group , BFUG），以因應未來會員國相互公開高教資金和治理的對話。[36]

　　為因應廣泛社會需求和知識經濟時代人力市場需要，畢業生需要具備結合許多學科和創新的技術與能力。因此，特別是在發展研究計劃上歐洲高等教育必須透過與企業雇主的合作，提高學生的就業能力（employability）和專業發展，以提升大學畢業生的創新、創業和研究潛能。為了滿足不斷變化的勞動力市場背景下，終身學習的因素格外重要。此一方面，高等教育機構貢獻了創新得以永續發展的環境，維持創新也需要高等教育的教學與學術所有層面，保持與研究強而有力的連結。創新的博士訓練（Doctoral Training）計畫將促進高教品質、就業力和流動性（mobility）三面向的良性循環，而博士候選人將扮演聯結歐洲高等教育區域（EHEA）和歐洲研究區域（European Research Area, ERA）的聯繫橋樑，下一階段的博士訓練計畫，也就是波隆尼亞進程學制改革所強調的高品質第二階段循環，其必要前提在於使博士候選人成功連結學習、教學與研究，並增加研究的易讀性。

　　其次，該公報提出下一代歐洲高等教育整合的新觀點，為了提升歐洲學生整體的就業力，應倡導學習流動力（Learning mobility），在歐洲高等教育區域未來將以「為了更好的學習而移動」（Mobility for better learning）作為發展策略，致力於高等教育區域的國際化。充足的金融資助對學生跨國移動求學是很重要的條件，未來應使各國家內的獎學金和就學貸款也能隨著學生跨國移動。歐洲高等教育區域也將促請歐盟能致力於對此相關政策的實行。[37]

36　Ibid., pp. 1-2.

37　Ibid., pp. 2-3.

在固有的流動性政策上，確保歐洲學分轉換制度（ECTS）、文憑輔助文件（Diploma Supplement）、資歷架構（qualifications frameworks）的有效實踐，應注重學生的學習成果（learning outcome）爲基礎的呈現，因此，會員國應確保發給學生的歐洲學分轉換制度使用者指引（ECTS Users' Guide）可以完全反映國內正進行的工作需要的學習成果，以及所需要的資歷認證。未來希望會員國國內的資歷架構與其所需的學習成果，能在歐盟歐洲執行委員會提出相關歐盟指令（EU Directive）的修正後，成爲歐洲共同承認的職業認證（professional qualifications）。

職業與學術資歷需建立認可機制，關於職業認可（professional recognition），該公報提出建立歐洲認證區域（European Area of Recognition , EAR），呼籲會員國的國內立法能與聯合國教科文組織（UNESCO）的里斯本認可公約（Lisbon Recognition Convention）亦稱「歐洲地區高等教育資格認可公約」接軌。各國應共同努力發展自動可比較對照學術學位的職業資歷認可。高等教育機構應更努力發展聯合學位及聯合教育計畫，各國立法和實務上關於聯合學位及聯合教育計畫，以清除高等教育合作和流動上的在國內層面之障礙。並以波隆尼亞論壇作爲對話平台，實行「歐洲高等教育區域的全球設定」（EHEA in a Global Setting）總體策略，與其他區域合作創建歐洲高等教育區域的國際開放性（international openess）。爲了使高等教育資料庫能確實反映共同的教育指標（common indicators），特別是關於社會面向、終身學習、國際化趨勢，就學貸款及獎學金數字，以及學生和教職員的流動人數統計等資料，需從政治面鞏固基礎，改善高等教育資料收集之透明性發展自願性的同儕學習及檢視系統，在透明性政策方面，於2015年開發出「歐洲高等教育區域準則」（EHEA guidelines），並持續監督現行高教透明公開的措施。該部長會議中訂出歐洲高等教育區域2012-2015期間，會員國於國內層次需配合達到的十點重要目標：[38]

於國內政策徹底反應2012波隆尼亞執行報告（2012 Bologna Implementation Report）的結論與建議：

1. 針對弱勢的族群，使其擴大對歐洲高教整合政策的參與，並提升目標措施的執行率。
2. 持續在學生和教職員的各層治理結構中，創造以學生學習爲中心的有利條件，並建立創新的教學方法，以激發能協助學生工作和學習的環境。
3. 在符合各國家規範的前提下，允許「歐洲品質保證機構註冊局」（European Quality Assurance Register for Higher Education, EQAR）履行整個歐洲高等教育區域的高教認可活動。
4. 透過改善高等教育與企業雇主的合作，加強學生的就業能力、終身學習（lifelong learning）、創業技能（entrepreneurial skills），以及解決問題的能力（problem-

---

38　Ibid., pp. 3-4.

solving skills），特別在各國在發展教育方案時應以此爲考量。

5. 應以學生的學習成果爲基礎，確保歐洲學分轉換制度（ECTS）、文憑輔助文件（Diploma Supplement）、資歷架構的有效實踐。

6. 敦促那些未能於2012年底整合國內資歷架構與EHEA架構相容的國家加緊努力，並使其提出關於該任務的修訂計畫準則。

7. 提倡在EHEA實踐「爲了更好的工作和學習而移動」（Mobility for better learning and work）策略，應使各國家內的獎學金和就學貸款也能隨著學生跨國移動。

8. 重新檢視各國國內法規與里斯本認可公約的相容性，並推動歐洲認證區域（EAR）說明手冊的使用。

9. 鼓勵在EHEA機制下，成立聚焦於科技與研究的合作聯盟。

　　該部長會議中決定下屆2015年的歐洲高教部長會議將在亞美尼亞首都（Yerevan）舉行，屆時再針對各國對上述波隆尼亞進程的重點目標做出回顧與修正。該公報在整體歐洲層面亦提出十點各高教整合的利益相關者需達成的重點目標：[39]

1. 尋求歐盟統計局（Eurostat）、歐洲教育資訊網（Eurydice）[40]、歐洲學生資訊（Eurostudent）[41]對波隆尼亞進程改革之執行成果和「爲了更好的工作和學習」（Mobility for better learning）策略作監督。

2. 於2013年開啓一項共同方案，發展各國高等教育體制自願性的同儕學習及檢視系統，以促進高等教育在社會面向的共同學習。

3. 提出關於各國採納「歐洲高等教育區域品質保證標準和指引」（ESG）的修正提案。

4. 建立歐洲高等教育區域和歐洲研究區域（ERA）的額外聯繫橋樑，以促進高教品質、就業力和流動性（mobility）三面向的良性循環。

5. 確保發給學生的歐洲學分轉換制度使用者指引（ECTS Users' Guide）可以完全反映國內正進行的工作需要的學習成果，以及所需要的資歷認證。

39　Ibid., p. 5.

40　歐盟教育資料庫（Eurydice）自1980年開始，即是歐洲執行委員會和會員國爲促進合作而共同發展的策略機制之一，而自1995年起，Eurydice也是歐洲共同體「蘇格拉底教育行動計劃」的一部分。Eurydice是一套用來搜集、監測、處理及傳遞全歐洲教育系統及政策資訊的網路。Eurydice內所涵蓋的教育系統包括：歐洲聯盟各會員國、歐洲自由貿易聯盟（EFTA）的三個國家（亦爲歐洲經濟區域會員國）以及參加「蘇格拉底計劃」的歐盟候選國共34個歐洲國家。Eurydice主要提供決策者及所有教育相關人士所需的資訊和學術論文。（原文轉引自：許琇媛（2006），「Eurydice資料庫」，淡江大學圖書館資料選介，摘自：http://blog.lib.tku.edu.tw/post/6/812 ）。

41　歐洲學生資訊（Eurostudent）是由德國聯邦教育與研究部（Bundesministerium für Bildung und Forschung, BMBF）和歐洲執行委員會的終生學習計畫（Lifelong Learning Programme）所贊助，其主要功能爲蒐集在歐洲高等教育的社會層面的資料蒐集與研究，資料側重於學生的社經背景與生活條件，同時亦調查國際學生流動資訊以提供跨國比較；該資料庫的研究成果的主要使用者爲各國家和歐洲層面高等教育政策的制定者，或是此一領域的研究人員、高等教育機構的管理人員和在歐洲各地的學生。（原文摘譯自：http://www.eurostudent.eu/about/intentions ）。

6. 確保各國國內資歷架構與EHEA架構實務上學習成果的相容，並擴展國內短期資歷架構納入EHEA架構的可行性。

7. 協助各國發展自動可比較的（comparable）學術學位認可的實務工作。

8. 檢視各國立法和實務上關於聯合學位及聯合教育計畫，以清除高等教育合作和流動上的在國內層面之障礙。

9. 評估未來實行「歐洲高等教育區域的全球設定」（EHEA in a Global Setting）總體策略。

10. 在透明性政策方面，發展「歐洲高等教育區域準則」（EHEA guidelines），並持續監督現行高教透明公開的措施。

從歷屆波隆尼亞進程的宣言與公報中綜觀歐盟高等教育整合過程，乃是一部漫長且還在持續統合的歷史進程，從1950年代即伴隨著歐洲（歐盟）政治經濟上的統合逐步發展，在歷經1970年代歐洲各國大學間缺乏資訊交流和彼此溝通認識，高等教育整合產生信任危機下。而到了1985年直到馬斯垂克條約實行前的1992年爲止，歐盟會員國爲了有效落實教育合作目標，再度實行了多個高等教育合作計畫，會員國爲了有效落實教育合作目標，1998年歐洲教育部長會議從法國、德國、義大利以及英國四國教育部長共同簽署《索邦宣言》，開啓波隆尼亞進程的序幕，到1999年6月19日，29個歐洲國家的教育部長在義大利波隆尼亞（Bologna）召開會議，期望達成高等教育整合，創造一個富有彈性與競爭力的歐洲高等教育區域，此一進展也爲未來歐盟高等教育施行方針奠定新的基礎。索邦宣言帶給了歐盟在高等教育整合路上一個高峰期的轉折點，此爲歐盟發展高等教育二十餘年來，第一次在政府間協商中獲得最具體之成果。接著1999年29個歐洲國家簽署《《波隆尼亞宣言》》，開啓現行歐洲高等教育統合「波隆尼亞進程」的方針。而綜觀歐洲高等教育統合的發展可以清楚發現由歐盟高教部長會議訂下發展目標，歐盟歐洲執行委員會教育暨文化總署（Directorate General Education and Culture）設計之高等教育統合方案對於歐盟東擴，領先於一般大眾所認知歐盟政治和法律的統合。1999年時今日歐盟中26個國家和冰島、挪威以及中立國瑞士皆已加入「波隆尼亞進程」，2001年賽普勒斯加入，甚至在克羅埃西亞和土耳其等歐盟現在候選國都早已加入歐盟設計的歐洲高等教育政策統合；2003年後更加入了俄羅斯和許多前蘇聯國家，拓展了歐盟與俄羅斯的實質關係。[42]（參照表3-2、圖3-2）

---

42 David Crosier, Lewis Purser & Hanne Smidt (2007). *Trends V: UNIVERS ITIES SHAPING THE EUROPEAN HIGHER EDUCATION AREA*, Brussels: European University Association, p. 68.

表3-2　歐盟擴大與歐洲高等教育統合發展對照表

年代	歐盟擴大	歐洲高等教育統合之重要成果
1951－1973年	荷蘭、比利時、盧森堡、西德、法國、義大利	1972年佛羅倫斯創立歐洲共同體大學
1973－1981年	英國、愛爾蘭、丹麥	1982年歐洲議會通過決議要求歐洲執行委員會及理事會加強促進歐體在高等教育政策的合作行動
1981－1986年	希臘	
1986－1995年	西班牙、葡萄牙	天普法爾（TEMPUS PHARE）計畫，建立與東歐國家教育交流與合作關係；伊拉斯摩斯計畫、歐語學習計畫、哥倫布計畫、歐洲青年交流計畫等
1995－2004年	芬蘭、瑞典、奧地利	1999年現今歐盟其中26會員國（賽普勒斯除外）加上EFTA國家：冰島、挪威、瑞士加入「波隆尼亞進程」；2001年克羅埃西亞、賽普勒斯、列支敦斯登、土耳其也加入（布拉格公報）
2004－2007年	愛沙尼亞、拉脫維亞、立陶宛、波蘭、捷克、匈牙利、斯洛伐克、斯洛維尼亞、馬爾他、賽普勒斯	2003年阿爾巴尼亞，安道爾，波士尼亞和赫塞哥維那，教廷，俄羅斯，塞爾維亞和蒙特內哥羅，以及「前南斯拉夫馬其頓共和國」（柏林公報）；2005年亞美尼亞，亞塞拜然，喬治亞，摩爾多瓦，烏克蘭（柏根公報）2007年蒙特內哥羅（倫敦公報）加入「波隆尼亞進程」
2007－2013年	羅馬尼亞、保加利亞	2010年達成歐洲高等教育區域（EHEA），完成三階學分轉換系統 2010年哈薩克斯坦（Kazakhstan）加入「波隆尼亞進程」至2013年有49會員國。

資料來源：作者自行整理「波隆尼亞進程」官方網站（http://www.ehea.info/）資料。

　　學者米拉達（Milada Anna）運用歷史制度主義提出歐盟東擴的命題包括：一、歐盟以其機構塑造擴大的結果，特別是運用不對稱的力量形成一種路徑依賴的結果。二、1989後共產垮台對歐盟是無預警的外生（exogenous）震撼，東擴則是對此震撼的一種回應。歐洲執行委員會扮演著建構歐盟預先加盟方案（pre-accession process）的經紀人（broker）角色。[43] 由歷史制度主義的路徑依賴模式分析，歐盟歐洲執行委員會規劃出針對泛歐洲的高等教育整合制度，對歐盟之擴大政策確實有預先東擴之效果，並從制度面吸引歐盟會員國和歐盟候選國加入歐洲高等教育區域，同時進一步因應蘇聯共產瓦

43　Milada Anna Vachudova (2005). *Historical Institutionalism and the EU's Eastward Enlargement*, State of the European Union Conference, Princeton, 16 September 2005, p. 7.

解後的世局，藉由高等教育的「軟權力」（soft power）使得俄羅斯和獨立國協的國家們都能參與高等教育的互惠和交流，使得政治經濟上關係得以更加鞏固。經由比較歐盟政治統合的歷史發現高等教育統合方案對於歐盟東擴，領先於一般大眾所認知歐盟政治和法律的統合而對歐盟在政治經濟上產生正面的影響。

　　從歷史發展來看歐盟高等教育整合的政府間合作於1998年索邦宣言開始至今，歐盟高等教育整合在波隆尼亞進程的合作平台上，會員國教育部長定期舉行會議，商討高等教育合作政策，已有十餘年的時間，歐盟課程也將從以往的碩士課程，往上擴展至博士課程，將來每年將吸引更多的海外青年學子赴歐洲修習學位，未來，歐洲勢必將其高等教育區，打造成全球最大、品質最佳，同時也最具競爭力的模範。為了達成初始歐盟國家整合高等教育體制，發展合作政策的初衷，也就是培育精良的人才，創建知識的歐洲該等目標，在波隆尼亞進程底下所含括的高等教育政策包羅萬象，包括品質認定、終身教育、海外交流等。在這些縝密且多元的高等教育政策中，1987年開始實行的伊拉斯摩斯計畫（Erasmus Programme），是其中一項執行得相當良好的政策，同時也為我國每年多名學生受惠，獲取獎學金，赴歐洲攻取學位，拓展視野的大道，該計畫構築了歐盟學生與世界各國學子交流的橋樑，可謂是會員國青年學子，與世界其他國家之青年學子互惠的一項良策，欲探究歐盟高等教育政策之精髓，絕不可忽略該項政策，故下一章節將針對伊拉斯摩斯政策之發展緣由、政策內容，以及實行成果等方面，作一詳盡的介紹。

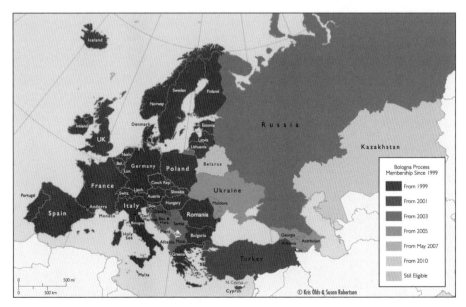

圖3-2　波隆尼亞進程會員國擴大歷程圖

資料來源：Mapping the expansion of Bologna Process membership (1999-2011), Retrieved from http://globalhighered.wordpress.com/.

1987年首次施行之伊拉斯摩斯計畫（European Community Action Scheme for the Mobility of University Students, 簡稱Erasmus），除了提供歐洲人員流動良好的基礎外，同時也是歐盟高等教育政策中施行成果相當良好的典範與核心。歐盟為了重拾以往歐洲大陸領導者之地位，期望能與日本及美國等經濟強國相抗衡，提升歐洲各方面之競爭力，為當時歐洲的首善目標，伊拉斯摩斯計畫之中心標的，即為提升歐洲學子之競爭力、有效落實人員流動、培訓菁英人才。

該計畫自1987年實行至今已有20餘年，對於歐盟境內人員流動、落實歐洲學子赴境內其他會員國大學進修之目標，開闊視野，體驗多元文化，增進人生閱歷及經驗，以及促進歐洲學者間的交流合作，皆有相當成果，[1] 計畫實行期間，依據計畫期限適時做出下一階段的新方針，並有效實施，以確保提升歐洲高等教育之競爭力之目標；順應時代變遷，符合時代需求；有效結合實務與理論，注重產學合作，以及吸引更多海外學生到歐洲留學，企圖成為全球最大之高等教育學區。

第一節　伊拉斯摩斯計畫之歷程及計畫重點

單一歐洲法案（Single European Act）於1985年通過，實現真正「共同市場」後，引發人才勞務、資本技術、企業經營等生產要素，在歐洲共同體境內的全面自由流動和配置，其對歐洲高等教育整合改革帶來了史無前例的衝擊，[2] 因此，1980年代中期，歐體便推出了幾項多元化性的教育計畫，其中包括了「伊拉斯摩斯計畫」、「歐洲青年交流計畫」、「歐語學習計畫」、「科技教育暨訓練計畫」、「一般體系指引」以及「哥倫布計畫」等，[3] 其中，伊拉斯摩斯計畫為這些計畫中，實行上獲得相當成果的計畫

1　從1987年至2007年一共有168萬多名歐洲青年學子藉由伊拉斯摩斯計畫達成交流，赴歐洲其他國家求學，而自1997年至2007年一共有16萬多名歐洲學者到歐洲其他學校短期任教，真正實現人員流動以及學術合作交流之目標。該數據之統計請參閱歐盟官方網站統計數據：
　　Erasmus Student Mobility 1987/88-2006/07, available from:
　　http://ec.europa.eu/education/erasmus/doc/stat/chart1.pdf，以及Erasmus teacher Mobility 1997/98-2006/07 http://ec.europa.eu/education/erasmus/doc/stat/table3.pdf。
2　鄔忠科（計畫主持人），《93年度歐盟學制研究報告》（台北：教育部，2005年），頁2。
3　請參閱本書第一章歐盟高等教育整合之歷史進程。

之一，其生成背景可追溯至1977年實行的「合併進修課程計畫」（Joint Studies Program, 以下簡稱JSP計畫）。

(一) 計畫實行之背景

　　1970年代初期歐洲共同體各國，在多項經濟政策上達成妥協，歐洲高等教育交流與合作問題，便再次受到正視，1974年和1976年理事會擬訂了兩份「歐洲理事會決議」，初步規劃了共同體教育政策，[4] 1977年，歐洲共同體根據以上政策文件推出JSP計畫，其目的主要在於實現共同體各大學之間，以協調及合作的模式發展大學課程，及大學生透過跨國不同院校進修，而完成大學課程，[5] 然而，由於歐洲各國語言多樣，語言隔閡造成學生交流上的障礙，並且各國學制大相逕庭，沒有一套統一或是相容的學級制度等，該等情形都成了計畫實行上不盡理想的要素，歐洲教育學者史密斯（Smith）便指出了該計畫執行下的缺點，包括了：[6]

　　1. 各大學之間缺乏資訊交流和彼此了解；
　　2. 部分歷史較短的院校，受到歧視和不被接納為交流和合作伙伴；
　　3. 各大學因缺乏明確指引，所以很難尋找其他適當院校作為交流對象；
　　4. 許多院校根本沒有專責部門和人員，處理學術交流合作事宜，以致有關項目行政和管理紊亂；
　　5. 許多教職員因未能掌握其他歐洲外語和缺乏國際視野，難與交流學生溝通；
　　6. 大學職員對本地學生的教育工作已很繁重，故此未能花更多人力資源在交流合作項目上。

　　為了解決JSP計畫實行上所產生的問題，1987年，歐洲執行委員會開始資助這個歐洲學生流動計畫獎學金，也就是伊拉斯摩斯計畫，很快地，該項計畫在歐洲學生間變得相當受歡迎，歐洲大學的青年學子赴海外其他歐洲國家具有伙伴關係的大學求學之機會增加了，除此之外，該計畫也資助成員國大專教師在境內不同國家教學和進修，藉以提升教職員的學術水準，以及學生學習素質，擴展學生視野，增進學生之競爭力。

(二) 伊拉斯摩斯之核心目標及發展歷程

　　1987年一共11個國家參與伊拉斯摩斯計畫，[7] 根據歐洲執行委員會於1987年6月15日通過之伊拉斯摩斯計畫內容第二條中，明文確立了伊拉斯摩斯計畫之核心目標包含了：[8]

4　該政策中有關高等教育交流與合作部分的主要項目請參閱鄔忠科，《93年度歐盟學制研究報告》，頁1。

5　同上註，頁2。

6　同上註。

7　11個會員國包括了：比利時、丹麥、德國、希臘、西班牙、法國、愛爾蘭、義大利、荷蘭、葡萄牙，以及英國。

8　European Commission, *The ERASMUS Experience- Major findings of the Erasmus evaluation research project*

1. 加強會員國大學間的緊密合作；

2. 藉由增加教師的流動，來改善教育品質，並鞏固共同體在全球體系下的競爭力；

3. 加強會員國公民間的互動，鞏固人民的歐洲的觀念；

歐盟歐洲執行委員會該項決議，除了明確的訂下伊拉斯摩斯計畫實行之目標以外，也對於該計畫之預算以及實行架構做了詳細的規範，該項計畫下一共編列了四項行動計畫：[9]

1. 行動計畫一：建立並實行歐洲大學網絡（Establishment and Operation of a European University Network）：

　－ 共同體將採用歐洲大學合作網絡，促進共同體內部學生的交流。這個大學網絡是由伊拉斯摩斯計畫架構下的各大學所組成的，會員國大學將會簽訂合作協定，並且承認歐洲大學學生，在至少一個國家求學期間所獲得的文憑或是學術上的證書。

　－ 每個參與聯合計畫的大學，將會獲得每年最少10,000歐洲計價單位，最多25,000歐洲計價單位的補助。

　－ 除此之外，共同體也將提供教職人員和大學管理者（university administrators）出訪其他會員國。

　－ 對於教職員的資助，得以促進教職人員在共同體境內的流動，以利整合課程的發展，同時也能讓教職人員，在歐洲網絡下的歐洲大學任教。

2. 行動計畫二：伊拉斯摩斯學生獎學金方案（Erasmus student grants scheme）：

　－ 會員國將會提供每個學生每年最多5,000歐洲計價單位（ECU），而這筆獎學金之支付情形及條件如下：

　　(a) 獎學金將贊助學生流動的費用、旅行費用、外語學習費用，以及符合交換國家消費水準的生活費用；

　　(b) 獎學金將優先提供給行動計畫一下參與歐洲大學網絡課程的學生，但是獎學金也會提供給參與歐洲大學網絡外的一些特別課程之學生或學生團體；

　　(c) 學生在他國求學期間，所花用的獎學金將會被其母國完全的認可；

　　(d) 參與的學生不需再前往求學的會員國繳交學費，但是必須繳交母國大學的學費；

　　(e) 獎學金一般情形下，只提供給學生赴其他會員國求學期間使用，期限最少是一個階段或是一個學期，最多一年；

　　(f) 學生在原來國家所需的生活費，將會在學生到他國求學時持續被支付。

3. 行動計畫三：提升證書及學習時間之學術認可（Measures to Promote Mobility

(Brussels: European Commission, 1997), p. 7.

9　OJ NO. L 166,25/06,1987, http://eur-lex.europa.eu/LexUriServ/LexUriServ.do?uri=CELEX:31987D0327:EN: HTML.

through the Academic Recognition of Diplomas and Periods of Study）：

－推介使用歐洲學分轉換制度與學分累積制度，提供一個方法，計算學生在其
他成員國大學修習，與實習所獲得的學分，並且每年撥給最高20,000歐洲計價
單位（ECU）給予參與的伙伴大學。

－促進歐洲共同體國家學歷認可資訊中心網之發展（European Community Net-
work of National Academic Recognition Information Centers），讓會員國間資訊
交流更爲容易。

－發展不同會員國大學間的聯合課程（Joint Curriculum），使學術認可更加簡易化。

4. 行動計畫四：提高學生在共同體間的流動（Complementary Measures to Promote
Student Mobility in the Community）：

－共同體將會撥給20,000歐洲計價單位（ECU）給予大學辦理短期密集計畫。

－增進共同體大學體系間的相互承認。

　　由於第一階段的伊拉斯摩斯計畫於1990年6月結束，於是會員國教育部長便集會，
商討下一階段的伊拉斯摩斯計畫，1989年歐洲執行委員會通過了伊拉斯摩斯之下一階段
計畫方針，該計畫年限爲五年（1990-1994），其主要內容和1987年伊拉斯摩斯計畫首
次實施時的四項行動計畫一般，從四個面向來訂立實行方針，只是增列和修改了些許方
向，主要之架構仍舊針對建立並有效運作歐洲大學網絡、鼓勵歐洲大學學生赴境內其他
會員國求學之獎學金辦法、促進歐洲學分轉換與累積制度（ECTS）以及其他文憑認證
架構的普遍性，和提高歐洲境內之人員流動，[10]尤其是教師學者和學生上來做琢磨，
期望伊拉斯摩斯計畫得以落實得更加徹底，達成有效的提升歐洲高等教育之競爭力之目
標。

　　歐體爲了能徹底執行伊拉斯摩斯計畫，除了訂立良好的行政方針以外，每年也撥
給相當的預算以利該計畫之進行，如下（參見圖4-1），從1987年伊拉斯摩斯計畫首次
實行以來的該年度預算11,000,000歐洲計價單位，至1994年第二階段伊拉斯摩斯計畫施
行的最後一年預算98,000,000歐洲計價單位，相差了87,000,000歐洲計價單位，並且這
七年之總預算額高達了4,240,000,000，顯示出當時歐體對於伊拉斯摩斯計畫之重視。而
就（表4-1）伊拉斯摩斯計畫預算分配表來看，行動計畫一（Action 1）和行動計畫二
（Action 2）所分配之預算佔整個行動計畫裡較大的比例，意謂著，歐體對於推行歐洲
大學合作網絡以及提供學生獎助學金促進人員流動是相當重視的。除此之外，該項數據
之呈現也說明行動計畫一和行動計畫二是1987-1994年歐體伊拉斯摩斯計畫下的主要兩
項重點計畫，歐體期望藉由這兩項重點計畫的實行，來達到統整歐洲高等教育體系，並
循著教育整合的步伐來促進境內人員的流動。

10　OJ NO. L 395,30/12,1989, http://eur-lex.europa.eu/LexUriServ/LexUriServ.do?uri=CELEX:31989D0663:EN:
HTML (18, February, 2009).

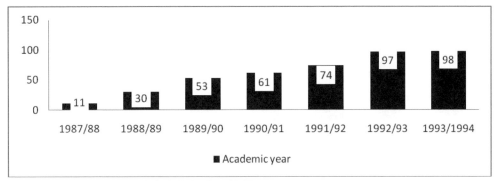

圖4-1　1987-1994年伊拉斯摩斯年度預算圖

單位：百萬歐洲計價單位（ECU）

資料來源：Report on the Experience Acquired in the Application of the ERASMUS Programme 1987-1989 (European Commission 1989); ERASMUS Programme Annual Report 1990-1993 (European Commission 1991, 1992, 1993).

表4-1　伊拉斯摩斯計畫預算分配表

		行動計畫一	行動計畫二	行動計畫三	行動計畫四	行政費用	總預算
1987/1988	百萬ECU	5.9	3.1	-	0.2	1.8	11.1
	百分比	53.2	27.9	-	1.8	16.2	100.0
1988/1989	百萬ECU	12.5	13.0	0.3	1.2	3.0	30.0
	百分比	41.7	43.3	1.0	4.0	10.0	100.0
1989/1990	百萬ECU	19.3	27.2	0.8	1.9	4.0	53.2
	百分比	36.3	51.1	1.5	3.6	7.5	100.0
1990/1991	百萬ECU	17.4	33.5	1.9	2.4	5.4	60.6
	百分比	28.7	55.3	3.1	4.0	8.9	100.0
1991/1992	百萬ECU	19.6	43.7	1.4	4.3	4.6	73.6
	百分比	26.6	59.2	1.9	5.8	6.2	100.0
1992/1993	百萬ECU	23.0	62.9	2.0	3.0	6.3	97.2
	百分比	23.7	64.7	2.1	3.1	6.5	100.0
1993/1994	百萬ECU	25.3	67.9	1.5	0.3	2.8	97.8
	百分比	25.9	69.4	1.5	0.3	2.9	100.0
Total	百萬ECU	123.0	251.3	7.9	13.3	27.9	423.2
	百分比	29.1	59.4	1.9	3.1	6.6	100.0

單位：百萬歐洲計價單位（ECU）

資料來源：European Commission, *The ERASMUS Experience* (Brussels: European Commission, 1997), p. 10.

　　第二階段伊拉斯摩斯計畫實行末期的1990年代中期起，歐盟考量到各項教育計畫繁雜，預算負擔龐大，以及為了能更有效提升歐盟高等教育之競爭力，1995年推出了整合型的蘇格拉底計畫（Socrates）[11]，該計畫將專司高等教育之伊拉斯摩斯計畫、專司學校教育之康門尼斯計畫（Comenius）以及歐語學習計畫（Lingua）等計畫併入蘇格拉底計畫，成為該主計畫下的子計畫。[12] 雖然如此，伊拉斯摩斯計畫所欲達成之歐洲境內學生流動、教師流動、創建歐洲大學網絡、採用相容性的學分認證系統，以及提升歐盟高等教育之競爭力之理念是沒有改變的。

　　2000年後的現今，歐盟為了有效提升其境內人才之素質、加強歐盟高等教育相對於全球體系下的競爭力，將伊拉斯摩斯計畫納為終身教育計畫下的一項子計畫，目前，伊拉斯摩斯計畫之會員國數增加為31國，[13] 該計畫之主要架構如下（圖4-2），主要有四個面向，分別為：學生流動、人員流動、大學合作以及產學合作。

1. 學生流動（Student Mobility）

　　伊拉斯摩斯學生將會獲得歐盟的獎學金補助至其他會員國求學，同時也可以藉由伊拉斯摩斯密集語言課程（ERASMUS Intensive Language Courses, EILCs）在留學國修習語言課程，除了長時間的流動學習課程以外，伊拉斯摩斯計畫還包括了密集計畫（Intensive Programmes, IP），這項計畫是一項短期的交換計畫，參與的學生至少必須到不同國家的三個高等教育學院修習2-4個星期，體驗難得的經驗，擴展視野。[14]

2. 人員流動（Staff Mobility）

　　人員流動主要的對象是教師和學者在歐盟境內的流動，歐盟將給予境內之專家學者以及教師經費上的補助，讓他們得以造訪其他會員國之大學，並在當地短期任教，讓未能申請到伊拉斯摩斯計畫之年輕學子，得以擁有不同的學習環境，吸取不同學者之經驗及教學方法。[15]

3. 大學合作（University Cooperation）

　　大學合作之宗旨主要在促進學生及教師在伊拉斯摩斯會員國內的流動，會員國大學藉由建立網絡，互相交流合作，增進學術資訊上的交換。建構在大學合作計畫底下的多邊合作計畫（Multilateral Projects）指的是：課程發展、高等教育現代化、高等教育學院

11　此一時期，歐盟高等教育主要有兩大交流合作方案，一項是負責教育的蘇格拉底計畫，另一為專司職業訓練的達文西計畫，蘇格拉底計畫下有多個子計畫，除了包括上述所提及的康門尼斯計畫（Comenius）、伊拉斯摩斯計畫（Erasmus）以及歐語學習計畫（Lingua）外，尚包括成人教育的古德偉計畫（Grundtvig）、教育與傳播科技的米奈瓦計畫（Minerva）。

12　請參閱Official Journal of the European Communities No L 87/10, 20.4.95第一條第二項，http://www.teipat.gr/pages/stud_exchange/leonardo/decsocr.html (18, February, 2009)。

13　現今31個會員國包括了：27個歐盟會員國以及冰島、列支敦斯登、挪威以及土耳其。摘譯自：http://ec.europa.eu/education/programmes/llp/structure/erasmus_en.html.

14　ERASMUS for Students – experiencing Europe from a new perspective, http://ec.europa.eu/education/erasmus/doc1051_en.htm (21, February, 2009).

15　ERASMUS for Staff – weaving a web of knowledge and contacts,http://ec.europa.eu/education/erasmus/doc1059_en.htm (21, February, 2009).

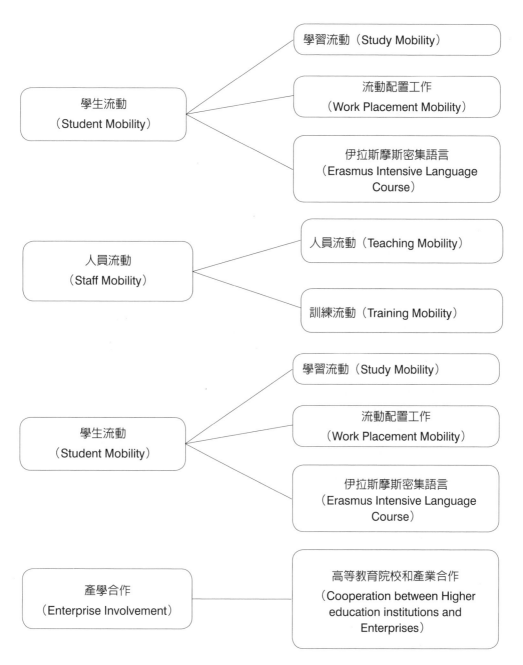

圖4-2　伊拉斯摩斯計畫架構圖

資料來源：筆者根據歐盟官方網站繪製Erasmus (http://ec.europa.eu/education/lifelong-learning-programme/doc80_en.htm).

和企業的合作等。[16]歐盟希望藉由大學之間多方面的合作，來達成伊拉斯摩斯計畫下所欲完成之教育整合，並且，藉由大學之間的合作，也能有效的增進學生和教師在會員國境內之流動。

4. 產學合作（Enterprise Involvement）[17]

全球化的時代來臨，歐盟爲了培訓菁英人才，增進歐洲學子及歐洲高等教育之競爭力，開始注重市場人才的培育，歐洲學生在大學學院就讀時，便可在有合作關係的企業實習，實習之時數及表現，都可以作爲學業成績的一部分，藉由產學合作來結合理論與實務，讓歐洲之青年學子所學習之知識，不單單只是教科書裡的內容，而是實實在在的體驗，藉此來提升歐洲青年學子之競爭力，讓歐洲的學生在全球化時代的社會中得以脫穎而出。

今日架構在終身學習計畫底下的伊拉斯摩斯計畫，爲歐盟高等教育政策之一項重點，歐盟除了極力的擬定施政方針以外，也提撥相當預算給予參與之會員國，以利伊拉斯摩斯計畫之運作，表4-2可以看到2007年歐盟對於各會員國撥款之金額以德國最多，伊拉斯摩斯計畫之密集語言課程所支付之預算以義大利居於首位，而學生流動上則以西班牙居冠，總預算包括土耳其在內，高達了3億6千餘萬歐元，相較於1987年伊拉斯摩斯計畫首次實行時的1千1百萬歐洲計價單位，伊拉斯摩斯計畫第二階段的最後一年，1994年的預算，9千8百萬歐洲計價單位，[18]是高出許多的，如此的數據顯示出，在伊拉斯摩斯計畫實行以來的這20年間，歐盟對於高等教育計畫之重視，同時也反映出伊拉斯摩斯計畫在歐盟高等教育政策中的重要性。

2008年預算分配表則顯示出，31個伊拉斯摩斯會員國中，獲得分配款最多的仍舊是德國，補助基金（Complementary Funds）之支付以西班牙居於首位；伊拉斯摩斯密集語言課程所花費最多的國家仍是義大利，整體總預算加上土耳其後高達了4億多歐元。此一數據顯示出了，從1987年起，隨著會員國的增加，歐盟伊拉斯摩斯計畫之預算額也跟著增加，而就圖4-3與表4-4伊拉斯摩斯學生1987/88-2009/10年流動人數統計，表4-2與表4-3之2007年與2008年預算分配表相互比對，可以看出隨著參與伊拉斯摩斯計畫之學生和教師人數之增加，對於歐盟教育預算之支付是成正比的，顯示出歐盟每年對於促進境內學生及教師之人員流動下了許多功夫，而伊拉斯摩斯計畫的實行，也確實使更多的學生和教師受益。

---

[16] ERASMUS for Universities – stimulating cooperation for modernisation and exchange,http://ec.europa.eu/education/erasmus/doc1061_en.htm (21, February, 2009).

[17] ERASMUS for Enterprises – involving business in higher education,http://ec.europa.eu/education/erasmus/doc1063_en.htm (21, February, 2009).

[18] Report on the Experience Acquired in the Application of the ERASMUS Programme 1987-1989 (European Commission 1989)；ERASMUS Programme Annual Report 1990-1993 (European Commission 1991, 1992, 1993).

表4-2　2007年終身教育預算分配表

Countries	Decetralised funds	Erasmus intensive language courses	Total	Student mobility Second allocation	Total	
België/Belgique	8.507.854	96.145	8.603.998	2.727.108	8.876.106	BE
Bulgaria	4.960.343	14.556	4.974.899	0	4.974.899	BG
Czech Republic	7.146.855	52.849	7.199.704	454.316	765.019	CA
Dancmark	4.417.770	87.221	4.504.992	3.809	4.840.800	DK
Deutschland	4.0772.707	0	40.772.707	2.022.015	42.794.722	DE
Eesti/Estonia	2.376.567	17.468	2.394.035	0	2.394.035	EE
Ellas	9.369.047	55.163	9.424.210	0	7.424.210	EL
Espana	3.8312.382	0	38.312.382	2.780.897	41.093.279	ES
France	4.0379.325	0	40.379.325	2.344.154	42.723.480	FR
Ireland	4.468.155	0	4.468.155	86.524	4.554.679	IE
Kalia	32.678.890	348.299	33.026.190	1.153.585	34.179.775	IT
Kypros	1.102.676	10.243	1.112.919	0	1112.919	CY
Latvijn	3.112.080	12.408	3.124.489	0	3124.489.	LV
Lithuania	4.430.561	18.012	4.448.572	7.961	4.456.533	LT
Luxembourg	529.810	0	529.810	0	529.810	LU
Magyarorszag/Hungary	7.300.840	41.392	7.342.233	0	7.342.233	HU
Malta	592.872	15.922	608.794	0	608.794	MT
Nederland	10.136.940	134.308	10.271.248	32.596	10.303.845	NL
Osterreich	5.950.362	0	5.950.362	386.913	6.337.275	AT
Polsk/Poland	3.1821.783	57.438	31.879.220	0	31.879.220	PL
Portugal	9.408.630	105.606	9.514.236	121.995	9.636.231	PT
Romania	9.428.086	27.579	9.455.665	11.899	9.467.564	RO
Slovenijn	2.820.401	28.170	2.848.571	0	2.848.571	SI
Slovensko	3.835.917	15.826	3.851.743	0	3.851.743	SK
Suomi/Finlurd	6.929.018	118.113	7.047.132	265.468	7.312.600	FI
Sverige	7.597.270	151.714	7.748.984	0	7.748.984	SE
United Kingdom	3.1761.885	0	31.741.885	0	31.741.885	UK
Iceland	681.688	18.290	699.978	0	699.978	IS
Licehtenstein	119.573	0	119.573	1.094	120.667	FL
Norway	4.254.089	57.857	4.311.947	22.666	4.334.612	NO
Total	335.184.375	1.483.571	336.667.956	10.000.000	346.667.956	Total
Turquie	22.403.246	100.169	22.503.415	0	22.503.415	TR
EUR-31	357.587.621	1.583.750	359.171.371	10.000.000	36.9171.371	EUR-31

資料來源：Budget Allocation in Euro for LLP/Erasmus decentralized action in 2007, http://ec.europa.eu/education/erasmus/doc/stat/budget07.pdf.

表4-3　2008年終身教育預算分配表

Countries	Decetralised funds	Complementary funds	Erasmus intensive tanguage courses	Total	
België/Belgique	9.177.000	669.000	122.000	9.968.000	BE
Bulgaria	5.391.000	0	16.000	5.407.000	BG
Czech Republic	7.991.000	1.562.000	69.000	9.622.000	CA
Dancmark	4.677.000	0	85.000	4.762.000	DK
Deutschland	44.170.000	4.643.000	0	48.813.000	DE
Eesti/Estonia	1.614.000	0	21.000	2.635.000	EE
Ellas	10.131.000	0	62.000	10.193.000	EL
Espana	41.985.000	8.353.000	0	50.338.000	ES
France	43.649.000	4.623.000	0	48.282.000	FR
Ireland	4.814.000	7.000	0	4.821.000	IE
Kalia	34.716.000	2.861.000	232.000	37.900.000	IT
Kypros	1.224.000	0	11.000	1.235.000	CY
Latvijn	3.412.000	0	17.000	3.429.000	LV
Lithuania	5.019.000	0	26.000	5.048.000	LT
Luxembourg	576.000	0	0	576.000	LU
Magyarorszag/Hungary	8.171.000	0	48.000	8.219.000	HU
Malta	649.000	0	17.000	666.000	MT
Nederland	10.680.000	0	118.000	10.798.000	NL
Osterreich	4.651.000	263.000	0	6.714.000	AT
Polsk/Poland	325.341.000	0	72.000	35.413.000	PL
Portugal	10.336.000	519.000	109.000	10.964.000	PT
Romania	11.101.000	0	32.000	11.133.000	RO
Slovenijn	3.116.000	0	38.000	3.154.000	SI
Slovensko	4.246.000	0	19.000	4.265.000	SK
Suomi/Finlurd	7.382.000	0	113.000	7.495.000	FI
Sverige	8.035.000	0	141.000	8.176.000	SE
United Kingdom	34.240.000	0	0	34.240.000	UK
Iceland	733.000	0	19.000	752.000	IS
Licehtenstein	137.000	0	0	137.000	FL
Norway	4.659.000	0	59.000	4.718.000	NO
Total	364.823.000	23.500.000	1.537.000	389.860.000	Total
Turquie	24.613.000	0	105.000	24.718.000	TR
EUR-31	389.436.000	23.500.000	1.642.000	414.578.000	EUR-31

資料來源：Budget Allocation in Euro for LLP/Erasmus decentralized action in 2008, http://ec.europa.eu/
　　　　education/erasmus/doc/stat/budget08.pdf.

第二節　伊拉斯摩斯計畫之實施情形

一、學生流動

　　伊拉斯摩斯計畫自1987年實行以來，至今已有九成的歐洲大學以及190萬以上的學生參與該項計畫，並且有超過3,100個分布在31個國家的高等教育系所（higher education institutions）為伊拉斯摩斯計畫下的成員，甚至有更多的學校等著加入。[19] 由圖4-3可以看出，1987年伊拉斯摩斯計畫實行以來，參與該計畫的歐洲青年學子由1987/1988的3,244人增加到2009/2010學年的177,705人，[20] 該圖之走勢呈現直線上升的情形，顯示出伊拉斯摩斯計畫在歐盟內部每年有越來越多的歐洲青年學子離開母國赴其他歐洲國家求學、開闊視野、接觸多元文化，從表4-4伊拉斯摩斯學生流動人數統計的詳細數字更能清楚地看見，隨著全球化時代的來臨，參與伊拉斯摩斯計畫的歐洲學子增加許多、歐盟整合更加緊密與成功，以及會員國數的增加，都影響著參與伊拉斯摩斯計畫的歐洲學子的人數，該數據也說明了伊拉斯摩斯計畫的實行，對於歐盟所欲實現之人員流動之目標獲得了相當不錯的成果。

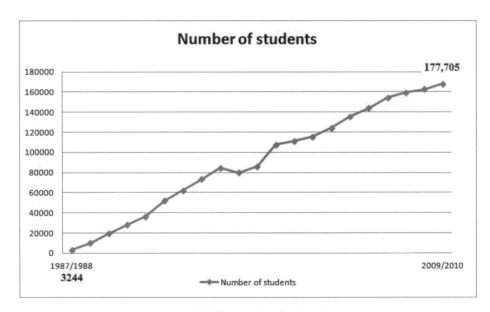

圖4-3　1987/88-2009/10伊拉斯摩斯學生流動人數統計圖

資料來源：Outgoing Erasmus student mobility, 1987/88-2009/10, http://ec.europa.eu/education/erasmus/doc/stat/studies.pdf.

19　Erasmus, http://ec.europa.eu/education/lifelong-learning-programme/doc80_en.htm.
20　Outgoing Erasmus student mobility 1987/88-2009/10, http://ec.europa.eu/education/erasmus/doc/stat/studies.pdf.

表4-4   1987/88-2009/10伊拉斯摩斯學生流動人數統計表

年份	人數	年份	人數
1987/1988	3244	1999/2000	107,666
1988/1989	9914	2000/2001	111,092
1989/1990	19456	2001/2002	115,432
1990/1991	27906	2002/2003	123,957
1991/1992	36314	2003/2004	135,586
1992/1993	51694	2004/2005	144,037
1993/1994	62362	2005/2006	154,421
1994/1995	73407	2006/2007	159,324
1995/1996	84642	2007/2008	162,695
1996/1997	79874	2008/2009	168,193
1997/1998	85999	2009/2010	177,705
1998/1999	97601	2010/2011	N/A

資料來源：筆者根據Erasmus Student Mobility (Number of Outgoing Students) 1987/88-2009/10. http://
ec.europa.eu/education/erasmus/doc/stat/studies.pdf自行繪製。

　　如果說接觸多元文化，學習包容的胸襟，讓歐洲迥異的文化色彩加以大放異彩而非
歧視與偏見，是歐洲得以獲得永久和平的一項基礎，那麼伊拉斯摩斯計畫今日所達成的
成果，除了落實知識的歐洲該目標外，可說是藉由教育的交流來維繫歐洲和平的一套典
範模式。歐盟第五次擴大所加入的這些中東歐國家，勢必也將為歐盟增添新色彩，以包
容與接納的態度化解衝突，中東文化的獨特性，也將為伊拉斯摩斯計畫下的課程內容，
以及文化學習增添更多元化的選擇，讓歐洲青年學子得以更進一步的拓展視野，豐富人
生閱歷，有效提升人員品質，符合市場需求與世界潮流。

二、教師流動

　　伊拉斯摩斯計畫下，除了提供獎助學金給予歐洲青年學子，前往他國進修促進交
流以外，對於學者及教師同樣的亦提供一筆輔助金，鼓勵歐洲學者及教師到其他國家教
學，增加人生閱歷，將豐富的經驗及學識授予學生，除此之外，增加學者間的合作、教
學方法交流，以及建立的高等教育院所和企業間的連結，也是該計畫之目標。[21]

---

[21] ERASMUS Staff Mobility - Teaching Assignments by Higher Education Institutions Teaching Staff and by
      Invited Staff from Enterprises, http://ec.europa.eu/education/erasmus/doc1067_en.htm (2, July , 2009).

　　根據圖4-4伊拉斯摩斯1997/98-2008/09學年度教師流動人數統計圖，可以看出，參與伊拉斯摩斯計畫之31國歐洲教師是呈現逐年增長的趨勢，1997/98這一年的人數僅有7.797人，但是到了2008/09年已經增加到28.615人，這樣的曲線走勢可以看出伊拉斯摩斯計畫下，歐洲境內學者流動之成果是正面的。而就表4-5之比較可以更清楚的看出，1997年至2007年參與伊拉斯摩斯計畫達成交流的歐洲教師，超過16萬人，同時，歐盟給予每位參與交流的學者的補助款，從1997年每人平均補助款爲842歐元到2007年每人平均補助583歐元，這樣的數字雖然呈現向下走的趨勢，但是將該數字乘以參與人數來看的話，1997年時歐盟給予教師交流上的補助金額爲650多萬歐元，而1997年之補助額高達了1500多萬歐元，[22] 是呈現逐年攀升的情勢的，這樣的數據顯示出歐盟對於伊拉斯摩斯計畫下，教師與學者的流動所盡的努力。

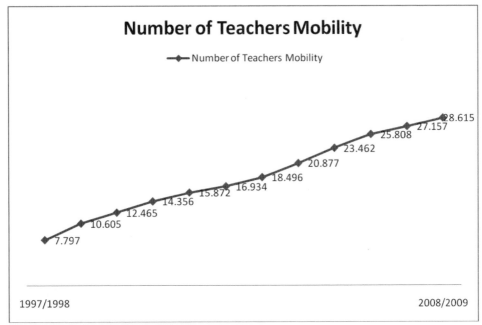

圖4-4　1997/98-2008/09伊拉斯摩斯學者教師流動人數統計圖

資料來源：Erasmus teacher mobility 1997/98-2008/2009, http://ec.europa.eu/education/erasmus/doc/stat/table3.pdf.

22　此一算法爲：1997/98年參與人數爲7797人，每人補助額爲842歐元，將7792x842=6,560,864，亦就是説，這一年歐盟給予教師交流上的補助金額爲此，接下來的每一年補助額以此類推。

表4-5　1997/98-2008/09伊拉斯摩斯學者教師流動人數統計表

	教師總數	平均補助金	平均時間（天）
1997/1998	7.797	842	N/A
1998/1999	10.605	763	N/A
1999/2000	12.465	724	N/A
2000/2001	14.356	615	6,9
2001/2002	15.872	594	6,8
2002/2003	16.934	594	6,7
2003/2004	18.496	575	6,4
2004/2005	20.877	577	6,2
2005/2006	23.462	597	6,4
2006/2007	25.808	583	6,3
2007/2008	27.157	647	5,5
2008/2009	28.615	666	5,6
總數	222.444		

資料來源：Erasmus teacher mobility 1997/1998 - 2008/09, http://ec.europa.eu/education/erasmus/doc/stat/table3.pdf.

　　歐盟高等教育統合的政策是相輔相成的，在伊拉斯摩斯計畫帶動學生與教師的流動之下，同時也不斷地促進文憑認證的需求和流動，根據歐盟歐洲執行委員會2009年的波隆尼亞進程十年期評估報告指出，在歐洲高等教育區域（EHEA）內不論是學生總數、非本國籍學生總數和外籍學生總數皆大幅度成長，尤其是歐洲高等教區內2007年文憑流動比1999年波隆尼亞進程啟動時成長了74%，而來自第三國之外籍生也在波隆尼亞進程拓展行動後有六成以上的成長率。[23]（參見表4-6）從各項統計資料都顯示無論是補助額的數據，或是教師交流人數的數據，更甚是學生交流數據都可以看出在伊拉斯摩斯計畫下所欲達成之人員流動，建立歐洲共同市場之目標。換言之，在伊拉斯摩斯計畫下，所統計出的數字是相當正面的，也可以說，伊拉斯摩斯計畫在人員流動這一塊所達成的成果，是相當璀璨的，藉由該計畫之實行，歐洲國家間的藩籬進一步的被跨越，實現尊重多元文化、達成學術交流文化交流、增進多邊合作，以及藉由學術交流，達成提升歐洲青年學子之競爭力以及培訓歐洲菁英人才之標的。

23　*The Bologna Process Independent Assessment, The first decade of working on the European Higher Education Area Volume 1 Detailed assessment report*, International Centre for Higher Education Research Kassel contracted out by the Directorate General for Education and Culture of the European Commission (2009), p. 67.

表4-6　1999-2007年歐洲高等教育區域文憑流動比較

	1999	2007	Growth
Total number of students in the EHEA	26.188.563	34.838.396	33%
All forrign students int the EHEA	923038	1605728	74%
as % of Total number of students	3.54%	4.6%	30%
Forrign student from EHEA Countries	502150	695323	39%
as % of Total number of students	1.9%	2.0%	4%
Foreign non-EHEA students	420888	910405	116%
as % of Total number of students	1.6%	2.6%	63%

資料來源：*The Bologna Process Independent Assessment, The first decade of working on the European Higher Education Area Volume 1 Detailed assessment report*, International Centre for Higher Education Research Kassel contracted out by the Directorate General for Education and Culture of the European Commission (2009), p. 67.

第三節　歐洲學分轉換制度與累積制度之特色與實施狀況

1999年6月19日，波隆尼亞宣言的提出，帶給了歐盟高等教育改革上一項重大的轉折，同時也開啟了歐盟高等教育的新時代，該宣言在高等教育議題上的主要精神和內容，是建構在伊拉斯摩斯計畫上的，像是易判讀（readable）和可比較性（comparable）的學位，建立學分制度（ECTS），提升人員流動（Ersmus Students），品質保證網絡（ENQA），以及歐洲聯合雙學位制度（joint and dual degrees）[24]，顯示出伊拉斯摩斯計畫在歐盟高等教育改革上之重要性。

一、歐洲學分轉換制度與累積制度之特色

爲了有效提升歐洲境內人員流動的普及性及方便性，伊拉斯摩斯計畫架構下的學生及教師流動，爲落實人員流動之目標帶來了新契機；爲了打破會員國間語言上的隔閡，伊拉斯摩斯計畫下的語言課程，也成爲了歐洲境內人員流動的推手，提升歐洲境內人員流動上，所衍生出的證照及學制問題，是伊拉斯摩斯計畫實行上，各會員國所需要去克服的議題。1987年歐洲執行委員會通過決議，實行伊拉斯摩斯計畫，其中附件內容的行動計畫三（Action 3）的第一項便提及了提升歐洲學分轉換制度與累積制度（ECTS），並且每年撥給每個系所20,000歐洲計價單位（ECU）作爲提升歐洲學分轉換與累積制度實

---

[24] European Commission, Directorate-General for Education and Culture, *The Impact of Erasmus on European Higher Education: Quality, Openness and Internationalisation* (Brussels: European Commission, 2008), p. 4.

行的經費，[25] 可以看出歐盟在因應歐洲各國複雜且不相容的學制制度上所做的努力。

1988年，歐洲執行委員會擬訂一項前瞻性的計畫，目的在於發展一套一般規則程序系統去承認學生在海外的學習成果，該項系統就是歐洲學分轉換與累積制度（ECTS）[26]，該系統於1989年首次被使用，是一個強調以學生為中心的制度，目的在要求學生學習後所應具備的能力。依據該項學分制度的規則與程序，各國學生到境內其他會員國的修習成果，將能被認可，藉由學分的轉換和承認將進一步的讓各國間的文憑及資格認證更加透明化。1989年歐洲學分轉換與累積制度（ECTS）實行之初在於學分的轉換，除了簡易了學生留學期間的學分認可，同時也提升了歐洲地區學生的流動（Mobility）以及品質的控制，近年來該學分轉換制度發展成學分累積制度，並且已經在各學校機構、地區、國家及歐盟層級（European level）來實施，[27] 其基本內容與特色如下：

(一) 修習時數

歐洲學分轉換制度，以傳統上全修學生課業負荷量來估算，一學年為60學分，歐洲地區全修學生課業負荷量一學年約為1500至1800小時，因此一個學分的課業標準量，大約需花費25至30小時，[28] 並且，歐洲學分轉換制度的分配是依據修業課程的期限而定，整體的學生課業負荷量，在獲得第一階段（first cycle），大約三或四年）的學歷必須有180或240學分；第二階段（second cycle）碩士必須修業包含60-120個ECTS學分。[29]

(二) 學習評估

在歐洲學分轉換制度下，學生需要在學習後通過測驗，確定該學生確實具備該學門所要求的學習成果，也就是該具備的專業知識或是技能之後，才可獲得學分，而所謂的學習成果指的是學生的能力，意指完成學習歷程後，學生將能知道、了解或能有所作為。[30]

(三) 課業負荷量（Student workload）

歐洲學分轉換制度中，所謂學生課業負荷量包括聽演講、參加研討會、自修、課業

25　OJ NO. L 166,25/06,1987
　　http://eur-lex.europa.eu/LexUriServ/LexUriServ.do?uri=CELEX:31987D0327:EN:HTML, 2009/02/18.

26　European Commission, *The ERASMUS Experience-Major findings of the Erasmus evaluation research project* (Brussels: European Commission 1997), p. 160.

27　ECTS – European Credit Transfer and Accumulation System, http://ec.europa.eu/education/programmes/socrates/ects_en.html.

28　ECTS – European Credit Transfer and Accumulation System, http://ec.europa.eu/education/programmes/socrates/ects_en.html.

29　鄔忠科，前揭書，頁7-8。

30　同上註。

準備、參加考試等等。[31]

(四) 學分配置

　　歐洲學分轉換制度與累積制度（ECTS）學分被分配到所有的課程上，像是模組課程（modules）、一般課程（courses）、實習（placements）以及論文（dissertation）等等，同時，學分也反映了各個課程所需達成的成果品質，[32] 所以，歐洲學生需要達到該學分所要求的規定及完成該學分所設立之全部課程，並且達到該學分所要求的成果後，才能獲得學分。

(五) 成績等級

　　在歐洲學分轉換與累積制度下，學生的表現依據地方或各國（local/national）的級數而定，尤其是涉及學分轉換的情況，歐洲學分轉換制度評量表是依據統計標準來評量，而通過成績評定的標準有以下五個等級：

　　A等級學生：卓越的（excellent），佔10%
　　B等級學生：非常優秀的（very good），佔25%
　　C等級學生：優良的（good），佔30%
　　D等級學生：滿意的（satisfactory），佔25%
　　E等級學生：通過的（pass），佔10%

　　除此之外，還有FX和F級，這兩級表是該名學生未通過該項學門所設定之標準，其中FX等級表是該名學生不及格，需要再盡些努力便能達到通過標準，而F等級則表示該名學生除了是及格外，還需要更加的努力（further work）才能達到標準。[33] 除了歐洲學分轉換與累積制度（ECTS）學分制度，可為學生學習評量做一標準化的認定以外，文憑輔助文件（Diploma Supplement）也可為學生學習成果作補充性的說明，此一文憑輔助文件，是附屬在高等教育文憑內的，促進資格文件，例如文憑、學歷、證書的認證更加透明化，並簡易學術與專業認可，[34] 以標準化的程序說明畢業生所修課程的性質、程度、內容與情況，讓畢業生修習學業之成果得以在文憑內更加清楚的被記載，這樣的一套文憑輔助文件，除了得以讓畢業生所申請之學校得以更進一步的了解該名學生之學習狀況和程度，同時也能讓企業主清楚的了解該名畢業生之專長，如此一來方便了伊拉斯摩斯計畫下學生流動上的學術認可，同時也簡易了企業主在徵才時的人才篩選工作。申請使用ECTS 學分承認時所需的文件包括「資料夾／課程目錄」（information

---

31　同上註，頁8。

32　ECTS – European Credit Transfer and Accumulation System, http://ec.europa.eu/education/programmes/socrates/ects_en.html (1, April, 2008).

33　ECTS – European Credit Transfer and Accumulation System, http://ec.europa.eu/education/programmes/socrates/ects_en.html (1, April, 2008).

34　The Diploma Supplement, http://ec.europa.eu/education/policies/rec_qual/recognition/diploma_en.html (1, April, 2008).

package/course catalogue）、「學生申請表」（student application form）、「學習同意書」（learning agreement）及「成績紀錄轉換表」（transcript of records），分別說明如下：[35]

二、歐洲學分轉換制度之運作文件

(一) 資料夾 / 課程目錄

這是ECTS 學分承認系統中最重要的一項文件。「資料夾 / 課程目錄」 並不是一本特別編纂出版的手冊，而是爲了方便所有學生，包括本地生及外籍生，皆能查詢及比較的文件。由於歐盟僅規定各校必須提供學校及學科等實用的資訊，至於此文件的版面大小及是否出版，則由各校自行決定。歐盟並且強烈建議各校要將這份文件放在學校網頁上最明顯、最快能被查詢到的位置，而且每年至少更新一次。「資料夾 / 課程目錄」必須包括以下三大主要內容：

1. 學校相關資訊：包括校名、地址、學年度、負責人、學校的介紹（包括學校性質和等級）、授予的學位名稱、如何申請入學、註冊程序、主要法規（尤其在學分承認方面）、該校負責ECTS 制度的單位等。

2. 學位文憑的資訊：分爲「一般介紹」、「個別課程介紹」。「一般介紹」包括申請就讀資訊、教學目標、進一步深造的可能、課程及學分的結構、期末考（如果有的話）、考試及修課有關的規定、負責ECTS 體系的單位。至於「個別課程介紹」則須註明課程名稱及代號、課程性質及程度、開課年級、學期或學季制、學分數、授課教師姓名、課程目標、課程內容、先修科目、教學方式、參考資料、授課使用的語言等。

3. 學生相關的資訊：包括生活費用、食宿資訊、醫療資訊、保險、獎助學金、學生事務處、輔助學習設施、國際合作課程、與外籍生有關的實用資訊、語言課程、體育活動、社團及課餘休閒活動、系學會等。

(二) 學生申請表

「學生申請表」（student application form）主要是爲了擬前往另一國家大學求學的學生而設。表格內容主要是擬赴他國求學學生應該提供的背景資料。若學校需要申請學生更多資料（例如學生的家庭背景、健康狀況等），則可以要求該生填寫其它表格。一般而言，歐盟提供制式的「學生申請表」，並建議各大學使用該表格，但各校也可製作自己的「學生申請表」，只要其中的內容與歐盟的「學生申請表」相同即可。

(三) 學習同意書

「學習同意書」（learning agreement）也是爲了擬前往另一國家求學的大學生而設

---

35 張國蕾，「歐洲學分互認體系之內涵與現況分析」，《教育資料集刊》（2011），第52輯，頁101-103。

者。這個表格內包括該名學生擬在國外大學所有擬修習的課程。其中除了必須註明課程名稱、代碼、每門課相對應的ECTS外，還要有該名學生原就讀學校及擬就讀學校相關負責人的簽名。擬就讀學校相關負責人除了簽名外，還必須保證該生有能力修讀「學習同意書」中所列之該生擬修習課程。依照規定，該學生在出國前，學生本人、其原就讀及擬前往就讀之國外大學三方面均須對「學習同意書」的內容表示同意。此外，一旦擬修習的課程有所變動，也必須重擬「學習同意書」，而且學生本人、原就讀及擬就讀大學三方也必須重新簽名確認，以確保日後學分承認不會發生問題。「學習同意書」的設置是為了確保學生在同時具備這份文件與「成績紀錄轉換表」時，可以不需要特定教授的同意，所有通過的課程均可採計學分。此外，歐盟建議在學生出國前，其原就讀學校在「學習同意書」外，最好也開一張「承認單」（recognition sheet），承認單上記載學生海外學業結束後回國後可獲得抵免的課程。如此，學生在海外學習的價值將更清楚地顯示出來。歐盟雖然提供標準的「學習同意書」表格樣式，並建議各大學使用標準表格，不過並不禁止各大學使用自己的「學習同意書」，只要大學自己設計的內容與歐盟表格內容相同即可。

(四) 成績紀錄轉換表

「成績紀錄轉換表」文件主要顯示學生所有修習的課程、獲得的ECTS 學分數、在修課國家得到的成績、以及該成績相當於ECTS 的級數等顯示出學生修課的數量及成果。「成績紀錄轉換表」主要使用於兩個時期：首先，當學生需要將所修課程做ECTS學分轉換時，必須先由該生原就讀大學在學生出國前做好「成績紀錄轉換表」，並寄給接受這名學生的國外大學，俾提供該申請學校有關該生已修習的課程與學分數。同樣的，接受申請的外國大學也必須在該生國外學習結束時，印製一份顯示學生在國外修課情況的「成績紀錄轉換表」。由於「成績紀錄轉換表」中提供所有修課項目及成績，可提供國外轉換學分的客觀標準，是「歐洲學分互認體系」中最重要的文件，因此，歐盟認為，應該嚴格規定大學負責製作和寄發成績轉換表的單位。對於該轉換表應如何製作及寄發、相關教學及行政人員的訓練等，也應該以審慎的態度為之。

　　歐體從1970年代開始正視人力資源的重要性，並積極擬定方針培育精良人才，跨越重重障礙方有今日之成就，教育原為歐洲各國之內政事務，互不干涉，因此各國學制迥異，文憑認證制度不相同之處，變成了學術交流的障礙，為了有效達到歐洲境內人員的流動，早日完成歐洲統合之目標，以合作取代競爭，以尊重包容取代戰爭，教育整合實為一項紮根的工作。一國之根基在於教育，國家的競爭力取決於人才的培訓，因此，全球化的現在，教育不再只是內政事務，而是一項新興產業，提高國內教育的競爭力和吸引力，同時也提高了國家的經濟力，因此，歐洲各國積極整合，結合百年歷史傳統特色之古老大學聲望，並整合教育體系與文憑認證系統，朝著建立全球最大的高等教育區（EHEA）邁進。

表4-7　參與ECTS課程之學生百分比

學科（Subject area）	1989/90		1990/91		1991/92	
	No.	%	No.	%	No.	%
商業管理（business administration）	170	30.7	219	29.1	267	30.2
歷史（history）	88	15.9	105	13.9	105	11.9
醫學（medicine）	118	21.3	187	24.8	229	25.9
化學（chemistry）	81	14.6	106	14.1	130	14.7
機械工程（mechanical engineering）	96	17.4	136	18.1	152	17.2
總和（total）	553	100.0	753	100.0	883	100.0

資料來源：European Commission, *THE ERASMUS EXPERIENCE-Major findings of the Erasmus evaluation research project* (Brussels: European Commission, 1997), p. 161.

　　打破各國藩籬之伊拉斯摩斯計畫，成功的促進了學生和教師在歐洲境內的流動，而人員流動上所涉及之文憑與證照認可是該計畫實行上的一項必要的輔助措施，歐洲學分轉換與累計制度，在伊拉斯摩斯計畫下扮演著實重要之角色，一開始歐體針對商業管理（business administration）、歷史（history）、化學（chemistry）、醫學（medicine）以及機械工程（mechanical engineering）五項學科作學分轉換。由表4-7可以發現，參與歐洲學分轉換與累計制度（ECTS）課程之會員國學生數，在該計畫實行的前三年並不算多，大約有三分之一的參與學生選擇商業管理，四分之一學生選擇醫學，五分之一選擇機械工程，七分之一則選擇化學和歷史，[36] 雖然參與學生數不多，但是根據數字的走勢，可以看出每年參與該項計畫之學生數，仍是呈現逐年增多的情形的，由此可以看出，歐洲學分轉換與累積制度的起步期，其成果是正面。

　　爲了有效的推廣和適用歐洲學分轉換與累積制度（ECTS），歐盟接續將該學分制度推廣到大學機構以外的高等教育機構，1996-1997年間，參與歐洲學分轉換與累積制度之大學增加了38所，而非大學的高等教育機構則增加了36所，[37] 都顯示出ECTS的執行成果相當良好。

　　目前，參與波隆尼亞進程之會員國正積極將歐洲學分轉換與累積制度轉入國內法，讓該學分制度之應用得以更加普遍化，依據圖4-5所示，2003-2004年間，會員國大多數已經適用ECTS或是進入即將適用的進程中，但是比利時的德語區、盧森堡以及葡萄牙則是例外，其原因在於比利時德語區有其特殊的高等教育體系；盧森堡的高等教育體

---

[36] European Commission, *THE ERASMUS EXPERIENCE-Major findings of the Erasmus evaluation research project* (Brussels: European Commission, 1997), p. 161.

[37] European Commission, *European Credit Transfer system-ECTS User's Guide* (Brussels: European Commission, 1998).

系將有重要的改革，ECTS也會囊括在內；而葡萄牙在2003年高等教育改革法律下也有提及ECTS，[38] 因此，雖然盧、葡兩國有意將ECTS納入國內高等教育改革內，但在該時期ECTS在其國內仍舊未有法律的基礎。所以，在比利時的德語區、葡萄牙以及盧森堡則被歸為未推介使用之地區（No measures introduced）。相對的，德國、捷克、奧地利、愛爾蘭、芬蘭、冰島、保加利亞、賽普勒斯和拉脫維亞等國則是裡面已經適用ECTS的國家，被歸為已推介使用之地區（Already introduced），而希臘、西班牙和英國則為會員國裡面正處於爭論和準備適用的國家，被歸為立法中或是爭論中之地區（On-going adaptation of national systems/ongoing debate）；於2002年立法生效使用ECTS的法國，2003年的馬爾他，2004年的比利時的法語區則被歸為已在推介使用進程中之地區（In the process of being Introduced）。最後，東歐國家羅馬尼亞將2002-2010年間達成全面性的使用ECTS。[39]（參見圖4-5）

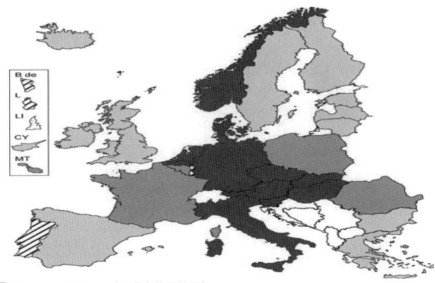

■ Already introduced（已推介使用地區）
■ In the process of being Introduced（已在推介使用進程中之地區）
■ Ongoing adaptation of national systems/ongoing debate（立法中或爭論中之地區）
▨ No measures introduced（未推介使用之地區）
▨ Data not available（資料無法使用之地區）

圖4-5　2003-2004年會員國落實ECTS情形

資料來源：European Commission, *Focus on the Structure of Higher Education in Europe 2003/04 National Trends in the Bologna Process* (Brussels: European Commission, 2003), p. 12.

---

[38] European Commission, *Focus on the Structure of Higher Education in Europe 2003/04 National Trends in the Bologna Process* (Brussels: European Commission, 2003) , p. 12.

[39] Ibid, p. 12.

　　延續2003-2004之報告和進展，2004-2005年各會員國立法實行ECTS之情形（參見圖4-6），在英國的威爾斯（Wales）仍使用國家學分系統，並且兩個國家學分系統的學分等於一個ECTS，英格蘭和北愛爾蘭的情形也是如此；[40]葡萄牙於2005年2月通過之法律表示將在2005-2006年開始適用ECTS；西班牙則根據2003年9月的立法，將於2010年10月1日前全面實施ECTS。[41]而一些國家，像是阿爾巴尼亞、波士尼亞、赫塞哥維納、南斯拉夫、馬其頓、法國、愛爾蘭、羅馬尼亞以及瑞典等國則處於逐漸實行ECTS之國家，在土耳其境內，從2001年開始，ECTS已經在歐洲流動計畫下普及到將近全部的大學，並期望能在2005-2006年以前全面實行。最後，賽普勒斯、捷克共和國、希臘、冰島、愛爾蘭、波蘭和瑞典則是已經實行ECTS卻沒有立法基礎的國家。[42]

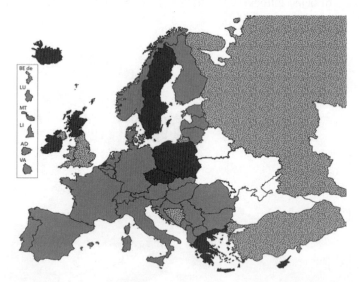

・Legislation governing the arrangement for implementing ECTS （立法實行ECTS中的地區）。
・Introduced of ECTS without any legislative mechanism（無任何法律機制而使用ECTS之地區）。
・ECTS not introduced (excluding mobility programmes) or national credits （未使用ECTS之地區或是使用國家學分制度之地區）。

圖4-6　2004/05 各國ECTS立法執行情形

資料來源：European Commission, *Focus on the Structure of Higher Education in Europe 2004/05 National Trends in the Bologna Process* (Brussels: European Commission, 2007), p. 22.

40　European Commission, *Focus on the Structure of Higher Education in Europe 2004/05 National Trends in the Bologna Process* (Brussels: European Commission, 2007), p. 23.

41　Ibid, pp, 2007, p. 21.

42　*Focus on the Structure of Higher Education in Europe 2004/05 National Trends in the Bologna Process*, op.cit, p. 21.

表4-8　2004-2005年ECTS執行學分轉換或累積制度各國情形表

AD	AL	AT	BA	BE de	BE fr	BE nl	BG	CH	CS mon	CS ser	Dr	CZ	DE	DK	EE	EL	ES	FL	FR	HR	HU
●	●	●	⊗	⊗	●	●	●	●	●	⊗	●	●	●	●	●	●	⊗	●	●	{}	●

IE	IS	IT	LI	LT	LU	LV	MK	MT	NL	NO	PL	PT	RO	RU	SE	SI	SK	TR	UK-ENG/WLS/NIR	UK-SCT	VA
●	●	●	●	●	●	●	●	●	●	●	●	⊗	●	⊗	●	●	●	⊗	⊗	○	○

● Transfer no accumulation（轉換與累積）
○ Solely transfer（單純轉換）
⊗ ECTS not introduced (excluding mobility programmes)
　除流動性計畫之外未推介使用
{} information not available 無提供資訊

資料來源：European Commission, *Focus on the Structure of Higher Education in Europe 2004/05 National Trends in the Bologna Process* (Brussels: European Commission, 2007),p. 23.

　　1989年歐洲學分轉換制度，實行之初主要是為了歐洲學生，在其他境內歐洲國家修習課程時的學分轉換，後期經過會員國之努力，將ECTS廣泛適用於大學系所，或是非大學的高等教育機構，該學分系統經過十餘年的實行和適用，ECTS不再只限於學分的轉換，同時也包括了學分的累積（accumulation），2004-2005年間，波隆尼亞進程之會員國各國實行情形如下（參照表4-8），大多數的會員國境內ECTS包含了學分轉換以及學分累積之功能，不過少數的國家基於未推介使用ECTS所以並沒有上述之運用，像是波士尼亞（BA）、比利時德語區（BE de）、塞爾維亞（CS-ser）、西班牙（ES）、葡萄牙（PT）、土耳其（TR）以及英國的英格蘭、威爾斯和北愛爾蘭（UK-ENG/WLS/NIR）都屬於這類的國家，而像是英國的蘇格蘭（UK-SCT）以及梵蒂岡（VA）境內的ECTS則僅有學分轉換的功能。

　　到了2009/10年時，已經有更多的會員國已立法使用ECTS，如圖4-7所顯示之紅色區域已經完全落實ECTS的適用，西班牙已經於2010年10月以前，完成三層級（three-cycle）適用ECTS的目標，在2006-2007年間已完成了碩士層級的工作，葡萄牙也在這一年完成了立法執行的程序實行ECTS，賽普勒斯則在2005年9月開始對於大學內的全部學習計畫，皆採用ECTS，至於以往使用國家學分系統的英國來說，在威爾斯、蘇格蘭、北愛爾蘭以及英格蘭地區仍舊是兩個國家學分換一個ECTS的情形，這也顯示出，英國長期以來對於主權讓渡採取保守作法的表現。大致上來說，雖然仍有少數的國家仍處於準備立法，或是處於爭議的情形中，不過有九成以上的波隆尼亞進程會員國，皆已立法實行ECTS。[43] 從2003/04年的官方報告到2009/10年的報告，可以看出ECTS在各會員國

43　European Commission, *Focus on Higher Education in Europe 2010 The impact of the Bologna Process* (Brussels: European Commission, 2010), p. 22.

間已廣泛地被採用（2010年時46個會員國已有36國完全立法採行），這樣的情形表示了
ECTS是被各國所肯定的一項學分轉換與累積制度，各國學分計算有了一套整合性的制
度將能更加促進學生的流動，波隆尼亞進程之目標，並非極權地為了統一全歐洲的學分
制度或是學籍制度，而是去創建一套對於歐洲不同國家具有兼容性的教育系統和學制；
提升學生和學者的交流，以及提升歐洲高等教育的品質並達到卓越的目標。[44]

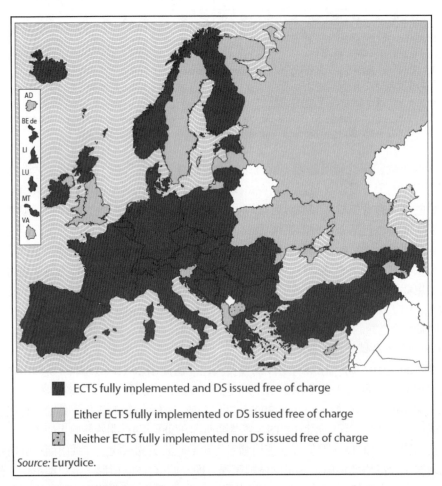

圖4-7　2009-2010年會員國立法執行ECTS情形

資料來源：European Commission, *Focus on Higher Education in Europe 2010 The impact of the Bologna Process* (Brussels: European Commission, 2010), p. 22.

---

44 European Commission, *Focus on the Structure of Higher Education in Europe 2006/07 National Trends in the Bologna Process* (Brussels: European Commission, 2007), p. 3.

第四節　伊拉斯摩斯世界計畫及其實施情況

一、伊拉斯摩斯世界計畫主要行動計畫

歐盟除了不斷地提升歐洲境內高等教育之品質與競爭力，近年來也開啓與第三國之高等教育合作體系，伊拉斯摩斯世界（Erasmus Mundus）計畫便是其中一項重點計畫，爲吸引海外青年學子赴歐留學，以及增加歐盟高等教育之吸引力，歐盟各國教育部長積極尋求新方法，積極尋求與非歐盟國家的合作機會，經過多次的集會與討論，2002年7月17日歐盟歐洲執行委員會通過2004-2008伊拉斯摩斯世界（Establishing a Programme for the Enhancement of Quality in Higher Education and the Promotion of Intercultural Understanding through Co-operation with Third Countries（ERASMUS World 2004-2008））提案，內容中指出該項計畫主要分爲五項行動計畫，分別爲：

(一) 行動計畫1：歐盟碩士課程（European Union Masters Courses）[45]

歐盟碩士課程是由至少三個會員國的三個高等教育系所（Higher Education Institutions）開設相關課程，參與該項計畫之夥伴大學必須著手於以ECTS作爲認可範本的學分統一認可制度，除了保留給第三國學生經濟上的援助以外，同時也必須建立一個透明的錄取體系，參與歐盟碩士課程之大學院校必須核發給學生雙學位或是多重學位的聯合學位文憑，並提供參與學生在語言準備（Language Preparation）上的協助。

(二) 行動計畫2：獎學金（Scholarships）[46]

共同體將針對第三國之大學畢業學生以及學者設立一個單一的、全球性的獎學金方案，該筆獎學金之授予對象主要有二：

— 全球學生方案（Global Student Scheme）：針對已通過歐盟碩士課程申請門檻之第三國學生，給予經濟上的資助。

— 參訪學者方案（Visiting Scholar Scheme）：提供經濟上的資助給予第三國學者赴歐擔任歐盟碩士課程之客座教授、進行學術研究，或是進行學術工作。

(三) 行動計畫3：與第三國高等教育院所之夥伴關係（Partnerships with Third Country Higher Education Institutions）

2002年7月17日之提案內容指出，共同體將協助歐盟碩士課程和第三國高等教育院所建立結構關係（structured relations），並且，夥伴關係亦將針對已參與歐盟碩士課程之歐盟學生和學者提供一個架構，[47]使其得以赴海外其他參與該課程計畫之大學就讀

45　COM (2002) 401 final/ 2002/0165(COD), pp. 31-32, http://eur-lex.europa.eu/LexUriServ/LexUriServ.do?uri=COM:2002:0401:FIN:EN:PDF.

46　COM (2002) 401 final/ 2002/0165(COD), p. 32.

47　Ibid, p. 33.

或是講授課程。

　　除此之外，此一夥伴關係計畫之施行重點也包括了教師、教練員、管理者以及其它相關專家間的交流，並藉此達到像是資訊的使用以及技術傳播（communication technologies）、數位學習（e-learning）以及開放的遠距式學習（open and distance learning）之高等教育教學方法之交流，同時藉由該夥伴計畫之實行，發展與第三國大學的合作方案。[48]

(四) 行動計畫4：增加吸引力（Enhancing Attractiveness）[49]

　　歐洲執行委員會爲了履行該計畫，特別針對了提升歐洲教育之形象、能見度以及可親性做了幾項行動，例如在聯合提升行動（joint promotional actions）下，共同體將提供高等教育機構（大學）以及一些非營利性的組織在海外進行一系列有助於提升歐洲高等教育吸引力之計畫，宣傳歐洲高等教育給全世界；除此之外，共同體也致力於第三國學生的語言訓練及文化準備上的援助，協助第三國學生在歐洲求學適應上的過渡時期，並希望藉由歐洲學生與第三國學生抑或學者的交流，創造出更大的利益。

(五) 行動計畫5：技術性援助（Technical Support Measures）[50]

　　爲了實行這項計畫，共同體或許需要求助於專家、正在執行相關計畫的專業機構、會員國內的相關領域的專業辦事處，或是其他能提供技術上援助的單位，因此，該項財政上的支出將由伊拉斯摩斯計畫之財政計畫支付全額。

　　2003年12月5日，歐洲議會和歐盟部長理事會立法程序結束，伊拉斯摩斯世界之計畫正式被通過，該計畫於同年12月31日被公告，[51] 其主要計畫內容和2002年時之計畫書並無太大修改，其主要行動計畫爲四，在獎學金、歐盟碩士課程、海外大學之夥伴關係，以及增加歐洲高等教育之吸引力上多加琢磨，該計畫也於2004年1月20日開始執行，實行期間爲2004年至2008年。

　　最新一期的2009-2013伊拉斯摩斯計畫書也在2008年12月19日公布，主計畫明訂了三項行動計畫，分別爲伊拉斯摩斯聯合計畫、與第三國之夥伴關係計畫以及提升歐洲高等教育吸引力計畫，[52] 並將博士課程首次納入伊拉斯摩斯世界計畫內。根據2009-2013伊拉斯摩斯世界計畫指南中指出，共同體在2013年爲止，將提撥4億5千4百萬歐元給予參與伊拉斯摩斯碩士課程及博士課程之學生及學者，[53] 共同體在高等教育上逐年增多的預算編列，顯現出從1970年代高等教育整合的啓蒙期至今，教育在歐盟內部已不再只

48　COM (2002) 401 final/ 2002/0165(COD), p. 33.

49　Ibid, pp. 32-35.

50　Ibid, p. 35.

51　OJ 2003 L345/1, http://ec.europa.eu/education/programmes/mundus/decision_en.pdf (12, June, 2009).

52　OJ 2008 L340/83, http://eur-lex.europa.eu/LexUriServ/LexUriServ.do?uri=OJ:L:2008:340:0083:0098:EN:PDF.

53　Erasmus Mundus 2009-2013 Programme Guide, http://ec.europa.eu/education/external-relation-programmes/doc/call09/guide_en.pdf.

是國家內政，而是各會員國間，以及會員國與第三國間人才連繫交流的重要聯結點。

二、現行之Erasmus Mundus及其實行狀況

目前實行中的伊拉斯摩斯世界計畫共有四個行動方案：

(一) 行動方案一：伊拉斯摩斯碩士課程（Erasmus Mundus Masters Courses）

設立伊拉斯摩斯碩士課程，同時該項計畫也是伊拉斯摩斯世界計畫的核心計畫，伊拉斯摩斯碩士課程，應爲一擁有高學術品質之碩士層級課程，並且依循ECTS學分制度開設課程，雖然歐盟期望藉由歐洲國家間聯合課程的開設，增進第三國學生赴歐修習時對歐洲多元文化的認識，不過歐盟仍期望各大學在這樣的聯合課程體系下，依然擁有各自的特色。

伊拉斯摩斯碩士課程通常在8-11月間開課，學生必須要1-2年內修習60-120個ECTS學分才可以獲得碩士等級的學位，同時，參與該項課程之大學應確保學生在2個或3個會員國大學修習學分期間，能夠獲得雙重（double）、多重（multiple）或是雙學位（jont degree）。[54]

(二) 行動方案二：獎學金（Scholarships）

爲了強化行動計畫一伊拉斯摩斯碩士課程之對外計畫，歐盟提撥一筆獎學金給予參與該課程計畫之第三國大學畢業生以及教師。五年期間內，歐盟每一年提供固定名額，給予第三國之大學畢業學生赴歐修習學位，以及固定名額第三國學者赴歐短期客座，提出申請之錄取率相當低，僅有相當優秀的國際學生和教授能入選。以亞洲主要國家申請伊拉斯摩斯世界計畫碩士課程爲例，2011/12學年度印度有2,306人提出申請只有62人得以獲得補助到歐盟留學，錄取率僅2%；韓國有64人提出申請僅有5人獲得補助，錄取率爲7%；台灣有146人申請，12人獲得歐盟獎學金，錄取率爲8%。

歐盟每年提供給申請上伊拉斯摩斯碩士課程之第三國大學畢業學生每學期21,000歐元豐厚的獎助學金，每一學年則提供42,000歐元（爲期兩年）的獎學金；提供給客座三個月的第三國學者13,000歐元的獎學金。[55] 除了提供第三國學生獎學金赴歐修習學位以外，歐盟對內部的歐洲學生，同樣也提供獎學金鼓勵歐洲學生到海外求學，擴展視野，歐洲學生可以到行動計畫三之海外夥伴大學求學，並在該等大學三個月短期求學期間獲得3,100歐元的獎學金，同時，歐洲教授赴海外夥伴大學客座講學的三個月期間，也能獲得13,000歐元的補助。[56]

54　http://ec.europa.eu/educatioen/programmes/mundus/univ/index_en.html.

55　*Erasmus Mundus Students Handbok,* Erasmus Mundus Students and Alumni Association (EMA), 2008, July, pp. 8-9.

56　Erasmus Mundus - Opportunities for Higher Education Institutions (Actions 1, 2, 3, 4), http://ec.europa.eu/education/programmes/mundus/univ/scholar_en.html (26, August, 2009).

　　從2004年伊拉斯摩斯世界計畫實行以來，每年皆有多數的第三國學生赴歐修習伊拉斯摩斯碩士課程，和多數的學者赴歐講習課程，2004-2005年期間，一共有140位第三國學生以及28位第三國學者獲得伊拉斯摩斯獎學金，[57] 2005-2006間也有808位第三國學生，以及133位第三國學者獲得伊拉斯摩斯獎學金，[58] 到了2006-2007年度，則有741位一般的第三國學生，以及231名第三國學者獲得該筆獎學金，除此之外，有636位亞洲窗口之學生獲得此獎學金；[59] 在2007-2008該學年度時，獲得伊拉斯摩斯獎學金之第三國學生已突破千人，一共有1196位第三國學生以及273位第三國學者獲得該獎學金，並且，在特別窗口國家部分，ACP國家地區有126位學生、西巴爾幹地區有63位學生、印度有高達484名學生獲得該筆獎學金，[60] 2011-2012學年度，獲得該筆獎學金之第三國學生數則高達了1,917名，學者數為489名，[61] 如此的數據顯示出，從2004年開始實行之伊拉斯摩斯世界計畫經過多年的努力後，吸引了更多第三國優秀的大學畢業生赴歐修習學業，同時也吸引了許多的第三國學者到歐洲任客座教授講課，此一情形的生成，印證了歐盟所欲達成的學術交流的目的，同時也印證了歐盟實行伊拉斯摩斯計畫的目的之一，提升歐盟高等教育之吸引力，已有相當卓越之成果。（如下圖4-8）

(三) 行動方案三：夥伴關係（Partnerships）

　　為了鼓勵歐洲大學對世界開放，伊拉斯摩斯世界計畫與第三國大學建立了夥伴關係（partnership）。這些夥伴大學是環繞在伊拉斯摩斯碩士課程建立的，教學和研究活動由這些第三國的夥伴大學提供，歐盟提撥3,100歐元給予獲得該筆獎學金之歐洲學生，赴第三國大學研讀三個月，這些獲獎學生必須完成課程內應達成的功課或是研究，夥伴大學亦將給予這些歐洲學生們完全的學習認證。對於學者方面，歐洲學者赴夥伴大學客座授課的三個月期間，歐盟也提供了13,000歐元的資助款項。藉由教師間的流動，達到學術上以及教學方法上的交流。除了對於歐洲學生以及學者的經費補助外，歐盟每年也提撥5,000歐元（最多每年15,000歐元）的經費給夥伴大學，雙方的夥伴關係年限為1-3年。

57　2004-2005 ACADEMIC YEAR-ERASMUS MUNDUS THIRD-COUNTRY STUDENTS PER COUNTRY, http://ec.europa.eu/education/programmes/mundus/doc/nationality.pdf (26, August, 2009).

58　2005-2006 ACADEMIC YEAR-ERASMUS MUNDUS THIRD-COUNTRY STUDENTS PER COUNTRY, http://ec.europa.eu/education/programmes/mundus/doc/nationality05.pdf (26, August, 2009).

59　2006-2007 ACADEMIC YEAR-ERASMUS MUNDUS THIRD-COUNTRY STUDENTS PER COUNTRY, http://ec.europa.eu/education/programmes/mundus/doc/nationality06.pdf.

60　Erasmus Mundus Action 2 EM students by nationality and gender (main list), selection decision for 2007/2008, http://ec.europa.eu/education/programmes/mundus/doc/nationality07.pdf.

61　The data of Erasmus Mundus statistics, http://eacea.ec.europa.eu/erasmus_mundus/results_compendia/statistics_en.php.

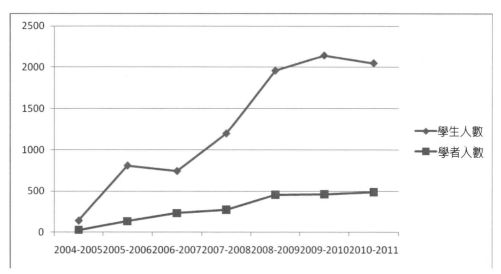

圖4-8　2004-2011年獲得伊拉斯摩斯獎學金之學生與學者人數統計圖

資料來源：作者整理歐盟官方網站資訊繪製Erasmus Mundus -Statistics, Nationality of selected scholarship grantees (http://eacea.ec.europa.eu/erasmus_mundus/results_compendia/statistics_en.php).

(四) 行動方案四：增加吸引力（enhancing Attractiveness）

　　歐洲執行委員會為了提升歐盟高等教育在世界上的吸引力，提出了一項合作計畫，期望能改善歐盟的高等教育在世界上形象以及品牌印象（brand image）、並增進歐盟高等教育之能見度（visibility）與可親性（accessibility）。該項計畫之實行在於品質保證（quality assurance）、學分認可（credit recognition）、多重證書（mutual recognition of qualifications）的認可等方面，主要之行動點如下：[62]

　　1. 提升世界上歐洲高等教育的地位，在世界各地的國際博覽會（international fairs）、專題討論會（organization of seminars）以及研討會（workshops）等，宣傳歐洲高等教育。

　　2. 讓第三國學生更加融入歐洲高等教育，提供第三國學生在赴歐修習課程，有關語言訓練以及文化準備上更有效的方法。

　　3. 補充活動：協助處理國際化下的內部問題，例如品質保證以及學分認可。

　　除了上述四項行動計畫以外，伊拉斯摩斯世界計畫也包括了設立特定國家窗口（Country-Specific Windows），共同體從對外關係預算中提撥一筆額外預算設立特定窗口，鼓勵某些特定的非歐盟會員國國家的學生赴歐洲留學，這些國家擴及了亞洲地區、

62　Erasmus Mundus - Opportunities for Higher Education Institutions (Actions 1, 2, 3, 4)-Enhancing Attractiveness (Action 4), http://ec.europa.eu/education/programmes/mundus/univ/enhance_en.html.

非洲、加勒比海、亞太地區等國家，如表4-9，共同體期望能藉由獎學金的補助，鼓勵這些地區之學子赴歐修習學業，開拓視野，特別國家窗口之學生申請伊拉斯摩斯碩士課程之程序與規則和一般的第三國學生並無不同，唯一的不同處在於資助特定窗口國家學生，赴歐修習伊拉斯摩斯碩士課程之獎學金的來源和伊拉斯摩斯世界獎學金來源不同，特定國家窗口之獎學金來源，是由共同體提撥額外預算才得以運作的。[63]

2009年4月28、29日在比利時的魯汶召開部長會議後，為了更有效實行伊拉斯摩斯計畫，特別將原本獨立的四個行動計畫，合併為三項，分別為：

1. 聯合碩士課程（joint masters）

設立伊拉斯摩斯碩士課程為伊拉斯摩斯世界計畫的核心計畫，該課程應為一擁有高學術品質之碩士層級課程，並且依循ECTS學分制度開設課程，雖然歐盟期望藉由歐洲國家間聯合課程的開設，增進第三國學生赴歐修習時對歐洲多元文化的認識，不過歐盟仍期望各大學在這樣的聯合課程體系下，依然擁有各自的特色。

2. 夥伴關係（Partnerships）

為了鼓勵歐洲大學對世界開放，伊拉斯摩斯世界計畫與第三國大學建立了夥伴關係。這些夥伴大學是環繞在伊拉斯摩斯碩士課程建立的，教學和研究活動由這些第三國的夥伴大學提供。

3. 其他計畫（Projects）

歐洲執行委員會為了提升歐盟高等教育在世界上的吸引力，重申前述多項增加吸引力合作計畫的重要性，期望能藉由多元的策略，提升歐盟整體高等教育在全球舞台上的形象，以及歐洲高等教育的品牌印象，並增進歐盟高等教育之能見度與可親近性。[64]（參見表4-9）

伊拉斯摩斯計畫從1987年初次實施，至今已有20餘年，自2004年起歐盟對第三國展開伊拉斯摩斯世界計畫，也搭建起與第三國高等教育交流的橋梁，同時也擴大其卓越的高等教育市場。今日的歐洲教育已不再是單一國家的內政事務，而是一項實實在在的潛力產業，聯繫起每一個參與的會員國，同時也增進了有效培訓菁英人才的機會，經過多年的努力，歐盟在預算上、在專業人才的投入下，伊拉斯摩斯計畫有了相當的成果，歐盟所致力的高等教育上，伊拉斯摩斯計畫僅是拼圖上的一塊，但是經由數據的顯現以及實行過程的報告書及計畫書，都可以看出歐盟在高等教育上所投下的心力，未來的歐盟也將朝著深化知識的歐洲此一理念前進，並將歐洲經驗及歐洲文化傳播給世界各國。

63　Erasmus Mundus - Opportunities for Higher Education Institutions (Actions 1, 2, 3, 4) - Country-Specific Windows, http://ec.europa.eu/education/programmes/mundus/univ/country_en.html (26, August, 2009).

64　Erasmus Mundus – Opportunities for Higher Education Institutions(Action 1, 2, 3, 4) -Enhancing Attractiveness (Action 4), http://ec.europa.eu/education/programmes/mundus/univ/enhance_en.html.

表4-9　歐盟高等教育對外窗口國家

Windows 窗口	Budget 預算	Scholarships (approximatively) 估計獎學金	Duration 時間	Status 狀態
CHINA 中國	9 M€ 9百萬歐元	210	2005-2007	Open 開啓
INDIA印度	33 M€ 3千3百萬歐元	870	2005-2007	Open 開啓
THAILAND泰國	3.2 M€ 3百20萬歐元	85	2005-2006	Closed 已關閉
MALAYSIA馬來西亞	2.1 M€ 2百10萬歐元	55	2005-2006	Closed 已關閉
ASIA REGIONAL（Afghanistan, Bangladesh, Bhutan, Cambodia, East Timor, Indonesia, Laos, Maldives, Mongolia, Nepal, North Korea, Pakistan, Philippines, Sri Lanka, Vietnam）亞洲地區（阿富汗、孟加拉共和國、不丹、柬埔寨、東帝汶、印尼、寮國、馬爾地夫、蒙古、尼泊爾、北韓、巴基斯坦、菲律賓、斯里蘭卡、越南）	10 M€ 1千萬歐元	260	2005-2006	Closed 已關閉
WESTERN BALKANS（Albania, Bosnia-Herzegovina, Montenegro, Serbia）西巴爾幹地區（阿爾巴尼亞、波士尼亞、蒙特內哥羅共和國、塞爾維亞）	4 M€ 400萬歐元	100	2007	Open 開啓
ACP（African, Caribbean and Pacific）COUNTRIES ACP國家（非洲、加勒比海和太平洋國家）	4.8 M€ 4百80萬歐元	125	2007	Open 開啓

資料來源：Erasmus Mundus - Opportunities for Higher Education Institutions (Actions 1, 2, 3, 4) http://ec.europa.eu/education/programmes/mundus/univ/country_en.html.

　　隨著2012年4月26日布加勒斯特高教部長會議的召開，歐盟更加關注波隆尼亞進程的執行成效。根據最近一期歐盟歐洲執行委員會、歐盟統計局（Eurostat）、歐洲教育資訊網（Eurydice）、歐洲學生資訊（Eurostudent）等四個單位合作撰寫，由歐盟歐洲執行委員會的教育視聽文化執行署（Education, Audiovisual and Culture Executive Agency）於2012年4月所出版的波隆尼亞進程成效報告（Report on the Implementation of

the Bologna Process）顯示，從1997/1998學年以伊拉斯摩斯計畫申請進入四年制大學的
人數從1997/1998學年的3%，至2009/2010學年已成長到近歐洲總體大學招生人數的4%，
該報告分析據此成長趨勢，推估其長期趨勢於2020年以伊拉斯摩斯計畫申請進入四年
制大學的人數可達全歐洲5%之大學總人數，依照短期趨勢則可能達到7%之目標申請人
數。[65]（參見圖4-9）無怪乎眾多教育學者指出，這個世代因爲歐盟高等教育整合與
提倡師生流動成效卓著，下一個世代的青年學子將必然成爲「伊拉斯摩斯世代」（The
Erasmus Generation）。

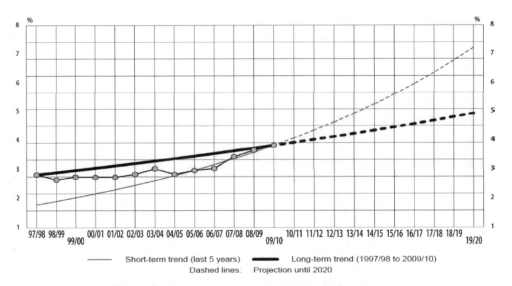

圖4-9　以伊拉斯摩斯計畫申請進入四年制大學人數比率圖

資料來源：*The European Higher Education Area in 2012: Bologna Process Implementation Report,* Education,
　　　　Audiovisual and Culture Executive Agency（2012），p. 160.

65　*The European Higher Education Area in 2012: Bologna Process Implementation Report*, Education, Audiovisual
　　and Culture Executive Agency (2012), p. 160.

高等教育的品質保證及評鑑是確保人才素質的重要手段，也是歐盟追求知識經濟成長必須重視的跨國合作項目，且已經成為國際間普遍存在的趨勢，其最主要的原因在於品質保證制度提供了一套可保證績效責任（accountability）的方法，故不僅為各國政府提供了針對高等教育進行檢視的媒介，在許多國家也常用來做為鼓勵高等教育機構在相當程度上配合政府政策需求方式。近十多年來，歐盟會員國非常積極地推動高等教育品質保證運動，在品質保證理念之催化下，歐盟各國高等教育的認可機制與品質保證機制紛紛脫離了教育行政體系，轉為由歐盟官方指導而設立跨國性的品質保證機構進行評鑑工作。例如：根據波隆尼亞宣言（Bologna Declaration）於2000年成立的「歐洲高等教育品質保證網絡」（European Network of Quality Assuarance in Higher Education, ENQA）。在推動高等教育品質保證上，歐盟並非要求各國均建立一套同樣的制度，而且由於歐盟各國高等教育的政策改革與管理仍是掌握在各國政府手中，故歐盟在強調高等教育的品質保證方面，主要是促使每個會員國以歐盟建構的文憑資格架構為目標，各自負責確保及提升高等教育的品質，此項策略具有歐洲統合「求同存異」（united in diversity）的特色，同時值得一提的是，歐盟推動建構的「歐洲高等教育區域」（EHEA），以及同意加入「波隆尼亞進程」簽署國的條件皆不以歐盟會員國為限。

第一節　歐洲高等教育品質保證協會

一、高等教育品質保證列為「歐洲高等教育區域」優先推動之政策

1998年索邦宣言（Sorbonne Declaration）建議歐盟會員國應該創造一個歐洲高等教育區域，且希望藉此「歐洲高等教育區域」的建置，增強各國的國家認同及共同利益的互動，促成歐洲高等教育的和諧性發展，以獲得歐洲整體的最大效益。然而，此一建立歐洲高等教育區域的想法，最初雖是在索邦宣言中提出，但此項政策直至1999年6月19日簽署波隆尼亞宣言時才正式宣告，希望能在2010年創建一個整合的「歐洲高等教育區域」，藉以增加歐洲高等教育在全球各地的吸引力。2003 年的柏林公報（Berlin Communique）更進而宣布，歐盟並非僅要求會員國「承諾」進行相關的改革而已，各

會員國均須落實達成建構「歐洲高等教育區域」的目標，並且明訂各會員國應將品質保證納爲優先推動的政策，且各國高教品質保證體系的建構於2005年時應包括下述項目：[1]

    1. 對相關聯的單位與機構的責任界定。

    2. 對學程或機構進行評鑑，此評鑑應包括內部的評量、外部的檢視、學生的參與，以及評鑑結果的公布。

    3. 建構一套有關認可、證明或可比較的程序體系。

    4. 加強國際的參與、合作與網路系統的建構與運作。

二、「歐洲高等教育品質保證協會」，負責審核各國高等教育品質保證機制

歐盟於2000年設置了「歐洲高等教育品質保證網絡」，此一網絡之建構上要在於促成歐洲在高等教育品質保證方面的合作。自2004年11月起，此一網絡轉型改名爲「歐洲高等教育品質保證協會」（European Association for Quality Assurance in Higher Education, ENQA）。基本上，波隆尼亞宣言之簽署國所轄的品質保證機構、政府高等教育機構及歐洲高等教育機構協會等，均可成爲歐洲高等教育品質保證協會的會員；換言之，歐洲高等教育品質保證協會的會員並不以歐盟會員國爲限，也並非以國家或政府爲會員，而是凡簽署參與「波隆尼亞進程」的國家的高等教育品質保證機構均可以機構或團體身分申請入會。只不過，歐洲高等教育品質保證協會對申請加入之機構會先給予候選會員之身分，一般來說，最長需經兩年的等候期，才可成爲歐洲高等教育品質保證協會之正式會員：至2013年11月爲止，歐洲高等教育品質保證協會共有來自23個歐洲國家的39個高教品質保證機構，一個位於比利時的歐洲跨國組織－歐洲大學聯盟（European University Association, EUA）[2]，以及位於英國的按摩療法教育評議會（The European Council on Chiropractic Education）。

三、歐洲高等教育區域內品質保證的標準與準則

歐洲高等教育品質保證協會於2005年曾公布《歐洲高等教育區域內品質保證標準與準則》（Standards an guidelincs for quality assurancc in the European higher education area）報告書，此報告書是由歐洲高等教育品質保證協會與其所謂的「4E」夥伴（另三個夥伴團體爲「歐洲大學聯盟」、「歐洲各國學生會」及「歐洲高等教育機構協會」）等合

1　Berlin Conference of European Higher Education Ministers, "Realising the European Higher Education," Contribution of the European Commission, Brussels, 30 July 2003, p. 2

2　EUA乃是由歐洲大學協會（Association of European Universities）和歐洲聯盟大學校長聯合會會議（Confederation of European Union Rectors' Conferences），於2001年3月31日在西班牙薩拉曼卡（Salamanca）合併所成立。

作與諮詢，並參考多方意見後提出。在此報告書中，歐洲高等教育品質保證協會除了清楚列出高等教育機構在進行內部與外部品質保證時應參考的歐洲標準與準則外，並提出結論與建議，其目標包含下列六點：[3]

1. 將建構內部及外部品質保證，以及外部品質保證機構的歐洲標準。
2. 所有的歐洲品質保證機構將被期望要能接受每五年一次的檢視。
3. 外部品質保證機構的檢視重點將置於其從屬性質，而且如為可行，將以進行全國的檢視為原則。
4. 將建立一個「歐洲品質保證機構註冊局」。
5. 將組設一個「歐洲品質保證註冊委員會」（European Register Committee），此委員會將做為前述「註冊局」的守門員。
6. 將建置一個歐洲高等教育品質保證的諮詢論壇。

2005年在波隆尼亞進程的的柏根（Bergen）高教部長會議中，與會國部長接受了由歐洲高等教育品質保證協會（ENQA）所提出的《歐洲高等教育區域品質保證標準與準則》也承諾將在各國引進實施歐洲高等教育品質保證協會所建議的全國性的高等教育品質同儕檢視模式。此套「歐洲高等教育區域品質保證標準與準則」要求各國的高教品質保證體系都要遵循而行，其品質保證標準係分為受評高教機構的內部品質保證標準、高教機構外部品質保證標準，以及對外部專責評鑑機構的品質保證標準等三方面之呈現。茲將各項標準分別摘述如下：[4]

(一) 歐洲受評高教機構的內部品質保證標準

1. 品質保證之政策與程序：強調各院校均應研訂一套品質保證的政策與程序，並在其工作中發展一套強調保證品質的文化，正式提出其計劃如何達成品質保證的策略、政策與程序，而此套政策必須涵蓋學生及利害關係人在內。
2. 學程與學位之許可、監控與週期性檢視：各校院應對其學程及學位的授予有一套正式許可、定期檢視及監控的機制。
3. 學生評量：對學生的評量應採用已公布之持續性一致的績效指標、規則及程序來進行。
4. 教師之品質保證：各院校應確保授課教師具有合適的教師資格與能力；任課教師應能夠接受外部的檢視，並能在自評報告書中提出評論意見。
5. 學習資源與學生支持：各院校應確保能夠提供充分且適合的學習資源予學生。
6. 資訊系統（Information systems）：各校院應保證其所蒐集、分析及提供使用的相關資訊都能為學程的學習提供有效的管理。

---

[3] ENQA report (2005). Standards and guidelines for quality assurance in the European Higher Education Area, DG Education and Culture, p. 6.
[4] ENQA report (2005), *Standard and guideline for quality assurance in the European Higher Education Area*, pp. 11-12.

7. 資訊公開（public information）：各院校應定期公布與其學程相關的、最新的、客觀的質化與量化資訊。

(二) 歐洲高等教育機構外部品質保證的標準

1. 內部品質保證程序之應用：外部品質保證的程序應將上述第一項內部品質保證的有效性納入考慮。

2. 外部品質保證過程之發展：品質保證過程實施的目的應在採取行動前，就已由負責的單位透過已公布的採行程序而確立。

3. 決策之決策目標（criteria for decisions）：外部品質保證所做的任何正式的決策，都必須以已公布的既定決策目標為依據。

4. 目標配適之過程（processcs fit for purpose）：所有的外部品質保證過程都應以受評單位能達成其原訂目標之最適性來設計。

5. 報告處理（reporting）：外部評鑑報告應該要公布，且報告應以能讓其主管機關清楚了解的方式來撰寫，同時報告內的所有決定、評論及建議亦應以能讓讀者容易了解的方式呈現。

6. 追蹤程序（follow-up procedures）：含有改善行動建議的品質保證過程均需有一套持續的行動計畫，且應能夠有一套執行的追蹤程序。

7. 定期檢視（periodic reviews）：學校或學程的外部品質保證應能以定期的方式持續進行，其定期檢視的時間長短及檢視的程序應事先即有清楚的界定及公告。

8. 系統性分析（system-wide analyses）：品質保證機構應該隨時且定期地將報告摘要說明及分析其檢視、評鑑與評量的整體發現。

(三) 歐洲對外部專責評鑑機構品質保證之標準

1. 高等教育外部品質保證程序之應用：機構的外部品質保證應考慮上述第二項機構外部品質保證的有效性。

2. 品質保證機構之法定地位（official status）：執行外部品質保證的機構必須是由歐洲高等教育區域正式認可的，有能力執行品質保證的部門在其法定職責範圍內來執行。

3. 外部品質保證活動（activities）：各外部品質保證機構均應定期執行品質保證的工作。

4. 品質保證機構之資源（resources）：執行品質保證的機構均應有充分且適合的人力及財力資源，期能有效且有效率地執行外部的品質保證過程。

5. 品質保證機構宗旨陳述（mission statement）：負責品質保證的機構應對其工作訂定有公開及清楚的宗旨及目標。

6. 品質保證機構運行獨立性（independene）：品質保證機構對其所進行的品質保證工作具有獨立的、自主的責任，且其評鑑報告中的結論與建議不應受第三方，如

高教機構、政府部門或其他利害關係人的影響。

7. 機構所使用之外部品質保證決策目標與過程：各機構所採用的品質保證過程、決策目標及程序應事先即有清楚的界定及公告，其過程通常包括：

    (1) 品質保證過程的自我評量或相當的程序。

    (2) 由一組專家（包括學生在內）進行的外部評量，以及由品質保證機構決定的實地訪視。

    (3) 報告的公布，包括任何決定、建議或正式結果在內。

    (4) 有一套能夠追蹤考核評鑑報告所建議的改善行動的程序。

8. 績效責任程序（accountability procedure）：負責品質保證的機構應對其本身的績效責任有一套管控的程序。歐洲高等教育品質保證協會於2007年公布第二版的《歐洲高等教育區域內品質保證標準與準則》，但基本上，有關歐洲高等教育區域品質保證標準仍從受評高教機構的內部品質保證標準、高教機構外部品質保證標準，以及對外部專責評鑑機構的品質保證標準等三方面來呈現，並未有太大的改變。[5]

(四) 進行歐洲高等教育跨國學科品質評鑑的可行性

為評估跨國進行高等教育評鑑的可行性，歐盟曾透過經費之補助實施一些實驗或試辦計畫，其中較重要者包括：

1. 歐洲高等教育品質評鑑試辦計畫

歐洲執行委員會於1991年開始試圖推動高等教育品質評鑑試辦計畫（The European pilot project for evaluating quality in higher education）之際，不僅當時學術界對高等教育品質的討論仍爭執不休，同時，也僅有極少數的歐洲國家對其高等教育設有品質評鑑的機制。於是，此項歐洲地區高等教育品質評鑑試辦計畫的目標乃是企圖喚起歐洲民眾對高等教育需要評鑑的注意力，對已有評鑑機制的國家透過經驗分享，提供其改善與充實其既有評鑑程序的機會，並進一步藉此在高等教育評鑑過程中孕育歐洲統合的面向。換言之，此項歐洲地區跨國評鑑試行計畫既非為歐洲大學排名，亦非意圖發展一套放諸歐洲各國皆準統一的高教評鑑架構，反而是試圖在歐洲各會員國中激發其評鑑文化，並想測試發展可供各國參酌的共同方法。[6] 此歐洲地區跨國評鑑試行計畫是在1994年11月到1995年6月間實施，共分布於17國（包含當時15個歐盟會員國、冰島與挪威）、46個高等教育機構，此項評鑑側重於教學，以及會對教育過程有所影響的研究活動，並以工程科學與通訊／資訊科學（engineering science and communication/information science）以及藝術／設計領域（art/design）兩大領域為主，其評鑑對象包括大學以及大學以外的高

5　ENQA report (2007). Standards and guidelines for quality assurance in the European Higher Education Area 2nd (ed.), Helsinki, Finland, 2007, p. 20

6　陽瑩（主編），《歐盟高等教育品質保證制度》，台北：財團法人高等教育評鑑中心（2008），頁107。

等教育機構，各國依據其規模大小及歐洲執行委員會設定之決策目標，被要求在上述兩大領域中選取兩個或四個志願參與評鑑的機構（需兼顧上述兩類別的高等教育機構），總計共選取了46個高等教育機構同時進行評鑑。

此項實驗報告指出，該實驗性質的評鑑計畫已使歐洲許多國家承認高等教育應進行評鑑之必要性，並進而從這次評鑑所習得的經驗開始建構其國內本身評鑑的機制。在實驗結束後，有些國家與機構認為歐盟未來應該擴大評鑑範圍，從教學擴至研究成果；甚至許多國家認為歐盟應該繼續執行跨國之評鑑工作，並進行各國或機構評鑑結果成效改善與否的追蹤審核。此次實驗結果並建議歐盟日後應該為各國提供自評小組的訓練課程，並進行「同儕檢視」外部評審委員在實地訪評前的訓練或講習課程。換言之，歐盟此項跨國之學科評鑑是在體認不同國家高等教育制度有其殊異的情況下，嘗試挑選特定學科領域，由各國及高等教育機構以自願參與的方式，透過其先進行自我評鑑為前提來進行。而此項評鑑實驗計畫因範圍涵蓋17個國家，故也增添了評鑑計畫的歐洲面向之統合。[7]

2. 鼓勵各校設立「聯合學位」制度，針對特定領域試辦跨國的歐洲評鑑方案

2003年《柏林公報》中建議，若就建構歐洲高等教育區域的角度來看，為強化大學在建設歐洲為「知識歐洲」的角色，歐盟對大學及高等教育機構以歐洲面向為行動導向的計畫，應給予經費上的資助，並主張各校可設計「聯合學位」，開放入學管道，以及建構品質保證的機制等。[8]同時，該會議強調日後對一些與落實「波隆尼亞進程」概念有關的實驗計畫，亦應考慮給予經費補助。因此，為推動高等教育品質保證的工作，《柏林公報》決定應同時從歐洲高等教育的「內部」及「外部」機構兩個層面進行品質管控評鑑。在大學內部的品質保證方面，是由歐洲大學聯盟進行一項試驗方案，即由大學與其他高等教育機構組成六組團體，在一年內共同針對「研究管理」、「教學」、「執行波隆尼亞進程改革」等議題進行研究，旨在協助學校引進內部品質保證之機制，改進其品質水準，且能為外部的評鑑做較佳的準備工作。該研究指出，歐洲有必要透過大學強大的領導及自主，發展一套品質文化。[9]

第二節　歐洲高等教育區域品質保證標準和指引

隨著波隆尼亞進程的展開，簽約國（不限於歐盟會員國）在品質保證機制方面的跨國合作也逐年增加，這項趨勢可以從下列三項明顯的結構性發展看出端倪：

7　同前註。

8　"Realising the European Higher Education Area," Communiqué of the Conference of Ministers responsible for Higher Education in Berlin on 19 September 2003, p. 6.

9　Ibid., p. 3.

1. 歐盟在2000年設置「歐洲高等教育品質保證網絡」（European Network for Quality Assurance in Higher Education, ENQA），這個機構提供歐洲各國負責高等教育品質保證事務的機構一個共同溝通的管道；此組織在2004年改名爲「歐洲高等教育品質保證協會」（European Association for Quality Assurance in Higher Education, ENQA）。

2. 波隆尼亞進程簽約國的部長會議中，決議邀請ENQA協同「歐洲大學聯盟」（European University Association, EUA）、「歐洲高等教育組織協會」（European Association of Institutions in Higher Education, EURASHE）、「歐洲學生組織」（National Unions of Students in Europe, ESIB）和歐洲執行委員會（European Commission），共同發展歐洲高等教育區域的品質保證機制。這些國家最後在2005年簽署「歐洲高等教育區域品質保證標準和指引」（Standards and Guidelines for Quality Assurance in the European Higher Education Area, ESG）。

3. 2008年「歐洲品質保證機構註冊局」（European Quality Assurance Register, EQAR）成立。

若仔細分析上述三項改革，三者事實上是相輔相成、相關密切的。首先，ESG代表了歐盟對於波隆尼亞簽約國在執行高等教育品質保證過程的基本要求。其次，對於欲加入ENQA和EQAR的品質保證機構，符合ESG相關的標準和指導方針是基本的條件。這兩個跨國組織的宗旨其實非常相似，都在促進歐洲高等教育區域資訊透明和機構合作，然而ENQA和EQAR不同的是，ENQA爲歐盟設立的組織，但EQAR則爲獨立組織，非公立的品質保證機構也可以參加。自1999年波隆尼亞宣言簽訂後的十多年發展，幾乎所有的簽約國都已經發展出各自的品質保證系統，而ESG也成爲歐盟高等教育系統建構或調整品質保證機制的參照模式。

歐洲高等教育區域包含40多個參與國，各自擁有不同的政治、社會和文化傳統，教育制度也不盡相同。爲了獲得多數簽約國家的同意，同時也爲了能夠一體適用於不同結構的高等教育系統、不同理念的品質保證機構和不同類型的高等教育機構，ESG相當程度上反映了目標導向的特質（what should be done），而非程序性的規範（how they should be achieved）。換句話說，波隆尼亞參與國家的品質保證機制只需符合經各國共同同意的ESG即可，至於品質保證機制的執行過程和細節（例如採取的是機構評鑑或是學程認可）則相當有彈性，歐盟允許各國高等教育系統視國家在地脈絡的不同而彈性發展。以下將從高等教育機構的內部品質保證（internal quality assurance of higher education institutions）、高等教育機構的外部品質保證（external quality assurance of higher education）、外部專責評鑑機構品質保證機構的品質保證（quality assurance of external quality assurance agencies）等三個部分，分別說明ESG的要點。

一、歐洲聯盟高等教育機構的內部品質保證

第一部分的ESG，主要在提供高等教育機構一個參照架構，協助其發展各自的機構內部品質保證機制，換句話說，這個機制是由高等教育機構自主發展的品保機制，以高等教育機構本身為評鑑對象。相關的歐盟要求列舉下列七點：[10]

(一) 品質保證機制的政策與程序

標準：高等教育機構需針對其教授的課程和授予的學程制訂正式的品質保證政策，並擬訂相關的執行程序。

實施方針：這些政策方針需包含：1.研究和教學的關係；2.針對品質和標準的策略；3.負責品質保證機制的組織；4.系所、學院、其他單位與個人對於品質保證的責任；5.學生的參與；6.相關政策執行、監控與修改的方式。

(二) 學程與學位的批准、監控與定期檢視

標準：為了讓學生和其他利害關係人對於高等教育機構的品質具有信心，高教機構需要建立正式的定期檢視程序和品質監控機制。

實施方針：課程和學位的品質保證機制需要：1.發展並明確公布預期的學習結果；2.關注課程和學程的設計與內容；3.包含不同學習方式（例如：全職、在職、遠距學習、網路學習）和學習類型（例如：學術發展、職業和專業取向）的特殊需求；4.交代可供利用的適當學習資源；5.包含正式的學程批准程序；6.包括學生學習進度和成就的監控過程；7.定期進行課程學程檢視（檢視小組需包含組織外部成員）；8.包含來自就業市場（如雇主、工會）的定期意見回饋；9.必須有學生參與。

(三) 學生評量

標準：採用一套公開的標準與規範，針對學生學習進行評量。評量結果除了會影響學生的未來發展外，也將對於教學效果提供有價值的訊息。

實施方針：學生評量需要：1.能夠測量出學生學習成果和達成課程目標的情況；2.符合診斷性、形成性和總結性評量的規準；3.有明確公開的評分標準；4.由教育專業者執行，他們知道評量對於學生學習發展的重要性與功能；5.盡可能由一個以上的評量者進行；6.考慮所有評量規則的可能結果；7.清楚規範學生的缺席、病假和其他狀況；8.確保評量的執行能夠完全符合該高等教育機構明訂的評量程序；9.透過行政查核，確保評量程序的正確性；10.需清楚地告知學生評量的程序和方式。

(四) 教學人員的品質保證

標準：高等教育機構能夠運用適當的方法確認教學人員是否具備足夠知能，並能在

10　謝卓君，詹盛如。「歐洲高等教育區域品保機制的發展：後波隆納時期的歐盟標準與指導方針」，《評鑑雙月刊》，2012年，第40期，摘自：http://epaper.heeact.edu.tw/archive/2012/11/01/5892.aspx。

外部檢視時提供相關的說明。

　　實施方針：1.高等教育機構需有明確的方法確認新聘用的教學人員是否具備基本的知能；2.教學人員需要有機會發展其教學能力並肯定其教學技巧；3.高教機構需要協助教學能力不佳者改善其教學技能；4.高教機構需有方法淘汰教學能力不佳的人員。

(五) 學習資源和學生支援

　　標準：高教機構需確保各學程的學生都能獲得適當與足夠的資源，協助其學習所需。

　　實施方針：1.這些資源包含物質資源（如：圖書與電腦設備）、人力支援（例如：導師和諮詢人員）；2.學習資源和其他支援系統需依據學生需求設計，並能反映資源使用者的意見回饋；3.機構需能監控並定期檢視服務支援的有效性，並針對缺失加以改善。

(六) 資訊系統

　　標準：爲了有效管理課程和其他學習活動，高教機構需要能夠蒐集、分析和使用與品質相關的資訊。

　　實施方針：包含：1.學生進步和成功的比例；2.畢業生就業情況；3.學生對於課程的滿意度；4.教師教學有效性；5.學生概況；6.可使用的學習資源和其成本；7.該機構的關鍵成就指標。

(七) 公開的訊息

　　標準：高教機構需定期公布其授予課程和學位的訊息。這些資訊必須客觀、無偏頗，同時能兼顧量化和質化的特性，不可僅反映市場競爭的考量。

　　實施方針：包括：1.預期的學習結果；2.授予的資格證書；3.所使用的教學和評量程序；4.學生的學習機會；5.學生概況；6.畢業生的就業情況；7.該機構是否達成其預期的目標。

二、歐洲聯盟高等教育機構的外部品質保證

　　第二部分的ESG，主要在提供品質保證機構一個可供參考的標準和指導方針（guideline），協助其發展各自的外部品質保證制度，亦即建構一個以高等教育機構爲評鑑對象，並由品質保證機構外部主導與執行的品保機制。歐盟對於外部品質保證機制的相關標準和實施方針如下：[11]

(一) 考量內部評鑑程序

　　標準：外部品質保證的機制需要將內部品質保證的過程納入考量。

11　同前註。

實施方針：1.外部品質保證機制需要仔細評估高教機構內部的品質保證程序，以了解該機構在上述機構內部品質保證相關標準的符合程度；2.如果高教機構能夠證明其內部品質保證機制的有效執行，則外部品質保證程序可以允許採行較為寬鬆的標準。

(二) 發展外部品質保證機制的過程

標準：在品質保證機構發展外部品質保證程序之前，需要確定該機制的目的和目標，並將這些訊息公開。

實施方針：1.在發展外部品質保證機制時，主要的利害關係人（包含高等教育機構）需要參與其中；2.為了確保目的清晰和程序透明，最後確認的機制目的、目標和程序都要公開；3.需有先前的衝擊評估，以確認外部品質保證機制將對高教機構可能造成的影響，以避免對高教機構造成非必要的干預。

(三) 決策的標準

標準：所有經外部品質保證程序所產生的決策，需符合業經公開的規準。

實施方針：1.由於外部品質保證的決策結果將會對於高教機構造成重大影響，因此品質保證機構必須將決策的佐證資料記錄下來；2.品質保證機構的決策必須基於公開一致的規準。

(四) 符合目的的程序

標準：由於不同品質保證機構的設立目標和目的可能不同，外部品質保證的執行程序必須針對這些目的和目標加以設計。

實施方針：1.執行外部品質保證程序的專家需有適當的技術與能力；2.謹慎選擇參與的專家；3.對於專家在執行外部品質保證程序前，給予適當的訓練和說明；4.國際專家的參與；5.學生的參與；6.確保所採行的審查程序能夠提出充分的證據，支持審查的結果與結論；7.使用自我評鑑、實地訪視、初稿報告、公開報告、後續追蹤（follow-up model of review）；8.能夠確認提升高教品質是外部品質保證機制的根本要素。

(五) 報告

標準：外部品質保證機制需要公開最後的結果報告，這些報告需以書面的方式呈現，並確保預期的讀者都能輕易地取得報告。

實施方針：1.為了確保外部品質保證的最大效益，最後的結果報告必須能夠符合預期讀者的不同需求；2.結果報告通常需包含描述、分析（包含相關佐證）、結論、推薦與建議；3.報告需包含初步的說明，讓讀者能夠了解審查的目的、形式和做成最後結論的規準；4.結果報告的讀者能有機會反映其個人對報告的意見。

(六) 後續程序

標準：外部品質保證機制需要包含一套已經事先決定的後續程序，其中應包含建議

接受評估的高教機構未來可採取的行動，或是要求高教機構提出未來的改善計畫。

實施方針：1.在結果報告公開後，外部品質保證機制需要包含一套後續行動程序，以確保高教機構能夠確實針對報告建議，做出適當的改善；高教機構也可能需要自行擬出一套改善的行動計畫；2.這些後續程序的目的在確保高教機構會確實針對結果報告進行改進，以進一步達成品質的提升。

(七) 週期性審查

標準：外部品質保證程序需採取週期循環性的實施程序；審查的週期和程序需清楚定義並事先公布。

實施方針：1.品質保證是一個動態的過程，需要不斷地更新與進行，因此下一階段或下一週期的審查需要考量上一階段的結果或是上一週期的實施經驗；2.品質保證機構需要明確清楚地界定外部審查程序；3.品質保證機構要求高教機構在程序上的參與必須適度，不能超過達成審查目的之必要程度。

(八) 高等教育系統的分析

標準：品質保證機構需要不時地總結結果報告內的描述和分析，提供針對該高等教育系統的結構性分析。

實施方針：品質保證機構所提出的分析結果，將能有助於相關政策利害關係人對該高等教育系統發展趨勢的了解，並能呈現好的範例和當下實施的困難。這些資訊都將有助於高等教育品質的提升。

三、歐洲聯盟外部品質保證機構的品質保證

2005年參與波隆尼亞進程國家簽署的「歐洲高等教育區域品質保證標準和指引」（ESG）特別重視外部品質保證機構的責任，因此自2008年「歐洲品質保證機構註冊局」（EQAR）成立之後歐洲各國成立高等教育相關的品質保證機構有了基本標準。歐盟以ESG為工具推動外部品質保證機構的品質保證的主要目的為：[12]

1. 鼓勵高等教育機構的發展，以促進卓越的學術和教育成就。
2. 提供高等教育機構發展自身品質文化的參照和指引。
3. 告知學生、企業主，以及利益相關者高等教育機構辦學過程的成效。
4. 建立一個對高等教育和品質保證機構有助於提升品質的共同參照框架（common frame of reference）。

歐洲品質保證機構自1990年代開始蓬勃發展，許多機構紛紛成立以從事高等教育機構的品質保證程序。為了能夠同時兼顧這些品保機構的專業自主性，以及其在執行品保

---

[12] *MAPPING THE IMPLEMENTATION AND APPLICATION OF THE ESG*, European Association for Quality Assurance in Higher Education 2011, Brussels, p. 8.

過程的公信力和品保結果的可信度，第三部分ESG的制訂目的在提高品保機構之間的專業認可，以及相關資訊的公開透明。和品質保證機構有關的標準與指導方針，列舉如下：[13]

(一) 考量外部品質保證機制

標準：對於外部品質保證機構的品質保證程序，需將高等教育機構外部品質保證程序的有效執行情況納入考量。

實施方針：第二部分有關高等教育機構外部品質保證機制的標準，乃是綜合歐洲自1990年代開始實施外部品質保證機制後的經驗和值得學習的方式，因此，品質保證機構是否能夠有效的執行這些品質保證程序，將會是對該機構進行外部品質保證的基礎。

(二) 法定地位（Official status）

標準：品質保證機構需具有法定地位，並以法律確定其權責。

(三) 活動

標準：品質保證機構必須針對高等教育機構或是課程，定期從事品質保證相關的活動。

實施方針：1.這些活動可以是評鑑（evaluation）、檢視（review）、審核（audit）、評估（assessment）、認可（accreditation）或是其他相似的活動；2.品質保證機構需以上述活動為核心。

(四) 資源

標準：品質保證機構需要掌握充分足夠的人力和財力資源，使其能有效的組織和執行外部品質保證機制。

(五) 宗旨（Mission statement）

標準：品質保證機構需要確立清楚明確的工作目的和目標。

實施方針：1.除了實施外部品質保證機制的目的和目標外，這些陳述也需要交代高等教育相關利害關係人（特別是高等教育機構）在此過程中的分工情況；2.品質保證機構需要清楚說明如何系統化地達成其設定的宗旨和目的；3.品質保證機構需要交代其如何將該機構宗旨轉化成清楚的策略和管理運作計畫。

(六) 獨立性（Independence）

標準：品質保證機構需要具有自主的權責，能夠獨立執行其業務。外部品質保證的結果報告不能受第三方（例如高等教育機構、政府部長或其他利害關係人）的影響。

實施方針：品質保證機構需要透過以下方式證明其獨立性：1.其獨立於高等教育機

13　*Review of the Agency for Science and Higher Education*, ENQA Report, August 2011, p. 24-26.

構和政府的狀態必須透過官方文件（法律或政府政策）加以確認；2.品質保證機構的獨立性，包含：品質保證程序與方式的定義和執行、外部專家的提名與任命、品質保證過程最後結果的確定；3.雖然品質保證機構會諮詢相關利害關係人（特別是學生）的意見，但該機構仍掌握品質保證程序最後結果的決定權。

(七) 品質保證機構使用的標準和程序 （External quality assurance criteria and processes used by agencies）

標準：這些決策標準、品質保證程序和過程，需要事先確認並公開。這些過程包含自我評估、專家團體的外部評估、公開的結果報告、後續追蹤等程序。

實施方針：1.即使外部品質保證的結果可能是由不同的團體共同形成，但品質保證機構必須確保決策的過程能符合該機構事先規定的程序和要求；2.品質保證機構需針對其決策結果，設計可供申訴的程序。

(八) 績效程序 （Accountability procedures）

標準：品質保證機構需要針對績效責任設計適當的程序。

實施方針：1.品質保證機構需在其網站公開該機構確保其自身品質的政策；2.該機構需要能夠證明，高等教育機構外部品質保證的程序和結果能確實反映當初設立的宗旨；3.該機構需要能夠證明，其和外部專家並沒有利害衝突關係；4.該機構需要能確保其外包給其他單位執行的活動品質；5.該機構需要有內部品質保證程序，包含機構內部意見回饋機制（機構成員的意見）、機構內部反省機制、機構外部意見回饋機制（外部專家和受評高等教育機構的意見）；6.至少每五年要對品質保證機構進行外部檢視。

品質保證是高等教育國際化與市場化的品質把關工具，對於建立卓越的歐洲高等教育學區至關重要，波隆尼亞進程於2005年柏根高教部長會議後簽署由「歐洲高等教育品質保證協會」（ENQA）所提出之「歐洲高等教育區域品質保證標準和指引」終於使各波隆尼亞進程會員國高等教育擁有品質保證機構設立的共同標準，也將使歐盟高等教育整合政策更爲深化與廣化。此外，品質保證（Quality Assurance, QA）在歐洲國家的各教育層面，從高等教育的內部評鑑、外部評鑑、大學認可制度，和過程評鑑等概念已經隨著2005年柏根公報後的倡導ENQA的功能後，成爲歐洲地區高等教育國際化的一種規範性機制（normative institutionalism），也代表著歐盟高等教育評鑑的國際標準對會員國地方評鑑機構的「再評鑑」基準。例如，在羅馬尼亞，高等教育品質保證已被教育主管機關訂爲應被遵守法律。如果教育服務供給者無法通過評鑑的法律需求標準時，這些學校將會被撤銷授予學位和招生的能力。[14]

14　Mihai Păunescu , Bogdan Florian , and Gabriel-Marian Hâncean. "Internalizing Quality Assurance in Higher Education: Challenges of Transition in Enhancing the Institutional Responsibility for Quality," *European higher education at the crossroads : between the Bologna process and national reforms* (New York: Springer, 2012), p. 319.

　　根據歐洲執行委員會的教育視聽文化執行署於2012年4月所出版的波隆尼亞進程成效報告（Report on the Implementation of the Bologna Process）顯示，參與波隆尼亞進程的47個會員國中已經有24國（下圖綠色區域），主要是西歐和北歐國家，在國內的品質保證機構申請時完全採納與適用歐洲高等教育區域（EHEA）的「歐洲高等教育區域品質保證標準和指引」（ESG）的平衡計分卡指標（Scorecard indicator），特別是包含教學、學生協助服務，以及內部品質保證和管理系統方面的教育計畫。然而還有23國，主要為南歐、東歐前獨立國協國家，以及俄羅斯和土耳其等國家內部尚未採用ESG的外部品質保證標準，[15] 代表涉及高等教育評鑑的相關認可指標上，歐盟高等教育整合政策尚未普及於整個歐洲。此情況可能會影響未來其他歐盟高等教育計畫推行的成效，如歐洲學分轉換與累積制度和聯合學位等，使歐洲高等教育區域產生區域性的落差。

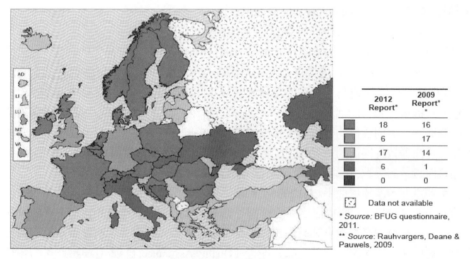

圖5-1　歐洲高等教育區域發展外部品質保證系統情形

資料來源：*The European Higher Education Area in 2012: Bologna Process Implementation Report*, Education, Audiovisual and Culture Executive Agency (2012), p. 64.

15　*The European Higher Education Area in 2012: Bologna Process Implementation Report*, Education, Audiovisual and Culture Executive Agency (2012), pp. 63-64.

第一節　歐洲聯盟整體發展策略

一、里斯本策略（Lisbon Strategy）

　　知識與創新是歐洲今日穩定成長的引擎，然而，相較於其他國際主要的競爭者，歐洲大學的平均水準固然相當高，但他們並未能全力推動經濟成長以開創更多、更好的工作機會。在2000年3月於里斯本舉辦的歐盟高峰會中，各國國家元首及政府首長們為此設定一個2010年主要策略目標：「成為世界上最具競爭力及最具動能的知識經濟體，進而實現經濟永續成長、就業機會增加與社會凝聚的願景；歐盟會員國的研發經費應提升至國民生產毛額3%的目標」。[1] 以更堅實的社會凝聚力，進而創造穩定的經濟成長，並強調歐洲不只要在經濟上進行根本改造，也要達到社會福利與教育體系的現代化。為達成以上目標，歐洲執行委員會與經濟暨發展合作組織（OECD）特別針對高等教育之管理改革、課程改革與資金模式進行研究：[2]

(一) 里斯本策略對歐洲高等教育管理改革的範疇與影響

　　在里斯本策略提出後，歐洲執行委員會於2004年針對未來的高等教育制定總體策略又發布《2010教育與訓練》（EDUCATION & TRAINING 2010）報告，檢視32個歐洲國家於高等教育所採行的管理形式，共計針對八大面向進行觀察：「組織的任務及策略」、「管理及經營架構」、「新研究計畫的發展」、「品質保證」、「財務及資源分配」、「人力資源管理」、「學生入學及選擇」與「公部門與私部門的夥伴關係」等。同時深入研究「國家管理架構如何且藉由什麼方式改變？重要的論題及發展為何？」與「高等教育機構的自治及專業領導如何且藉由什麼方式改變？」等兩大議題的重要論述與發展。

　　研究中主要採用多元的研究方法，包含32個參與國的全國管理改革報告比較分析，並針對被挑選組織的學術及管理階層人員進行網路調查，以創新改革的趨勢。同樣的調

1　PRESIDENCY CONCLUSIONS: LISBON EUROPEAN COUNCIL, 23 AND 24 MARCH 2000, pp. 3-7.
2　*"EDUCATION & TRAINING 2010"* THE SUCCESS OF THE LISBON STRATEGY HINGES ON URGENT REFORMS, COUNCIL OF THE EUROPEAN UNION, OUTCOME OF PROCEEDINGS, Brussels, 3 March 2004, pp. 7-12.

查也被使用來蒐集受訪者對改革影響的看法。最後是對五個「典範示例」：「二階段結構」（two-cycle structures，學士與碩士）、「競爭型學習」、「彈性學習途徑」、「流動」以及「認證」進行深入的描述與分析。結果發現，政府（特別是教育部門）、組織領導與管理階層對這八大議題具有最高的影響力。在歐洲大陸，可觀察出組織自治增加的趨勢，例如許多政策議題是在組織中做成決定，組織的最高階層管理人被賦予很多權力，轉為企業化領導與經營的運作模式，將目標放在專門化組織管理及經營的其他事務上。然而，很多受訪者也同意目前以清楚的義務及責任為特徵的組織管理架構，因其可增加組織的策略能力、刺激組織的企業化，以及增進組織面對未來挑戰的能力。從全部的數據中觀察得到一個有趣的發現，即對改革本身的關注逐漸增加。因此，近來的改革似乎是新改革的擴張或是與過去的改革有關，所帶來的結果是改革範圍的擴大，大多數國家也加速改革的節奏。

(二) 歐洲高等教育課程改革的範疇與影響

這份研究主要的目標是在五個選定的研究領域（醫藥、法律、工程、教師培育及歷史）之課程改革發展中獲得更多的洞察，評估進展並試圖發現「什麼是有效的」。從「二階段結構」（學士與碩士）、「競爭型學習」、「彈性學習途徑」、「流動」以及「認證」五方面深入探究。而依據影響力，研究主要關注在六大元素：進用、畢業率、就業力、流動、品質及成本效益。研究目標可化為四個研究問題：1.課程改革方面整體的全國圖像，特別是這五個研究領域，而且有關於影響的證據為何？2.在高等教育層級中，五個研究領域最新進的改革是什麼？3.改革的衝擊是什麼？4.好的表現是哪些？為回答上述問題，此研究比較分析了32個國家的全國課程改革報告；並且經由學院院長及系主任的調查，描繪各國高等教育機構層級五大研究領域最新的改革圖像。同樣蒐集受訪者對於五大研究領域改革衝擊的看法，並對五大研究領域之「典範示例」做詳盡之描述與分析。

研究結果發現，這些研究領域由一開始反抗改革（特別是醫學、教師培育，工程及法律），到現在雖然不同元素所獲得的重視程度不一，但或多或少都能接受改革。值得注意的是，各國對於改善跨國與國內流通的目標普遍都能認同，但是在大學發展與勞動市場相關的學士學位上進展有限。歷史研究領域也有部分成效，同時有些國家開始提供學士層級的基礎教育師資培育。

(三) 改善歐洲大學的利潤與資金模式

相較於加拿大的2.5%與美國的2.8%，該報告指出歐洲2001年在高等教育的全部投資（公有及私有）是GDP的1.3%。其中三個花費最多的國家是丹麥的2.8%、瑞典的2.3%與芬蘭的2.1%。為了縮小鴻溝，歐洲每年必須額外撥出1,400億歐元。在教育與訓練的公共花費未見清楚且上揚的趨勢，且發展知識經濟的私有資金也不夠的情況下，歐盟勢必推動將公共投資與私人捐獻加以結合，因而呼籲會員國利用財政規範授予企業與大學

合作的權利。

歐盟為成為世界上最具競爭力及最具動能的知識經濟體，進而實現經濟永續成長、增加更多的就業機會，與更加凝聚的社會。歐洲大學作為歐洲知識的心臟，必須轉化為提升歐洲競爭力的代理人。「研究」、「教育」、「創新」為知識核心三角，歐洲未來必須更加強化大學作為知識核心重要基石的角色。[3] 在國家層面歐洲執行委員會也依據「里斯本策略」提出對歐盟會員國的建議：[4]

1. 調和會員國與區域間的法規架構，以允許歐洲大學發展新的研究管理模式，以及確保大學更多的自主性。
2. 依照必要性，調和會員國與區域間的法規架構，以確保歐洲大學擁有多樣的資金來源。包含各相關採購政策，給予研究案之補助經費，對企業捐助學術研究經費的減稅措施，鼓勵研究人員於大學研究之成果申請專利。
3. 支持大學發展利於分享知識、研究成果，與社會和中小企業活動的激勵機制。

二、CORDIS與FP7

隨著科技的迅速進步與全球化知識經濟所帶來的挑戰，科技發展不再是歐盟會員國單一國家所能處理的任務，有鑑於提升歐盟科技競爭力的氛圍下，歐洲執行委員會於1990年在資訊與社會總署下成立「共同體研究與發展資訊服務網站」（Community Research and Development Information Service for Science, Research and Development, CORDIS），專門負責促進歐洲科研計劃的快速發展。CORDIS是一個搜集歐洲研發成果的資料庫，也是一個歐洲科技領域尋找合作夥伴，和參與歐盟研發計畫的平台。CORDIS提供六種語言方便使用者瀏覽：英文、法文、德文、西班牙文、義大利文與波蘭文，其主要宗旨包含：[5]

1. 促進歐洲共同體研究與發展之活動；
2. 加速研究成果的發表，加強歐洲整體競爭力；
3. 促進知識傳播、企業技術之創新，與提高社會對新技術的接受度。

CORDIS最重要的目的就是要成為全歐洲研發活動領域中提供資訊的電子媒介（Electronic Media）。起初CORDIS提供有關歐洲共同體研發計劃中非機密（Non-confidential）的資訊，隨著年代的演進，如今CORDIS提供眾多協調歐盟會員國政策與計劃的研發活動。CORDIS的主要資訊都與歐洲執行委員會負責研發事務的眾多總署相關，因此CORDIS必須與歐洲執行委員會負責研發事務的研究總署（DG for Research）以及

3　Michael Shattock (Ed.) *Entrepreneurialism in Universities and the Knowledge Economy: Diversification and Organizational Change in European Higher Education* (New York: UNESCO & Open University Press, 2009), p. 79.

4　Ibid., p. 81.

5　European Commission, CORDIS, Help, Guide for Information Providers, available from: http://cordis.europa.eu/ip-manual/home_en.html.

其他總署保持密切的合作。另外其網站所收集的資訊都會附有資料來源，且確保不侵犯資料保護法的規定，並提供科研計劃本身與參與者的資訊；計劃之目的與架構；研究成果之公布。[6]

CORDIS是連結至其他科研資訊相關歐盟內部與外部資訊網頁之入口，它提供的種類繁多，主要有五大類別：技術研究發展計劃（RTD Programme）、資訊服務（Information Service）、國家與區域入口（National and Regional Gateways）、互動服務（Interactive Services）、其他服務（Other Iniciatives）。第一類服務主要為涉及跨國科技合作與研發計劃的網站，其他四類服務則多為資訊提供的其他連結，以及CORDIS提供給使用者的工具。[7]

2006年歐洲議會（European Parliament）與歐盟部長理事會第1906號決議案規定了「第七期科研架構計畫」（Framework Programme 7, FP7）從參與計劃到研究成果公布的所有規範，決議案重點包含：1. 參與原則與最低條件；2. 歐洲執行委員會提出招案之程序；3. 研究團隊計劃案之審查、評估與資助授予之規定；4. 計劃實行與授予資助之協定（Grant Agreement）；5. 研究成果的取得、使用與散播權；6. 歐洲執行委員會於研究計劃案執行中之監督；7. 接受歐洲執行委員會的資助資格；8. 最高資助金額之規定等。[8]該決議案第13條規定歐洲執行委員會應將招案刊載於「第七期科研架構計劃」的網站上，透過特定的資訊管道以及歐盟會員國與聯繫國的國家聯絡據點（National Contact Point, NCPs）。而目前「第七期科研架構計劃」的網站就架構在CORDIS上，此一規定加強了CORDIS作為歐洲研發資訊平台的重要性。

2006年歐盟部長理事會通過「歐洲共同體研究、技術發展與實務活動之有關2007-2013第七期科研架構計畫決定」是FP7的主要法律依據，指出FP7的目的與研究主題，以及各主題之預算分配。該決議表明，知識的散播與傳送是歐洲科技研究活動重要的附加價值，而增加了企業界、決策者與社會充分利用研究成果的機會。研究成果的公佈應受到智慧財產權之保護。雖然研究成果的公布被視為「第七期科研架構計劃」主題領域中非常重要的任務，但是研究活動的機密層面也應受到適當的安全限制，特別是透過CORDIS的資訊與電子服務來達到維持安全的目的。

三、歐洲2020戰略

2010年3月3日歐洲執行委員會（European Commission）為了因應歐洲經濟上的危機發布了《歐洲2020戰略》報告書，針對未來10年的經濟發展列出具體之目標。歐洲執行

6　Communication of the Commission for the implementation of an RTD information service, SEC(1988)1831, 12.12.1988, p. 1.

7　張福昌，「CORDIS：台灣與歐盟科技合作的橋梁」，卓忠宏（主編），《歐洲聯盟柔性權力之應用》，（台北：時英，2010年），頁71。

8　REGULATION (EC) No 1906/2006 OF THE EUROPEAN PARLIAMENT AND OF THE COUNCIL of 18 December 2006, OJ L 391/1, p. 6.

委員會在該報告中確認三大驅動歐洲未來發展的方針，必須依靠歐盟和歐盟各會員國的具體行動達成，該三大首要目標（three Priorities）包含：才智成長（smart growth），建立知識、創新、教育和數位化社會；永續成長（sustainable growth），使生產上之資源應用更有效率，提高競爭力；包容成長（inclusive growth），提高勞動市場參與率，獲取技術以及對抗貧窮。

《歐洲2020戰略》著手規劃歐洲下一個10年的經濟社會的願景，它建立在歐盟國家相互作用和相互連結的重要領域上：才智成長，發展建立於知識和創新的經濟社會；永續成長，促進低碳（low-carbon）有效率的能源配置，以提高生產競爭力；涵蓋成長，建立高度就業的經濟模式，致力於社會和區域的凝聚。這些代表著歐盟層次未來10年的首要政策目標，歐盟會員國則能以此規劃國內的目標以因應共同的發展。歐洲執行委員會列出的首要目標包含：年齡在20至64歲的人口能達到75%之就業率；歐盟國民生產毛額（GDP）的3%必須投入研究和發展（R&D）當中；製造生產必須符合2020年「20/20」的氣候變遷規範；提早離校之中輟生人口必需低於10%，在高等（第三級）教育（Tertiary education）階段，為因應知識經濟社會到來，而一些歐洲國家的大學生比率仍然低落（參見圖6-1），歐盟建議歐洲40%的青年應取得學位和文憑，以及面臨貧窮威脅的人口應少於兩千萬人。[9]

《歐洲2020戰略》規劃聚焦於三大優先發展領域，設定五大執行目標，並提出七大旗艦計畫方案。

(一) 三大優先發展領域

1. 智慧成長：以知識追求經濟成長，創造價值，開展教育、研究以及數位經濟的潛力。
2. 永續成長：打造競爭、連結、綠色經濟。
3. 包容成長：建構包容社會，授權（empowering）予社會大眾，落實彈性保障（flexicurity）概念，增進人力資本投資。

(二) 五大執行目標

1. 將20至64歲人口之就業率由現在的69%提升至2020年75%。
2. 改善研發（R&D）環境，發展追蹤創新的新指標，使得研發投資支出2020年達到GDP的3%。
3. 於2020年之前，溫室氣體排放量較1990年降低20%、或30%（假若情況允許），再生能源比例增加至20%，且能源效率提升20%。

9　Europe 2020 – public consultation: First Overview of Responses, European Commission Staff Working Document, February 2, 2010.

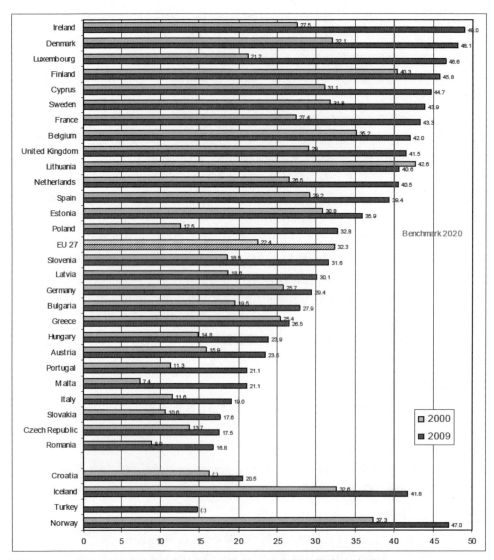

圖6-1　2000與2009年歐洲國家30至34歲人口完成高等教育比率圖

資料來源：European Commission staff working document. *Progress toward Common European Objectives in Education and Training: Indicators and benchmarks*, SEC（2011）526, Directorate-General for Education and Culture, p. 69.

4. 輟學者比例由現在的15%降低至10%，將30至34歲人口之高等教育比例由現在的31%提升為至少40%。

5. 將生活於國家貧窮線下的人口降低25%，使得二千萬人口脫離貧窮。

(三) 七大旗艦計畫方案

1. 「Innovation Union」：改善研究創新的基礎條件及融資取得，使得創新概念可轉化為實際的商品與服務，以創造成長與就業機會。
2. 「Youth on the move」：提升教育體系的績效，協助年輕人進入勞動市場。
3. 「A digital agenda for Europe」：加速高速網際網路（Internet）之全面建置，使得家戶與公司企業享受單一數位市場的效益。
4. 「Resource efficient Europe」：致力使經濟成長與能源使用脫勾，移轉至低碳經濟，增加再生能源之使用，現代化交通運輸部門，提倡能源效率。
5. 「An industrial policy for the globalization era」：改善經商環境，尤其是針對中小企業，發展強健永續之產業基礎以利全球競爭。
6. 「An agenda for new skills and jobs」：建立現代化勞動市場，隨著生涯週期發展適當工作技能，以授能（empowering）社會大眾，藉由高度勞動力流動，以增加勞動參與率及改善勞動需求之媒合。
7. 「European platform against poverty」：確保社會與地域融合，使得廣大社群共享成長與就業之效益，使生活於貧窮與社會排除（social exclusive）的人們得以活得尊嚴並積極參與社會。

為了推動《歐洲2020戰略》目標的落實，2010年5月，歐洲執行委員會發布了題為《針對就業和學習流動性的教育與培訓基準指標》的工作文件，確定了2020年歐洲學生就業和流動的新指標。學生就業能力指標提出，20-34歲青年在其畢業的第一至三年的平均就業率至少提高5%。該指標不僅關注找到第一份工作所需的時間，也關注就業的質量。指標參照國際教育標準分類與國際職業標準分類，測量畢業生的教育程度與其工作內容是否匹配。

學習流動性指標提出，到2020年，15-34歲青年中有出國學習或培訓經歷者的比例應成長一倍，達到25%-30%。在高等教育領域，至少有20%的大學畢業生有國外學習或培訓經歷。學生流動包括大學期間的短期和長期留學，最低要求為留學3個月或至少取得15個學分。在職業教育與培訓領域，初次參加職業教育和培訓的歐盟畢業生中至少有10%的人有國外學習或培訓經歷，在國外學習或培訓的時間最短不低於三週。

隨著就業壓力日益增加、本國高等教育收費趨勢以及國外學習生活對就業能力的擴展，到國外學習在歐洲各國學生中越來越受到歡迎。歐洲執行委員會促進2020戰略落實的另一項舉措是確保教育經費的投入。近日，歐洲執行委員會向歐洲議會提交了2014-2020年財政預算建議案，其中教育經費預算增加最多，從87.6億歐元增至152億歐元，增幅高達71%。歐盟的財政收入主要由兩大部分組成：各成員國按本國GDP的比例上交付額度和統一徵收歐盟工商增值稅等直接收入。歐洲執行委員會2014-2020年7年期財政預算支出共1兆250億歐元，比前期預算增長5%，年財政支出約占歐盟當年GDP的

1.05%。[10]

　　總之，《歐洲2020戰略》將教育和培訓視為歐盟未來發展的核心。在其提出的五項可量化目標中，有一項專門涉及教育，即：到2020年，歐洲的輟學率由目前的15%下降至10%，30-34歲人口中完成高等教育的比例由目前的31%提高至40%。要求其成員國將此轉化為各自的國家目標，加快教育改革的步調。

第二節　歐洲研究區域

　　由於知識密集性導致經濟結構發生結構性變化，從而影響傳統農業、工業以及服務業，乃至知識服務業與新經濟產生，創新程序很難經由單一個體的創新獨立完成，意即創新逐漸藉助開放式網絡環境結合許多不同有志者參與貢獻科技片段，技術行動者與社會行動者眾志成城轉化為成功的科技應用。此外，知識社會在為科技發展帶來機會的同時，也帶來了更高的成本，科學也從過去的學術導向逐漸轉變為滿足社會需求、多學科融合跨領域研究及應用導向之模式。[11]歐洲的科學研究領域長期以來面臨資金缺少、缺乏激勵環境以及研究活動間斷與資源分散等問題，使得歐洲研究發展成果停滯。歐洲執行委員會於2000年1月提案建立一個「歐洲研究區域」（European Research Area, ERA）[12]，希望能改善上述三項弱點。此倡議包括了以下三個互補且相互關聯的政策概念：[13]

1. 建立研究的「內部市場」，即知識、研究人員與科技自由流通的區域，目的是提高研發合作之機會、刺激全歐盟的競爭力，並達到資源的妥善分配。
2. 藉由改善各會員國間的研究活動和政策協調，重塑歐洲研究結構。
3. 發展一致的研究發展政策，主要不只針對研究活動的經費補助，也將其它研發相關層面的歐盟和會員國政策一併考量。

　　歐洲執行委員會於2007年的「歐洲研究區域綠皮書」（ERA green paper）中指出，「歐洲研究區域」應具備以下幾項特色：

1. 優秀研究人才的自由流通。
2. 世界級的研究基礎設備。

---

10 European Commission staff working document, *Progress toward Common European Objectives in Education and Training: Indicators and benchmarks*, SEC (2011)526, Directorate-General for Education and Culture, pp. 10-13.

11 Smits R. (2001). Innovation studies in the 21st century: Questions form a user's perspective. Technological Forecasting and Social Change, 69, 1-23.

12 目前加入「歐洲研究區域」（ERA）的國家包含歐盟28個成員國，以及冰島、以色列、挪威、瑞士、土耳其、列支敦斯登。

13 COM (2007) 161 final, *Green paper: The European Research Area: New perspectives*, {SEC(2007) 412}, pp. 6-7.

3. 卓越的研究機構。

4. 充分的知識分享。

5. 研究計畫與首要目標之良好協調。

6. 將歐洲研究區域向全世界開放成果。

實現歐洲研究區域最主要的手段在於推展「科研架構計劃」（Framework Programme, FP）然而，歐洲研究區域至今仍面臨許多困難，特別是歐洲公共研究基礎的分散性阻礙了歐洲科技潛力的發揮。研究人員的自由流通仍受到法律與實務上的阻礙，企業與其他歐洲國家研究機構的合作仍有困難，歐盟國家與區域研究的補助，例如：研究計劃、基礎設備與研究機構等仍缺乏有效的協調，國家層級的也缺乏凝聚性的革新。[14]

鑒於歐盟與美國及日本科技先進國家比較，歐盟整體的研究人員和研發數量不足，以致無法跟上美日等國生產力的表現。2000年歐盟《里斯本策略》提出將歐洲轉化為最具競爭力的知識經濟體系與社會的策略目標，透過聚焦「研究」、「教育」、「創新」等知識核心三角（參見圖6-2），促成歐盟經濟之永續發展，更好的就業環境以及社會凝聚力。體認研究與創新是增進長程競爭力的關鍵活動後「歐洲研究區域」的概念得以成型。[15] 因此，打造歐洲研究區域是一個歐盟共同政策「整合」的概念。以「波隆尼亞進程」作為在大學裡研發人才養成的基礎，與FP7的國際研發合作，透過CORDIS歐洲研發資訊服務網之產學合作計畫，以ERA-NET[16] 協調和資助會員國和區域研發計劃，並採納歐洲執行委員會各總署（DG）之專家小組（expert groups）之意見及諮詢，相輔相成獲得實際研究成果，並朝向《歐洲2020戰略》之目標執行，把歐盟建立為極有研發產能的「歐洲研究區域」。

歐盟注重教育整合甚早，於1973年歐體擴大加入英國、丹麥和愛爾蘭後，歐洲執行委員會成立歐盟教育暨文化總署（Directorate-General Education and Culture, DG EAC）。由於研發計畫眾多涉及跨學科和機構的實務合作，歐洲執行委員會各署之專家小組可設定研究「績效指標」（indicator）、研究目的，用以評估研究的優先選項。研究也必須顧及不同歐盟國家的大學執行研究計畫時在不同社會、經濟、環境和文化背景之差異，因為不同歐洲國家的大學有不同的內部結構，不同性質之研究適合不同的研究單位，使得新興的科技和跨學科研究必須被審慎評估。[17] 因此在歐盟現行多層級治理模式（multi-level system）下，歐洲執行委員會各署之專家小組在歐盟的治理網絡中，扮演

14　Ibid., pp. 8-9.

15　Ibid., p. 2.

16　ERA-NET 是一項歐洲執委會建立於FP6的網路架構，用以發展協調國家級和區域級的科技研究，由歐洲研究區域成員國相關部會和機構、學會所組成，以開放研究為目的並促進歐洲研究區域之實現，此架構延續到FP7至今。

17　*A vision for strengthening world-class research infrastructures in the ERA*, European Commission 2010, p. 49.

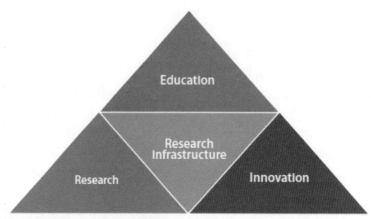

圖6-2　「歐洲研究區域」知識三角概念

資料來源：*A vision for strengthening world-class research infrastructures in the ERA*, Report of the Expert Group on Research Infrastructures, European Commission 2010, p. 22.

著指導棋的角色。[18]特別是在歐盟推動「歐洲研究區域」之重大共同政策時，專家小組的建議更是在研發領域和執行上的關鍵領航員。

　　此外，《歐洲2020戰略》表明打造歐洲的研究基礎建設（Research Infrastructures, RIs），所謂知識基礎建設指的是在全體範籌之科學和技術領域下對科技研發基礎和應用研究所需的設備、資源，以及具獨特性質的服務，還有相關人力資源的培育包含：1.應用於研究發展的工具和主要設備維護人員；2.用於科技研究以知識爲基礎的資訊、館藏、訊息架構、和資料管理系統；3.資通訊技術之基礎建設如：網路和資通訊設備。鑑於科技研究邁向全球化時代，印度和中國的研發實力也嶄露頭角，也爲實現《歐洲2020戰略》研發預算投資要達到歐盟整體GDP之3%，歐盟迫切希望能建立歐洲研究人員能自由流通、把各項研究基礎建設整合，有效協調研究資源的卓越「歐洲研究區域」。[19]爲了協調歐洲執行委員會與會員國建立泛歐洲的研究基礎設施，歐洲研究基礎建設論壇（European Strategy Forum on Research Infrastructures, ESFRI）成立於2002年4月，其成員匯集了會員國科研相關部會首長負責協調科研談判事務，並做爲歐盟決策過程中的諮詢單位。[20]

　　歐盟希望打造卓越的「歐洲研究區域」，提升歐盟以知識爲本的創新與競爭力。增加研發投資與經費支出是必然之趨勢。2008年歐盟27國研究發展（R&D）占歐盟總

18　Alberto Amaral, Guy Neave, Christine Musselin & Peter Maassen, *European Integration and the Governance of Higher Education and Research* (Matosinhos: Springer, 2009), pp. 114-115.

19　*A vision for strengthening world-class research infrastructures in the ERA*, Report of the Expert Group on Research Infrastructures, European Commission 2010, pp. 15-16.

20　Ibid., p. 19.

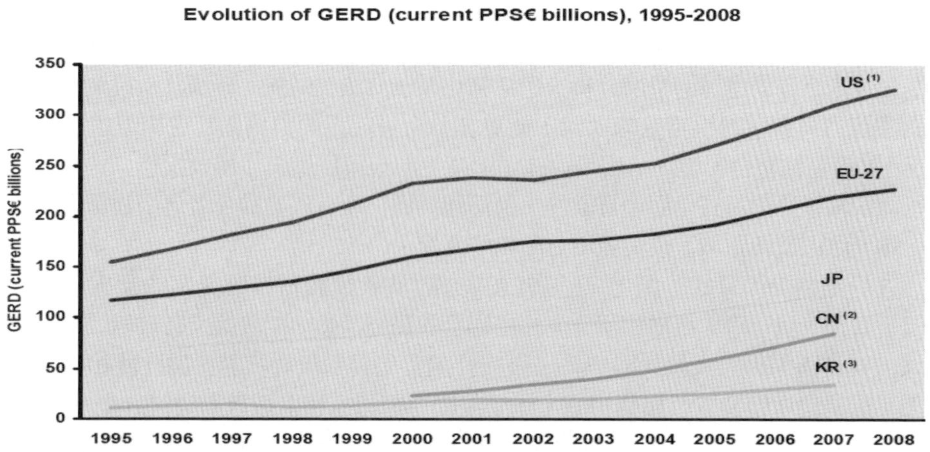

Evolution of GERD (current PPS€ billions), 1995-2008

圖6-3 1995-2008年歐盟與美國、日本、南韓、中國之國民研發經費毛額

資料來源：European Commission, DG Research

體國民生產毛額（GDP）的1.9%，相對的美國的研發則占國民生產毛額的2.76%，日本也達3.4%以上。[21] 然而，國民研發經費毛額（Gross Domestic Expenditure on R&D, GERD）如上圖所示歐盟整體的研發費用自2000年里斯本策略提出「歐洲研究區域」的政策後確實有逐步的成長，現今估計歐盟整體的研發毛額每年已超過2兆歐元的規模，但依然還落後美國超過1兆歐元。（參見圖6-3）

2007年時「歐洲研究區域綠皮書」特別強調創新策略最佳化之研究計畫與推動優先性的重要性，聚焦在不同治理層級（歐盟、國家、區域）決策與執行合作協調。區域在歐盟驅動發展共通的「歐洲研究區域」政策計劃扮演很重要的角色，活化歐盟區域的策略性發展則是歐盟蛻化成具競爭力知識經濟體的關鍵要素。然而歐盟各區域在研發創新情勢異質性很大，因此，透過各項政策工具，以系統性的方法推動創新政策，以提升因應全球化的長程競爭力。歐盟「第七期科研架構計劃」（FP7）（2007-2013年），「競爭力與創新架構計畫」（Competitiveness and Innovation Framework Programme, CIP）[22]與「結構基金」（Structural Funds, SF）[23] 都廣泛體認到不同資金來源須藉助開拓其

---

21 *Gross domestic expenditure on R&D (% share of GDP)*, European Commission, Eurostat, available from: http://epp.eurostat.ec.europa.eu/statistics_explained/index.php?title=File:Gross_domestic_expenditure_on_R%26D_(%25_share_of_GDP).png&filetimestamp=20101214170453.

22 爲鼓勵歐洲企業（尤其是中小企業，約占預算80%）提升競爭力，歐盟設立「競爭力和創新研究架構計畫」，於2007年至2013年進行，支持各種創新發明活動（包括環保發明），提供更好的財物支援，並給予商業支持服務，總預算爲36億2,100萬歐元。該計畫特別鼓勵應用ICT來發展資訊社會，並增加再生能源的使用、提升能源使用效率。

23 結構基金的設置主要爲了達成歐盟經濟與社會凝聚（cohesion）的目標，期望以結構基金這項資源來填補開發地區與落後地區的差異性，同時提供不同社會群體間平等的就業機會。

綜效而使得機會最佳化，亦即更強化對應用策略政策情資工具（Strategic Policy Intelligence, SPI）作更好的計畫設計配合治理的需求。FP7規定每一特定計畫領域有責任完成該領域未來政策選擇的事前分析，包括強化預測方法（例如：經濟計量模擬），以確認對生產力與競爭力很重要的因素，能更加分析可能正面與負面社會與環境影響的技術。[24] 希望此整合影響評估與事前評估所產生的政策目標與「績效指標」，能回饋連結後續的事後評的新式全面連貫取徑，進而作為提供所有利益關係者導引決策更大的效用，讓「歐洲研究區域」政策循環更順暢的運作。

在研究協調預算的分配上，透過ERA-NET的架構將科技研究案的業主（各國部會），管理人員（研究機構和學會）藉由聯合的研究活動、開放給所有參與「歐洲研究區域」成員國的研究人員共同申請之研究計劃案和長期研究計劃，彼此能相互學習和協調，像渦輪增壓裝置般相輔相成。除了鼓勵協調國家和區域級的科研計劃外，ERA-NET特別希望開放國家型的研究成果和計劃，其主要目標在於調整歐洲研究環境，以促進國家和區域相互間科研活動和政策的開放。[25] 為了達成目標參與「歐洲研究區域」科研計劃的部會與機構必須遵循ERA-NET的四措施：

1. 於現有的計劃上有系統地訊息交流。
2. 在發現合作與協調的可行性、研究活動的相互利益、跨國研究活動的障礙、實際研究網絡安排上，以及新的研究機會和分歧上，參與者能辨認和分析研究議題的共同策略。
3. 在國家級和區域級科研計劃下發展聯合的研究活動，例如：跨國的評價機制、相互開放研究設施和實驗室的機制、設立共同的研究監管和評鑑機制。
4. 資金補助跨國聯合的「合作型計劃」，目標是實施和呼籲聯合研究計劃的聯合申請。

ERA-NET的角色在於協調參與「歐洲研究區域」的歐洲國家能協調和開放彼此間國家型的科研計劃案，並促進跨國科研計劃案的聯合申請，外國研究人員有更多的接觸和互動。

---

24 *SEC (2005) 430, Commission staff working document. Impact Assessment and Ex Ante Evaluation* COM(2005) 119 final, pp. 7-8.

25 Susana Elena Pérez, Laura De Dominicis and Kenneth Guy, *Developing the European Research Area: Opening-up of National R&D Programmes and Joint R&D Policy Initiatives* (European Commission Joint Research Centre, 2010), pp. 29-30.

表6-1 透過ERA-NET申請的共同研究計劃（FP6時期）

Theme	No ERANETs	No Joint calls	Total funding Joint calls (€)	No programmes	Total funding of Joint programmes (€)
Industrial Technologies and SMEs	16	37	204,308,833	5	20,700,000
Enviroument	16	15	85,053,971	4	922,022,000
Social Sciences and Humanitices	6	8	41,309,495	2	28,230,000
Transport	4	10	20,833,622	2	14,650,000
Energy	5	10	16,383,594	1	6,500,000
Life Sciences	15	21	279,029,234	1	4,000,000
Fundamental Sciences	5	10	119,197,000	0	0
INCO	4	4	7,705,000	0	0
Total	71	115	773,810,749	15	996,102,000[62]

資料來源：Susana Elena Perez, Laura De Dominicis and Kenneth Guy, *Developing the European Research Area: Opening-up of National R&D Programmes and Joint R&D Policy Initiatives*, (European Commission Joint Research Centre, 2010), p. 28.

　　歐盟發展「歐洲研究區域」，透過ERA-NET申請機制鼓勵和協調跨國科研計畫之申請，從過去幾年的數據來看確實有穩定提升的成效。從歐盟整體預算面來看，從1985年開始結算，過去25年以來歐盟提撥對科技研發所資助的經費成長了18倍，於2010年首度超過140億歐元（參見圖6-4）；歐盟的會計年度2007-2013年總計歐盟提撥對科技研發的「第七期科研架構計劃」為530億歐元，「結構基金」（SF）為860億歐元。[26] 再從研究人員的跨國流動性（mobility）來看，當時歐盟27會員國人口結構中列為非本國的科技核心人力資源（Human Resources in Science and Technology Core, HRSTC）人數從2001年的22萬9,000人成長至2007年已有37萬6,000人。（參見圖6-5）

---

[26] The Future of Funding is Critical, Irish Times ,available from: http://www.irishtimes.com/newspaper/sciencetoday/2011/0526/1224297779124.html.

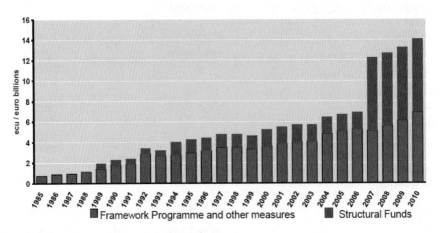

圖6-4　1985-2010年歐盟公共研發資助演進圖

資料來源：European Business Services Round Table, European Commission, DG Research, Brussels, March 23, 2011.

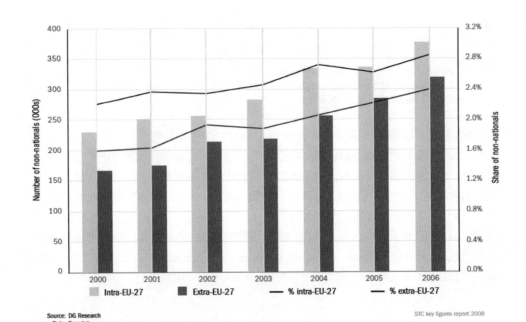

圖6-5　2000-2006年歐盟非本國科技人力資源百分比

資料來源：*A more research-intensive and integrated European Research Area Science, Technology and Competitiveness key figures report 2008/2009*, European Commission Directorate-General for Research, 2009, p. 120.

　　這代表了每年「歐洲研究區域」境內的跨國性科技研究人力每年有8.6%的成長，跨國科技核心人力也占總體科技核心人力資源從2.2%成長到2.9%，特別是西班牙的外國科技研究人力由26,000成長至94,000人，英國的外國科技研究人力也從8萬人成長到11萬人的水準。另外，當時歐盟27國內部於歐盟會員國境外出生的外籍科技核心人力也從2001年的34萬5,000人增加至2007年的49萬6,000人[27]，這都顯示出歐盟已經建立科技研究的「內部市場」，即知識、研究人員與科技自由流通的區域，更加提高了「歐洲研究區域」的知識創新競爭力。雖然目前歐盟境內跨國和外籍的科技研究人員已有穩定成長，並加速內部的自由流通。然而歐盟發展「歐洲研究區域」尚有一些障礙有待突破，例如：[28]

　　1. 會員國內部的科技研發政策往往以促進本國科研發展為優先選項；

　　2. 會員國內部的品質的研究計劃被接受的數量已經超過其需求的總量；

　　3. 會員國國內的研究計劃往往缺乏明確的標準鼓勵跨國研究人員之活動；

　　4. 會員國內之法規關於研究計劃明確禁止將研究經費轉移給非本國居民。

　　另外，跨國性的聯合科研計劃已經涉及智慧財產權（Intellectual Property Rights, IPR）和國家機密等問題，特別是在跨國公司參與該科研計劃時。無疑地，研究人員流動率提高，聯合科研計劃案的數量提升就了歐盟以「歐洲研究區域」為目標，藉由各項資助方案和措施的支持，發展歐洲層級的研究體系整合，創造科技研發人才的最大潛能，並促進「第五大自由流通」（Fifth Free Movement）[29]的實現，即「知識」的自由流通。[30]

　　下圖6-6描述「歐洲研究區域」的資金的多種來源，以法律規範貨幣和實物捐助（In-Kind contribution）可以促進研究基礎設施的發展，但這些透過私人企業和科技相關團體、基金會所提供之實物捐助必須通過嚴格的質量審查標準。歐洲共同體預算（EC Budget）主要包括結構基金和「科研架構計劃」（FP），以及增加與歐盟會員國跨國合作之基金；另外，公共採購（public procurement）於拓展技術研究發展建設是未來歐盟投入資金，與產業參與在各種創新研發計劃時必須培養的潛力措施。[31]面對未來2014年後歐盟邁向「第8期科研架構計劃」的當下，歐盟如何運用更穩定的財政預算制度，建立共同的「歐洲研究基礎設施基金」（European Fund for Research Infrastructures）將是下一階段歐盟成為卓越知識創新經濟體的重要目標。

27　*A more research-intensive and integrated European Research Area Science, Technology and Competitiveness key figures report 2008/2009*, European Commission Directorate-General for Research, 2009, pp. 119-120.

28　Susana Elena Pérez, Laura De Dominicis and Kenneth Guy, op, cit., pp. 12-13.

29　歐洲執委會主席戴洛（Jaques Delors）在1992年提出「單一市場法案」，促進歐盟之四大流通：商品、服務、人力、資本

30　Fernández-Zubieta and Ken Guy, *Developing the European Research Area: Improving Knowledge Flows via Researcher Mobility*, European Commission Joint Research Centre Institute for Prospective Technological Studies (2010), p. 3.

31　*A vision for strengthening world-class research infrastructures in the ERA*, Report of the Expert Group on Research Infrastructures, European Commission (2010), p. 32.

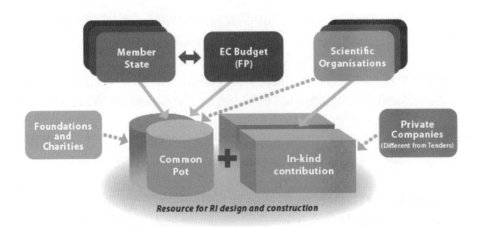

圖6-6　「歐洲研究區域」的資金運作模式

資料來源：*A vision for strengthening world-class research infrastructures in the ERA*, Report of the Expert Group on Research Infrastructures, European Commission 2010, p. 32.

第三節　歐洲聯盟整體競爭力評估展望

一、歐盟整體競爭力與創新實力

　　在提升歐盟區域整體競爭力的共同背景下，歐盟自1990年代之後即為此長遠目標展開歐盟共同政策及政府間聯繫方案的規劃。歐盟整體區域之創新（innovation）和競爭力發展政策包含在歐盟「凝聚政策」（Cohesion policy）的範疇下，現今歐盟「凝聚政策」的執行期間為2007-2013年度，為歐盟促進社會發展的最主要政策架構，其總預算達3,076億歐元，占歐盟7年期總預算的35.7%，針對歐盟最貧窮的「聚合區域」（convergence regions）每年平均投入超過500億歐元，主要目的在於提升總體100個聚合區域（參見圖6-7：紅色塊區域）的凝聚、就業和競爭力。歐盟「凝聚政策」的提供資金撥款的管道為歐洲區域發展基金（European Regional Development Fund, ERDF）以及歐洲社會基金（European Social Fund, ESF）。[32] 現階段政策設定之目標為提高2004年新加入歐會員國的生產毛額（GDP）成長達10%（波蘭為8.9%）；提升聚合區域的生產力（productivity），斯洛伐克、匈牙利為2.3%，保加利亞、羅馬尼亞為7%；創造整體區域2,500萬個就業機會（目標4%-8%成長率）。[33]

32　*EU Cohesion Policy 2014-2020*, EurActiv EU news & policy debates, available from:http://www.euractiv.com/regional-policy/eu-cohesion-policy-2014-2020-linksdossier-501653.

33　*European Union Regional Policy Cohesion policy 2007-2013 Commentaries and official texts* (Brussels: European Commission, January 2007), pp. 13-23.

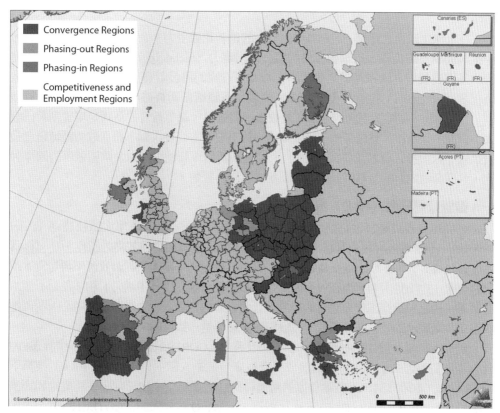

圖6-7　歐盟凝聚政策之聚合目標區域

資料來源：*"After the European Council's Agreement on the Financial Perspectives: Putting EU Cohesion Policy into practice 2007-2013,"* European Commission-Regional Policy Directorate-General, p. 10.

　　歐洲研究區域（ERA）和歐盟高等教育整合的平台波隆尼亞進程（Bologna Process）以及歐洲執行委員會教育暨文化總署（Directorate-General for Education and Culture in the European Commission）本身推動的各項教育計畫等，皆為達到歐盟「凝聚政策」總體目標提升就業和競爭力的重要環節，也是促進歐盟總體研發、創新和人力資源競爭力的主要實踐方法。就歐盟於「2007-20113年凝聚政策」架構下投入約725億歐元於教育與訓練，另規劃600億歐元用於研究與創新。歐盟之發展策略在以「凝聚政策」之社會與經濟面向對高等教育做出貢獻；「凝聚政策」下的歐洲區域發展基金（ERDF）則能提供高等教育機構更新時所需要的設備，並促進其數位化之發展，以及協助大學和產業間建立夥伴關係（partnerships）；歐洲社會基金（ESF）可資助高等教育的現代化歷程、強化教育內容，並協助教育背景不利學生的學習參與，以及調和歐盟教育計畫與勞動市場之需求，下一期2014-2020的歐洲社會基金將有超過400億歐元投注於教育與訓練

領域。【34】

　　在全球化市場之背景下，爲維繫國際性的創新和競爭力，企業和國家必須在政府、企業與大學不斷投資，以厚植產業的科技傑出實力（technological prowess），藉由完善的基礎建設增進國家產業的生產力，以及用一流的研發計畫、制定靈活快速的研發時程表（timetable）投資研發（R&D）領域，並建構創新實驗成果毫無落後的行銷機制。【35】因此，從歐盟整體的競爭發展政策不難發現，高等教育的革新是培養創新研發人力資源，以及提昇整體勞動市場就業能力的重要基本條件。以下將從歐盟區域研發投資比重、歐盟投入資通訊科技（ICT）、歐盟創新與專利能力，以及歐盟競爭力國際評比，共四個面向對歐盟整體競爭力與創新實力作出評估。

(一) 歐盟整體研發（R&D）評比

　　發展知識經濟是21世紀創造國家財富的必要手段，已故管理學大師杜拉克（Peter Drucker）不斷地告訴我們有越來越多的工作，變成是以知識爲基礎的工作，在《後資本主義社會》（Post-Capitalist Society）一書中，他提到：基本的經濟資源不再是資本或自然資源，也不是勞力，現在與未來都是仰賴知識。現在由「生產力」和「創新」產生的價值，皆是知識在工作上應用的結果。我們必須把知識置於生產財富的中心，明確地說追求知識經濟的效益在於研究和發展與教育必須是一致性的成長。【36】

　　研究人員是發展知識經濟的核心，歐盟過去以CORDIS和第七期科研架構計畫FP7建立了歐盟整體的研究人員和研發成果資料庫，並納入歐洲研究區域（ERA）架構下的ERA-NET申請機制，以鼓勵和協調跨國科研計畫之申請。根據歐盟委託奧地利經濟研究所（Austrian Institute for Economic Research, WIFO）、希臘LOGOTECH顧問公司、英國曼徹斯特大學（University of Manchester）與挪威的北歐創新與教育研究所（Nordic Institute for Studies in Innovation, Research and Education, NIFU STEP）等智庫單位於2010年所編纂的報告書《歐盟研究人員的生涯進路與在流動中的學習夥伴》（Study on mobility patterns and career paths of EU researchers）指出，歐盟境內有大約215萬7,000人歸類爲研究人員，2007年時有將近144萬8,000人屬於全職（Full-time equivalent, FTEs）研究人員。另外，該研究報告發現自從歐盟2000年以後大力推行「歐洲研究區域」，和促進高等教育學生與學者流動性等相關政策以來，歐盟區域的研究人員數量從2000年到2007年成長了31%，每年皆有4%以上的成長幅度。而相較其他創新產業指標國家，歐盟在全職研究人員的年成長率爲3.9%，領先美國和日本的1.3%，特別像捷克2004年加入歐盟後2007年全職研究人員成長率達到14.9%，足見歐盟於研發領域除了強調成長外，更爲

34　COM (2011) 567 final, *Supporting growth and jobs – an agenda for the modernisation of Europe's higher education systems* (Brussels: European Commission, 20.9.2011), p. 15.

35　Dimitris N. Chorafas, *Education and Employment in European Union* (Farnham: Gower, 2011), p. 109.

36　Ibid., p. 111.

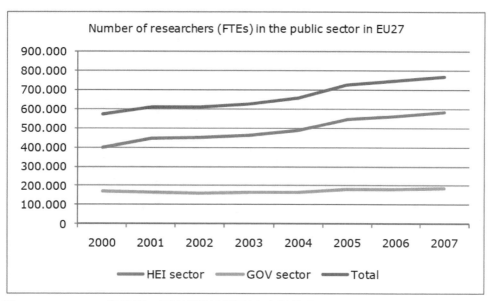

圖6-8　2000-2007年歐盟27國公部門全職研究人員數量

資料來源：*Study on mobility patterns and career paths of EU researchers* Prepared for: European Commission Research Directorate-General Directorate C - European Research Area, Universities and Researchers (Brussels: WIFO, NIFU STEP, LOGOTECH, NIFU STEP, University of Manchester, 2010), p. 63.

注重研究人員之專業性。[37]

　　歐盟於2007年114萬3,399位研究人員服務於高等教育機構（Higher Education Institutes, HEI），22萬7,183人任職於政府部門，總共137萬研究人員在公部門（public sector）從事研發，其中有76萬7000人是全職研究者。該報告也指出了另一項值得重視的現象，自從歐盟2000年以後大力推行「歐洲研究區域」，和促進高等教育學生與學者流動性等相關政策以來，歐盟研究人員在高等教育機構的年成長率維持每年約5.5%的增加幅度，相較政府部門研究人員每年1.3%的成長率，[38] 足以顯示高等教育在創新與研發競爭力所扮演的角色將會更加重要（參見圖6-8）。

　　該報告提出在歐盟會員國中，拉脫維亞、保加利亞、斯洛伐克、立陶宛和波蘭的公部門研究人員超過80%，這個比率與盧森堡、瑞典、丹麥、奧地利與德國公部門研究人員總體低於40%的比例差異甚大。另外，歐盟國家之中英國、奧地利、瑞典、丹

[37] *Study on mobility patterns and career paths of EU researchers* Prepared for: European Commission Research Directorate-General Directorate – European Research Area, Universities and Researchers (Brussels: WIFO, NIFU STEP, LOGOTECH, NIFU STEP, University of Manchester, 2010), p. 124.

[38] Ibid., p. 62.

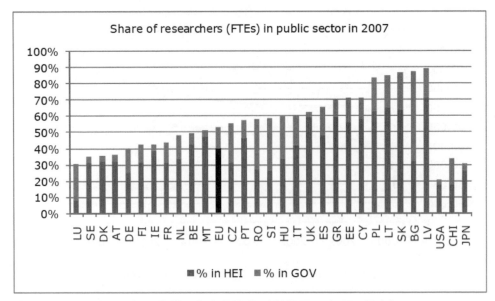

圖6-9　2007年歐盟公部門全職研究人員比率（與美國、中國、日本）

資料來源：*Study on mobility patterns and career paths of EU researchers* Prepared for: European Commission Research Directorate-General Directorate C - European Research Area, Universities and Researchers (Brussels: WIFO, NIFU STEP, LOGOTECH, NIFU STEP, University of Manchester, 2010), p. 64.

麥等國政府部門在研發比重很低約3-4%，絕大部分的研究人員來自高等教育機構；保加利亞的研究人力於政府部門在研發比重占55%，是歐盟區最高的且最例外的。歐盟平均公部門研究人力占所有全職研究人員的53%，相較於美國的21%，中國34%，以及日本31%，顯示出歐盟的研究人力資源是以公部門和私人產業均衡發展的成長趨勢（參見圖6-9）。[39] 然而，也有專家指出此現象代表歐盟國家較缺少跨國性大企業，例如：IBM電腦、微軟（Microsoft）、豐田（Toyota）汽車等，特別是能足以提供龐大研究經費維持研發和創新的大型實驗室有關，因為歐洲國家的產業經營型態大多屬於中小企業（small and medium-sized enterprises, SMEs）的商業經營模式。[40]

　　研究人員獲得高等教育學位的比率也是發展知識經濟的重要指標。從該報告中得知，歐盟現在約有超過340萬的大學畢業生，從2000年到2007年歐盟區域的大學畢業生成長近50%，與前述研究人員數量的成長（31%）為正相關的成長趨勢（參見圖6-10），換言之，歐盟高等教育畢業人數的增加提供了研究人員的潛力人才庫。此外，歐盟區的博士級人數也急遽增加，歐盟於2007年有11萬628人獲得博士資格，其中包含

39　Ibid., pp. 63-64.
40　Dimitris N. Chorafas, *Education and Employment in European Union* (Farnham: Gower, 2011), p. 1115.

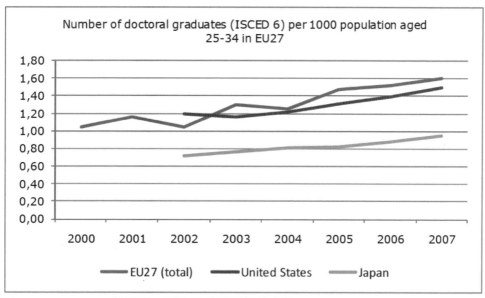

圖6-10　2000-2007年歐盟27國高等教育畢業生人數

資料來源：*Study on mobility patterns and career paths of EU researchers* Prepared for: European Commission Research Directorate-General Directorate C - European Research Area, Universities and Researchers (Brussels: WIFO, NIFU STEP, LOGOTECH, NIFU STEP, University of Manchester, 2010), p. 55.

6萬465人是屬於25-34歲的年輕學者。與美國、日本相較，2007年歐盟境內人口每1000人擁有博士學位的比率爲1.6%，超越美國的1.5%和日本的1%，且歐盟區博士人數每年以5.7%比率成長（參見圖6-11），年輕的25-34歲博士則每年有6.3%成長。[41] 德國、英國、法國、義大利及葡萄牙是歐盟境內博士人數最多的前五國。

　　2007年歐盟有11萬628人獲得博士學位，且歐盟區博士人數每年以5.7%比率成長，年輕的25-34歲博士則每年有6.3%成長（參見圖6-12）。[42] 有鑑於歐盟高階學術人才的快速成長，在歐洲議會建議下歐洲執行委員會於2011年已推動「歐洲產業博士計畫」（European Industrial PhD Scheme），總預算爲2,000萬歐元。產業博士原來是丹麥實施近40年的特有高等教育制度，博士學生在登記入學後，同時在私人企業任職做實務研究工作。丹麥科技創新委員會（Danish Council for Technological Innovation）於1971年首度提倡這種產學合作模式的博士學位制度，博士生由政府補助每月30%-50%的薪水約2700美金，至2009年度已有1,200個博士研究人員參與丹麥的產業研究人員計畫（industrial

---

[41] *Study on mobility patterns and career paths of EU researchers* Prepared for: European Commission Research Directorate-General Directorate C – European Research Area, Universities and Researchers (Brussels: WIFO, NIFU STEP, LOGOTECH, NIFU STEP, University of Manchester, 2010), pp. 55-56.

[42] Ibid., p. 127.

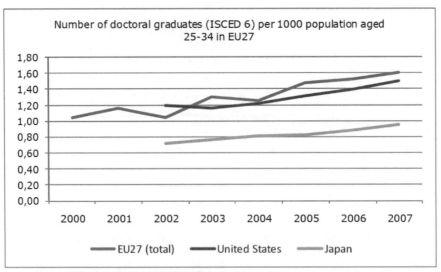

圖6-11　歐盟27國25-34歲人口每千人博士人口

資料來源：*Study on mobility patterns and career paths of EU researchers* Prepared for: European Commission
　　　　Research Directorate-General Directorate C - European Research Area, Universities and Researchers
　　　　(Brussels: WIFO, NIFU STEP, LOGOTECH, NIFU STEP, University of Manchester, 2010), p. 56.

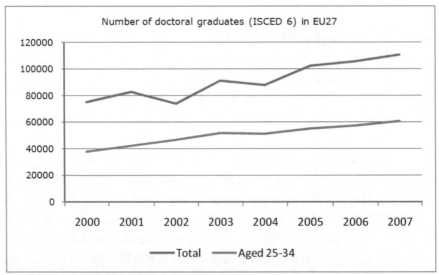

圖6-12　2000-2007年歐盟27國博士畢業人數圖

資料來源：*Study on mobility patterns and career paths of EU researchers* Prepared for: European Commission
　　　　Research Directorate-General Directorate C - European Research Area, Universities and Researchers
　　　　(Brussels: WIFO, NIFU STEP, LOGOTECH, NIFU STEP, University of Manchester, 2010), p. 55.

researchers programme）[43]，歐盟希望藉由引進這種制度能拓展博士級研究人才的實務進路，使高等教育培養的研究人員能兼具學術理論與實務應用的面向，進而提升研發與創新的實質競爭力。

評估一個國家對知識經濟的競爭力，從國家投入研發（R&D）的預算與實際經費可以作為重要實證依據。從《研發雜誌》（R&D Magazine）公布的官方資料得知，2011年30個經濟發展暨合作組織（OECD）國家投入研發比重超過全世界80%，歐盟占全球研發總經費的24.5%，仍不及美國整體投入研發占全球32%；然而歐盟27個會員國中有13國排進世界前30名研發經費最多的國家，另外土耳其、瑞士、挪威等歐洲國家也都上榜（參見表6-2）。[44]在這些歐洲國家中投入研發占國民生產毛額（GDP）之比重，以芬蘭3.83%為最高，瑞典為3.62%，丹麥3.05%，德國是西歐國家最高為2.85%，且預估2012年實際研發投資還會繼續成長3.5%，[45]顯示歐盟整體對研究發展與創新投資的競爭實力。另外在《研發雜誌》出版的2011年研發資金展望（2011 R&D Funding Forecast）中特別指出，亞洲的南韓總體研發經費有75%來自企業投資支出，已經超越美國71%及德國70%，南韓自2002年以來每年的研發經費支出皆保持10.5%的年成長率。另外，南韓投入研發占其國民生產毛額的比率為3.4%排名全世界第五，僅落後於以色列、日本、瑞典和芬蘭，而南韓的科學論文總數也能排進世界第四的位置，[46]顯現該國不斷投入研發，對整體經濟競爭實力有加乘效果。（參照表6-2）。

(二) 歐盟國家競爭力排名

世界經濟論壇（World Economic Forum, WEF）是成立於1971年的非營利性國際組織，總部設於瑞士日內瓦，每年皆會公布《全球競爭力報告》（Global Competitiveness Report），該報告具國際公信力並揭櫫國家競爭力排名與評比。在2011-2012年度的全球競爭力報告中闡述世界經濟論壇評鑑國家競爭力的主要12大支柱作為評估指標：[47]

43　*EUROPE: EU to launch "industrial" PhD*, University World News, available from: http://www.university worldnews.com/article.php?story=20110318125749302.

44　2012 Global R&D Funding Forecast: R&D Spending Growth Continues While Globalization Accelerates, available from: http://www.rdmag.com/Featured-Articles/2011/12/2012-Global-RD-Funding-Forecast-RD-Spending-Growth-Continues-While-Globalization-Accelerates/.

45　Ibid.

46　*2011 R&D Funding Forecast* (Battelle the Business of innovation, December 2010), p. 30.

47　Xavier Sala-i-Martin, *The Global Competitiveness Report 2011-2012* (Geneva: World Economic Forum, 2011), pp. 4-8.

表6-2　2010、2011年（2012年預測）研發經費比重　　　　　（單位：10億美元）

Global Rank	Country	2010 GDP PPP Bil. U.S. $	2010 R&D as % GDP	2010 GERD PPP Bil. U.S. $	2011 GDP PPP Bil, U.S. $	2011 R&D as % GDP	2011 GERD PPP Bil. U.S. $	2012 GDP PPP Bil. U.S. $	2012 R&D as % GDP	2012 GERD PPP Bil. U.S. $
	Forecast Gross Domestic Expenditures on R&D（GERD）Billion of U.S. Dollars									
1	United States	14,660	2.83%	415.1	15,203	2.81%	427.2	15,305	2.85%	436.0
2	China	10,090	1.48%	149.3	11,283	1.55%	174.9	12,434	1.60%	198.9
3	Japan	4,310	3.44%	148.3	4,382	3.47%	152.1	4,530	3.48%	157.6
4	Germany	2,940	2.82%	82.9	3,085	2.85%	87.9	3,158	2.87%	90.6
5	South Korea	1,459	3.36%	49.0	1,549	3.40%	52.7	1,634	3.45%	56.4
6	France	2,145	2.21%	47.4	2,227	2.21%	49.2	2,282	2.24%	51.1
7	United Kingdom	2,173	1.81%	39.3	2,246	1.81%	40.7	2,305	1.84	42.4
8	India	4,060	0.80%	32.5	4,472	0.85%	38.0	4,859	0.85%	41.3
9	Brazil	2,172	1.10%	23.9	2,294	1.20%	27.5	2,402	1.25%	30.0
10	Canada	1,330	1.95%	25.9	1,387	1.95%	27.0	1,429	2.00%	28.6
11	Russia	2,223	1.03%	22.9	2,367	1.05%	24.9	2,491	1.08%	26.9
12	Italy	1,774	1.27%	22.5	1,824	1.30%	23.7	1,849	1.32%	24.4
13	Taiwan	822	2.30%	18.9	883	2.35%	20.7	938	2.38%	22.3
14	Australia	882	2.21%	19.5	917	2.25%	20.6	958	2.28%	21.8
15	Spain	1,369	1.38%	18.9	1,409	1.40%	19.7	1,440	1.42%	20.4
16	Sweden	335	3.62%	12.9	379	3.62%	13.7	398	3.62%	14.4
17	Netherlands	677	1.84%	12.5	703	1.87%	13.1	720	1.90%	13.7
18	Switzerland	324	3.00%	9.7	338	3.00%	10.1	346	3.00%	10.4
19	Israel	219	4.27%	9.4	234	4.20%	9.8	246	4.20%	10.3
20	Austria	332	2.75%	9.1	350	2.75%	9.6	359	2.75%	9.9
21	Turkey	960	0.85%	8.2	1,045	0.90%	9.4	1,080	0.90%	9.7
22	Singapore	292	2.52%	7.4	314	2.60%	8.2	331	2.65%	8.8
23	Belgium	394	1.96%	7.7	412	2.00%	8.2	423	2.03%	8.6
24	Finland	186	3.87%	7.2	196	3.83%	7.5	203	3.80%	7.7
25	Mexico	1,567	0.37%	5.8	1,663	0.38%	6.3	1,741	0.39%	6.8
26	Denmark	202	3.02%	6.1	209	3.05%	6.4	215	3.08%	6.6
27	Poland	721	0.68%	4.9	765	0.72%	5.5	796	0.72%	5.7
28	South Africa	524	0.93%	4.9	553	0.95%	5.3	579	0.95%	5.5
29	Norway	255	1.80%	4.6	265	1.85%	4.9	274	1.85%	5.1
30	Czech Republic	261	1.53%	4.0	272	1.55%	4.2	280	1.55%	4.3

資料來源：2012 Global R&D Funding Forecast: R&D Spending Growth Continues While Globalization Accelerates (http://www.rdmag.com/Featured-Articles/2011/12/2012-Global-RD-Funding-Forecast-RD-Spending-Growth-Continues-While-Globalization-Accelerates/).

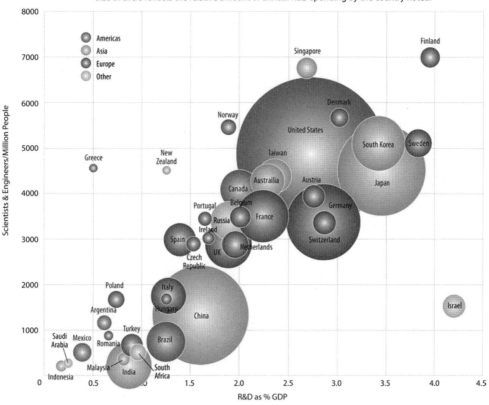

圖6-13　2011年世界研發比重示意圖

資料來源：2012 Global R&D Funding Forecast: R&D Spending Growth Continues While Globalization Accelerates（http://www.rdmag.com/Featured-Articles/2011/12/2012-Global-RD-Funding-Forecast-RD-Spending-Growth-Continues-While-Globalization-Accelerates/）.

1. 機構（institutions）：特別針對政府對自由化市場的效率和國內商業環境管理。
2. 基礎建設（Infrastructure）：著重品質良好的交通設施，確保人員和服務之安全。
3. 總體經濟環境（Macroeconomic environment）：國家須確保經濟環境之穩定。
4. 健康和基礎教育（Health and primary education）：勞動人口的健康和教育程度。
5. 高等教育和訓練（Higher education and training）：高品質的人力資源培養。
6. 商品市場之效率（Goods market efficiency）：確保商品流通供需管道之效率。
7. 勞動市場之效率（Labor market efficiency）：富有彈性和效率的市場及工資。
8. 金融市場發展（Financial market development）：功能完善的金融環境。

9. 完善的科技（Technological readiness）：加強使用資通訊（ICT）的生產方式。

10. 市場規模（Market size）：允許企業發展跨國商業模式的條件。

11. 商業精密度（Business sophistication）：追求更高效率的生產力程度。

12. 創新（Innovation）：對研發（R&D）投入導引知識產出之程度。

該報告特別針對日本、義大利、美國、法國、德國、英國和加拿大等「7大工業國」（G7）提出呼籲，該7國的公共負債（public debts）比率已經從2007年的平均73%到2012年已經超過GDP的100%，未來負債比率加重將會限制各國對研發、教育，以及公共衛生的支出。[48] 過去的幾年因為全球經濟危機帶來的困境，歐洲經濟面臨許多挑戰，而歐洲的復甦正受到主權債務因素的持續威脅。希臘和其他歐盟國家也面臨對歐元能力的問題。儘管有這些挑戰，歐洲國家依然在其評比中表現突出且在世界上具有競爭力的特色。有7個歐洲國家躋身前10名。總共有11個歐洲國家躋身前20名，如下：瑞士(1)，瑞典(3)，芬蘭(4)，德國(6)，荷蘭(7)，丹麥(8)，英國(10)，比利時(15)，挪威(16)，法國(18)，奧地利(19)。然而，有幾個歐洲國家在競爭力與前述國家有顯著的差距，並較過去有排名下降的趨勢，例如：西班牙(36)，義大利(43)，葡萄牙(45)。[49]

二、歐盟整體競爭力與大學之轉型

在歐洲，「知識經濟」不再是惠而不實的口號；它在歐盟的整合過程中，已轉化成為一系列具體策略行動，藉以達成《歐洲2020戰略》知識社會與知識歐洲的遠景目標。因為具有生產知識、傳授知識及傳播知識的獨特性，歐洲大學無法自處於社會變革的軌跡之外；相反的，歐盟需要藉由對歐洲大學世界的重新改造及定位，使歐洲成為世界上最具競爭力的經濟體，並維持經濟穩定成長、促進工作人口的流動以及凝聚更大的社會向心力。歐盟在巴塞隆納高峰會議即指出此一追求卓越的迫切需要，並要求歐洲教育制度要成為世界參考指標。

自從2000年的歐盟里斯本高峰會議以來，建立一個歐洲知識共同體即成為歐盟的主要目標。之後的幾次會議，如2001的斯德哥爾摩會議及2002的巴塞隆納會議，更促使里斯本高峰會所訂定的目標往前邁進一大步。該次會議所訂定的工作時程表需要各相關層級的投入與參與。這些層級扮演極重要的角色，例如各大學。因為大學身負傳統上教學與研究之雙重使命、同時在創新的精密過程中逐漸嶄露頭角以及對於經濟競爭力與社會凝聚力的貢獻。對大學來說，歐洲知識體的開創是一個契機，亦是一項困難的挑戰。事實上大學逐漸在日新月異與逐鹿優秀人才的全球化環境中開展它們的企業，然而相較於他的競爭伙伴，如美國，歐洲大學通常提供較少的經濟資源及其他協助。在學術成就上，歐盟在科技領域如：物理、化學、醫學上諾貝爾獎的獲獎人數也逐年減少。（參見

48　Ibid., p. 6.

49　Ibid., p. 25.

圖6-14）歐洲大學以現有組織架構來面臨目前情況之時，能否期望在未來保持其在社會與世界的地位並達到卓越。

為了實現里斯本所訂定時程表與目標，歐盟已著手進行了一系列關於研究及教育領域的行動方案。創造歐洲研究創新區（European area of research and innovation），將歐盟R&D的經費比例提升為歐盟GDP3%以上，同時配合波隆尼亞歷程，強化高等教育之整合；以及依據哥本哈根宣言，創造歐洲技職訓練制度。歐洲大學並非近年來才成為歐盟反省與辯論的焦點，歐洲執行委員會同時開始從這些辯論中找尋貢獻；因此歐洲執行委員會檢討歐洲大學在知識經濟與社會的地位與角色。

(一) 歐洲大學為知識歐洲的心臟

知識社會與經濟由以下四項獨立元素所組成：經由科學研究創造知識（production）、透過教育與訓練的方式傳授知識（transmission）、透過資訊與科技的技術傳播知識（dissemination）以及將知識應用於科技的創新。目前創造新知、教育新知及應用新知的結合正在成型，其影響無遠弗屆。歐洲大學由於正處於研究、教育與創新的十字路口，它們掌握了多方面知識社會與經濟發展的關鍵。實際上，儘管各國數據有所差異，大學內的研究人員占全歐研究人員總數的34%，而大學同時也占有歐洲基礎研究的80%。此外，大學也培育日益增加的學生獲得高等教育文憑，對提高歐洲經濟競爭力貢獻不淺：如今有三分之一的歐洲人在高度知識密集的部門工作。此外，大學亦對就業、

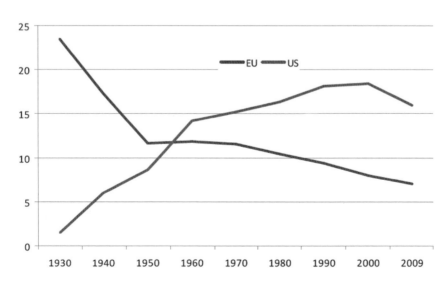

圖6-14　歐盟與美國諾貝爾獎（物理、化學、醫學）獲獎人數比較圖

資料來源：European Business Services Round Table, European Commission, DG Research, Brussels, March 23, 2011.

社會凝聚力以及提升歐洲教育水準有所貢獻。歐洲大學的性質主要是國立的或地方的，就組織、管理與運作條件包括法規、就業條件及教職員的聘用等方面來看，歐洲大學呈現高度的異質性（heterogeneity）。因爲文化與法規的不同，不僅各國大學呈現異質性，即便在一國之內，並非所有大學都奉行著相同使命；也因此每一所大學面臨改變的衝擊時所採取的反應與步調不盡相同。波隆尼亞歷程提出大學結構的改革，即是期望前述的多樣性能在一個更一致與相容的歐洲架構下整合，才能提高歐洲大學在歐洲及全世界的競爭力。[50]

　　歐洲大學很早即塑造出其賴以傳承之依據，尤其是二百年前由洪保德（Humboldt）改革德國大學時所創制之理想大學模型，洪保德將研究視爲大學活動的核心，教學的基礎。當今的趨勢則與此模式迥異，且更趨分化。這導致論及研究與教學時，出現許多集中於培養特定能力的專門機構，也就是說透過成人教育或訓練，歐洲大學整合於區域發展的策略之內。

(二) 歐洲大學所面臨的新挑戰

　　歐洲的大學迫切需要調整與適應全世界整體性之重大改變，這些重大改變爲：[51] 1.對高等教育的要求遽增：政府在面對有限的人力資源及經費下，如何回應對高等教育人數增加及終生教育的需求，以及如何保證大學經費無虞乃關鍵議題。而在保證入學公平與民主化的歷程中，大學必須能維持並加強教學與研究的卓越性，無須降低品質。 2.教育與研究的國際化：國際化無疑地能提昇競爭力。目前日益增多的經費是依大學的競爭力進行分配，這意味著歐洲大學必須具備更強的競爭力吸引並留住一流人才。但相較於美國，歐洲大學吸引較少外國學生及研究人員。原因之一爲歐洲大學沒有重要集團（mass），這樣的集團促成大學合作網絡、進行聯合課程或聯合文憑；此外，就業市場的嚴格與較少的企業都造成創新部門呈現較少的就業機會。3.大學與產業的密切合作亟需建立：如果大學積極地尋求與業界的實質合作關係，探索其生產的知識在業界應用的成果，知識在業界的傳播將會更加普遍。未來對大學評鑑的規準可以將這項挑戰納入考量。4.知識重組：知識的多樣性與專業化日增，研究與教學日趨專業化；另一方面，今日社會主要問題如永續發展、醫療難題及危機管理等，亟需學術界適應跨領域學門的訓練。可是大學教學活動，傾向停留在傳統分科模式。知識的重組亦可視爲模糊基礎研究與應用研究兩者的界線，基礎研究爲對知識的追求，應用研究則爲特定目標，尤其是將現有知識變爲產品或科技。美國的研究型大學因具備基礎研究能力益發能吸引企業界投資。歐洲大學則傾向直接爲企業界從事應用研究，甚至擴大到提供科學服務。5.新期待

50　Michael Kuhn & Svend Remøe, *Building The European Research Area: Socio-Economic Research In Practice* (New York: Peter Lang, 2005), pp. 179-182.

51　Frans van Vught, *The EU Innovation Agenda: Challenges for European Higher Education and Research* -, Higher Education Management and Policy, Volume 21, Issue 2: Journal of the Programme on Institutional Management in Higher Education, 2009, OECD report, pp. 17-20.

的出現：大學除肩負傳統使命外，尚需符應知識經濟社會的要求，包括增加科學與科技教育、技能培養、及終身學習的機會等。此外，知識經濟與社會的成長使大學與社區生活更趨緊密。最後，由於公私部門的補助，大學才得以運作，也因此須對其贊助者與大眾負責管理與經營績效。

(三) 今日歐洲大學的挑戰及解決方法

　　歐盟境內約有3,300所高等教育機構，全歐洲大約4,000所。[52] 在過去數年，歐盟各會員國中，大學的組織制度於國內與國際上所面臨的挑戰之分歧成長快速，問題的癥結點可綜合如下：[53]

　－ 歐洲勞力市場的出現促使歐洲人自由流動。

　－ 歐盟透過伊拉斯摩斯行動促進人才流動並鼓勵學歷認可制。

　－ 全球化趨勢造成頂尖學生與研究人員流失。

　－ 基於歐洲大學的異質性，上述這些問題將隨著歐盟擴大更趨嚴重。

　　上述這些挑戰的性質與範圍與歐洲大學的未來密切相關，意謂必須由歐盟層級來解決這些議題。大學的行動方案在研究領域，大學獲得架構計畫三分之一的補助從事科技研究與發展，特別是支持研究訓練與交流的行動方案。補助創設訓練與交流方案、提出訓練卓越種子的計畫、卓越學術網絡或聯合計畫的基礎研究。歐盟並透過蘇格拉底計畫、伊拉斯摩斯計畫，強化歐洲各大學的交流，同時鼓勵歐洲大學吸引全世界優秀學生赴歐留學。歐盟同時支持波隆尼亞歷程、補助學分轉換制度；執行達文西計畫補助大學與企業界的交流計畫。

三、歐盟知識經濟之競爭策略

(一) 因應人口減少對學生組成結構之衝擊，調整學位課程，滿足多元化需求

　　受到全球化與知識競爭效應，歐洲近期對職位需求條件與門檻資格均已提高，以符合高水準的生產力需求。根據歐洲執行委員會的預測，至2015年，歐盟約有30%工作需要高等教育的學歷資格；而2006-2015年新增約1,350萬個就業機會中，更約有1,250萬個屬於高等教育學歷的工作職務。只是，對高等教育體系而言，能否達成協助經濟體轉換至創新階段的關鍵，在於解決人口成長趨緩的問題。依歐洲執行委員會的推估，2008年至2050年，歐盟占世界人口比率將由7.5%降為5.2%，而至2050年，正規高等教育的受教年齡族群（20-24歲）將因此減少23.3%。[54] 儘管各國近期才意識到此一不可逆的趨勢

---

[52] The role of universities in the Europe of knowledge, available from:http://europa.eu/legislation_summaries/education_training_youth/lifelong_learning/c11067_en.htm# , (Accessed: 15 May, 2012).

[53] http://epaper.cere.ntnu.edu.tw/index.php?id=19.

[54] Frans van Vught, *The EU Innovation Agenda: Challenges for European Higher Education and Research* -, Higher Education Management and Policy, Volume 21, Issue 2: Journal of the Programme on Institutional Management in Higher Education, 2009, OECD report, pp. 15-23.

已加快，且所引發的問題更加棘手，所幸已凝聚出強化吸引國際學生與擴大成人終身學習的入學政策共識，來化解因人口減少導致註冊率下降的危機。接下來，因應高等教育學生組成結構的轉變，以及未來跨年齡、語言、文化背景等多元化趨勢，將重新調整教育內容，滿足多元需求，原來單一化、標準化的課程與學位學程內容規劃，將由因應不同需求的客製化課程與學程設計所取代。

(二) 關注博士學位課程規劃，協助開啓多元就業機會

　　從波隆尼亞宣言（Bologna Declaration）到里斯本高峰會議，知識社會需要高階人力已成為國家競爭力發展重要後盾的趨勢，兩次部長級會議，也對人數少但影響力卻越趨重要的博士學位課程及畢業生職涯發展，共同發出必須關注的呼籲。尤其，未來歐盟各國研究人員的職涯發展，不再侷限在學術或政府單位，甚至可能在民間企業的研發部門、實驗室乃至一般管理職位，加以歐洲勞動市場持續開放，均迫使歐洲的研究人員必須具備更多元的就業技能。目前，各大學中，不少博士學位課程已納入產業應用的概念，以培養畢業生創新與創業精神；此外，亦有不少透過建立跨研究機構間的合作機制，積極協助準博士擴展其核心研究領域以外能力，為進入學術機構以外的勞動就業市場及早準備。

(三) 創新基礎建設——加速世界領先研究與技術移轉為當務之急

　　正因為經濟競爭型態的轉變，歐盟在創新基礎建設的相關數據落後，可印證其發展不振的原因；歐盟專利數申請上，雖占全世界近31%，但相較於美國的33%，仍略遜一籌，惟近期歐盟試圖縮減兩者間差距的努力，終有漸進式的進展。值得注意的是，第七期科研架構計畫FP7（framework programmes: 2007-2013）已在成員國全力投資研發的共識下，投入530億歐元，目前並已建立與產業間的對話平台，將研究機構發揮效用向前推進一大步。此外，技術移轉機構近年來持續新設的發展情勢，亦產生深遠之影響。至於歐盟研究產出不彰，根本問題係因人才流失，有5%-8%的歐盟研究人口仍選擇留在美國工作，對此，歐盟目前乃持續致力增加歐洲研究區域的曝光度及資源吸引力，期以提升歐洲研究發展方案，爭取優秀研究人才回流。為此，歐盟於2008年3月成立歐洲科技與創新研究院（European Institute of Innovation and Technology, EIT）希望藉由該半官方機構整合產業和高等教育機構的研究中心，由下而上整合歐盟成為「知識創新共同體」（Knowledge and Innovation Communities, KIC），根據歐洲執行委員會2011年的報告，歐洲科技與創新研究院已經與歐盟會員國內75個企業、48個研究中心、68個高等教育機構建立歐洲創新夥伴關係（European Innovation Partnerships, EIPs）的合作模式，以結合優秀的科學研究和教育產業，促進商業創新等研究計畫的流動性，並著重於三大領域的研究領域的成果整合：[55]

55　COM(2011) 822 final. Proposal for a DECISION OF THE EUROPEAN PARLIAMENT AND OF THE

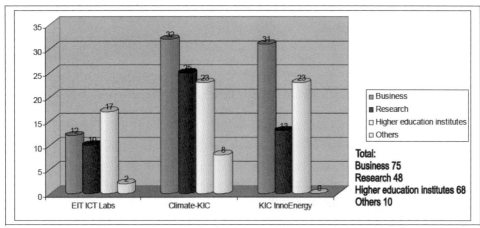

圖6-15　歐盟知識創新共同體（KIC）之商業、高教、研究夥伴數量圖

資料來源：COM（2011）822 final. Proposal for a DECISION OF THE EUROPEAN PARLIAMENT AND OF THE COUNCIL *on the Strategic Innovation Agenda of the European Institute of Innovation and Technology (EIT): the contribution of the EIT to a more innovative Europe* (Brussels: European Commission), p 10.

1. 減緩和調適氣候變遷（climate change adaptation and mitigation）
2. 資通訊科技實驗室（Information and Communication Technologies, ICT Labs）
3. 永續能源（sustainable energy）

(四) 充實學術研究財務基礎：企業投資將成開發來源關鍵

　　政府編列預算支應教育與研究經費，向為歐洲傳統主要模式，然而為了達成邁進創新階段目標，已對這項傳統信念產生挑戰。一方面，根據歐洲執行委員會的《歐洲2020戰略》，2009年歐盟整體關於研發經費的支出僅占其GDP之2%左右，低於美國的2.6%和日本的3.4%。[56]另一方面，教育經費來源部分，儘管過去10年間，民間高等教育支出增加了5%，但收取高等教育學費的議題在歐洲各國仍難有共識。因此，長期來看，以各國對高品質的教育及研究需求增加，但國家財政均面臨收支緊縮，無法寄望政府仍有能力擔負所有補助款的衝突下，必須引導企業以投資的概念參與研究，並協助教育與研究體制發展成為能吸引企業投資的對象，以期與高等教育產生夥伴關係（partnership）的辦學模式。這種發展結果，可為教育或研究機構財務狀況，提供穩定的企業挹注，長此以往，業界更可將之納為參與相關教育、研究計畫或政策形成過程的一環，產

COUNCIL *on the Strategic Innovation Agenda of the European Institute of Innovation and Technology (EIT): the contribution of the EIT to a more innovative Europe* (Brussels: European Commission), pp. 5-10.

56　COM(2010) 2020. *EUROPE 2020 A strategy for smart, sustainable and inclusive growth* (Brussels: COMMUNICATION FROM THE COMMISSION, 3.3.2010), p. 10.

生相互增長支持的良性循環。在全球化競爭下，歐盟已體認引導教育與研究體系轉變的
重要性，而且必須提升整體策略來迎接新的挑戰。

第四節　歐洲聯盟的終生學習與產學合作計畫

　　在全球化的趨勢中，終身學習發展體系完備的國家，往往也是較具發展優勢的國
家。歐盟自1996年代以來，持續致力於終身學習的發展，無論是終身學習政策的制定或
是策略的推動，在創新理念與系統思考的準則下，已展現出具體成效。歐盟的終身學習
發展，近來有越發蓬勃之趨勢，在政策規劃方面，已充分發展出系統性與完備性；更在
實踐策略方面，實質兼顧到持續性與效益性。歐盟已然成為一個終身學習聯盟，各項推
動終身學習的積極理念與做法，可說是二十一世紀全球社會中的重要教育經驗。

一、終身學習的國際潮流

　　終身學習者乃是在其生命歷程裡持續自我學習的實踐者，成功的終身學習者，亦為
自我導向的學習者，不僅知道如何學習，同時亦能將之有效地付諸實踐。欲獲得終身學
習技能並成為自我導向的學習者，則首需培養學習如何學習（learn how to learn）的能
力。[57] 終身學習的積極推展，最早要歸功於聯合國教科文組織（UNESCO）的闡揚。
1965 年所召開的成人教育促進會議，即揭示了整合終身教育的重要性，而後於1970 年
出版由藍格朗（Paul Lengrand）所著的《終身教育導論》（The International Commis-
sion on the Development of Education），強調新人文主義（new humanism）的精神，隨
後UNESCO 的國際教育發展委員會（The International Commission on the Development of
Education）更於1972 年提出《學會發展：教育的今日與明日世界》（Learning to be：
The world of education today and tomorrow）報告書，俗稱為《法爾報告書》（Faure Re-
port）。其中指出，教育的目的乃在促使各體能「自我肯定」、「自我獨立」，使人能
成為「真正的自己」，教育的目的並非在使個人獲得某種職業訓練，以利於終身可以從
事某一特定的工作，而是在促使個人職業流動的可能性達到最高極限。《法爾報告書》
特別強調「終身教育」與「學習社會」這兩種理念。如果個人必須學習的事務不斷被
重新發現，並且不斷地更新其內容，則「教學」變成「教育」，更能進一步成為「學
習」。此外，也批評傳統教育體系欠缺整理性，著重「菁英主義」，因此，未來的教育
應趨向「統整」與「協調」，在學校教育與校外教育間建立起完整的體制，教育不再是
菁英份子的特權，亦不僅屬於特定的年齡層，而應融入到整個社會以及每個人的一生，

57　C. Griffin & R. Brownhill The Learning Society. in P. Jarvis (ed.). *The Age of Learning: Education and the
　　Knowledge Societty* (London: Kogan Page, 2001), pp. 55-68.

未來的教育也應該緊密地結合社會各個機構。然而，《法爾報告書》並非是要求學校制度做局部的改革，而是對整個教育的目的，方法與及架構所做的最徹底的檢討。

　　綜而言之，《法爾報告書》的終身學習理念，試圖使教育從淪落為就業準備及經濟發展的附屬地位中恢復應有的品質，並藉此建構適用於未來劇烈變遷社會中的教育典範，塑造人人終生可以繼續學習的環境。為此，學習社會的目標乃在動員社會中與教育有關的一切教育資源、社會資源及經濟資源。由此觀之，終身教育是學習社會的基石，要創造一個學習社會，則有賴於終身教育的推動。繼《法爾報告書》之後，UNESCO國際教育委員會為探討規劃人類未來的教育走向，特於1996年以《學習：內在的寶藏》（Learning: The Treasure Within）為題，發表新世紀的學習社會宣言。該委員會主席狄洛（Jacques Delors）在報告書中指出，當人類面臨未來的種種挑戰，教育乃為實現和平、自由與社會正義的一項重要資產。教育雖非萬能，然而教育卻能創造一個更和諧、更適於人類發展的生存環境，以減少貧窮、衝突、無知、壓迫與戰亂。當世界漸漸的成為地球村，終身學習是社會的核心，更將是二十一世紀的一項關鍵，終身學習的最佳途徑，即是促進每個人學習如何從事學習。基於上述主張，委員會就終身學習的觀點，提出教育的四大支柱，一是「學會與人相處」（learning to live together）；二為「學會追求知識」（learning to know）；三是「學會做事」（learning to do）；四則為「學會發展」（learning to be）[58]。

　　綜觀《狄洛報告書》（Delors Report），其以終身學習與學習社會為主軸，強調學習是人類亟待開發且至為珍藏的寶藏，探討的層面主要涵蓋了人類當前所面臨的衝突與挑戰、人力的充分開發、高等教育的未來走向、國際合作的重要性與途徑、終身教育的概念及教育改革的參與等層面。《狄洛報告書》發表後，在國際間引起了甚大的迴響，值得一提的是，隨著社會的快速變遷，教育的四大支柱除了應繼續受到重視並進一步具體實踐之外，聯合國教科文組織教育研究所（UNESCO Institute for Education）在2003年所出版的《開發寶藏：願景與策略2002-2007》一書中特別提到，有必要增加第五支柱「學會改變」（Learning to change），以促進個人、組織與社會順應與引導變遷的能力。以下分述終身學習的五大支柱內涵：

　　第一支柱「學會與人相處」（learning to live together）：認識他人及其歷史、傳統與價值觀，藉此創造出一種新精神，促使人類以智慧及和平的方式實現共同的理想，並解決無可避免的衝突。

　　第二支柱「學會追求知識」（learning to know）：科技的進步新型態的經濟與社會活動促進變遷的速度，因此，人類必須充分地整合通識教育終身教育的途徑，並選擇部分學科作為深度探索的內容。學習追求知識，是通往同時也是終身學習的基礎。

　　第三支柱「學會做事」（learning to do）：個人一方面要學會做事的方法，另一方

58　D. Bhaskara Rao, *Education For The 21St Century* (New Delhi: Discovery Publishing House, 2001), pp. 51-52.

面更應養成處理各種情境的能力。這種技能將愈來愈顯得重要，當個人在接受教育時，應經由妥善安排使其能夠從工作計畫或社會工作中，獲得發展這些能力的機會。在未來的社會中，應廣爲暢通學習與工作的交流管道

第四支柱「學會發展」（learning to be）：學會發展，曾經是 UNESCO 在1972年《法爾報告書》強調的觀點，這項觀點至今益顯重要。展望二十一世紀，每個人需要學會獨立自主、並且更具有判斷力，同時對於團體目標的達成，具有強烈的責任感。此外，每個人的天賦就如同被埋藏的寶藏，需經由適當的途徑開發，以獲得充分的發展。

第五支柱「學會改變」（Learning to change）：2003 年所出版的《開發寶藏：願景與策略2002-2007》一書中特別提到，有必要增加終身學習的第五支柱「學會改變」，以促進個人、組織與社會順應與引導變遷的能力。處於變遷快速的社會中，時時善察改變，並透過學習以發展個人因應改變與主導改變的能力，已成爲人人必備的一項生活要件。

二、歐盟終身學習政策

近年來終身學習（Lifelong Learning, LLL）一直是歐盟教育與發展政策的指導原則，特別是在2000年歐盟發布「里斯本策略」後，歐盟立下目標成爲世界上最具競爭力及最具動能的知識經濟體（knowledge economy）。終身學習的能力乃是發展知識經濟的基本條件。在此基本背景之下，歐盟以開放協調模式（OMC）的政策溝通方法，揉合歐盟高峰會超國家機制的目標設定，以及像波隆尼亞進程（Bologna process）的高教部長會議政府間合作，歐盟會員國於2000年歐盟里斯本高峰會確立總體目標後，不斷地於高等教育事務上評估、溝通、檢討和修正，最後於各成員國國內通過相關法案，以徹底執行歐盟總體目標，並建構一個富有終身學習環境的知識歐洲。[59]

依照歐盟邁向學習社會白皮書的政策建議，歐盟持續推動終身學習的發展。而在資訊社會與知識經濟社會的背景之下，資訊與通訊科技大大增進了終身學習推行的可能性，是故，數位化學習也必將納入終身學習的範疇下。歐洲執行委員會教育暨文化總署於2004年7月向歐盟部長理事會及歐洲議會提出「終身學習整合行動計畫（Intergrated Action Programme in Lifelong Learning）」、「行動青年計畫（Youth in Action programme）」及「文化2007計畫（Culture 2007 programme）」等三項新一代教育、青年與文化計畫。歐洲議會於2006年10月25日通過上述三項提案，其中教育計畫部分名稱修正爲「2007-2013年終身學習計畫（the Lifelong Leaning programme）」。終身學習計畫總預算爲69億7,000萬歐元，行動青年計畫爲8億8,500萬歐元，文化2007計畫爲3億5,400萬歐元。終身學習計畫將用以取代並整合於2006年結束的歐盟蘇格拉底計畫、達文西計畫

59　Amélia Veiga & Alberto Amaral, *The Impacts of Bologna and of the Lisbon,* Guy Neave and Alberto Amaral (eds.), *Higher Education in Portugal 1974-2009:A Nation, a Generation* (London: Springer, 2012), p. 265.

以及數位化學習計畫。實施期間由2007年1月起至2013年12月止，共計7年。該計畫的總體目標為藉由終身學習，使歐盟發展成為一個先進的知識社會以促進經濟成長、創造就業機會、增進社會凝聚。此外，該計畫更致力促進歐盟教育與訓練體系的交流（interchange）、合作與移動性（mobility），期望能成為全世界終生學習的典範。[60] 歐盟終身學習行動計畫共有11項具體目標：[61]

1. 發展及促進創新與歐洲面向的終身學習。
2. 支持歐盟終身學習區的實現。
3. 促進會員國境內終身學習機會的品質、吸引力與可行性。
4. 加強終身學習對社會凝聚、積極的公民權（activte citizenship）、跨文化對話、性別平等與自我實現的貢獻。
5. 促進企業家精神（entrepreneurial spirit）的創造力、競爭力、就業力與發展。
6. 在考量其社會經濟背景下，增加所有年齡層、有特別需要者及弱勢族群對終身學習的參與。
7. 提倡語言學習與語言的多樣性。
8. 支持終身學習中以資訊通訊科技為基礎的創新內容、服務及教育的發展。
9. 加強終身學習在發展歐洲公民意識的角色，瞭解並尊重人權與民主，並促進對其他人民與文化的包容性。
10. 促進歐盟教育與訓練中各部門質素保證（quality assurance）的合作。
11. 鼓勵終身學習計畫下創新成果與過程的使用與優良經驗的交流，藉以改進教育與訓練領域的品質。

　　歐盟提出終身學習計畫是建立在第二期蘇格拉底計畫與達文西職業訓練計畫的經驗上，也包含其他歐盟教育與訓練領域的計畫，例如：應用資通訊科技（ICT）於教育訓練領域的數位學習（eLearning）計畫、推動具透明性的資格與能力證書且整合為單一架構之歐洲通行證（Europass）方案，以及莫內計畫（Jean Monnet Programme）等。

三、歐盟終身學習之認證制度

　　歐盟於2000年提出的里斯本策略為促進經濟成長與就業的重要經濟策略，主要從發展資訊科技著手，驅動研究與創新智慧，鼓勵中小企業創新活動，改造歐盟內部市場經濟結構，推動服務產業，整併金融市場以提升營運效率，拓展全球貿易，完善社會福利制度，進而為歐盟東擴策略立下經濟根基；議題除聚焦在成長與就業外，另對氣候變遷與能源、金融市場穩定性等方面亦多所關注。而人才之養成除了有賴高品質的基礎

---

[60] 58 Council Decision No. 1 720/2006/EC OF THE EUROPEAN PARLIAMENT AND OF THE COUNCIL of 15 November 2006, Establishing an action programme in the field of lifelong learning, *Official Journal of the European Union L* 327/45.

[61] Ibid.

教育、高等教育，且技能的培育必須與時俱進，以因應技術的變化、國際化和人口結構的變化，因此，職業培訓之關鍵在於終身學習能力之增長與具備就業能力能充分參與社會。

歐洲職業教育與訓練（Vocational Education and Training, VET）採用歐洲職業教育訓練學分轉換系統（European Credit Transfer System for VET, ECVET）以及歐洲職業教育品質保證參考架構（European Quality Assurance Reference Framework for VET, EQA-RF）。並於陸續推動哥本哈根歷程（Copenhagen process）、波隆尼亞歷程（Bologna Process）、歐盟2010年教育和訓練（Education and Training 2010 work programme）工作計畫等重要人力發展計畫，加強職業教育訓練與職場的連結，以及和高等教育強橫向的聯繫，並強調歐洲公民以「新能力來從事新工作」（New competences for new jobs），更加凝聚歐洲意識，將歐洲各國不同的教育體系、學分制度進行整合，企圖與美國的學制協調，使歐洲高等教育區域的各國人才能夠互相流通，並預計達成以下目標：[62]

　　1. 降低青少年閱讀障礙至少20%。
　　2. 降低早期中輟生的人數低於10%。
　　3. 22歲以下完成高中教育學生人數達85%。
　　4. 提昇移民者的學習成就。
　　5. 吸引優秀人才從事教職，提昇教師職前教育與在職訓練品質。
　　6. 鼓勵更多成人再進修提高至12.5%，尤其是低技術或年長的員工。

歐盟為達里斯本策略與「歐洲2020」戰略之目標，要發展知識經濟的創新能力，必須培植廣大的實務人力資源，且職業技能也有日趨專業化的趨勢。因此，歐盟從1999年波隆尼亞宣言後開始推行高等教育之學分轉換及累積制度外，歐盟亦積極推動職業教育與訓練之學習學分轉換機制；如前述歐洲執行委員會及文教總署於2004年提出優先實施2010年教育與訓練（Education and Training 2010）計畫，其在於發展歐洲共通參考架構及原則促進里斯本策略（Lisbon strategy）實現，以使終身學習成為明確的實體（tangible reality），包括建構「歐洲職業教育與訓練之學習學分轉換制度」。[63]

歐盟最初於2002年11月30日哥本哈根宣言（Copenhagen Declaration）設定優先發展職業教育與訓練之學分轉換制度，以作為促進「不同國家間不同資歷層級之透明性、可比較性、可轉換性、能力或資歷認證」之共通必要衡量方式。2004年12月14日馬斯垂克公報為未來強化歐洲職業教育與訓練合作之優先措施，32個歐洲國家負責職業教育部長及歐洲執行委員會同意優先辦理及實施歐洲職業教育與訓練學分轉換系統（European Credit transfer system for VET, ECVET），以允許學習者於不同學習體系間移動，並建構

62　COM(2008) 425 final, *Improving competences for the 21st Century: An Agenda for European Cooperation on Schools* (Brussels: COMMISSION OF THE EUROPEAN COMMUNITIES, 2008), p. 7.

63　*European Credit transfer system for VET, ECVET TECHNICAL SPECIFICATIONS* (Brussel : Directorate-General for Education and Culture, 2005), p. 3.

其學習進路所致之成就。ECVET主要包含的重點如下：[64]

1. 學習進路（Learning pathways）：個別化的進路及透過個人學習學分之累積增進終身學習動機，並降低輟學比率。增進各資歷系統間之地理環境移動性，及不同學習進路（垂直的或水平的）間之滲透性。

2. 學習成果認證（Recognition of learning outcomes）：獲得正規、非正規或非正式學習系統，並引入「單元」概念。

3. 社會融合（Social inclusion）：具有多樣化背景及經驗的人，可以在國內獲得學習及雇用機會，特別可以幫助他人於不同用人單位間移動。

4. 勞動市場：允許勞工得以進入歐洲勞動市場，並能從許多更好的機會中獲益，增進就業力。

5. 建構歐洲公民意識（European citizenship）：建構歐洲文化及語言的知識及能力，以支持國家間教育與訓練之移動力。

ECVET分別由學習成果（Learning outcomes）、學分數（Credit points）、單元（Units）及資歷（Qualifications）所組成。所謂單元爲構成某一部分資歷之一組知識、技能及能力，單元爲一項資歷中可被評估、驗證及可能檢定之最小部分，一項單元可以僅用於某項資歷或幾項資歷共通適用。故需先定義取得整項資歷需有多少學分數，然後再把這些學分數適當的分配至每單元，即各單元需有多少學分數，因爲單元之學分數代表每項單元與整項資歷之相關權重。故ECVET在於評估、驗證及檢定非正規或非正式學習成果並授予單元（如單元課程），每項單元再依其重要性賦予學分數，不同單元則組成不同層級或類別資歷，資歷對照即爲歐洲終身學習資歷架構（European Qualifications Framework for Lifelong Learning, EQF）。形成從學習成就認證－教育與訓練之歐洲學分轉換機制（ECTS）－歐洲資歷架構之無縫銜接之職涯發展爲基礎的終身學習歷程。[65]

歐盟的歐洲終身學習資歷架構是一個彙集各國資歷系統、扮演各種資歷之轉譯器的共通架構，性質是架構的架構，亦稱爲後設架構（meta framework），共分8個參考層級。（參照表6-3）歐洲多數國家決定依歐洲資歷架構發展其本國之國家資歷架構的貢獻與影響如下：1.讓學習者和工作者有更大的移動性；2.讓個人更有機會接受和參與終身學習；3.透過核給資歷，讓個人在工作或其他活動領域中有豐富的非正規和非正式學習經驗；4.讓個人和教育與訓練提供者更明瞭本國系統之外的資歷。[66]

64　*The development of ECVET in Europe* (Luxembourg: Publications Office of the European Union, 2010), p. 20.

65　Ibid., pp. 13-16.

66　SEC (2005) 957, COMMISSION STAFF WORKING DOCUMENT, *TOWARDS A EUROPEAN QUALIFICATIONS FRAMEWORK FOR LIFELONG LEARNING* (Brussels: COMMISSION OF THE EUROPEAN COMMUNITIES, 2005), p. 6.

表6-3　歐洲終生學習資歷架構各層級定義及描述

層級	學習成果	知識（knowledge）	技能（skills）	能力（competence）
		於歐洲終身學習資歷架構系統中，知識被描述為理論的或實證的。	於歐洲資歷架構系統中，知識被描述為理論的或實證的。	在歐洲資歷架構系統中，能力是主要被描述為責任感及自主性。
第八級（博士學位）	學習成果對照第八級	具備一項工作或研究領域最先進的知識，並作為各領域間的介面。	最先進及專門的技能及技術，包括綜合及評估，要求解決研究及或創新的關鍵問題，延伸及重新定義現存知識及專業實務。	展現重要的職權、創新、自主權、學術及專業操守，及承擔對工作及研究系統（包括學術研究）核心發展新觀念或程序的承諾。
第七級（碩士學位）	學習成果對照第七級	1. 某些高度專門知識會是一項工作或研究領域的核心知識，這些是原創思考及研究的基礎。 2. 了解某項領域發表的關鍵知識，以及作為不同領域的介面。	要求研究或創新之特定問題解決技能，以發展新知識及程序及整合不同領域知識。	1. 管理和轉換工作或研究系統，而這些系統是複雜、無法預測及需要新的策略方法。 2. 擔負貢獻專業性知識及實務及/或檢視策略性團隊績效的責任。
第六級（學士學位）	學習成果對照第六級	一項工作或研究領域之進階知識，涉及關鍵理論或原理之瞭解。	進階技能，表現出精熟及創新，用以解決特定工作及研究領域之複雜及無法預測問題。	1. 管理複雜技術及專業活動或專案，在無法預測工作及研究系統中擔負決策訂定的責任。 2. 擔負管理個人或群體專業發展的責任。
第五級（大學短期教育）	學習成果對照第五級	一項工作或研究領域之廣泛、專門、實證及理論的知識，及了解這些知識之界線範圍。	要求廣泛範圍之認知及實務能力，以在抽象問題中發展創造性解決方案。	在無法預測改變之工作及研究活動系統下實施管理及監督。
第四級	學習成果對照第四級	一項工作或研究領域之廣泛性實證的及理論系統。	要求某一範圍之認知及實務技能，以在某一工作或研究領域能產生特定問題的解決方案。	1. 在一項工作或研究的指導原則下實施自我管理，這些原則經常是可預測的但是容易遭到改變。 2. 監督他人例行工作，擔負某些評估及改善工作或研究活動的責任。

層級	學習成果	知識（knowledge）	技能（skills）	能力（competence）
第三級	學習成果對照第三級	一項工作或研究領域之實證知識、原理、程序及一般性概念。	要求某一範圍之認知或實務技能，藉由選擇及應用基本方法、工具、材料及資訊以完成任務。	1. 在工作或研究中擔負完成工作所需責任。 2. 在某些情況下，運用自我行為解決問題。
第二級	學習成果對照第二級	一項工作或研究領域之實證知識。	要求基本認知及實務性技能，能使用相關資訊以完成任務，以及能運用簡單規則及工具解決例行性問題。	在監督下能運用某些自主權進行工作或研究。
第一級	學習成果對照第一級	基本一般性的知識	要求完成簡單任務的基本技能。	在直接監督之結構化系統進行工作或研究。

資料來源：THE EUROPEAN QUALIFICATIONS FRAMEWORK FOR LIFELONG LEARNING（EQF），(Luxembourg: Office for Official Publications of the European Communities, 2008), pp. 12-13.

　　綜合而言，歐洲終身學習資歷架構分為知識、技能及能力，為一指導歐盟各國資歷架構建立之後設架構（meta framework）、扮演各種資歷之轉譯器的共通架構，也就是歐盟各國國家資歷架構共同能力之分層參考基準；歐盟各國資歷架構須符合波隆尼亞進程2005年5月《柏根公報》（Bergen Communiqué）三層級的學位資格架構。但層級數之劃分及各級能力指標可依本國實際需要訂定，同時歐洲資歷架構採用知識、技能及能力等三種能力項目，其多種不同衡量方式，有更多彈性，同時適用正規教育、非正規及非正式學習成就認證之資歷取得。

　　另外ECTS是一項量化方式，在於表達一定數量之時間投入以獲得已定義之學習成果，ECVET則是質化方式，在於定義已知資歷下有哪些重要的學習成果所組成；歐盟為聯繫整合此二項學分累積及轉換制度，邀集八個國家利益相關者及教育訓練機構代表，高等教育及職業教育與訓練部門，提出Be-TWIN專案，此專案定義學習成果為此二項學分制度之唯一可能聯繫整合媒介。藉由此專案，使歐盟成員國之高等教育、職業教育與訓練所獲致學分得以相互整合、累積與轉換，更有助於建立學校教育、職業教育與訓練至終身教育間之銜接。歐盟規劃歐洲職業教育與訓練學分轉換系統議案（ECVET Recommendation）將於2014年使全部會員國導入ECVET的職業教育與終身訓練的學分機制，目前幾乎所有歐盟國家在國內皆有ECVET的職業教育計畫實施，惟因國情差異目前僅8個國家將其職業教育國內資歷架構（National Qualification Framework, NQF）與

ECVET連結（參照表6-4）。[67] 綜上所述，歐盟透過先前學習成就認證、歐洲資歷架
構、波隆尼亞進程、歐洲學分轉換與累積制度（高等教育之ECTS、職業教育與訓練之
ECVET）及鼓勵建立雙聯學制，使歐盟學制及能力指標趨於一致，不僅使歐盟各國學
生的跨國學習期間與所修得之學分能夠作相互的認可、累積與採計，並能落實職業教育
與訓練，除可促進歐盟高等教育區之品質保證，並達成歐盟各成員國間學歷（力）可攜
性，促成居民跨國間流動性、強化個人職涯發展及終身學習。

表6-4　歐洲職業教育訓練學分轉換系統（ECVET）實施情形

Countries	Broad range initiative	Impact analysis	Updating regulations	Adapting qualifications system	Wait and see	Combin with NQF	ECVET European projects	Informing stake-holders
	1	2	3	4	5	6	7	8
Austria		×		×			×	×
Belgium-Fr	×		×				×	
Belgium-NL							×	
Bulgaria	×						×	
Cyprus					×			
Czech Republic	×	×	×	×		×	×	
Denmark				×		×	×	
Estonia	×		×	×			×	
Finland	×	×					×	×
France							×	×
Germany	×	×					×	
Greece						×	×	
Hungary				×		×	×	
Iceland			×				×	
Ireland	×					×		
Italy	×		×				×	
Latvia			×	×			×	
Lichtenstein								
Lithuania	×		×	×			×	
Luxembourg			×				×	
Malta				×				
Netherlands							×	
Norway							×	

---

[67] *The development of ECVET in Europe* (Luxembourg: Publications Office of the European Union, 2010), p. 37.

Countries	Broad range initiative	Impact analysis	Updating regulations	Adapting qualifications system	Wait and see	Combin with NQF	ECVET European projects	Informing stake-holders
	1	2	3	4	5	6	7	8
Poland					×		×	
Portugal	×					×	×	×
Romania	×					×	×	
Siovakia							×	
Slovenia	×			×	×		×	
Spain			×				×	×
Sweden				×			×	
UK						×	×	×
Total	12	4	9	10	4	8	27	6

資料來源：*The development of ECVET in Europe* (Luxembourg: Publications Office of the European Union, 2010), p. 25.

　　歐盟與亞洲國家在1996年在曼谷召開了一次亞歐高峰會，各國領袖在會中達成共識，以文化及知識份子間的交流作爲亞洲及歐洲兩個區域發展雙邊關係的基礎。每兩年舉辦一次的亞歐會議（Asia-Europe Meeting, ASEM）[1]於2000年倫敦會議中通過了《亞歐合作架構》（Asia-Europe cooperation Framework, AECF），該合作框架的非正式規則中，雙邊領導人認同教育的重要性，並且同意以教育作爲關鍵優先合作領域，雙方將提升在教育領域的交流與合作，包括歐亞地區間大專院校、學生以及學者層級。雙方認同在高等教育間的合作，將有助於推展歐洲及亞洲間各國對跨文化的認識及聯繫。[2]本章節將就歐盟對亞洲之高等教育策略，以及歐盟對臺灣、日本以及韓國之高等教育合作關係作一介紹。

第一節　歐洲聯盟高等教育之亞洲策略：歐盟之亞洲政策

　　隨著1980年代亞洲的竄起，世界的經濟結構因而連帶起了變化。亞洲持續成長的經濟力量，連帶的使得亞洲在國際事務上的影響力增加。面對亞洲經濟快速成長以及政治地位的提升，歐盟實在是有必要改變以往視亞洲爲殖民地的態度，必須與亞洲進行更緊密的合作，使將來有越來越多的機會與亞洲共同攜手處理國際事務，發展平等的夥伴關係。[3]1994年7月歐洲執行委員會建議歐盟提升與所有亞洲國家之關係。1994年9月歐盟－東協第十一屆部長會議在德國卡爾斯魯厄（Karlsruhe）舉行，雙方同意加強經常性之對話與合作，強調在聯合國憲章之下，尊重與促進人權。[4]1994年歐盟開始以集團

1　亞歐會議(ASEM)成立於1996年，該會議之成員國包括：歐洲國家，歐盟成員國27國與瑞士、挪威加上歐洲執行委員會；以及亞洲國家，東協之10個成員國加上東協祕書處中國、日本、南韓、蒙古、印度、巴基斯坦、紐西蘭、孟加拉，總共有48個成員國。亞歐會議官方網站簡介，http://www.aseminfoboard.org/page.phtml?code=About。

2　Directorate-General for External Relation Directorate H Horizontal Matters – ASEM Counsellor, *Vademecum Modalities for Future ASEM Dialogue Taking the Process Forward*, (Brussels: European Commission, 2001)<http://www.aseminfoboard.org/content/documents/vade.pdf>

3　Communication from the Commission to the council, *Towards a New Asia strategy*, COM (94) 314 final, Brussels, 13.07.1994, p. 1.

4　鄔忠科（2001）。〈歐盟與東協重要關係之演進與展望〉。中華歐亞基金會通訊專論，05.10.2001。

名義採取一連串對亞洲政策相關重大措施。1994年7月歐盟各國於德國埃森（Essen）舉
行會議，歐洲執行委員會建議歐盟提升與所有亞洲國家之關係，並作出制定《邁向亞洲
新策略》（Towards a New Asia strategy）之決議，表達對亞洲經貿利益的重視，以及希
望改善政治關係。[5] 1994年歐洲執行委員會發表的《面向新亞洲策略》，也是其對亞
洲地區首份全面性的政策文件，其中將「亞洲」分為東亞、東南亞、南亞三個主要區域
共26個國家及經濟體。[6]

歐洲執行委員會於2001年9月再度調整對亞洲策略，並公布一份新的政策文件
《加強歐亞夥伴關係之策略架構》（EU & Asia: A Strategic Framework for Enhanced
Partnership）。此乃最完整的一份歐盟對亞洲事務之全面性政策，此份文件除了敘述歐
亞關係的現況，更進一步提出新的政策目標，對於亞洲的各個區域事務皆有著墨，顯示
歐盟重視與各區域性組織之合作，並藉由亞歐會議了解亞洲事務的多樣性以利政策的推
行及執行。在此文件中歐盟更首度把紐西蘭、澳洲兩國涵蓋入亞洲區域政策之範圍，於
南亞、東南亞、東北亞及紐澳四個區域推行歐盟的亞洲政策。[7] 以下將分別概述此份
文件之重點：

歐盟在此文件中首先強調，歷經東亞金融危機的亞洲，歐盟將與其加深並拓展
政治上之對話，並加強兩區域間之貿易和投資關係，以及強化雙方在世界貿易組織
（WTO）之合作，以確保歐盟的援助計畫在亞洲得以實現。然而，在彼此之認知上，
亞洲和歐洲還有許多不足之處。

在此文件中歐盟表明出其積極推行對亞洲政策之動機與目的，首先歐洲執行委
員會所定義之亞洲為阿富汗以西到日本東岸；北從中國、南到紐西蘭。歐盟闡述亞洲
除了在人口和經濟上所具重要性外，亞洲自古來為世界主要宗教之發源地，同時也包
括一些長期以來處於緊張關係和衝突之所在地。例如，喀什米爾、斯里蘭卡、阿富汗
邊境、印尼的亞齊省和菲律賓的民答那峨（Mindanao）島、臺灣海峽兩岸（across the
Taiwan Straits）、南中國海以及朝鮮半島。再者，有些亞洲國家擁有製造核子武器的能
力，一些國家都持續關切有關於大規模毀滅性武器擴散（proliferation of weapons of mass
destruction）之問題。另外根據當時的總體統計資料顯示，全世界有三分之二的貧窮人
口（一天靠小於1塊美金生存）在亞洲，食品安全和衛生也是亞洲持續需要關注的議
題。

亞洲的大規模多樣性是產生區域衝突之根源，在此歐盟界定之亞洲區域中，有三

---

5 Communication from the Commission to the council, *Towards a New Asia strategy*, COM (94) 314 final,
Brussels, 13.07.1994.

6 東亞包括中國、日本、南韓、北韓、台灣、蒙古、香港及澳門；東南亞包括汶萊、印尼、馬來西亞、菲
律賓、新加坡、泰國、柬埔寨、寮國、緬甸及越南；南亞涵蓋印度、巴基斯坦、孟加拉、斯里蘭卡、尼
泊爾、不丹、馬爾地夫與阿富汗。

7 Communication from the Commission, *Europe and Asia: A Strategic Framework for Enhanced Partnerships*,
COM (2001) 469 final, Brussels, 4.9.2001, p. 3.

個世界上人口前五大國（中國、印度、印尼）和一些人口最少的國家，像不丹和汶萊；也有人口密度最高和最低的國家，像新加坡及蒙古（Mongolia）；有世界上最富有之國家，像日本、新加坡，也有最窮之國家，如北韓和阿富汗。在亞洲，各區域間富有著極端的文化和宗教之多樣性，反映出多種文明之區塊，如：南亞、東南亞、日本、中國、韓國以及繼承多種文化的澳洲等文明。在一些亞洲國家中，含有宗教和種族文化之多樣性，可能是足以撕裂社會結構，產生劇烈衝突的起源。而在政治制度上，亞洲也有著很多樣化風貌，印尼長期以來實施指導性民主（guided democracy），還有些國家受制於軍事及神權（theocratic）獨裁體制下，也不要忽略了一些國家內部，還有著相當大的種族、社會、文化上之差異，像印度、中國、菲律賓、或緬甸（Burma/Myanmar）等國。

　　在渡過了亞洲金融風暴後，經濟轉型與生活水準改善後，亞洲如同歐洲，都面臨了全球化之衝擊，包含了經濟不穩定、環境惡化、愛滋病（Acquired Immunodeficiency Syndrome, AIDS）或跨國性犯罪等影響。在全球性議題（global agenda）上，亞洲區域占了全球33%之二氧化碳（CO_2）排放量，高度影響著氣候變遷、能源之消耗與效率、森林與水資源保育、生物多樣性（biodiversity）等區域性與全球性之重要議題。[8]因此，歐盟希望深化跨區域之合作，來面對全球化下歐洲和亞洲所共同面臨之挑戰與機會。

　　在這份《加強歐亞夥伴關係之策略架構》文件中，歐盟針對亞洲的政策發展設定了六項主要重點（priority）目標：

1. 歐盟應對全球乃至亞洲區域和平及安全作出貢獻，並擴大亞洲事務之參與及合作

　　為維持歐亞雙邊的和平與安全，在有關傳統安全到新的全球性和區域性安全議題上，歐盟應強化歐亞雙邊和區域關係，以及雙方在聯合國架構（UN framework）下之合作，並應在區域合作之論壇上，像東協區域論壇（ASEAN Regional Forum, ARF），以及如亞歐會議（Asia-Europe Meeting, ASEM）跨區域之對話上扮演較為積極主動的角色。歐盟更應促進歐洲與亞洲之間之長期信心建立措施（Confidence-Building Measures, CBMs），提供國際事務之經驗，致力於區域衝突之預防（conflict prevention），並且提升司法內政（justice and home affairs）方面議題的合作以處理移民、政治庇護、人員自由流通等，歐盟區域與亞洲間之日趨重要之問題。此外，歐亞雙邊更應共同合作，加強打擊跨國犯罪（transnational crime）如：非法走私毒品、人口和武器走私、洗錢等。

2. 強化歐亞雙邊貿易及投資

　　促進雙邊市場開放並改善投資情況，協助私有中小型企業間的互動，並在高科技層面（如：通訊科技、交通、能源）相互合作，而歐洲投資銀行（European Investment Bank, EIB）將持續在亞洲扮演協助者之重要角色。歐盟應特別加強與區域集團（如：東協）之雙邊經濟、財政合作及對話，不僅能加速排除貿易障礙、提升相關立法透明

8　Ibid., pp. 7-8.

度，更進一步鼓勵亞洲國家能在歐元流通後享受到最大的利益。[9] 歐盟同意「除了武器以外」（Everything but Arms）之所有貨物對亞洲貧窮之開發中國家，實施普遍優惠關稅以協助經貿低度發展的國家進入市場。在發展雙邊經貿關係之同時，歐洲和亞洲將面對氣候變遷之衝擊，歐亞互賴之關係亦反映在持續發展之交通事業，及能源之供給和需求上，必須以符合京都議定書（Kyoto Protocol）為目標。

3. 改善貧窮問題

根據歐盟部長理事會和歐洲執行委員會聲明之共同發展政策（Development Policy）針對亞洲地區許多低度發展的貧窮國家或區域，提供包括經貿發展、提升環境衛生以改善健康、教育、建立治理能力和環境保育等方面之援助，使得亞洲經濟環境得以改善降低貧窮問題。

加強社會政策之對話管道，歐洲可以分享自身面臨全球化和現代化挑戰之經驗，交換彼此在貿易和社會發展上之實踐；此管道並非宣揚所謂「歐洲模式」（European model）的治理行為，但歐洲長期以來即擁有以社會公平（social equity），促進多元經濟動力整合之經驗，或許特別能引起亞洲夥伴之興趣。藉此，亦可有效改革歐盟援外政策，確保資源的有效運用。

4. 促進民主法治（rule of law）及良善治理

建立市民社會，透過亞歐的合作架構推動民主化政府及法治建設。歐盟更積極向亞洲國家呼籲對人權的保障（例如，建立與中國的人權對話），同時在聯合國（UN），特別是在國際勞工組織（International Labour Organization, ILO）鼓勵尚未批准人權規章之國家加入相關議題的對話機制。

5. 與亞洲重要國家建立全球夥伴（global partnership）關係

亞洲國家在全球關係中的地位日漸重要，除日本外，中國、印度等大國不僅在經濟發展上有卓越成長，對國際事務更是舉足輕重。歐亞應在聯合國（UN）之架構下進行多方面之合作，例如：致力於鼓勵《全面禁止核試驗條約》（Comprehensive Nuclear Test Ban Treaty, CTBT）之簽署；建立全球反貪污（anti-corruption）機制，增加反大規模毀滅性武器擴散之管制；並應致力於包含聯合國制度如聯合國安全理事會（Security Council）制度之革新；透過即時實踐聯合國「布拉西米報告」（Brahimi Report）[10] 之建議加強配合聯合國執行之維和（peacekeeping）任務。

歐盟需要與亞洲重要之國家在聯合國、WTO等國際組織架構下加強合作，促進新回合（New Round）之全面性多邊貿易協商，以及針對全球環境議題，加強對氣候變遷和環境惡化議題全球共識之建立，致力於協助亞洲國家以科技合作方式，促進永續資源（sustainable resource）之管理；歐盟也應加強與亞洲的合作和對話，在類似防堵恐怖主

9　歐元（Euro）於1999年1月1日發行，並於2002年1月1日正式在市場流通。
10　2000年，在聯合國前任祕書長安南(Kofi Annan)的要求下，所提出改造聯合國維和行動之建議。

義、跨國犯罪、傳染病，特別是愛滋病等全球化下產生的問題，加強亞歐跨區域及區域雙邊之整合及科學、科技合作。

6. 增進歐亞雙邊的認知與交流

藉由代表處的設立可以增進雙邊人民對彼此的認知與了解，歐盟也陸續在許多亞洲國家增設代表處，不僅可以便利雙邊企業或私人的投資貿易更可以藉此增加文化互動和教育交流。

東亞地區有許多新興國家，而這些國家也大多為歐盟國家殖民時期的屬地，例如：荷蘭與印尼、法國與越南、英國與馬來西亞、新加坡或香港。而這些歐盟國家也都多少還維持與前殖民地或屬地的經貿關係，所以這些歐盟的成員國也會於歐盟體制下，盡力推動與這些以往有過殖民關係之國家間經貿的往來。[11] 歐盟介入東亞地區事務的重要性，除了為維護這個最廣大的消費市場及勞力來源外，同時更有戰略地位上的價值，一方面東亞地區有目前世界上最大的共產國家，也是目前無論於經貿或軍事安全崛起皆最為迅速的中國，二方面歐盟的勢力可以涉入長期由美國及日本主導，或是即將由中國、美國與日本共同主導的東亞安全事務，強化其全球角色的實質影響力。而東亞地區國家在民主法治及人權意識的培養或是非傳統安全的問題，也皆為歐盟長期關注的對象。[12]

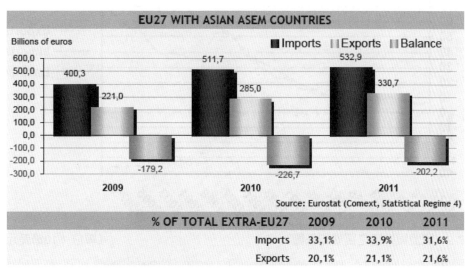

圖7-1　2009-2011年歐盟與東協國家進出口貿易走勢圖　　　　（單位：10億歐元）

資料來源：*EU BILATERAL TRADE AND TRADE WITH THE WORLD*, ASIAN ASEM COUNTRIES, 12 March, 2012, DG Trade, p. 1.

---

[11]　Nadia Mushtaq Abbasi, "EU-ASIA: An Expanding Partnership", *Strategic Studies* (2000). 22, 1:18.
[12]　Ibid.

　　由歐洲執行委員會貿易總署（Directorate General for Trade）提供之數據資料顯示，亞歐會議區域包含東協十國與中國、日本、韓國等和歐盟有十分龐大的貿易逆差關係（見圖7-1），這代表東南亞的勞力市場充沛，可以外銷許多產品至歐盟區域，貿易總額以2011年之水準則可高達1,276億歐元之譜，乃相當龐大的經貿關係（新加坡和馬來西亞占60%）。[13]另外，吾人也可從下圖（見圖7-2）發現歐盟自2000年後積極拓展與東南亞區域關係以來，歐盟出口自東協國家之貿易額呈逐漸增加之態勢，然而東協國家進口至歐盟國家之貿易額也相對增加，故雙方總體之貿易量是呈大幅增加的趨向，這也意味著歐盟積極的東南亞政策對雙邊的經貿發展有正面之影響。因此，從前述歐盟對亞洲的整體策略來看，歐盟藉伊拉斯摩斯留學歐洲計畫或像「第7期科研架構計畫」（FP7）科研合作計畫等，確實符合其亞洲政策第六點目標「增加文化互動和教育交流」的宗旨。

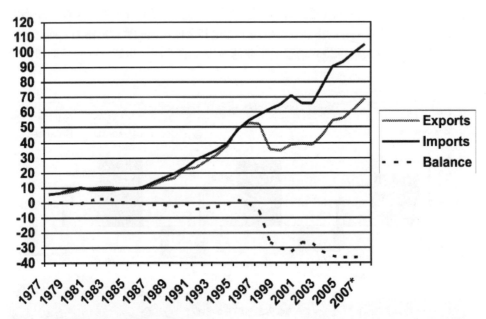

圖7-2　歐盟與東協之貿易關係圖　　　　　　　　　　　　（單位：10億美元）

資料來源：Lena Lindberg & Claes G. Alvstam Handelshogskolan, Göteborgs Universitet (2008), *EU-ASEAN trade facing free trade negotiations, the 10th Annual Conference on European Integration*. Swedish: Network for European Studies in Economics and Business (SNEE), Molle, Sweden, 20-23 May 2008, p. 8.

13　EU BILATERAL TRADE AND TRADE WITH THE WORLD, ASIAN ASEM COUNTRIES, 12 March, 2012, DG Trade, pp. 3-5.

　　歐盟將「提高國際開放度」、「與世界其他地區建立夥伴關係」列為未來十年的工作重點，因此可見歐盟發展的眼光早已跳出歐洲，未來必致力於將「波隆尼亞進程」的影響力推廣向全球，以「伊拉斯摩斯世界之窗」計畫的豐厚獎學金向全世界招手，吸引全球最優秀學生赴歐洲深造，進而大增歐洲高等教育在世界的影響力。此外，這個制度的影響力之所以與日俱增，也和歐盟近年來在世界推行的「窗口計畫」（Erasmus Mundus External Co-operation Window, EM ECW）有關。例如，為了爭取亞洲新興國家的菁英到歐洲大學求學或研究，歐盟在亞洲設立五個「窗口計畫」，包括：「中國窗口試驗計畫」、「印度窗口試驗計畫」、「泰國窗口試驗計畫」、「馬來西亞窗口試驗計畫」、「其他亞洲國家窗口試驗計畫」，對亞洲各國的學生及學者提供攻讀學位及學術交流研究的獎學金，而其中「中國窗口試驗計畫」更在2006年開始擴大施行的規模並增加預算。這些「窗口計畫」間接促使各國不但必須研究，更需要重視ECTS系統。此外，為了促進歐洲在高等教育上與世界各國的合作，2009年4月在比利時魯汶舉行的紀念「波隆尼亞進程」誕生十週年高峰會，也首次邀請來自中國大陸、美國、日本、加拿大、巴西等國的代表與會。[14]

　　歐盟每年提供給申請上伊拉斯摩斯世界（Erasmus Mundus）碩士課程之第三國大學畢業學生21,000歐元豐厚的獎助學金，每一學年則提供42,000歐元（為期兩年）的獎學金，也提供給客座三個月的第三國學者13,000歐元的獎學金。除了提供第三國學生獎學金赴歐修習學位以外，歐盟對內部的歐洲學生，同樣也提供獎學金鼓勵歐洲學生到海外求學，擴展視野，歐洲學生可以到行動計畫三之海外夥伴大學求學，並在該等大學三個月短期求學期間獲得3,100歐元的獎學金，同時，歐洲教授赴海外夥伴大學客座講學的三個月期間，也能獲得13,000歐元的補助。以亞洲主要國家申請伊拉斯摩斯世界計畫碩士課程為例，2011/12學年度印度有2,306人提出申請，只有62人得以獲得補助到歐盟留學，錄取率僅2%；韓國有64人提出申請，僅有5人獲得補助，錄取率為7%；臺灣有146人申請，12人獲得歐盟獎學金，錄取率為8%。[15]（參見表7-1）因此，從歐盟不斷對亞洲國家擴大其國際教育方案的同時，也代表著歐盟對亞洲輸出其和平、民主、人權、法治及社會正義等歐洲共同價值。亦有不少國際關係學者認為伊拉斯摩斯世界計畫，可被視為歐盟共同對外關係（external relations）政策的一環，透過其運作讓亞洲學生赴歐留學，將會有助於亞歐之間的相互瞭解，提升學生及研究人員知識為本的合作（Know-How based Cooperation），更加促進亞洲的區域整合。[16]

14　張國蕾，「歐洲學分互認體系之內涵與現況分析」，《教育資料集刊》（2011），第52輯，頁106-107。

15　Yun-Kai, Huang(黃筠凱). "Erasmus Mundus: the EU's Soft Power towards Asia," Asia EU International Conference on "EU-Asian Relationship and cooperation,"Pusan National University EU Centre in Busan, South Korea, February 2nd-3rd, 2012 at Busan, South Korea, p. 655.

16　Gustaaf Geeraerts, Eva Gross, Perspectives for a European Security Strategy Towards Asia: *Views from Asia, Europe and the US* (Brussels: Brussels University Press, 2011), p. 47.

表7-1　2004-2011亞洲主要國家申請伊拉斯摩斯世界碩士課程人數統計

	2004	2005	2006	2007	2008	2009	2010	2011	Total
China	12	85	180	173	256	188	144	104	1,142
India	5	137	319	484	158	118	92	67	1,380
Japan	2	6	3	4	7	2	5	3	32
Korea	3	3	4	5	6	11	9	6	47
ASEAN	16	104	238	163	217	178	131	123	1,170
Taiwan	0	5	14	10	18	25	11	14	97
Total	38	340	758	839	662	522	392	317	3,868

資料來源：The data of Erasmus Mundus statistics (http://eacea.ec.europa.eu/erasmus_mundus/results_compendia/documents/statistics/emmcscol_country_2004to2011.pdf).

第二節　歐洲聯盟與臺灣高等教育合作歷程及其交流情形

　　歐盟與臺灣的文教合作關係，從資訊的交流開始，圖書資訊的分享建構起雙方的橋樑，爾後隨著歐盟高等教育政策之實行，對非會員國國家之大學，推廣設立有關歐洲聯盟之相關課程，臺灣與歐盟之第二座教育合作橋梁，由此構起。隨著伊拉斯摩斯世界計畫的實行，以及歐盟近年來加強與第三國建立合作契機，2009年所建構的臺灣歐洲聯盟中心（EU Center in Taiwan），也是探究歐盟與臺灣間高等教育合作的重要方向，因此，本章節將就歐盟與臺灣高等教育合作歷程上所歷經的四大重要政策與成果：歐盟資訊中心、莫內計畫（Jean Monnet Project）、伊拉斯摩斯世界計畫，以及臺灣歐洲聯盟中心（EU Centre in Taiwan）作一介紹。

一、歐盟資訊中心

　　1979年12月臺灣淡江大學歐洲研究所（Graduate institute of European Studies, Tamkang University）通過歐洲執行委員會（1972年時為歐洲共同體）的審核，正式成為臺灣唯一的歐洲聯盟文獻資料中心，藉此平台免費獲贈歐盟官方出版的文獻資料，增進臺灣學子對歐洲聯盟之認識。爾後為配合歐洲聯盟總部新的資訊發展政策與服務類型，2006年9月19日與駐臺灣歐洲經貿辦事處（European Economic and Trade Office, EETO）簽署「歐盟資訊中心協定」（EUi Agreement），歐洲聯盟文獻資料中心更名為「歐盟資訊中心」（The European Info, EUi），成為臺灣第一個歐盟資訊中心，[17]同年9月26

17　淡江大學歐盟資訊中心-發展沿革<http://eui.lib.tku.edu.tw/eudoc/edc-histdel.shtml>。

日，臺灣國家圖書館與歐洲經貿辦事處簽署協議，成立第二個歐盟資訊中心。[18]

　　藉由資訊中心的建立，臺灣青年學子得以擁有更豐富的圖書資源，以增進對歐盟的認識，歐盟資訊中心的設立，除了提供我國與歐盟在資訊往來的管道外，也縮短了以往時間上的障礙，得以更加快速的獲取歐盟最新官方出版品，讓我國青年學子對歐盟的認識一直處於最新的狀態。

二、莫內計畫（Jean Monnet Project）

　　除了歐盟資訊之推廣外，歐盟與臺灣之間也有高等教育課程上之合作關係，2006年臺灣共有兩所大學獲得莫內計畫（Jean Monnet Project）之獲獎學校，分別為淡江大學與國立政治大學（National Chengchi University），該計畫內容主要分為三層面：[19]

(一) 莫內歐洲卓越中心（Jean Monnet European Centers of Excellence）

　　歐盟預計三年內將補助莫內計畫之非會員國獲獎大學最高三萬歐元之補助金額，協助匯聚一所或數所大學之歐洲整合研究之學術、人力與文獻資源，建立莫內歐洲卓越中心。

(二) 莫內講座（Jean Monnet Chairs）與「個人名義」莫內講座（ad personam Jean Monnet Chairs）

　　甲、莫內講座：三年內歐盟最高提撥1萬8千歐元予非會員國實行莫內講座，參與該講座為全時教職，所有法定的課程與教學活動必須完全致力於歐洲整合的教學，（每學年最少120小時），致力於推動第三國學子對歐洲聯盟之認識。

　　乙、個人名義莫內講座（「ad personam」 Jean Monnet Chairs）：該計畫三年內歐盟將提撥15,000歐元之補助金用以設立「個人名義」莫內講座，該講座之重點方向仍為歐洲聯盟相關領域課程之講授與學術分享。

(三) 歐洲模組課程（European modules）

　　歐洲模組課程為短期課程，完全教導莫內計畫內歐洲整合四大學門之歐洲共同體法律、歐洲經濟整合、歐洲政治整合、或歐洲建構史任一門課程。歐盟將優先考量以上述四項學門以外的學生為對象而開設之模組課程。模組課程必須由專長歐洲整合研究的教師擔任。模組課程可採多元學科方式進行，由數位教師共同參與，但大學必須指定一位教師為模組課程的協調人，並且為與歐盟接洽的連絡人。[20]

18　國家圖書館歐盟資訊中心<http://eui.ncl.edu.tw/ch/int.htm>(3, June, 2009)。
19　淡江大學歐洲聯盟研究中心http://w3.tku.edu.tw/eurc/mnplan-example.asp。
20　中華民國駐外單位聯合網站http://www.taiwanembassy.org/ct.asp?xItem=1560&ctNode=428。

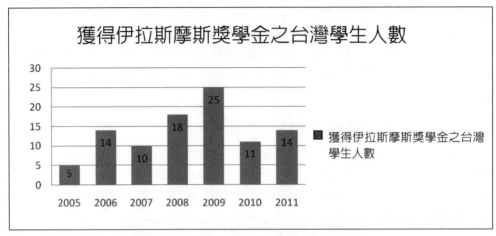

圖7-3　2005-2011年獲得伊拉斯摩斯獎學金之臺灣學生人數圖

資料來源：作者依據官方資料（Nationality of Erasmus Mundus students and scholars selected for the academic
　　　　year 2005/2006，2006-2007, 2007-2008, 2008-2009, 2009-2010, 2010-2011 ）<http://eacea.
　　　　ec.europa.eu/erasmus_mundus/results_compendia/statistics_en.php>自行繪製。

三、伊拉斯摩斯世界計畫

　　2003年3月10日歐盟在臺灣設立歐洲經貿辦事處以來，該機構對於宣揚歐洲文化，
推廣歐洲聯盟概念，以及教育交流上多有貢獻。[21] 其中，對於伊拉斯摩斯世界計畫之
推廣計畫更是積極，每年定期更新資訊，鼓勵臺灣青年學子申請該獎學金赴歐修習學
位，促進雙方之交流。據歐盟官方統計數字顯示，如（圖7-3），2005年獲得該筆獎學
金之臺灣學生數一共為5人，爾後三年獲得該筆獎學金之學生數皆有10位以上，數據顯
示透過推廣臺灣學生逐年認識該項計畫，並表達其赴歐求學之高度意願，但獲選之因素
主要仍為該名學生之資格審查。

四、臺灣歐洲聯盟中心（EU Center in Taiwan）

　　2009年5月22日「臺灣歐洲聯盟中心」（European Union Center in Taiwan）正式成
立，此一機構為七個臺灣大學共同策劃組成，[22] 歐洲聯盟為推廣全球歐盟研究，促進
與各國學術界與市民社會之交流合作，自1998年起在全球先進工業國家擇重要學府設立
「歐洲聯盟頂尖中心」（European Union Centre of Excellence, EUCE），2004年在日本
東京成立第一個亞洲的歐盟中心。迄今全世界共有23個歐盟中心，形成全球性的歐盟研

21　歐洲經貿辦事處 <http://www.deltwn.ec.europa.eu/index.php> (3, June, 2009)。
22　此七所大學分別為：國立台灣大學、國立政治大學、輔仁大學、淡江大學、國立中興大學、國立中山大
　　學與國立東華大學。

究網絡，成為各國社會、學界與歐盟交流合作的平台，彼此間更成了區域性的歐盟研究社群。[23]

　　1979年12月歐盟文獻資訊中心的成立，為臺灣與歐盟間的高等教育聯繫，建構第一座橋樑，近年來，隨著國際間彼此接觸愈加頻繁，歐盟積極與第三國合作的趨勢下，臺灣與歐盟間的高等教育合作更上一層樓，除了課程上的交流外，青年學子間的交流機會也愈加多元，此一情形，除了是促進雙方關係的一個管道外，同時也有助於雙邊青年學子開拓視野、增進國際觀、提升競爭力之良方，此一效益並非是單方面的，而是歐盟與臺灣雙方互益的，2009年新建立的臺灣歐洲聯盟中心，勢必將雙方的關係推向更上一層樓，未來雙方將透過更緊密的合作，學者與學生間更頻繁的交流與往來，促成更良好的關係，同時也將打造新歐盟－臺灣高等教育合作紀元。

第三節　歐洲聯盟與日本高等教育合作歷程

　　1974年歐盟在日本開始進行歐洲訪問計畫（European Union Visitors Programme，EUVP），該計畫開啓歐盟與日本高等教育交流之契機，1970、1980年代時期歐盟與日本雙方合作主要以民間合作為主，1980年日本成立日本歐盟學會（The European Union Studies Association-Japan, EUSA-Japan）為日本最早研究歐洲聯盟的學術單位，[24] 該學會之成立在於有效促進日本與歐盟雙方，在學術上的交流與合作。

　　1990年代的歐盟與日本的關係開始走向穩定及全面化的交流，雙方高等教育合作關係在2000年有了重要突破，2000年4月，歐洲執行委員會與八大工業國之教育部長在日本東京進行會談，會談中確定歐盟與八大工業國在學術上進行更全面性的學術交流，除了提升交流的人數，同時也期望提高雙方交流的頻率。歐盟及八大工業國成員國之學生、研究人員、教師及行政人員皆列入交流之範疇，將其伊拉斯摩斯世界（Erasmus Mundus）及亞太大學交流會（University Mobility in Asia and the Pacific, UMAP）之經驗與此項學術交流進行經驗上之交換，以加強在未來十年內歐盟與八大工業國之學術交流模式。

　　2004年4月，東京設立第一個日本歐盟研究機構（EU Institute in Japan, EUIJ），由多所位於東京之大學聯合管理此機構，隔年4月，關西也設立第二個歐盟研究機構，此一日本歐盟研究機構（EUIJ）在於促進歐盟與日本間，學術上的交流及教育上的合作，其領域涉及歐洲政治、環保、法律等領域。

　　日本歐盟研究機構目前為歐盟與日本在高等教育合作上最主要的機構，其主要目的

23　摘自：台大校訊，http://host.cc.ntu.edu.tw/sec/schinfo/schinfo_asp/ShowContent.asp?num=965&sn=8709。
24　EUSA-Japan <http://wwwsoc.nii.ac.jp/eusa-japan/index-e.html> (3, June, 2009).

在於建構一個以大學為基礎，並以歐盟相關教育和研究為重點的研究機構，其相關計畫內容包括提供歐盟學習及研究課程、建立歐盟文獻中心、舉辦有關歐盟研究之研討會及演講等，合作細項分述如下：[25]

一、歐盟相關課程

在日本歐盟研究機構（EUIJ）成員學校的學生或研究生修習一定的的課程後可以獲得經由歐盟認證之學士或碩士的學位證書，以示證明學生在歐盟研究上的成績，當學生獲得該項認證後可增加其在國際舞台工作之機會。

二、學術研討

每年固定邀請歐盟著名大學之學者到日本，針對歐洲當前重要議題進行演講或學術研究。

三、獎學金及實習制度

提供獎學金給予學士或後學士、碩士及博士赴歐盟會員國大學研究歐盟相關議題，亦或提供日本學子赴歐盟機構實習之機會，學生可以至歐洲執行委員會、社會或經濟理事會、歐盟議會及其他有關之歐盟非營利組織進行實習。

四、參與學術研究

此計畫包括境內研究、境外研究、交換學生等，藉由計畫之實行促進歐盟與日本雙邊學術交流，此外，歐盟也提供日本學生至歐盟會員國國內大學院校進行短期的學習課程、語言課程之學習，完成課程學生可得到學位之認證。

五、境內研究計畫

日本歐盟研究機構（EUIJ）在國內舉辦或進行與東亞或日本相關議題研究時，將邀請歐盟會員國內有興趣之研究人員到日本進行訪問或參與研究。

六、居禮夫人獎學金

國際居禮夫人國際研究獎學金（International Reintegration Grants（IRG）將提供最近三年願意回歐盟境內工作的研究者，在日本地區進行研究，其資助期限二到四年不等。[26]

25　EU Institute in Japan, EUIJ <http://www.euij-tc.org/about/about.html>(3, June, 2009).

26　Marie Curie Actions< http://alfa.fct.mctes.pt/apoios/mariecurie/irg.phtml.en> (4, September, 2009).

七、交換學生

　　歐盟提供給日本學生至歐盟境內大學院校進行短期的學習或語言課程，完成修業課程之後，學生可得到學位之認證。

　　除了上述之相關機構與研究中心外，伊拉斯摩斯世界計畫也是促進歐盟與日本雙邊學術交流之重要計畫，日本學生獲得伊拉斯摩斯獎學金人數圖（請參閱圖7-4），透過學生以及學者間的往來，增進彼此之感情，開闊視野，增進國際觀，依循獎學金制度，促進多元文化之交流，雙邊藉由柔性實力（Soft Power）之途徑，增強緊密彼此之關係。

　　歐洲學子赴日留學人數，如表7-2，從1980年代的317人、1990年代成長至806人，成長幅度約為2.5倍，2000年歐洲赴日留學人數幾乎與美洲至日本留學人數相近，這顯示歐盟與日本藉由學術合作之交流，促進雙邊了解，同時也增加歐洲地區留學日本的誘因，雙邊關係的發展，進一步增加歐洲地區學生對日本的興趣。

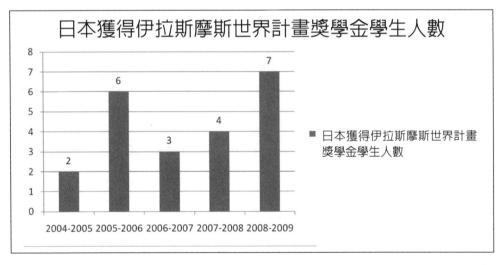

圖7-4　2005-2008年日本獲得伊拉斯摩斯世界獎學金學生人數圖

資料來源：作者依據官方資料（Nationality of Erasmus Mundus students and scholars selected for the academic year 2004/05, 2005/2006, 2006-2007, 2007-2008, 2008-2009）＜http://ec.europa.eu/education/programmes/mundus/projects_en.html＞自行繪製。

表7-2　日本外來學生來源表

年代	總數	日本外國學生來源地					
		非洲	美洲	亞洲	歐洲	大洋洲	未註明
1980/1981	6,538	98 1.50%	804 12.30%	5,229 9.98%	317 4.85%	86 1.32%	4 0.06%
1990/1991	45,024	335 .74%	2,058 4.57%	41,559 92.30%	806 1.79%	259 0.58%	7 0.02%
2000/2001	63,637	676 1.06%	2,235 3.51%	58,170 91.41%	2,106 3.31%	443 0.70%	7 0.01%

資料來源：UNESCO Institute for Statistics, Montréal, *global education digest 2003 Comparing Education Statistics Across the World* (UNESCO, 2003) <http://www.uis.unesco.org/TEMPLATE/pdf/ged/GED_EN.pdf>.

　　此外，2008年歐盟與日本展開自然科學之國際學生交換計畫，日本希冀藉由該課程，有效提升其青年學子之英語能力，及在自然科學方面之發展，同時也希望能將日本高科技領域之表現，分享給歐盟學生，提供歐盟學生學習之機會，日本與歐盟各有30位交換學生，而其學程爲期5個月至3年，爲使該計畫有效之實行，歐盟提供26萬1千歐元爲該計畫之經費。【27】

第四節　歐盟與南韓高等教育合作歷程及其交流情形

　　韓國與歐盟發展雙邊關係比起日本較晚，雙邊發展歷程可追溯至2006年韓國歐盟簽署一項伽利略衛星（Galileo）的合作計畫，雙方將進行研究、教育及產業上的合作，透過該計畫之執行開啓歐盟與韓國在學術及科技上的交流。2008年歐洲執行委員會與韓國政府展開雙邊會談，雙邊高等教育關係正式進入茁壯期，同年兩個韓國與四個歐洲大學院校共同主持歐洲－韓國聯繫計畫（European - Korean Nexus Project），藉由雙方學生對於國際經濟、區域研究、政治及法律等議題的意見交換，達到跨國文化交流，促進歐盟與韓國人民相互理解，此外，雙方希冀藉由該聯繫計畫之執行，加強人力資源之發展以因應全球化社會。

　　同時，該計畫也包括雙邊學子之交流，建構交換學生制度，雙方學生可藉由一學期的交流時間，增進雙方理解，達到資訊共享的目標，雖然韓國與歐盟在高等教育的合作上發展較晚，但目前已有三個主要的合作計畫在進行當中，這三個計畫由19所韓國及歐

27　European Commission, Modalities for Future ASEM Dialogue Taking the Process Forward < http://www.aseminfoboard.org/content/documents/vade.pdf >.

盟的大學院校參與合作，合作期限爲三年，預計將有210個歐盟及韓國學生將在這些計畫中受益，[28] 該計畫內容分述如下：[29]

一、國際經濟和治理（Korean-European Nexus on International Economy and Governance, KOR-EU-IEG）

該計畫將開設國際經濟相關領域之國際關係、國際法律、社會科學等課程，希冀藉由交換學生之平台，促進雙邊國際經濟學科之多層面交流，參與課程之學生將於修業後授予學位。爲有效執行該計畫，歐盟將提供約28萬歐元之經費補助，從2008年10月1日至2011年9月30日將資助30位韓國學生赴歐修習相關課程，此外也提供37位歐洲學生赴韓留學，除了課程之修習與交流之外，每學年也會有研討會之進行。

二、打工遊學計畫（Study Abroad and Internship Program for European and Korean Students , SAIPEKS）

此計畫主要內容在於商業或是國際貿易相關領域之實習，後來增設住院實習醫生之機會，歐盟與韓國雙邊希冀藉由工作學習機會提升學生參與交流之興趣，提升大學與城市之國際化，促進產業合作。

歐盟將提撥39萬9千歐元作爲三年之補助經費，從2008年10月1日起，將補助韓國114名學生赴歐體驗實習機會，同時亦提供歐盟51位學生至韓國實習。該計畫之語言訓練主要以英文爲主，韓國之交換學生除了須在華沙大學待上五個月，完成每週10小時的實習生職務外，也將由其他合作之歐洲的大學提供資金參觀歐洲一週，此外，將特別開設一門課程，介紹地主國之企業文化及短期參訪地主國之企業。歐盟赴韓參與該計畫之學生亦同，將於韓國之慶北大學（Kyungpook National University）修習課程後，參訪南韓一週。

三、水資源與環境工程計畫（Euro-Korea Hydro informatics）

該計畫將透過歐盟與韓國開設共同課程，藉由學生、教師、教學方法之交流，培訓精良之科學家以及工程師。

此計畫由2008年10月開始，至2009年9月爲止，由歐洲及韓國各派60位及30位學生進行該領域之學術交流，平均學程時限爲六個月，歐盟將提撥41萬7千歐元作爲課程之經費來源，目前參與之合作學校包括了韓國的仁川大學、首爾大學，以及歐洲的尼斯大

---

28 EU-Korea Cooperation in Higher Education and vocational Training, < http://ec.europa.eu/education/programmes/eu_others/korea_en.html>.

29 Cooperation in higher education and training between the EU and Australia, Japan, New Zealand and the Republic of Korea, Joint selection 2008 – Description of selected projects, <http://ec.europa.eu/education/programmes/eu_others/australia/doc/sele08.pdf>(5, June, 2009).

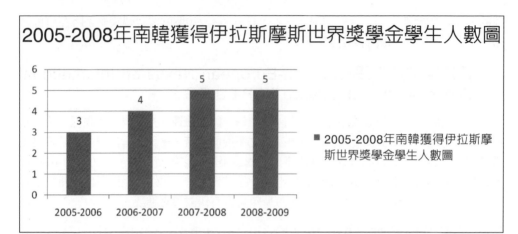

圖7-5　2005-2008年南韓獲得伊拉斯摩斯世界獎學金學生人數圖

資料來源：作者依據官方資料（Nationality of Erasmus Mundus students and scholars selected for the academic year 2004/05, 2005/2006, 2006-2007, 2007-2008, 2008-2009 ）<http://ec.europa.eu/education/programmes/mundus/projects_en.html>自行繪製。

學（法）、布蘭登堡大學（德）、布達佩斯大學（匈）、加泰隆尼亞工業大學（西），一共六所大學。

此外，歐盟所實行之伊拉斯摩斯世界計畫，也為歐盟與南韓教育交流建構起一座橋樑，從2005年起，每年皆有數位南韓青年學子獲得該筆獎學金（請參閱圖7-5），赴歐洲修習學位，雙方藉由教育的往來，達成文化與學術交流之目標，該筆獎學金除了促進雙方學子的交流外，歐盟也藉由課程的開設，以及吸引外國學子赴歐修習課程，來達成歐盟推廣歐盟價值的目的，南韓青年學子也藉由該筆獎學金赴歐洲開闊視野，豐富人生閱歷，達成歐盟與南韓互益之目標。

歐盟透過與第三國高等教育的合作，不但可以在全球化的競爭中搶奪先機，使歐盟成為世界的研究中心成為全球人才的聚集地，在經濟方面透過各國科技的發展及突破，歐盟可成為更具有經濟實力的經濟體。高等教育的合作在文化的交流上也扮演重要的角色，當我們認知到我們的情感與能力並非全知全能的時候，對於其他文化的理解有助開拓我們在道德及理智上的限制。每一種文化都有其限制，透過對話及交流對於雙邊文化的發展是有利的[30]。雖然高等教育計畫有文化交流之功能，但並非全為正向之交流功能，高等教育合作計畫也可能成為歐盟文化或歐盟價值輸出的重要手段，歐盟透過高等教育合作，輸出其民主、善治、人權及自由經濟等價值，透過課程教育讓第三國學生對

30　Bhikhu Parekh, *Rethinking Multiculturalism – Cultural Diversity and Political Theory*, (Basingstoke: Palgrave, 2000), pp. 336-337.

歐盟產生文化價值的認同感，加上獎學金的提供，使得歐盟高等教育較第三國擁有更多選擇權。此外，接受高等教育者，皆爲各國國內之菁英份子，透過上層文化的輸出，可使國內社會菁英認同歐盟價值，另一方面透過學生的交換，提供各國的菁英份子相互交流的空間，也可使歐盟與各國保持友好關係，另一層面也使歐盟成爲新的文化輸出國。

因此，邁入21世紀後的歐洲聯盟積極與第三國發展合作關係，以合作取代競爭，企圖在全球化之世界體系下突顯歐洲特色，上述歐盟與臺灣、日本及南韓之文教合作往來，顯現歐洲聯盟對教育層面事務之重視，未來的「教育」將不再僅侷限於一國之內政事務，而是一門富有願景之新興產業，有效提升教育之競爭力、拓展青年學子之國際視野，培訓菁英人才，將爲現階段會員國各國教育方針之重要環節。

第二篇
歐洲聯盟會員國高等教育學制分析[*]

* 本篇的資料引自：鄔忠科（計畫主持人）。《93年度歐盟學制研究報告》（台北：教育部，2004）。

近代人類文明的進步與知識的累積、傳遞息息相關，透過早期基督教以教會興學於文藝復興時期的義大利創建人類高等教育的基礎。世界上最古老的大學是成立於1088年義大利的波隆尼亞大學，其後奠定了歐洲文明成為人類知識、科學與文化進步的先驅。因此，綜觀近代文明的發展歷史，民族國家國力的興盛與否，確實需要仰賴國內高等教育制度的效能。本篇為歐盟會員國高等教育學制分析，提供讀者瞭解歐盟個別國家在高等教育面向的固有文化及特色，也讓人清楚認識歐盟為何發展高等教育整合的背景基礎。

　　透過本書研究也發現歐洲高等教育整合的共同趨勢。例如，在德國大學的國際學程不是專為外籍學生而設立，而是德國學生與外籍學生一起參與的課程。國際學程的課程經過完整的規劃，提供學程的大學院校，將會積極的輔導學生，在一定的修業年限內，完成學士或是碩士學位，大部分的課程均以英文授課，因此申請國際學程的學生，不需參加德語入學鑑定考試，而只要出示英文程度證明（TOEFL）；另外，奧地利也已制定雙學位學程，已經與波隆尼亞進程目標接軌。依據2002年大學法第87條規定，學位的授與可以以奧地利的大學與外國合作機構聯名頒發學位證明為之，先決條件是，在具備120 ECTS（歐洲學分轉換系統）學分數的完整學程中至少有30學分，而超過120 ECTS學分的學程中至少有60是在外國的合作機構中完成。因此，歐盟國家除了持續發展配合在地國情與文化的高等教育政策外，也漸漸朝向歐盟秉持「求同存異」的整合基準下，朝向發展共同教育合作的規準，以吸引更多的外籍學生，且刺激歐洲區域有更多參與歐洲學分轉換的學生，與教職人員學術與研究上的交流。以下分述中西歐地區如：德國、奧地利、法國、荷蘭、比利時；南歐地區如：西班牙、義大利、葡萄牙、希臘；北歐地區：瑞典、丹麥、芬蘭、英國、愛爾蘭等歐盟國家的高等教育背景與學位區位之分析。

第一節　德國高等教育

一、德國高等教育背景

在教育制度上，德國採行多管道之教育體系。學童滿六足歲開始接受義務教育，受完四年（柏林市爲六年）之基礎學校（Grundschule）教育後，家長可依學童之能力、性向爲其選擇下列三種不同中等教育機構之一就讀：

1. 技職學校（Hauptschule）五年級至九年級或十年級：技職學校九年級畢業生大部分繼續在德國二元制之職業養成教育體系內接受三至三年半不等之學徒訓練，並於取得職業證照後進入就業市場。

2. 實科中學（Realschule）五年級至十年級：實科中學十年級畢業生取得義務教育結束證明（Mittere Reife），可選擇續接受學徒訓練或選擇升入文科中學或升學就讀全時制之各種不同職業學校，並於通過考試後取得專業大專院校入學資格（Fachhochschulreife）。

3. 文科中學（Gymnasium）五年級至十三年級：文科中學十三年級畢業生通過畢業會考（Abitur）取得大學入學資格（Hochschulreife）。技職學校及實科中學畢業生亦可透過第二教育途徑（zweiter Bildungsweg）經由就讀夜間文科中學（Abendgymnasium）取得大學入學資格。

德國高等教育傳統的畢業形式在綜合性大學爲文憑考試，其中文科爲碩士考試。如要成爲教師、法律工作者、醫生或藥劑師則要通過國家考試。上大學通常至少要學習八個學期，但是實際上許多學科的學習時間更長一些，因爲在八個學期的時間內無法完成全部學業要求。

德國大學學習爲單一階段制。也就是說，只有在學習終結時才算完整地結束了學業。大學前期證書或中期考試不視作畢業，它們只是說明，學生通過這種考試後，有資格進入專業學習的階段。其中綜合性大學和高等專科學校中按國際慣例設置的專業例外。學習這些專業可以逐級分段快步進行，在學習六個學期後，即可獲得英美模式的學士文憑，從而有資格就業。如果願意的話，可以繼續深造，再學習四個學期，爭取獲得英美模式的碩士學位，或者以德國傳統的碩士考試或文憑考試畢業。

引入國際承認的英美模式「學士」和「碩士」結業形式，在德國大學引起了一場小小的革命。德國各大學共提供了1,000多個國際學士和碩士文憑的專業。這就使得學生能比通常更快畢業，進入就業市場。

主張這種向國際看齊的大學學習形式的人認為，這種形式有兩大優點：一是德國大學畢業生在國際市場上可以獲得更好的機遇，二是如果外國學生在德國獲得的大學文憑能在本國得到承認的話，他們就更願意前來德國學習。

二、德國高等教育學位區分之分析

(一) 高等教育學位證書之分類

德國舊有之高等教育實行「碩士——博士」兩階段學位體系下，其學位可分為下列幾種：

1. 理學碩士（Diplom）：專業為自然科學、工程學、社會科學和經濟學的大學畢業生可獲得理學碩士學位。理學碩士一般要求在某一學科領域內學習至少八個學期，並要達到規定的學習要求。理學碩士的獲得需要撰寫有深度的、獨立的學位論文（Diplomarbeit），及通過相應的筆試和答辯。

2. 文學碩士（Magister Artium）：人文科學，通常也包括一些社會科學的大學畢業生通常將獲得文學碩士。與理學碩士的學位考試相比，文學碩士的學位考試包括兩門主要學科，或一門主科和兩門副科。考試的要求因學科和大學而相異，但通常都需要撰寫學位論文和通過答辯。

3. 應用科技大學的學位：應用科技大學的學生在通過畢業考試或學位考試後，同樣被授予畢業文憑和學位，只是須在括弧中加上（應用科技大學）字樣，以示區別，稱為（應用科技大學）碩士。應用科技大學的畢業生具有從事職業的資格，並有權獨立開業，而且也可能轉入相應的大學學習，但通常不能直接攻讀博士學位。

4. 博士（Doctorate/ Doktor）：原則上講，德國大學的任何一個專業都可以招收博士生。博士生的資格取決於優異的大學學習成績。在德國之外獲得學位的學生是否有資格攻讀博士學位，通常決定於大學的學院或系所。此外，必須要找到一位願意指導你學業的教授，德國人稱博士之父（Doktorvater）。博士導師可能會給你一個做博士論文的課題，也有可能接受你提出的課題。在德國攻讀博士一般意味著同時也參與研究。除了博士論文的撰寫之外，博士生通常要參加博士生討論會（Doktorandenkolloquien），與其他博士生討論和交流課題的研究進展。博士學位的獲得需要提交博士論文，並且要通過主科和相關副科的口試比較多。

新制學位：德國高等教育改革－與國際接軌之國際課程（International Courses）

近年來德國政府推動高等教育改革，並致力縮短大學校院就讀年限。目前已有部分

大學開設英美學制中之學士（bachelor）課程，修業年限約爲六學期，以及英美學制中之碩士（master）課程，修業年限爲一至兩年。此外，大學改革倡議中亦不乏博士班課程開設之主張。

　　爲使德國大學在二十一世紀更具競爭力，德國於1998年實施了基本的教育改革，引進與國際同軌的課程及學位，如授予學士或碩士學位。許多德國之大專院校利用新授與的學位以發展提供新課程。

　　德國大學開始開辦國際學程，除了爲德國高等教育的改革，也因應不諳德語的外國學生在德國唸書的問題。例如可解決外國學生取得當國學士學位後，欲在德國繼續攻讀碩士學位，而當國學士學位是否在德國被承認的問題。國際課程80%以上用英文上課，少部分用德文。國際課程可承認學士學位，一至二年可取得碩士學位，其中50%不需要學費。[1]

　　國際學程不是專爲外籍學生而設立，而是德國學生與外籍學生一起參與的課程。國際學程的課程經過完整的規劃，提供學程的大學院校，將會積極的輔導學生，在一定的修業年限內，完成學士或是碩士學位（學士課程依規定爲期三年，也就是六個學期，碩士課程爲期三到五個學期）。大部分的課程均以英文授課，因此申請國際學程的學生，不需參加德語入學鑑定考試，而只要出示英文程度證明（TOEFL）。不過參加國際學程的學生，除了專業的學科課程外，也可參加德語課程，增進德語程度。

　　近年來，德國的高等教育體制也在進行調整和改革，例如設立所謂的「歐洲學分轉移制」（ECTS），以使德國大學之學分可在參與此一體系之歐洲國家獲得承認。從1998年開始，德國實施了國際學位計畫從1998年起，德國進行國際學位計畫（International Degree Programmes），即將原有的兩級學位制改成三級，即學士學位（B.A.，三至四年），碩士學位（M.A.，三年左右），博士學位（三至五年），以便與國際接軌。目前已有許多大學將原有的全部或部分的傳統碩士課程調整爲學士和碩士的學程，德國預計在2006年以前讓所有之大學院校實施此一新制。修讀博士學位則有不同的規則，越來越多的博士論文可以用英文來撰寫（以就讀學科系所的決定爲前提）。除此之外，也有研究所提供英語的博士學程。[2]

(二) 高等教育機構、學制及修業方式

高等教育機構

　　德國的高等教育機構，依其任務性質可分爲三種類型：

1. 綜合大學（Universität）

　　學科選擇較多，特別強調系統理論知識與教學研究並重的高等學府。德國許多大學均有百年以上的歷史。德國近代教育改革先驅威廉‧馮‧洪堡（1767-1835）

1　請參閱：www.daad.de.
2　請參閱：http://www.dfg.de.

提出「研究與教學合一」的理念，至今仍是各大學院校治校的原則，綜合大學著重學生科學研究能力的培養。這是一種學科較多、專業齊全、強調系統理論知識、教學科研並重的綜合大學。此類大學一般都設有工科（Ingenieurwissenschaft）、理科（Naturwissenschaft）、文科（Geisteswissenschaft）、法學（Rechtswissenschaft）、經濟學（Wirtschaftswissenschaft）、社會學（Sozialwissenschaftt）、神學（Theologie）、醫學（Medizin）、農學（Agrarwissenschaft）以及林學（Forstwissenschaft）等學科。這類大學包括有：綜合性大學、理工大學、師範大學（Padagogische Hochschule, PH）、全科大學（Gesamthochschule, GH）、以及體育大學、行政管理和國防大學等。綜合大學學制為四至六年，學歷為碩士Diplom或Magister，畢業生可以直接讀博士。

2. 應用技術大學（Fachhochschule, FH；University of Applied Science）

此類學校又稱為應用科技大學，大部分學校歷史較短，規模不大，所開設專業科目多具實用特色，例如：工程、技術、經濟、金融、設計及工商管理等，而較少開設文科類的專業科目。其課程設計與內容除必要的基礎理論外，多偏重實用，專業分類較細，課程安排緊湊，學程較短，四年可取得專業大專院校碩士學位（Diplom FH）。

3. 藝術和音樂學院（Kunsthochschule, Kunstakademie/ Musikhochschule）

此類高等學院（包含戲劇、電影學院）的教育目的在培養未來的藝術家，是培養藝術應用相關領域的專業人才。目前德國的藝術與音樂學院基本上都是由國家來資助，與大學和大部分的專業大專院校一樣。

學制及修業方式

德國大專院校的學程可分為基礎課程與專業課程兩個階段。在基礎課程階段學習基本專業知識，並培養學術研究的基本能力。基礎課程修業完後須經過進階考試（Zwischenprufung/Vordiplom），通過此項考試始可學習專業課程。一般修業時間約八至十二個學期數。

1. 基礎階段（Grundstudium）：一般為四個學期，主要學習基礎課程。
2. 專業階段（Hauptstudium）：這一階段將根據專業的不同，學習自己的專業課程，一般四至八個學期，其實就是攻讀碩士課程，做畢業設計和撰寫畢業論文。

根據大學的要求，學生在修滿基礎課程，積累足夠的學分後，參加「中期考試」（Zwischenpruefung, Vordiplompruefung, Diplomvorpruefung等），通過後才可繼續進入專業學習。全部課程修完，並完成畢業論文、通過畢業考試，便可以獲得相應的學位。

德國的高等學校對學生參加畢業考試所需的在校註冊學習時間只作出了常規學期數的限制（一般為八至十個學期），對最高學期數一般沒有明確的規定。從這個意義上說，德國的大學沒有明確的學制概念。

德國大學的一個學年分為兩個學期，分別為冬季學期和夏季學期，上課的時間（包括冬季學期和夏季學期）一般為廿八周，期間各有二至三個月的停課時間，供學生復習

或進行各類實習。課程結構和學制因大學而異，由學習和考試條例加以規範和調節。

　　大學學習一般分成兩個階段：基礎階段和主課階段。儘管規定的最低學期數為四至五年，實際上的專業學習時間平均往往在六年以上，直至考試總共將近八年。在德國，有大學學歷的年輕人的平均年齡為27.5歲，明顯高於其他國家（英國：23歲，美國：24歲，法國：26歲）。正是由於對最高學期數沒有明確的規定，使不少大學生的註冊學期數接近或超過廿個學期，一小部分人成了「職業大學生」。學制要縮短，教學要改革，已成為德國高等教育發展的必然趨勢。

　　與大學類似，應用科技大學的一個學年也分為兩個學期，分別為多季學期和夏季學期，但上課的時間（包括多季學期和夏季學期）要比大學長得多，一般為卅六周。

　　應用科技大學的常規學期數根據不同的學校和專業分別為六至九個學期不等，目前，德國大多數高等專業學院都努力達到四年制，其中包含一至二個實習學期，而且學生在開始學習前，通常必須已完成幾個月的學前實習。

　　應用科技大學的課程一般分為基礎課程和主要課程兩個階段，基礎課程為二至四個學期，結束時有一次預考，然後進入主課階段。在主課階段，學生可在專任講師的指導下在幾個主修方向上選課。在實驗、設計練習中，特別是在畢業設計中，要求學生能獨立完成一個有關理論、實驗或設計的專門課題。

　　有關德國高等教育的學歷、學位，修業年限，入學資格，以及畢業條件等請參照下頁表8-1。

第二節　奧地利高等教育

一、奧地利高等教育背景

　　奧地利高中高職會考成績單（Matura/Reifepruefungszeugnis）為國家考試文憑，終身有效，用以免試申請大學或求職。關於申請大學部分系所之限制：以高級專科學校會考成績單申請大學之所以受到某些限制，乃因各系皆要求申請者須在高中高職階段有相關基礎科目的成績，例如拉丁文成績為相當多人文社會學系所的申請條件。如果高中職畢業生無大學要求的成績單，依然可以申請就讀，但必須在限定的時間內補修這些科目，並且通過大學鑑定考試後才得以繼續學業，從某個程度上來說等於是入學考試。也就是說，所謂的系所限制並不是絕對的或法律上的，而是實務上的。文理高中（統稱AHS，意為通識教育學校）的學生由於受的是非常廣泛的通識教育，故通常較不會面對到大學申請障礙，但畢業生中也有部分沒有修拉丁文或幾何學等科目，故申請許多系所時一樣要補修。

表8-1　德國高等教育學位列表

學歷或學位	ISCED 分類	修業期間(年)	授予之高等教育機構	入學資格	畢業條件	學習模式	是否得申請更高層級學習	備註
Doktor	6	3-5	Universitäten/ Technische Universitäten, Theologische Hochschulen, Pädagogische Hochschulen,	取得國家考試資格/ Master/ Magister學位	提交博士論文，並且要通過主科和相關副科的口試	指導研究	否	相當我國博士學位
Staatsprüfung (Universitäten/ Technische Universitäten)	5A	6	Universitäten/ Technische Universitäten	通過畢業會考 (Abitur) 取得大學入學資格 (Hochschulreife)	通過邦政府考試	教學為主	可申請Doctor	相當我國碩士學位
Diplom/ Magister	5A	5	Universitäten/ Technische Universitäten	通過畢業會考 (Abitur) 取得大學入學資格 (Hochschulreife)	提交學位論文與文憑考試	教學為主	可申請Doctor	相當我國碩士學位
Diplom/ Magister/Lizentiat/Fakultäts-Prüfung/ Kirchliche Prüfung (Theologische Hochschulen)	5A	5	Theologische Hochschulen	通過畢業會考 (Abitur) 取得大學入學資格 (Hochschulreife)	提交學位論文與文憑考試	教學為主	可申請Doctor	相當我國碩士學位
Staatsprüfung/ Diplom (Pädagogische Hochschulen)	5A	5	Pädagogische Hochschulen	通過畢業會考 (Abitur) 取得大學入學資格 (Hochschulreife)	通過邦政府考試	教學為主	可申請Doctor	相當我國碩士學位
Künstlerische Abschlussprüfung (Kunsthochschulen/ Musikhochschulen)	5A	5	Kunsthochschulen/ Musikhochschulen	通過畢業會考 (Abitur) 取得大學入學資格 (Hochschulreife)	提交學位論文與文憑考試	教學為主	可申請Doctor	相當我國碩士學位
Bachelor (Universität)	5A	4	Universität	取得大學入學資格 (Hochschulreife)	學習六個學期期後，即可獲得英美模式的學士學位	教學為主	可繼續Master學位	相當我國學士學位
Bachelor (Fachhochschulen)	5A	4	Fachhochschulen	取得專業大專院校入學資格 (Fachhochschulreife)	學習六個學期期後，即可獲得英美模式的學士學位	教學為主	否	相當我國專科畢業
Master (Universität)	5A	4	Universität	取得Bachelor文憑	取得Bachelor文憑，再學習四個學期期，爭取獲得英美模式的碩士學位，或者以德國傳統的碩士考試或文憑考試試畢業	教學為主	可申請Doctor	相當我國碩士學位

學歷或學位	ISCED分類	修業期間(年)	授予之高等教育機構	入學資格	畢業條件	學習模式	是否得申請更高層級學習	備註
Master (Fachhochschulen)	5A	1	Fachhochschulen	取得Bachelor文憑	取得Bachelor文憑，再學習四個學期，爭取獲得英美模式的碩士學位，或者以德國傳統的碩士考試或文憑考試畢業	教學為主	否	相當我國碩士學位
Künstlerische Abschlussprüfung (Kunsthochschulen/ Musikhochschulen)	5A	5	Kunsthochschulen/ Musikhochschulen	通過畢業會考 (Abitur) 取得大學入學資格 (Hochschulreife)	提交學位論文與文憑考試	教學為主	可申請Doctor	相當我國碩士學位
Staatliche Laufbahnprüfung/ Diplom FH (Fachhochschulen/ Verwaltungsfachhochschulen)	5A	5	Fachhochschulen/ Verwaltungsfachhochschulen	取得專業大專院校入學資格 (Fachhochschulreife)	通過邦教育部考試	教學為主	否	相當我國專科畢業
Diplom BA (Berufsakademien)	5B	3	Berufsakademien	由Hauptschule畢業	取得職業證照後進入就業市場	職業養成教育團體系內接受三年半至不等之學徒訓練	否	相當我國職業學校畢業
Fachhochschulabschluss (Fachschulen/ Fachakademien, z. B. Techniker/ Gestaller/ Betriebswirt/ Erzieher/…)	5B	3	Fachschulen/ Fachakademien, z. B. Techniker/ Gestaller/ Betriebswirt/ Erzieher/…	由Hauptschule畢業	取得職業證照後進入就業市場	職業養成教育團體系內接受三年半至不等之學徒訓練	否	相當我國職業學校畢業

　　2002年奧地利於高等教育改革中，引進學士學位（Bakkalaureus）[3]，將大學學程改爲三階段。基本上來說，是將傳統學制的第一階段再分爲兩個階段，在完成第二階段後頒發學士學位。至目前爲止，並非所有的系所皆引進學士－碩士課程（Bakkalaureatstudium - Magisterstudium），部分系所仍然以傳統Diplomstudium 授業規定授課。目前各大學中新舊制並存，情況頗爲混亂。但是學習內容基本上沒有改變，因此，無論是新制或舊制，只要完成學業取得碩士學位，一切都沒有改變。

　　奧地利大學爲專業學術教育，不再有通識課程。所有通識教育皆在高中以下以一貫學程完成。奧地利學制極具彈性。在圖8-1中可看出教育的大軌道，各軌道之間並非是隔離的。只要符合相關學歷要求，學生可以隨時轉換跑道。

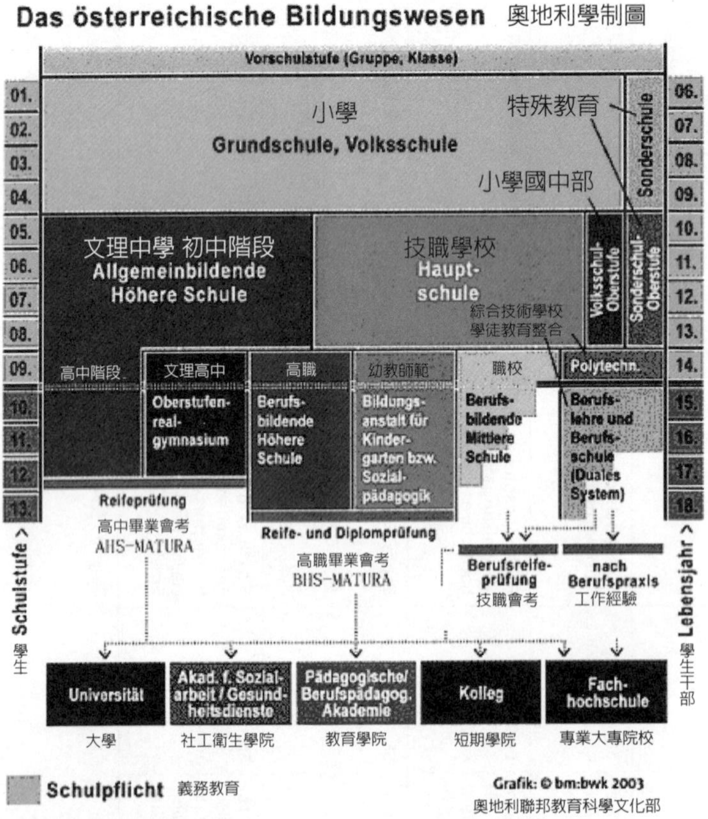

Das österreichische Bildungswesen 奧地利學制圖

圖8-1　奧地利高等教育學制圖

3　由於學士只相當於傳統學制下的第一階段結業，而以往第一階段結業並不算是完成高等教育，加上奧地利工商業界長久以來已經習慣任用碩士畢業生，故新制的學士學位目前在就業市場上接納度不佳。一般學生也以完成碩士學程爲主要目標。

二、奧地利高等教育學位區分之分析

(一) 高等教育學位證書之分類

　　奧地利於最新大學法實施前，傳統大學學制無學士學位，稱爲Diplomstudium，除醫學院學程爲三階段外，其餘學程分爲二大階段（Abschnitt）。修滿學分通過各個階段畢業考試（Diplompruefung）及論文（Diplomarbeit）答辯後授予碩士學位（Magister；工科爲Diplom-Ingenieur）。修得碩士學位後得進入博士班（Doktoratstudium），撰寫博士論文（Dissertation）通過答辯後依學術分類授與不同的博士學位（Doktor）。

　　奧地利大部分的學位爲德文名稱配合拉丁文簡寫，美制碩士僅使用英文名稱。奧地利學制嚴謹，原則上碩士必須與所要攻讀的博士爲同一類別。關於醫學及牙醫系要特別說明，該系學程共有三大階段，畢業後授予的「醫學及牙醫博士」（Dr.med.univ.及Dr.med.dent.）實際上是屬於碩士學位（Diplomgrad），眞正的醫學博士是Dr.scient.med。

　　1980年代前後奧地利高等教育經歷過多次改革，在這之前大學或高等學院的畢業文憑與今日極不相同。例如：各藝術院校畢業文憑稱爲Diplom，商學院的文憑爲Diplom-Kaufmann，相當於今日的藝術碩士（Mag.art.）及社會經濟學碩士（Mag.rer.soc.oec.）。工學碩士至今仍然使用 Diplom-Ingenieur（Dipl.-Ing. 或 DI.）的傳統名稱。維也納市立音樂學院改制而來的私立維也納音樂學院（即將改制爲私立大學）公認爲一所具世界水準的學校，幾可與音樂大學相提並論，以其畢業文憑在補修少數課程之後得取得碩士學歷，便可進入博士班就讀。依奧地利聯邦法規和邦法律定位，該類音樂學院位階屬於次於大學一級的藝術學院，所授畢業文憑雖具法律效力，也稱爲Diplom，但比照國內學歷最多應僅爲大學畢業。

(二) 高等教育機構、學制及修業方式

　　相對於私立院校，國立大學的文憑在奧地利極受重視。私立大學在奧地利的發展尚在起始階段。目前絕大多數學生就讀於國立大學。各私立大學所頒發之英美制學位主要是於國際上使用，除了MBA在業界領導階層受到重視之外，其他學位在奧國國內的接納度較低。在研究及教學上，大多數私立大學也暫時無法與國立大學相提並論，未來發展尚有待觀察。

　　奧地利之「專業大專院校學程」直到1990年代初期，奧地利的高等教育主幹爲傳統的公立大學及藝術學院（1998年起各藝術學院改制爲大學），直至十年前，始開放其它型式的高等教育機構設立：包括1994/1995學年引進的「專業大專院校學程（Fachhochschul-Studiengaenge）」，以及1999年起開放私立大學立案。「專業大專院校學程」的法律依據爲1993年制定的「專業大專院校修業法」（Fachhochschul-Studiengesetz-FHStG），該法規範專業大專院校學程開設及認可程序，冠用「專業大專

院校」名稱之條件，以及有關專業大專院校學程之宗旨、主持機構（Erhalter）、入學條件、學位、監督管理等事項。

1. 「專業大專院校學程」及「專業大專院校」

　　即使在奧地利，一般人對於「專業大專院校學程」（Fachhochschul-Studiengaenge）與「專業大專院校」（Fachhochschule）的區別也不甚了解。事實上，許多開設「專業大專院校學程」的機構並未冠用「專業大專院校」之名稱。原則上，「專業大專院校學程」可由聯邦或其它公、私法人配合國內就業市場的需求，經聯邦教育科學文化部認可後開設。提供高等專業大專院校學程的主持機構，如符合特定法律要件－包括至少提供兩種專業大專院校學程，且可預期未來五年內至少提供1000個教育機會及特定組織架構等－則可向聯邦教科文部申請授與「專業大專院校」（Fachhochschule）之名稱。一般開設專業大專院校的機構，或為公法人（如聯邦、邦或自治行政區政府），或為私人公司。許多機構雖然符合高等專業大專院校的成立要件，卻未申請冠用「專業大專院校」之名稱。目前奧地利政府有20個專業大專院校學程主持機構，有稱「專業大專院校」者、有稱「協會」者、有稱「聯邦政府機關」者、有稱「地方政府」者、而最多的是稱「有限公司」（GmbH.）。專業大專院校授與之學位，由於奧地利傳統的學位制僅有「碩士」（Magister或Diplom-Ingenieur）與「博士」兩級，專業大專院校學程[4]創設之初，也一律為八個學期的碩士班，唯畢業者的學位名稱上附加「專業大專院校」（FH）文字，以別於大學畢業生。近年來大學引進學士學位（Bakkalaurea/Bakkalaureus），專業大專院校也跟進。學士學位的修業期間為三年，此一學位可在歐洲聯盟各會員國中獲得承認。完成學士學位者，如繼續在專業大專院校攻讀以學術理論為主的補充課程一至兩年，則可進一步取得專業大專院校碩士學位〔Mag.（FH）或Dipl.Ing.（FH）〕，其後並可進入一般大學攻讀博士學位。鑒於奧地利一般大學技術系所的修業年限較長，技術學程的專業大專院校碩士畢業生如進大學攻讀博士，則必須通過一項補充考試；唯該專業大專院校學程的修業年限如與大學某相關系所的修業年限相當者，則可不必經過此補充考試，直接入大學攻讀博士。

　　此外，自2002/2003學年起，專業大專院校將分學士學程與碩士學程，而大學各系所，則僅能從「續採舊制的碩士學程」或「改採新制的先學士學程後碩士學程」兩制中擇其一。

4　有關專業大專院校學程之入學條件，根據「專科學院修業法」第四條規定，專業大專院校學程的入學條件，原則上與一般大學入學條件相同，即必須具備高中畢業或法律承認的同等學歷。除此，如具備特定職業經歷，亦可獲得相關學程的入學資格。若特定學程之修業性質需要特定的職業經歷，則其招生也可限於相關的對象。此外，該法也容許專業大專院校學程於招生時或學習初期，舉行特定的專業考試，或要求相當的德文程度。設立專業大專院校學程之宗旨為：「專業大專院校修業法」第三條闡明專業大專院校學程之宗旨，在提供具有高等教育水準，實務取向，以及學術基礎的職業教育，在各專業領域中傳授符合學術發展程度以及實務要求之技能，並促進教育制度之流暢，以及畢業者在職業上的彈性發展。

2. 奧地利之「雙學位學程」

另「雙學位學程」乃是依照一所或多所奧地利大學與一所或多所被承認的外國高等教育學府之間所簽訂的協議所制定的正式大學學程。依照法律，雙學位學程為正式大學學程，因此必須為舊制碩士、新制學士、碩士及博士學程（參考2002年大學法第五十一條第二段第二行）。依照模組化的原則，現行各學程中的部分可以與合作的教學研究機構中相符合的學程部分相組合，成為一個完整的雙學位學程。雙學位學程也可以獨立於現行學程之外，與合作的教學機構完全重新制定。

以奧地利的角度來看，制定雙學位學程時必須在學程完成時授與在奧地利有效的學位。依據2002年大學法第八十七條規定，學位的授與可以以奧地利的大學與外國合作機構聯名頒發學位證明為之，先決條件是，在具備120 ECTS（歐洲學分轉換系統）學分數的完整學程中至少有30學分，而超過120 ECTS學分的學程中至少有60是在外國的合作機構中完成。如果符合上述標準，則不需要有效力承認的程序。在聯合頒發的學位證書中，除奧地利的學位外得另外標示合適的國際通用的學位名稱。

有關學位效力認證部分，如果在雙學位學程中學生獲頒授外國的學位，依照2002年大學法第九十條第一段不受理學位效力認證申請，因為學程結束時已經授與奧地利的學位，而在奧地利就業市場上原本就以奧地利學位為主，故外國學位的效力認證並沒有必要。

有關奧地利高等教育的學歷、學位，修業年限，入學資格，以及畢業條件等請參照下頁表8-2。

第三節　法國高等教育

一、法國高等教育背景

依據1998年索邦大學決議、1999年波隆尼亞決議、2001年布拉格決議及2003年柏林決議，牽涉四十國的歐盟教育區域統合工作將於2010年完成。法國高等教育體制為因應配合歐盟教育區域統合，並促進其高等教育之國際競爭力，在文憑名稱、修業年限及學分授與方面正採行改革措施。惟現行體制下，法國既有的高等教育文憑制度與改革中的歐盟高等教育文憑仍然並存。以下將分述簡介法國現行的高等教育各階段文憑，以及法國教育部因應歐盟教育區域統合，正進行中的高等教育文憑新規定。

法國政府為使法國高等教育能順利穩當地邁向歐盟高等教育整合空間，於2002年4月8日訂定了相關之協調法規（N° 2002-481, N° 2002-482, N° 2002-604），旨在使法國原有的高等教育制度（如各類國家文憑、修業年限、修業學分等規定）能清晰地與歐盟高等教育體系銜接，並便利大學生於本國或歐盟國家轉系或轉讀。法國所有負責高等教育之部會機構均將配合以上協調法規來實施。

表8-2 奧地利高等教育學位列表

學歷或學位	ISCED分類	修業期間(單位/年)	授予之高等教育機構	入學資格	畢業條件	學習模式	是否得申請更高層級學習	備註
Doktor (in)/ Ph.D.	6	2-4	universities	取得碩士學位	提交博士論文	指導研究	否	相當於我國博士學位
Doktor (in) med. Univ./ Doktor (in) med. dent. (Universitäten, Medicine)	5A	6	universities	取得高中畢業證書	視課程而定	教學為主	可申請Dr. scient. med. 或Ph.D.	相當於我國醫科學士學位
Magiste (tra) (Art and music studies)	5A	2	universities	取得學士學位	提交學位論文	教學為主	可申請Dr. …	相當於我國碩士學位
Magister (tra)/Diplom-Ingenieur(in) (Other Programmes)	5°	2	universities	取得學士學位	提交學位論文	教學為主	可申請Dr. …或Ph.D.	相當於我國碩士學位
Bakkalaureus (rea) (Art and music studies)	5A	4	universities	參加入學考試	視課程而定	教學為主	可申請Mag. art.	相當於我國學士學位
Bakkalaureus (rea) (Other Programmes)	5A	3	universities	取得高中畢業證書	視課程而定	教學為主	可申請Mag. …或Dipl.-Ing.	相當於我國學士學位
Magister (tra) (FH)/ Diplom-Ingenieur (in) (FH) (Fachhochschulen)	5A	2	universities of applied sciences	取得學士學位	提交學位論文	教學為主	可申請Dr. …或Ph.D.	相當於我國碩士學位
Bakkalaureus (rea) (Fach-hochschulen)	5A	3	universities of applied sciences	取得高中畢業證書	視課程而定	教學為主	可申請Dr. scient. med. 或Ph.D.	相當於我國學士學位
Diplompädagoge (in) (Lehrer (innen) bildende Akademien)	5B	3	teacher training colleges	取得高中畢業證書	視課程而定	教學為主	否	相當於我國學士學位
Diplom (Medizinisch-technische Akademien/ Hebammenakademien)	5B	3	technical medical colleges	取得高中畢業證書	視課程而定	教學為主	否	相當於我國學士學位

法國政府為配合歐盟等教育體系整合，採行了下列重要之措施：

1. 訂定與歐盟高等教育相互銜接之三級學位（grades）：學士（la licence）、碩士（le master）、博士（le doctorat）等學位資格，簡稱LMD。

2. 採行歐洲學分轉移系統（systeme europeen de credits - ECTS - European Credit Transfer System）：學士學位須修得180學分，碩士學位（master）須修得300學分。

3. 新設master學位，原DEA文憑成為研究碩士學位（master de recherche）；原DESS文憑成為專業碩士（master professionnel）。

法國高等教育重心因此將轉變為三個主要學位：Licence（學士, Bac+3）, Master（碩士, Bac+5）, Doctorat（博士, Bac+8）；同時為便利大學生於本國或歐盟國家轉系或轉讀，教育部將規劃推動大學課程學分模組化，規定取得各學位文憑每學年為60學分，即學士需要180學分、Master需要300學分、博士需要480學分。介於三個學位間之學歷則仍依據國家文憑核發之規定，比照修業年限及學分而核發國家文憑，惟為配合新制，大學亦須重新規劃學士、碩士課程。目前（自2002-2003學年起）法國大學已開始採行此一新歐盟體制，規劃2006年所有大學均實施此一制度。

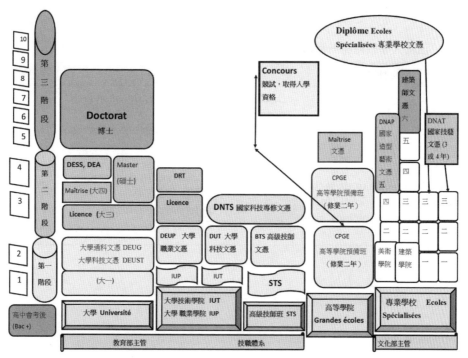

圖8-2　法國高等教育學制圖

二、法國高等教育學位區分之分析

(一) 高等教育學位證書之分類

法國大學教育分為三個階段（cycle）

1. 大學第一階段（1ème Cycle）

第一階段為期兩年（即大學一、二年級）：可獲得大學通科文憑（diplôme d'études universitaires générales, DEUG）或大學科技文憑（diplôme d'études universitaires scientifiques et techniques, DEUST）。如為醫、藥或牙醫科系，則第一階段著重於基礎知識教育，並在升入第二年時，學校以高標準大量淘汰篩選學生。某些大學附設大學技術學院（instituts universitaires de technologie），完成兩年學業可獲頒大學科技文憑（diplôme universitaire de technologie, DUT），課程較偏重工程實務。

2. 大學第二階段（2eme Cycle）

大學第二階段修業期限為二年，第一年（即大學第三年）學業成績及格，可得Licence（學士學位），第二年（大學第四年）學業成績及格可得Maitrise文憑（歐美碩士學位Master第一年）。法國教育部為與歐美學制接軌並因應歐盟教育區域統合，於1999年起將大學修業五年之DEA（高等研究文憑），DESS（高等專業研究文憑）及工程師文憑等視同歐美之碩士Master學位，茲分述如下：

表8-3　法國大學教育第一階段

學校性質	文憑名稱	學歷程度
一般綜合大學（université）	−DEUG（Diplôme d'études universitaires générales）大學通科文憑 −DEUST（Diplôme d'études universitaires scientifiques et techniques）大學科技文憑	Bac + 2
大學技術學院（Institut universitaire de technologie, IUT）與高級技師班（section de techniciens supérieurs, STS）	−DUT（Diplôme universitaire de technologie）二年制技術學院技職文憑 −BTS（Brevet de technicien supérieur）二年制高級技師文憑	

表8-4　法國大學教育第二階段

學校性質	學位、文憑名稱	學歷程度
一般綜合大學（université）	Licence（學士學位）	Bac＋3
	Maîtrise（法國碩士文憑或歐美Master碩士學位第一年）	Bac＋4
大學技術學院（IUT）、高級技師班（STS）或技術學院（Polytechnique）	DNTS（Diplôme national de technologie spécialisée）（國家科技專修文憑）	Bac＋3
專業學校（Ecoles Spécialisées）、藝術學院（Ecoles d' Art）等	DNAT（Diplôme national d'arts et techniques）（國家技藝文憑）、DNAP Diplôme national d'arts plastiques（國家造型藝術文憑）	Bac＋3

(1) Licence（學士）

Licence課程視學習類科分為兩種。偏重以學術研究為基礎者稱為Licence fondamentale，如文學、藝術、經濟、司法、社會等，多以學術理論為主，較不注重實用專業技術培訓。偏重以專業訓練者稱為Licence professionnelle，如應用外語、行政管理、電機工程、電腦工程等，多以學習應用技術為主，較少學術理論。Licence修業期限為一年，修課時間約500小時，畢業成績以平時小考、期末考及口頭報告等方式定之，不需寫論文，其程度相當於Bac+3，課程三分之二為必修，三分之一為選修。

(2) Maîtrise（法國碩士文憑或歐美Master碩士學位第一年）

修業期限為一年，修課時間約500小時，分基本理論訓練及專業訓練兩種，半數學分來自上課（必修課程及自選專修課程，學力測驗以平時小考、期末考決定），半數學分須寫論文，在學年末了時提送學校學術評議團審核（Jury），進行論文答辯（soutenance）。

(3) DNTS（Diplôme national de technologie spécialisée 國家科技專修文憑）

技職教育體系，係為二專文憑（DUT, BTS）或同等學歷者所設之進修文憑，修業一年（包括理論與實習），頒發DNTS（國家科技專修文憑），程度屬Bac+3，與Licence同階。

(4) DNAT（Diplôme national d'arts et techniques 國家技藝文憑）

由法國文化部頒發政府認可之正式文憑。專業學校如美術學院等，自高中會考及格後修業年限三年（Bac+3），結業後獲DNAT（國家技藝文憑）或DNAP（Diplome national d'arts plastiques 國家造型藝術文憑），具有或等同Licence程度。

表8-5　法國大學教育第三階段

學校性質	文憑名稱	學歷程度
一般綜合大學 （université）	DEA（Diplôme d'études approfondies）高等深入研究文憑	Bac + 5
	DESS（Diplôme d'études supérieures spécialisées）高等專業研究文憑	Bac + 5
	Doctorat 博士學位	Bac + 8

3. 大學第三階段（3ème Cycle）

　　法國大學第三階段教育之入學資格為：須完成大學學士（Licence）及法國碩士（Maitrise）課程，持Maîtrise文憑向大學提出申請，符合各項入學條件後始得註冊入學。一般而論，第三階段即是博士研究階段，分為DEA及Doctorat兩個階段完成，茲分述如下：

1. DEA（Diplôme d'etudes approfondies高等深入研究文憑）

　　DEA為「高等深入研究文憑」，凡擬攻讀博士學位者必須先讀DEA課程，故又稱「博士預備班」或「博士先修班」，就讀期限為一年，經指導教授同意可修業二年。結業時提出論文（mémoire），頁數由學生依據論文題目及大綱內容與指導教授事先商議決定，並經過學校學術評議團（Jury）審核、論文答辯（soutenance）通過後始獲頒DEA證書。

　　DEA係攻讀博士學位之先決且必備資格。DEA注重研究理論及研究方法，結業成績做為學生是否有能力正式進入博士班繼續研究之依據，學業要求嚴格，有的學校甚至有不准重修DEA的規定。DEA研究理論及論文題目可以延伸至博士班，也可與日後的博士論文研究無關。在法國一般將DEA視為博士研究階段的第一年，其修業期限僅一年，須撰寫論文，及經過論文評審口試答辯、成績及格才能獲頒證書，表示學生有繼續攻讀博士學位的能力與條件。但若只修讀DEA而不繼續攻讀博士學位，那麼僅持有DEA證書並不意謂是博士研究生，而只代表具備攻讀博士班的資格；惟有在博士班註冊入學、學生證上註明是Doctorant（e）者，才算是博士班研究生。

　　1999年起，法國教育部為與歐美國家及歐盟教育制度接軌，將法國的DEA及DESS等同其他歐美國家的碩士學位（Master degree），而非博士班程度。

2. DESS（Diplôme d'études supérieures spécialisées專業高等研究文憑）

　　DESS與DEA同屬法國高等教育第三階段，兩者不同之處在於DEA係博士班準備課程，注重理論研究與研究方法。一般認為，凡攻讀DEA者，係已規劃日後要唸博士學位，準備從事學術研究工作。DESS則屬專業教育科系，以日後在專業領域就業為重點，故DESS之後不能繼續攻讀博士班，除非重新從DEA開始。DESS課程包括土木建築、裝置藝術、視聽影藝、音樂、銀行財務、國際商法、公私法、農業經濟等等。

3. Doctorat（博士學位）

博士班是法國高等教育第三階段的第二部分，修業期限三至四年。在法國，通常計畫攻讀博士學位的學生在DEA階段應修完相關課程（如定時上課、撰寫報告、參加研討會與指導教授定期討論等等），進入正式博士班階段後，學校並無必修或應修課程的規定，重點是學生本人蒐集資料、準備論文內容、專心撰寫論文。當然，在這三至四年之間，學生可自行選課充實自己，重要的是學生應自行掌握時間與工作進度，有義務定期告知其指導教授，研究範疇與論文進度，接受指導教授對論文的指導改正或建議。指導教授也有義務安排學生參加討論會，發表演講，以及在專業學術會議中報告其研究狀況。指導教授應告知學生可以利用之研究資源與資訊，如研究設備、工具、電腦資料、檔案資料、甚至於未來就業機會及出路等，指導教授並有義務督導並協助學生如期完成論文。

(二) 高等教育機構、學制及修業方式

進入法國一般大學係以高中會考及格資格（baccalauréat）申請，如果不具該資格，亦可以通過大學特殊入學考試（examen spécial d'accès aux études universitaires, ESEU）。此項考試又分為文科（ESEU-A）與理科（ESEU-B）兩類。至於持有法務證書（capacité en droit）者則不必具會考資格。高等學院（grandes écoles）系統之大學校則必須以優秀之學業成績申請或通過激烈的入學考試，或者在附設有高等學院預備班（CPGE）的高中內就讀二至三年準備。法國大學教育分為三個階段（cycle）。

第一階段為期兩年（即大學一、二年級）：可獲得大學通科文憑（diplôme d'études universitaires générales, DEUG）或大學科技文憑（diplôme d'études universitaires scientifiques et techniques , DEUST）。如為醫、藥或牙醫科系，則第一階段著重於基礎知識教育，並在升入第二年時，學校以高標準大量淘汰篩選學生。某些大學附設大學技術學院（instituts universitaires de technologie），完成兩年學業可獲頒大學科技文憑（diplôme universitaire de technologie, DUT），課程較偏重工程實務。第二階段著重在提供專業訓練，第一年結業頒發學士（licence），第二年結業頒發碩士（maîtrise）。第三階段則是高級的專修與研究訓練，其文憑包括有深入研究文憑（diplôme d'études approfondies, DEA）與高等專修研究文憑（diplôme d'études supérieures spécialisées, DESS）以及博士（doctorat）。DEA可稱為博士預備班，一般修業年限為一至二年，選讀者應係有志成為大學教授或從事學術專業研究之學生。

高等教育修業方式

法國現行的高等教育體制系依照一種歐洲公認的共同結構（即學士－碩士－博士[LMD]三級學位架構）進行組織。這一結構以獲得高中會考證書（Bac）後的有效學習年限作為參照，來表述高等教育的學歷等級，亦即：

Bac＋3年＝學士學位（Licence）（180個歐洲學分）

Bac＋5年＝碩士學位（Master）（300個歐洲學分）

Bac＋8年＝博士學位（Doctorat）

　　依照法國的教育體制，中等教育最終由一項高中會考證書（或稱「學士文
憑」-Baccalauréat，簡稱「Bac」）予以認可；而該高中會考證書是法國高等教育的准入
文憑，其作用相當於中國的高考錄取通知。在法國，學生一旦通過「Bac」，即意味有
資格進入高等教育階段的學業。因此，「高中會考證書」（Bac）既是中等教育階段的
終結，又是高等教育的起點，在法國具有特殊重要的地位。[5]（表8-3）

表8-6　法國高等教育各學位文憑

中學畢業＋高中會考證書（Bac）＝大學通識文憑	
（原第1階段） +2	普通大學學業文憑 （DEUG – Diplôme d'études Universitaires Générales） 技術學大學文憑 （DUT – Diplôme Universitaire de Technologie） 高級技師證書 （BTS – Brevet de Technicien Supérieur） 科學與技術大學學業文憑 （DEUST – Diplôme d'études Universitaires Scientifiques et Techniques）
（原第2階段） +3（180個歐洲學分）	學士文憑 （Licence） 職業學士文憑 （Licence Professionnelle）
學士學位 Licence	
+4	法國制碩士文憑 （Maîtrise）
（原第3階段） +5（300個歐洲學分）	高等深入研究文憑 （DEA – Diplôme d'études Approfondies） 高等專業學習文憑 （DESS – Diplôme d'études Supérieures Spéciallisées） 工程師文憑 （Diplôme d'ingénieur） 商學及管理學院文憑

5　http://www.bjerwai.com/modules/liuxue/fr/ReadNews.asp?NewsID=272.

碩士學位 Master	
+6	牙醫外科博士國家文憑 （Dipôme d'état de docteur en Chirurgie dentaire） 藥學博士國家文憑 （Diplôme d'état de docteur en Pharmacie）
+8	博士文憑 （Doctorat）
博士學位 Doctorat	
+9	醫學博士國家文憑 （Diplôme d'état de docteur en Médecine）

有關法國高等教育的學歷、學位，修業年限，入學資格，以及畢業條件等請參照頁表8-7。

第四節　荷蘭高等教育

一、荷蘭高等教育背景

荷蘭傳統的大學教育，多以教學與研究活動為主要事務。就這些事務而言，高等教育與研究條例（Higher Education and Research Act）的制定與推行，已經將大學功能提升到更多層面，例如知識轉型對社會的利益、對於初級教育課程（此指所謂的first degree）的支持、與對研究人員、與專業工程師的訓練等。總體而言，大學教育所涵蓋的範圍，可分為學術研究與為某些特定職業所提供的專業訓練等。

自從2002年開始，在高等教育架構中，最主要的變動為學士與碩士學位系統的改變（波隆尼亞宣言），此變動希望帶給學生更多與國際交流的機會，也使得修業課程及學歷更易相互比較及認可，以達到一定水平。

二、荷蘭高等教育學位區分之分析

(一) 高等教育學位證書之分類

荷蘭的高等教育機構可分為三種主要類型。一般大學提供以研究為導向的教育，而在荷蘭通稱為hogescholen 的專業教育大學則提供高等專業教育。第三種則是國際教育學院。這三種教育機構都提供不同程度、以英語教學的國際性課程。

1. 學士學位（bachelor）：大多數學士學位課程計畫的修業年限為四年。

表8-7　法國高等教育學位列表

學歷或學位	ISCED分類	修業期間(年)	授予之高等教育機構	入學資格	畢業條件	學習模式	是否得申請更高層級學習	備註
DE (Midwifery & Vet)	5A	Midwifery: 5 Vet: 6	University + school University or "école préparatoire" + Vet school	取得Baccalauréat學位後，皆須通過競爭激烈之入學考試	Vet：需提交學位論文、論文發表 Midwifery：需通過考試以取得學位	Midwifery: 理論與實務教學、至醫院進行實習 Vet: 理論與實務教學	取得Vet後可申請研究鑽及博士班課程 (research and doctoral studies)	相當於我國碩士學位
DE (Paramedical)	5B	4	School or university	取得Baccalauréat學位，並視情況而定需參加考試		實習	可申請5B級相關領域課程	相當我國學士學位
DF2CEM (medical studies general program)	5A	6	University	取得Baccalauréat學位以及參加考試		理論與實務，需於醫院實習	可	相當我國碩士學位
DE de docteur en médecine	5A	general medicine:9 specialized studies:11	University	取得Baccalauréat學位以及參加考試	一般醫學課程須提交學位論文	理論與實務並行		相當我國碩士學位
DE de docteur en chirugie dentaire	5A	6	University	取得Baccalauréat學位以及參加考試	需提交學位論文	理論與實務並行	可申請AEA (attestation d'études approfondies) 或牙醫特殊學門CES (「certificate d'études spécialisées」)	相當我國碩士學位
DE de docteur en chirugie dentaire + AEA	5A	9	University	參加競爭激烈之入學考試	需提交學位論文	理論與實務並行	可	相當我國碩士學位
Architecte DPLG	5 A	6	20 schools of architecture, INSA of Strasbourg and ESA (a private school)	參加競爭激烈之入學考試	需提報告	理論與實務並行	可	相當我國碩士學位

學歷或學位	ISCED 分類	修業期間(年)	授予之高等教育機構	入學資格	畢業條件	學習模式	是否得申請更高層級學習	備註
CEAA	5A	Postgraduate studies:1	Specialized architecture school		特別專攻DPLG學位課程			相當我國碩士學位
Diplöma The name of the diploma depends on the school	5A	5	Higher education School (Grande école)	視學校要求而須取得Baccalauréat學位	視學校而定，或許需取得於課程結束後提交論文	理論與實務並行，通常須學生參與實習，實習時間之長短則視課程而定	可申請博士學位	相當我國碩士學位
Maîtrise	5 A	4	Universities	需取得Licence學位或其他高等教育文憑	需提交論文並通過考試	理論為主	可申請DEA, DESS, 或Master 2	相當我國碩士學位
DEA	6	5	Universities	需取得碩士文憑	提交博士論文	理論與方法論課程	否	相當我國博士學位
DESS	5 A	5	Universities	需取得高等教育文憑	提報告	理論與實務課程	否	相當我國碩士學位
DEUG	5 A	2	Universities	取得Baccalauréat文憑	通過考試	理論為主	可申請Licenc	相當我國碩士學位
License	5 A	3	Universities	取得DEUG相關如DUT, BTS等文憑	通過考試	理論為主	可申請DEA, DESS	相當我國碩士學位
Maîtrise / master professional/M1	5 A	4	Universities	需取得Licence或其他高等教育文憑	提交論文與通過考試	理論為主	可申請DEA, DESS,或Master 2	相當我國碩士學位
Maîtrise / master professional/M2	5 A	5	Universities	需取得高等教育文憑(licence, ingineer diplomas)等	報告	理論與實務課程	否	相當我國碩士學位
Master recherche/M2	6	5	Universities	取得M 1或maîtrise	提交博士論文	理論課程	論文寫作與研究	相當我國博士學位

學歷或學位	ISCED分類	修業期間（年）	授予之高等教育機構	入學資格	畢業條件	學習模式	是否得申請更高層級學習	備註
DUT/BTS	5B	2	IUT (University Institute of technology) for DUT Lycée (High school) for BTS	取得Baccalauréat	通過考試	課程、實際小組工作、課堂測驗	可申請大學課程，如工程或經濟	相當我國學士學位
DEUST	5B	2	University	取得Baccalauréat.		課程、實際小組工作、課堂測驗	可申請大學課程，如工程或經濟	相當我國學士學位
Licence Professionnelle /DNTS	5B	3	University or IUT (University Institute of technology)	取得BTS, DUT或DEUST	DNTS：於8個月之工作期間，學生必須參與相關計畫之執行，並由輔導老師管理	課程結束後需參與實習，DNTS學生需參與三明治課程：有4個月需在高中或大學機構實習，8個月需在公司實習	可申請更高級之專業課程	相當我國學士學位

2. 碩士學位（master/meester）：碩士學位課程計畫的修業年限從10個月到18個月不等。

3. 博士學位（doctorandus）：進入博士學位計畫就讀，申請人必須具備碩士學位且表現優異，其中包括研究訓練。申請人將經過個別審核。

荷蘭的大學通常在九月開學，一直到隔年的六月中旬。少數大學在春季開學，因此整個學年是從二月到十二月。荷蘭是個多語言的國家，國際性科目是全程以英語教學，這對留學生來說十分方便，學校的所有活動也都是以英語進行。由於荷蘭人都能夠使用英語，因此在荷蘭的生活就好比在其他英語系國家一樣。

(二) 高等教育機構、學制及修業方式

荷蘭的高等教育[6] 主要由所謂的高等專業教育（HBO）以及大學教育（WO）所組成。此類型的教育由高等專業教育大學（HBO,「hogescholen」）機構及各大學個別提供。

高等專業教育（Hoger Beroepsonderwijs, HBO），提供學生的是結合理論與實際操作的專業訓練；其課程也為某些需要進一步專業訓練的就業者而設。高等專業教育為所謂的高等專業教育機構（「hogescholen」, Institutions of Higher Professional Education）所提供，學生需年滿十七歲以上；總體而言，HBO的課程涵蓋廣泛，學生可就其興趣，選擇不同的領域就讀。[7]

在學士－碩士系統的管轄下，現存第一階段的課程（168個學分），被認為是取得學士學位的課程。HBO機構，也提供碩士學位的課程；這些課程，必須經由國家政府機關（National Accreditation Institute）所認可。在HBO機構完成第一階段學士課程的學生，將可選擇於HBO機構或是其他大學所提供的碩士課程中，繼續深造。HBO機構及大學，將會設有自身的錄取要求標準。

政府提供補助的高等專業教育，涵蓋了七個不同的領域：教育、經濟、社會與行為、語言與文化、工程與科技、農業與自然環境、健康管理。多數的HBO機構，提供與上述領域有關的課程。這些課程有全日制、或非全日制的分別，並有二元化的訓練系統，為結合學習與工作經驗而設。

第一階段有關學士學位的課程，約花費四年可修習完成。在此高等專業教育的諸項課程中，最重要的便是所謂的實習制度（internship/ work placement）。此實習制度多是指在相關領域的工作單位中，所獲取的實際工作經驗而言。在此體制管轄下的課程第四年，多以個人研究計畫、或是論文寫作為主要內容；通常也涉及解決在專業場所中所面對真實問題。因此，HBO機構通常與雇用他們的畢業生的工商業界有著良好的關係；

6　就2001年的統計情況而言，荷蘭高等教育，共有五十六所由政府經費補助的高等專業教育大學以及十三所大學；此外，荷蘭還有一所空中大學（Open University），提供遠距離教學的服務。

7　http://www.nl-menu.nl/nlmenu.nl/fset/zoekenplus.html?http://www.nl-menu.nl/nlmenu.nl/sections/224/281/46.html.

而這也是HBO機構，向來能夠調整課程以有效地反映勞動市場力需求。所謂的進階課程訓練，大部分上述的課程領域皆有提供；此些課程的上課期，由兩個禮拜到兩年不等。有些課程在修畢之後，領到的是大學後研究的證書（postgraduate diploma）；而有些則獲得碩士學位（master's degree）；後者（指碩士學位而言）通常與英國大學有合作的關係，2000年開始由國立認可審議會（National Accreditation Council）執行。[8]

　　有關荷蘭高等教育的學歷、學位，修業年限，入學資格，以及畢業條件等請參照表8-8。

第五節　比利時高等教育

一、比利時高等教育背景

　　比利時是一個聯邦制的政體，共分為三個語言文化體（荷語、法語及德語文化體）。這三個文化體在某些重要的議題上享有自主權。其中，教育是最主要的議題。因此，這三個文化體的教育系統可能不盡相同。比利時的教育在所有層級的學校中（包含大學）使用荷蘭語（在荷語文化體）或法語（在法語文化體）。然而，在學士後課程的階段提供許多英語課程可供選擇。有關學歷認可部分，為落實波隆尼亞宣言，最新訂定的荷語區高等教育法令將會加入學歷認可（accreditation）的概念。學歷認可是透過一個獨立機構審議，針對某一課程所做的正式認可。此一獨立機構查驗該課程品質是否達到預先訂定的最低要求。這個品質標記將會保證此項認可通過的課程在學識、智能、技能以及資格方面皆能與國際間認可的學士和碩士學位銜接。荷語區學歷認可制度的籌畫將與荷蘭密切合作。

二、比利時高等教育學位區分之分析

(一) 高等教育學位證書之分類
高等教育按修業年限提供不同之學位證書
1. 長期式高等教育（Type Long/ Lange Type）：修業年限為至少四年，畢業時可獲得Licencie en Sciences Commerciales/ Licentiaat in de Handelswetenschappen、Licencie Traducteur/ Licentiaat Vertaler、Ingenieur Industriel/ Industrieel Ingenieur等等文憑；大學教育為長期式教育。

8　Eurydice (http://www.eurydice.org/accueil_menu/en/frameset_menu.html), Ministry of Education, Culture and Science of the Netherlands, (http://www.minocw.nl/english/index.html).

表8-8　荷蘭高等教育學位列表

學歷或學位	ISCED分類	修業期間(年)	授予之高等教育機構	入學資格	畢業條件	學習模式	是否得申請更高層級學習	備註
Universiteit: Doctor (PhD)	6	4	University	取得Master's degree	提交博士論文	指導研究	否	相當我國博士學位
Universiteit: Arts (medical doctor)	5A	6 (3+3)	University	取得VWO文憑	修畢360 ECTS學分，包含兩年的實習	教學為主	可申請博士課程以及醫科特殊課程	相當我國碩士學位
Universiteit: Apotheker (pharmacist)	5A	6 (3+3)	University	取得VWO文憑	修畢360 ECTS學分，包含六個月的實習	教學為主	可申請博士課程	相當我國碩士學位
Universiteit: Dierenarts (veterinary surgeon)	5A	6	University	取得VWO文憑	修畢360 ECTS學分，包含兩年的實習	教學為主	可申請博士課程	相當我國碩士學位
Universiteit: Tandarts (dentist)	5A	5 (3+2)	University	取得VWO文憑	修畢300 ECTS學分，包含實習	教學為主	可申請博士課程以及牙科特殊課程	相當我國碩士學位
Universitaire lerarenopleiding (teacher training)	5A	2-3	University	取得相關領域之學士學位	修畢120 ECTS學分，包含提交碩士論文以及教師實習	教學為主	可申請博士課程	相當我國碩士學位
Universiteit:Master of Science, Master of Arts (with Dutch titles: ingenieur (ir.), doctorandus (drs.) or meester (mr.))	5A	1-2	University	取得相關領域之學士學位	修畢60-120 ECTS學分，包含提交碩士論文	教學為主	可申請博士課程	相當我國碩士學位
Universiteit: Bachelor of Science or Bachelor of Arts	5A	3	University	取得VWO文憑	修畢180 ECTS學分	教學為主	可申請碩士課程	相當我國學士學位
Hogeschool: Bachelor (with Dutch titles: ingenieur (ing.) or baccalaureus (bc.))	5B	4	Hogeschool	取得HAVO，VWO，或是MBO文憑	修畢240ECTS學分，包含學士論文和六個月之實習	教學為主	可申請Voortgezette opleidingen和Master課程	相當我國學士學位
Hogeschool: Voortgezette opleidingen (post-graduate programmes)	5B	視課程而定	Hogeschool	取得學士學位並可能被要求須具備工作經驗	視課程而定	教學為主	否	
Hogeschool: Master	5B	1-2	Hogeschool	取得學士學位並可能被要求須具備工作經驗	修畢60-120 ECTS學分	教學為主	可申請博士課程	相當我國碩士學位

2. 短期式高等教育（Type Court/ Korte Type）：修業年限爲至少三年，畢業可獲Gradue/ Graduaat、Assistatnt/ Assistent、Instituteur/ Onderwijzer等等文憑。高等學院視各科系修業年限之長短而有屬短期式或長期式，惟大多爲短期式。

大學教育分爲三個階段：

1. 第一階段爲期二至三年，在絕大部分科系爲二年，醫學系爲三年，稱爲1ER Cycle/1E Graad。結業可獲頒Candidat/Kandidaat 文憑。

2. 第二階段爲期二至五年，在大部分科系爲二至三年，稱爲2EME Cycle/2E Graad。畢業可獲頒Licencie/Licentaat文憑或Ingernieru Civil/Burgerlijk Ingernieur, Medecin/ Arts, Pharmacien/Apotheker, Veterinaire/Dierenarts文憑。

3. 第三階段爲期至少一年，稱爲3EME Cycle/3E Graad。大學後之特別研究課程、碩士班課程及博士班課程均屬第三階段課程。修畢可獲頒Diplome Special/Diploma Gespecialiseerde Studies、Licence Speciale/Diploma Aanvuliende Studies、Docteur/ Doctor等文憑。

依據歐盟蘇賓納宣言（Sorbonne Declaration）及波隆尼亞宣言，比利時將於2004-2005學年將大學教育分爲三年階段及五年階段兩種，前者畢業取得學士學位，後者爲碩士學位；大學以外之高等院校分爲one-cycle（三年）階段取得學士學位及two-cycle（五年）階段取得碩士學位。此項制度上之更改，荷語文化體業於2000/01學年起在各高等院校逐漸實施。

波隆尼亞宣言簽署後，荷語區教育部長依據此宣言的根本方針著手進行荷語區高等教育體系的改革，在未來的幾年中，荷語區高等教育的結構將會產生一些重要的變革，在優先改革的目標中，其中一項便是鼓勵高等教育機構之間的交流合作。因此，大學與高等學院已經起草協議以建立高等學院與大學合作夥伴的關係，自2004-2005學年開始，這項革新將會對大學和高等教育學院所授與的學位有所影響。

新的高等教育學位制度

1. 大學教育

所有的學生在成功地完成爲期至少三年的學習後（180個ECTS學分），便可獲得學士學位。專業導向的學士學位將爲學生在專門職業領域做準備，例如在工業、商業貿易、農業、保健與復健類、社會工作、電腦資訊類、應用藝術或媒體等專業領域。因此這類課程將以實際應用爲導向，並且包含職業實習階段，這類學位將只限由高等學院授與。學術學士學位將爲學生在往後碩士層級的進階課程做準備，這類學位將由大學或某些與大學結盟的高等學院授與。

2. 學士後教育

碩士課程具有結合教學與研究以及撰寫碩士論文的特色，此課程至少涵蓋爲期一年的學習（60個ECTS學分），根據學科類別，有些課程可能需要更長的修業年限。大學

以及某些與大學結盟的高等學院可提供碩士課程，碩士後課程則由大學與大學結盟的高等學院以及碩士後教育機構籌劃。

3. 博士教育

博士是專業學科研究的最高學位，博士教育以至少爲期兩年的原創性研究爲基礎，而且最終必需將博士論文公開發表，此學位將僅限由大學授與。

(二) 高等教育機構、學制及修業方式

高等教育機構

依據比利時法語文化體及荷語文化體之教育制度，比國法語高等教育院校分爲：大學（Institutions Universitaires）及高等學院（Hautes Ecoles）、建築學院（Institute D' Architecture）、音樂學院（Conservatoires）及藝術學院（Enseigement Artistique）等五類。其中大學分爲文哲、政經、法律、教育暨心理學、神學、理、工、農、醫等學院，高等學院則由工業技術學院、經濟商業學院、社會事務學院、外語暨翻譯學院、農業學院、醫事輔助學院、及師範學院等組成。荷語高等教育院校則僅分爲大學（Universiteit）及高等學院（Hogeschool）兩大類。其中高等學院係由工業技術學院、經濟商業學院、社會事務學院、外語暨翻譯學院、農業學院、醫事輔助學院、師範學院、藝術學院、建築學院及音樂學院等合組而成。

荷語文化體

荷語區高等教育由高等學院與大學提供。其中共有七所大學，二十二所高等學院以及三所碩士後（postgraduate）教育機構。

1. 高等學院（Hogescholen）

根據1994年7月13日所訂定針對荷語區高等學院的法令，透過合併及擴張的方式，使高等學院的數目從一六〇所縮減到二十二所。此外，在擴張過程中高等學院其他重大的新制度亦同步進行。舉例來說，高等學院被賦與更多的行政自主權。只有學校規模夠大，行政自主權才能順利的運用。除此之外，學院所提供的課程範圍也被合理化處理，藉以提供教師與學生更完善的課程。

高等學院的教育課程分爲one-cycle and two-cycle programmes。

(1) One-cycle三年高等教育：第一階段的高等教育涵蓋了爲期三年的學習。課程內容專爲學生在專門職業領域做準備，例如在工業、商業貿易、農業、保健與復健類、社會工作、電腦資訊類、應用藝術或媒體等專業領域；因此，這類課程以實際應用爲導向，並且包含職業實習階段。

(2) Two-cycle高等教育：第二階段高等教育分爲兩部分，每階段至少爲期兩年。第二階段高等教育大體上與第一階段教育涵蓋相同的領域，這類教育屬於學術理論層級，也就是說，教育偏重在科學知識而非專門職業領域；課程包含理論授

課，實驗課以及應用學術研究，學生自第二階段高等教育畢業後通常成爲研究員、經理、公職人員或者專業藝術家。

2. 大學

在荷語區大學教育屬於學術導向，其特色在於結合教學與研究活動。大學課程最少爲期四年。基礎研究是大學被指派的重點任務之一。大學畢業生所擁有的知識與技術能使他們成爲研究員、經理、公職人員或學術專業人員。1991年6月12日荷語區政府針對大學教育所頒布的法令用意在於根本地改革大學教育。大學與政府之間的關係由於大學被賦予較多的自治權與財務權責而重新定義。碩士後層級的課程由高等學院、大學以及碩士後教育機構所規劃。若已持有高等教育學位者可以申請進入高等學院的碩士後課程繼續深造，但是大學及碩士後教育機構所提供的碩士後課程僅開放給持有大學學位或某些自Two-cycle高等學院獲得學位的學生申請。雖然如此，入學許可的發放仍決定於初試成績以及或者特定學歷資格。就碩士後課程而言，外籍學生在相等的學位資格下也可准予入學。

法語文化體

1. 高等學院（Hautes Ecoles）

在1996學年初，長期式及短期式的非大學高等教育學院重新分類並且組成三十所高等學院。高等學院最理想的規模爲平均二千名學生。這樣的規模除了讓該學院可以保持一定的素質水準外，並且能統合所需的資源，例如結合教學師資以及特定的基礎設施，以完成教育任務。

在教育、社會以及文化考量下，高等學院透過有限度的重新改組而成立。在一一四所非大學之高等教育學院中，一○七個機構（除了建築學之外）已經合併成三十所高等學院。這些高等學院分別由三個教育系統管理：六所是法語文化體學校；十所是公立學校，由省市政府補助管理；十四所是政府補助之私立學校，包含十二所天主教及兩所非教會學校；高等學院可以同時提供短期式以及長期式的高等教育。建築學院（長期式課程）以及特定的藝術學院，特別是St. Luc學院（短期式課程），亦提供非大學之高等教育。

2. 大學

大學教育包含了爲期兩階段，至少四年的學習。大學教育是以大學或類似的機構爲單位所建立的機制。在法語區有三所完全大學（列日大學Universitede Liege、天主教魯汶大學Katholieke Universiteit Leuven以及布魯塞爾自由大學Vrije Universiteit Brussel），一所僅限於某些學院的大學（蒙斯大學Facultes Universitaires Catholiques de Mons）以及六所大學機構。

有關比利時高等教育的學歷、學位，修業年限，入學資格，以及畢業條件等請參照表8-9。

表8-9 比利時高等教育學位列表

學歷或學位	ISCED 分類	修業期間（年）	授予之高等教育機構	入學資格	畢業條件	學習模式	是否得申請更高層級學習	備註
doctorat	6	V a r i a b l e duration	Université/ Institut supérieur D'árchitecture/ École supérieure des arts/ Haute École		提交學位論文	博士教育以至少為期兩年的原創性研究為基礎	否	相當我國博士學位
doctoraat	6	2	Universiteit/ Hogeschool	持有下列學位: arts/ dierenarts/ tandarts/ burgerlijk ingenieur (-architect)/ apotheker/ handelsingenieur/ bio-ingenieur/ licentiaat/ meester/ architect/ licentiaat/ handelsingenieur/ licentiaat/ industrieel ingenieur	提交學位論文	指導研究	否	相當我國博士學位
arts	5A	7	Universiteit	入學考試	提交論文	教學為主	可申請specialisatie-opleidingen/ doctoraat/ voortgezette academische opleidingen/ notariaat/ godgeleerdheid/ voortgezette hogeschoolopleidingen	相當我國碩士學位
dierenarts	5A	6	Universiteit	入學考試	提交論文	教學為主	可申請 doctoraat/ voortgezette academische opleidingen/ notariaat/ godgeleerdheid/ voortgezette hogeschoolopleidingen	相當我國碩士學位

學歷或學位	ISCED 分類	修業期間（年）	授予之高等教育機構	入學資格	畢業條件	學習模式	是否得申請更高層級學習	備註
tandarts / burgerlijk ingenieur (-architect)	5A	5	Universiteit	入學考試	提交論文	教學為主	可申請 doctoraat/ voortgezette academische opleidingen/ notariaat/ godgeleerdheid/ voortgezette hogeschoolopleidingen	相當我國碩士學位
apotheker/ handelsingenieur/ bio-ingenieur	5A	5	Universiteit	入學考試	提交論文	教學為主	可申請 doctoraat/ voortgezette academische opleidingen/ notariaat/ godgeleerdheid/ voortgezette hogeschoolopleidingen	相當我國碩士學位
Licentiaat	5A	5	Universiteit	入學考試	提交論文	教學為主	可申請 doctoraat/ voortgezette academische opleidingen/ notariaat/ godgeleerdheid/ voortgezette hogeschoolopleidingen	相當我國碩士學位
meester/ architect/ licentiaat/ handels-ingenieur	5A	5	Hogeschool	入學考試	提交論文	教學為主	可申請 doctoraat/ voortgezette academische opleidingen/ notariaat/ godgeleerdheid/ voortgezette hogeschoolopleidingen	相當我國碩士學位

學歷或學位	ISCED 分類	修業期間 (年)	授予之高等教育機構	入學資格	畢業條件	學習模式	是否得請申請更高層級學習	備註
licentiaat/ industrieel ingenieur	5A	4	Hogeschool	入學考試	提交論文	教學為主	可申請 doctoraat/ voortgezette academische opleidingen/ notariaat/ godgeleerdheid/ voortgezette hogeschoolopleidingen	相當我國碩士學位
specialisatie-opleidingen	5A	2-6	Universiteit	持有 arts學位	提交論文	教學為主	否	相當我國碩士學位
voortgezette academische opleidingen	5A	1-2	Universiteit/ Hogeschool	持有下列學位: arts/ dierenarts/ tandarts/ burgerlijk ingenieur (-architect)/ apotheker/ handelsingenieur/ bio-ingenieur/ licentiaat/ meester/ architect/ licentiaat/ handelsingenieur/ licentiaat/ industrieel ingenieur	提交論文	教學為主	否	相當我國碩士學位
notariaat/ godgeleerdheid	5A	1	Universiteit/ Hogeschool	持有下列學位: arts/ dierenarts/ tandarts/ burgerlijk ingenieur (-architect)/ apotheker/ handelsingenieur/ bio-ingenieur/ licentiaat/ meester/ architect/ licentiaat/ handelsingenieur/ licentiaat/ industrieel ingenieur	提交論文	教學為主	否	相當我國碩士學位

學歷或學位	ISCED 分類	修業期間(年)	授予之高等教育機構	入學資格	畢業條件	學習模式	是否得請申請更高層級學習	備註
voortgezette hogeschoolo-pleidingen	5A	1	Hogeschool	持有下列學位: arts/ dierenarts/ tandarts/ burgerlijk ingenieur (-architect)/ apo-theker/ handelsinge-nieur/ bio-ingenieur/ licentiaat/ meester/ architect/ licentiaat/ handelsingenieur/ licentiaat/ industrieel ingenieur	提交論文	教學為主	否	相當我國碩士學位
gegra-dueerde/ onderwijzer	5B	3	Hogeschool	入學考試	修畢學分	教學為主	可申請 voortge-zette hogeschoo-lopleidingen	相當我國學士學位
voortgezette hogeschoolo-pleidingen	5B	1	Hogeschool	持有 gegradueerde/ onderwijzer學位	修畢學分	教學為主	否	相當我國學士學位
Vorschul-lehrer (in)/ Primarschul-lehrer (in)	5B	3	Pädagogische Hoch-schule	入學考試	修畢學分與實習	職業訓練與實習	否	相當我國技職學位
Graduierte (r)/ Kranken-pfleger (in)	5B	3	Krankenpflegeschule	入學考試	修畢學分與實習	職業訓練與實習	否	相當我國技職學位

第六節　英國高等教育

一、英國高等教育背景

英國的高等教育歷史淵遠，且與英倫三島歷史有密切關係，早在十二及十三世紀，牛津與劍橋就以私人學府方式出現，但到二十世紀才開始以法律規定由政府資助；英國高等教育雖然具有學校自治的傳統，但1988年的教育改革法案Education Reform Act將高等教育權限回收中央，在波隆尼亞宣言後，政府亦積極改革，在1992年的進修及高等教育法案（Further and Higher Education Act）中，取消了大學與技職學校的明顯區分，以往未能提供高等學歷學位的學院，現亦可如大學般提供各項授予學歷的課程。目前英國各大學，除University of Buckingham外，皆屬公立性質。若以行政管理區分，大致可區分為二區域，一為英格蘭、威爾斯與北愛地區；另一為蘇格蘭地區，兩者區別不甚明顯。基本上，英國傳統上已建立了兩階段的學位架構，但各校自治程度頗高，多元的現象裡有共通的原則；雖然各地區及各校都有不同的作法與標準，但差異不大且各校間亦彼此承認；值得注意的是，自2003/2004學年起，英國接受波隆尼亞進程的原則，由國家高等教育調查委員會引進新的架構，將以促進各大學提供可相容與易認知的學位設計。簡言之，英國高等教育的自治程度較歐陸國家高，學位授予與課程設計全由學校自治。

二、英國高等教育學位區分之分析

(一) 高等教育學位證書之分類

原則上英國大學學士學位修業為三年，有些科系要求四年或五年，有些校院則提供四（英格蘭、威爾斯與北愛）或五年制（蘇格蘭）的一貫課程，可直接取得碩士學位（特別在數學、機械與科學）；另有些校所的科系更提供榮譽學士（honor/pass degree），其並非單一學位，而係加寫論文為學士條件（在蘇格蘭地區必須多一年的修業年限），多數學校接受該學位直接攻讀博士課程。此外，英國提供所謂基礎學位（foundation degree）或高等教育證書（Higher Education Certificate/ Diploma），係以二年為期的技職教育，是中學學位與高等學位的中間學制。綜言之，英國大學傳統上各自發展，對學位的設計因歷史因素而各不相同；所謂第一學位（first degree）雖泛指學士學位，但前述四年或五年制課程亦可指為碩士學位，可見其不易由字面了解其實質內涵。

以聯合國國際教育分級標準（International Standard Classification of Education）而言，英國十分符合兩階段（Graduate/ Postgraduate）的制度，也是歐洲國家最無需改變以符合波隆尼亞進程的要求，其各類高等教育機構所頒之學位或證書，分類如下：

1. 5A級的學位：Bechelor、Master、Post/ Graduate Diploma）、Post/Graduate Certifi-

cate。

2. 5B級的學位：包括Cretificate HE、Diploma HE、Higher National Diplom、Higher National Crretificate及Fundation Diploma。

3. 6級的學位：只有Doctorate；此外，英國部分大學提供Higher Doctorate，但其主要提供在校教師、學者或畢業生已有相當專業能力或研究經驗者申請，本質上並非學校教育體制的學位授予。

此外，若以課程的大學層級（university-level）為區分，大學、學院及技術學院同時提供大學層級與非大學層級的課程，基本上，大學層級的學位包括前段所述的5A級及6級學位，非大學層級則包括5B級的學位。

在大學層級方面，可分為三階段，分述如下

1. 第一階段為Bachelor，即為相當於我國之學士，入學資格為中學畢業具資格證明者，修業三至四年，以課程選讀為修習方式，其主要評量方式為考試。

2. 第二階段為Master，入學資格為bachelor degree者，相當於我國之碩士，修業多為一年，以Modular為修習方式，多數課程學習者皆須繳交研究論文（dissertation或memoir），但部分學校課程僅以筆試以主要評量。

3. 在第三階段有兩種研究學位，入學資格皆為持碩士學位或榮譽學士學位者，一為Master of Philosophy（MPhil），修業年限兩年，須繳交論文（thesis）在我國並無相當學位，另一為Docrate of Philosophy（D.Phil 或PHD.），修業年限三年，須繳交論文（thesis）與通過口試；兩者僅修業年限不同，但實務上，各大學通常將MPhil與D.Phil 或PHD課程連結，經升等考試通過者，可升等至D.Phil 或PHD課程修習，兩者皆無Credit或Modular設計，以指導研究為修習方式；原則上，doctrate的論文必須在六萬字至八萬字，必須經口試通過，且考試委員必須有外校教師參與。

(二) 高等教育機構、學制及修業方式

英國高等教育機構可分為大學（university）、空中大學（open university）、高等教育學院（college and institute of higher education）、技術學院（college of technology）、空中學院（open college）、教師進修學院（teacher training college）等六類機構，前四者是屬可授與學士以上學位的高教機構，後兩者則僅提供在專業或職訓課程。然而，這種區分僅為現況，各機構皆可能以聯盟方式（如大學結合）而提供授與學士以上學位之課程。

整體而言，若以傳統大學為基礎，可略區分英國高等教育機構為大學機構及非大學機構，分述如下：

1. 大學機構：各大學皆擁有自主的學位授與權限，且自主決定各類學位、證明的資格與條件，原則上大學是提供研究及教學，但也會提供非學位的證書；在1992年

法案授予符合條件之高等教育機構可使用「大學」之名，有所謂舊大學與新大學區分，舊大學是傳統大學模式，新大學多爲技術學院改制，整體而言，新大學較強調實務應用。

2. 非大學機構：除大學外，其它類別高等教育機構亦可提供各類證明、學士學位證書及研究所證明等，但基本上這些所頒授的學位必須經由大學機構的認證；僅極少數該類學校有自主授予學位之權限，但僅爲學士與教學型碩士，不能授予研究型學位。

有關於入學資格方面，基於英國各類高等教育機構爲自治性組織，各校可以決定自己的入學資格條件，但傳統上，大學層次的大學部課程皆要求學生至少GSCE（general certificate of secondary education）c以上之成績，及GCE-A Level（general certificate of education Advance-A Level）三項通過的成績。而研究所以上學程，則各校依彈性自訂，基本上亦須大學學士學位爲原則性條件。

有關英國高等教育的學歷、學位，修業年限，入學資格，以及畢業條件等請參照下頁表8-10。

三、小結

英國的二階段三級制高等教育制度，基本上與我國十分類近，但值得再強調的是，英國高等教育是十分自治，尤其是大學高等學位方面，同時，英國在技術教育上，也有相當之彈性，學位或證書的規畫，是以課程設計爲主，在非大學層次的證書，以訓練產業需求爲主；在大學層次上，尤其是研究所階段，亦提供學術與訓練之結合，並非所有大學證書皆爲學術訓練證明，同時在入學資格上，亦有相當的彈性。

但是英國自1989年開始，進行的高教改革，所推動的歐洲學分制度並不如預期，因其傳統並非以學分爲大學課程設計，但透過大學自治方式，仍由各校自行採認學分轉換事宜；此外英國的學年行事曆是採三學期制（term），但因修業模式非學分制，故其修業情況與我國學期制並不相同；尤在研究所部分，master的修業期限爲一年，每年十月初學年開始至九月底結束，modular的修習有學期分別，但畢業論文仍於九月底前完成；而研究學位（Mphil與PHD）以指導研究爲主，三年修習期間無任何Credit與Modular設計，雖配合學期行政運作，但在修習上無實質意義，全年皆屬修習期間，是與我國學制差異最大之處。

表8-10　英國高等教育學位列表

學歷或學位	ISCED分類	修業期間	授予之高等教育機構	入學資格	畢業條件	學習模式	是否得申請更高層級學習	備註
Bachelor	5A	醫學、牙醫及獸醫為5年，其他學科為3-4年，因學習科別、地區及是否為HONOR/PASS DEGREE而定	University Open University College of Technolege College/ Institute of Higher Education	完成Secondary中學教育者，醫學、牙醫及獸醫需經全國性考試	原則以考試為主，部分科系要求實習	教學原則以修習ODU-LAR課程，但部分學校開始採學分制 (Credit/)	可申請研究所碩士級課程，但Honor/Pass Degree可被接受申請MPHIL或PHD課程	相當於我國學士
Master	5A	原則一年	University Open University College of Technolege College/ Institute of Higher Education	持Bachlor學歷者	多數皆需繳交論文，極少數可依筆試決定	教學採MOD-ULAR為主	可被接受申請MPHIL或PHD課程	相當於我國碩士
MPHIL	6	原則二年	University Open University College of Technolege College/ Institute of Higher Education	Master學歷者，部分學校接受Bachlor Honor/Pass Degree者	需繳交論文	指導研究	可被接受申請PHD課程	無相當我國學位
Doctorate (PHD. /D.PHIL)	6	原則不少於三年	University Open University College of Technolege College/ Institute of Higher Education	Master學歷者，部分學校接受Bachlor Honor/Pass Degree者	需繳交論文	指導研究		相當於我國博士
PG Cert/ PG Dip	5A	一年	University Open University College of Technolege College/ Institute of Higher Education	持Bachlor學歷者		教學採ODU-LAR課程	不可做為申請更高層級學習	無相當學位我國，但可類同推廣碩士學分

學歷或學位	ISCED分類	修業期間	授予之高等教育機構	入學資格	畢業條件	學習模式	是否得申請更高層級學習	備註
Grad. Cert/Grad. Dip	5A	九個月至一年	University Open University College of Technolege College/ Institute of Higher Education	持Bachlor學歷者或相當工作經驗者		教學MODULAR課程	不可做為申請更高層級學習	無相當我國學位
Cert HE	5B	一年	University Open University College of Technolege College/ Institute of Higher Education Open College Teacher Training College	完成Secondary中學教育者		教學MODULAR課程	不可做為申請更高層級學習	無相當我國學位
High National Cert/Dip	5B	二年	University Open University College of Technolege College/ Institute of Higher Education Open College Teacher Training College	完成Secondary中學教育者		教學MODULAR課程	不可做為申請更高層級學習	無相當我國學位
Foundation Degree	5B	二年	University Open University College of Technolege College/ Institute of Higher Education	完成Secondary中學教育者		教學MODULAR課程	不可做為申請更高層級學習	無相當我國學位

第七節　愛爾蘭高等教育

一、爾蘭高等教育背景

　　愛爾蘭的高等教育起步在歐洲國家中相當晚，直至1592年都柏林大學的建立才有高等教育。在1922年以前，愛爾蘭爲英國統治，所以其高等教育系統與英國類似，雖然早在1908年就有愛爾蘭大學法（Irish University Act），但整體而言，在獨立後的四十年並非爲政府關心。而1970後，愛爾蘭政府重新開始重視高等教育與社會經濟的發展，而分別成立了大學與技職教育委員會；而在1980年代後期對技職教育重新定位，將其國家大學予以獨立地位，國立技職學校也擁有授與了學位之權力，技職教育不再視爲地方事務；最重要的是在1990年代中期以後，配合波隆尼亞進程的原則，在仔細政策研究後，國會通過了新的大學法（1997），並建立國家資格證明法與其運作單位（National Qualification Authority, 1999）負責對非大學的訓練證明予以管理。歸言之，在英國的影響下，愛爾蘭高等教育雖起步稍晚，但仍維持相當自治與獨立地位，但國家的強力介入發展，其各校自主權限不若英國大學，尤其是學位的頒發上，乃由國家成立的獨立中心進行規劃。

二、愛爾蘭高等教育學位分析

(一) 高等教育學位證書之分類

　　原則上愛爾蘭大學的學士學位修業爲三至四年，有些科系要求五至六年，如同英國，但國家參與並引導快速的發展，許多制度皆有政府的參與，例如在英國是各校自治的榮譽學士直攻博士學位，在愛爾蘭成爲全面的制度；再例如只要是國立的高等教育機構，其學士及碩士入學都必須經過國家地區性的篩選，私立學校的碩士課程亦同；此與英國有相當差異。此外，愛爾蘭提供二至三年的高等教育證書或證明書（diploma/certificate）是技職體系的學習證明。另愛爾蘭的研究所碩士級課程，有所謂的研究所證書或證明書（P.G DIP./ P.G CERT.），雖與學術爲主的碩士不同，但一樣可以申請博士課程，是與英國另一不同處。

　　若以聯合國國際教育分級標準（ISCED）而言，其承受英國傳統的二段三階學制，亦與波隆尼亞宣言原則相符，也屬不需進行相當改變，其各類高等教育所頒之學位或證書，分類如下：

　　　1. 5A級學位：包括Bechalor、Master、Post Graduate Diploma、Post Graduate Certificate。

　　　2. 5B級學位：包括 Diploma 和 Certificate。

　　　3. 6 級學位：只有 Doctorate，但同樣如英國制度，自2004年6月起，愛爾蘭將採認 Higher Doctorate，同樣是給予己具有博士學位的研究人員更高一層次的學術證

明，但亦非學校教育體系。

　　若以課程是否屬大學層級區分，在前述的改革過後，原屬地方管理的技術學院，部分已升格為大學，同時也准許部分技術學院頒授學士以上學位，其大學、技術學院、學院與私立的高等教育機構，都可以開設前述5A級的課程。而在大學層級方面，可以分三個階段，分述如下：

1. 第一階段為Bachelor，即為相當於我國之學士，入學資格為中學畢業者，修業多為三至四年，而醫學及法律要求六年，以Modular配合學分之課程為修習方式，其主要評量方式為考試。
2. 第二階段為Master，入學資格為bachelor degree者，相當於我國之碩士，修業多為一年至二年，以Modular配合學分為修習方式，多數課程學習者皆須繳交研究論文（dissertation）。
3. 在第三階段有兩種研究學位，入學資格皆為碩士學位或榮譽學士者，一為Master of Literature （M.Litt，部分學校亦沿用英制舊稱MPhil），修業年限兩年，須繳交論文（thesis） 在我國並無相當學位，另一為PHD 或 Degree of Doctorate，修業年限三年或五年，須繳交論文（thesis）與通過口試；兩者僅修業年限不同，但實務上，各大學通常將M.Litt與D.Phil 或PHD課程連結，經升等考試通過者，可升等至PHD課程修習，兩者皆可轉換為CREDIT計算，但以指導研究為修習方式；須繳交論文並通過口試。

(二) 高等教育機構、學制及修業方式

　　愛爾蘭高等教育機構可分為大學（universitet）、大學學院（university college/ högskolk）、私立高等教育學院（private third-level college）及技職學校（vocational school）等五類機構，該四者皆屬可授予學士以上學位的高教機構，但第五類僅提供在專業或職訓課程，授予基礎或技職證明（foundational /vocational certificate）。整體而言，若以傳統大學為基礎，可略區分愛爾蘭高等教育機構為大學機構及非大學機構，分述如下：

1. 大學機構：目前有七所國立大學，在法律授權下，皆擁有學位授予權限，但法律授權決定各類學位、證明的資格與條件，原則上大學是提供研究及教學，但也會提供非學位的證書；在1997年大學法，重新調整愛爾蘭聯合大學各校地位，其所有學生約占全部高等教育人口之二分之一。
2. 非大學機構：除大學外，其它類別高等教育機構亦可提供各類證明、學士學位證書及研究所證明等，包括國立的技職學院與私立的高等機構，。

　　有關於入學資格方面，基於英國各類高等教育機構為自治性組織，各校可以決定自己的入學資格條件，但傳統上，大學層次的大學部課程皆要求學生至少GSCE（general certificate of secondary education）C以上之成績，及GCE-A Level（general certificate of education Advance-A Level）通過的成績，或Leaving Certificate的標準。而研究所以上學

程，則各校依彈性自訂，基本上亦須大學學士學位為原則性條件，但在某些實務性的課程，則亦接受（P.G. DILP.或CERT）為申請資格；而在研究學位方面，除了受理直接申請以外，亦對未達標準的申請者以考試方式辦理，展現其入學之彈性。

　　有關瑞典高等教育的學歷、學位，修業年限，入學資格，以及畢業條件等請參照下頁表8-11。

三、小結

　　在高等教育制度上，愛爾蘭算是歐洲的新興國家，但因長期為英國所影響，其制度影響相當的融合程度，既有英國學術自治的傳統，亦有近期國家強力介入的背景；國家法律規定了學位與證書的基本條件，各校雖擁有頒發學位之權限，但基本條件係由國家機構定之。然而，另一方面，愛爾蘭對入學資格展現了更大的彈性，幾乎（除技職證明）所有證書皆可申請於更高層次的學習，不因其名稱所決定，而依學習的課程與證書的性質所決定。

　　此外，雖然傳統上已建立了二級三階的高等教育體制，但因應波隆尼亞進程的改革，愛爾蘭充分採取歐洲學分轉認制度（ECTS），雖實施Modular方式為主，不但大學部及教學型碩士課程有採認學分原則，以研究指導為教學方式的研究型碩士與博士，亦有轉換學分制，顯示充分配合歐盟改革的企圖。

表8-11　愛爾蘭高等教育學位列表

學歷或學位	ISCED分類	修業期間	授予之高等教育機構	入學資格	畢業條件	學習模式	是否得申請更高層級學習	備註
Bachelor	5A	醫學、法律為6年；牙醫、獸醫及建築為5年，其他學科皆3-4年，因是否為HONOURS/PASS DEGREE而定	university Inistitute of technology college of education private third-level college	完成Secondary中等教育者，各學科皆經全國性的GCE考試	原則以考試為主，部分科系要求實習	教學原則以修習ODULAR課程，配合學分制(CREDIT/)	可申請研究所碩士級課程、榮譽學位可被接受申請M.Litt或PHD課程	相當於我國學士
Master	5A	一年或二年	university Inistitute of technology college of education private third-level colleg	持Bachlor學歷者部分科系持PG Cert/PG Dip亦可申請	多數皆需繳交論文、極少數可依筆試決定，原則一年期約90學分，二年者120分	教學採MODULAR為主，但有學分轉換制	可被接受申請M.Litt或PHD課程	相當於我國碩士
M.Litt	6	原則二年	university Inistitute of technology college of education private third-level colleg	Bachlor學歷者，亦可由master DEGREE者	需繳交論文，可計算為180學分	指導研究	可被接受申請PHD課程	無相當我國學位
Doctorate (PHD. /Degree of Docrate)	6	原則不少於三年，有的科系要求五年	university Inistitute of technology college of education private third-level colleg	Master學歷者，部分科系接受Bachlor Honor/Pass Degree者	需繳交論文，可計算為270學分	指導研究		相當於我國博士
PG Cert/ PG Dip	5A	二年	university Inistitute of technology college of education private third-level colleg	持Bachlor學歷者		教學MODULAR課程	在部分科系，如教育，可被接受申請M.Litt或PHD課程	無相當我國學位，但可類同推廣教育碩士學程
High National Cert/Dip	5B	二年	Open University College of Technolege College/ Institute of Higher Education Open College Teacher Training College	完成Secondary中等教育者		教學MODULAR課程	不可做為申請更高層級學習	無相當我國學位

第一節 西班牙高等教育

一、高等教育沿革與背景

西班牙於1943年通過大學法案（Act on University Regulation），但直至1970年後西班牙的高等教育始具組織架構，共有十二所大學包含哲學與藝術、科學、法律、醫學、藥學、政治與經濟及獸醫學等七個學科，大部分的大學預算是由國家支付，故大學裡的管理階層係由教育部官派。隨著西班牙1950年代後經濟與工業的復甦，技職教育法案於1957年7月通過，主要是與大學及教育部合作訓練公務人員，再由相關公務部門聘僱。1968年教育科學部新團隊上任，體認教育全面改革的迫切需要，頒布教育白皮書並於1970年完成教育一般法案（General Act on Education and Financing of the Educational Reform, LGE），建立三階學制即大學部三年，專門部（Second Cycle of Specialization－相當於碩士學程）二年，博士學程三年；此法案亦包括技職高等教育訓練，對中學畢業或完成初級技職訓練者開放，然而此法案並未完全實施，如目前博士學程仍依不同學科而有不同之學程。至2001年大學組織法案通過（the Organic Act on Universities, LOU），西班牙政府給予大學更多的自主權及加強高等教育學習科目與社會的需求結合，此法案亦配合歐盟整合會員體高等教育學制並據此法案成立國家高等教育品質評估認證局（「Agencia Nacional de Evaluación de la Calidad y Acreditación」, ANECA）。

二、高等教育學位區分之分析

(一) 高等教育學位證書之分類

西班牙於1990年代中期實施國家學分系統（National Credit System），因目前三段式學制與歐盟高等教育整合之兩段式學制不同，西班牙國內輿論已提出調整國家學分系統以適用歐洲學分認證系統（ECTS）之迫切需要，關於波隆尼亞進程，西班牙已分別於2001及2002年通過大學組織法（Ley Organica de Universidades）及資格、專業結構組織法（Ley Organica de las Cualificiones y de la Formacion Prodessional）以結合波隆尼亞進程於相關的教育改革，第一階段學程已於2003/2004的學期開始實施。自2002年起，國內已有條列所有專業資格的學位認證，至於教育品質，除成立國家高等教育品質評估認

證局外，西班牙亦於2001年加入歐盟高等教育品質確認網（ENQA）。西班牙高等教育以ISCED學位分類來分，可有以下三類：

1. 5A級的學位

(1) Diplomado/Maestro（相當學士證書）：包括建築技術（Arquitecto Tecnico）或工程技術（Ingeniero Tecnico）在完成第一階段大學學程後所授與之學位或有中間證書之二段式大學完成第一段後所授與之中間證書。

(2) Licenciado（相當碩士證書）：建築技術或工程技術在完成第二階段大學學程後所授與之學位。

(3) 西班牙的藝術學科所授與的學位Titulado則分兩種：若只有第一段的大學則Titulado代表學士證書；若無中間證書之二段式大學則Titulado代表碩士證書。

2. 5B級的學位

Técnico Superior（高級技術證書）：需完成一至二年高級職業訓練以後授與此證書，為推廣教育之最高證書，有些專業需於完成一年訓練並於第二年進行專業實習才取得授證資格。此證書直接於職場應用，然而，想要繼續求學者亦可憑此證書免試進入大學相關科系就讀大學部或繼續特定專業的訓練。除此之外，不同組合的職業訓練也可有不同的形成期間（ciclos formativos），彼此之間亦可互相認證。

3. 6級的學位

Doctor博士證書：需完成前揭兩階段並經兩年以上足夠的研究（指須修畢32學分及研究取得「Suficienci investigadora」證書），根據學科不同而需完成不同的學程期間（variable duration），並提出博士論文，且通過論文答辯即可授與此博士證書。

西班牙認證外國的學位或西班牙私立學校的學位，係依據西班牙簽署的雙邊、多邊或國際條約協定。認證的條件包括：需為教育部認可的學位及課程須符合認可課程表列課程，最後由大學合作評議委員會（Academic Commission of the Council for University Coordination）作成結果報告。若無法列舉前述兩項資格條件，則需考量申請者本身教育背景、科學課程及取得學位之學校名氣相對適合西班牙所授與的學位，若申請者的前述背景無法相當所申請認證的西班牙學校學位，則需通過一項內容包括西班牙基本常識項目的測驗。

(二) 高等教育機構、入學資格、學制及修業方式

西班牙高等教育以層級區分，可分為三階段，分述如下：

1. 第一階段（相當於我國之大學學士）

包括Universidad（相當我國之一般大學）、及Conservatorio Superior/Escurla superior（專指藝術學科之大學）

(1) 一般大學（Universidad）及專指藝術學科領域之大學（Conservatorio Superior/Escurla superior）：進入大學必須通過入學考試（The Baccalaureate General Test,

PGB），考生在五科學科中選考一科與將來所學相關之科目，兩次考試分別於六月及九月舉行，共有四次機會通過考試，考生如已通過考試，則無限制次數可再重考，以爭取高分進入自己理想的大學。PGB與各大學額外設立的入學程序將於2005/2006的學年度實施。由國外大學就讀一半學程或已完成但無取得教育部認證學歷申請入學，若欲取得部分認證學分繼續就讀西班牙大學者，須符合以下兩項條件：

A. 需修滿一年或通過副校長（Vice-Chancellor of the university）認證至少60學分
B. 若申請者所申請的學校是供給大於需求者，可當然認證至少15學分或一個科目修業完成。

申請者若無法取得以上所述之部分認證，則需通過入學考試始得就學。一般大學修業期間為四年，無中間證書之二段式大學則依學科不同有所區別，醫學需修六年直接取得Licenciado學位（相當我國碩士），生物、教育心理學科則三年取得學士；兩年取得碩士，圖書、文書處理、幼稚教育等學科修業三年僅取得學士學位無進階碩士學程。

(2) 高級特定職業訓練（Advanced specific Vocational Training）：入學資格有兩項：需有中學畢業證明Bachiller（1990年後亦可憑此參加大學入學考），或通過相關專業的學科測驗，若有高級相關職業領域（Advanced Ciclo Formativo）的工作經驗則可免試。修業期間一至二年，授與證書，沒有學位。

2. 第二階段（相當於我國之碩士）

(1) 建築技術（Arquitecto Tecnico）或工程技術（Ingeniero Tecnico）：建築技術或工程技術在完成第二階段大學學程後授與Licenciado（相當碩士證書）之學位，修業兩年。

(2) 西班牙的藝術學科所授與的學位Titulado 則分兩種：若只有第一段的大學則Titulado代表學士證書；若為無中間證書之二段式大學則Titulado代表碩士證書，僅修業一年。

3. 第三階段（相當於我國之博士）

需完成前揭兩階段並經兩年以上足夠的研究，根據學科不同而需完成不同的學程期間（variable duration），且須修畢32學分並提出博士論文即可授與Doctor博士學位。

整體而言，若以傳統大學為基礎，可略區分西班牙高等教育機構為大學機構及非大學機構，分述如下：

1. 大學機構：一般大學可分為以下五種學制類型：
   (1) 僅有第一階段之大學：清楚的職業定位指導，不再進階研究所階段的學制，但某些特殊案例仍可以畢業文憑進入相關領域之研究所。
   (2) 無中間證書之二段式大學（Two cycles without intermediate qualification）：即完成大學及研究所等二段學程才授與學位，僅完成第一段學程並不授與證

書。

(3) 有中間證書之二段式大學（Two cycles with intermediate qualification）：即完成大學第一段學程授與文憑（diolomado degree），建築技術或工程技術授與證書（certificates），再憑藉這些中間證書進入第二學程成就相同學科的證照學位（licenciado degree）。

(4) 只有第二段學程的大學（Only second-cycle）：這些大學就大學的學科結構而言屬於較新穎的主修科目。

(5) 第三階段學程的大學（Third-cycle）：專為已擁有證照學位（licenciado degree－相當於我國的碩士學位者）進一步專門的研究，包括技術或藝術領域及研究技術的訓練等。

2. 非大學機構：包括高等藝術教育（音樂、舞蹈、戲劇、塑像藝術及設計）、高等軍事教育及高等特殊職業訓練，前兩者的教育雖不是大學機構所提供，修業完成後可授與似大學學位的資格。

有關西班牙高等教育的學歷、學位，修業年限，入學資格，以及畢業條件等請參照表9-1。

三、小結

相對其他國家而言，西班牙高等教育賦予學校較多的自主權，因此大學教育的修習期間較為多樣，如目前博士學程仍依不同學科而有不同之修習期間。因應歐盟推動各會員國適用歐洲學分認證系統（ECTS）及波隆尼亞進程之迫切需要，西班牙三段式的學制勢必要調整為二階學制，故高等教育的改革已造成其國內學界廣泛的辯論，處於新舊制交接的階段上，西班牙對認證外國學歷及學分採較彈性的做法，且考量學校各學科的供需關係做調整。

表9-1　西班牙高等教育學位列表

學歷 或學位	ISCED 分類	修業期間	授予之高等教育機構	入學資格	畢業條件	學習模式	是否得申請更高層級學習	備註
Diplomado/Maestro	5A	3年(包括生物、教育心理等)	Universidad (系)	完成SECONDARY中學教育持Bachillerato學歷者，且需經大學入學考試	原則以考試為主，科系要求實習	教學原則以修習科目為主，採學分制(CREDIT/)	可申請研究所碩士級課程	相當於我國學士
Ingeniero Técnico/ Arquitecto Técnico	5A	3年(包括自動化與工業電子系、土地調查及製圖系)	Universidad (系)	完成SECONDARY中學教育持Bachillerato學歷者，且需經大學入學考試	原則以考試為主，科系要求實習	教學原則以修習科目為主，採學分制(CREDIT/)	可申請研究所碩士級課程	相當於我國學士
Diplomado/Maestro Ingeniero Técnico/ Arquitecto Técnico	5A	3年(包括圖書與文書、電訊及幼兒教育與小學老師等之訓練)	Universidad (Escuela universitaria/ Escuela universitaria politécnica)	完成SECONDARY中學教育者	科系要求實習	原則以修習科目為主	無碩士級課程可申請	相當於我國學士
Licenciado	5A	醫學系6年，其他科系4-5年，已持有Diplomado/Maestro者再修業2年	Universidad Conservatorio Superior/ Escuela Superior Institution	持Bachillerato學歷者(直攻碩士者)或Diplomado/Maestro學歷者	需繳交論文	原則以修習科目為主，採學分制(CREDIT/)	可被接受申請Doctor課程	
Arquitecto/ Ingeniero 或Titulado Superior	5A	Architecture, agriculture, geology field等修業5-6年，目動化與工業電子系、土地調查及製圖系及Ingeniero Técnico/Arquitecto Técnico學位後再修業3年	Universidad Conservatorio Superior/ Escuela Superior Institution	除Architecture, agriculture, geology field係因由大學直攻碩士及就讀Conservatorio Superior/Escuela Superior Institution之藝術系為持Bachillerato學歷外，其餘為持Arquitecto Técnico/Ingeniero Técnico學位者	需繳交論文	原則以修習科目為主(CREDIT/)	可被接受申請Doctor課程	相當於我國碩士

學歷或學位	ISCED 分類	修業期間	授予之高等教育機構	入學資格	畢業條件	學習模式	是否得申請更高層級學習	備註
Titulado Superior	5A	3年藝術學習	Escuela Superior	完成SECONDARY中學教育者		藝術教學	無碩士級課程可申請	相當於我國學士
Técnico Superior	5B	1-2年	Advanced Vocational Training Institutos	持Bachillerato學歷者	部分專業需實習一年	以職業訓練為主	只授與證書而無文憑	
Doctor	6	需完成前揭兩階段並經兩年以上足夠的研究（指修分及研究），根據學科不同而需完成不同的學程期間 (variable duration)	Universidad Conservatorio Superior/ Escuela Superior institution	持Licenciado或Arquitecto/Ingeniero或Titulado Superior文憑者	需繳交論文	指導研究		相當我國博士學位

第二節　義大利高等教育

一、高等教育沿革與背景

　　義大利自1996年大選後確立兩項國家基本方針，一項係改造義大利政府公共財政，使義大利能達成馬斯垂克條約對歐盟會員國所規範的財經數據，[1]另一項為地方分權與國會改革，並立憲規定任何改革必須付諸實施。義大利旋於1999年通過高等教育改革法案，內容包括大學及其他教學機構自治與教育事項，為配合採用兩段式學制，義大利於2001年實施教育改革，包括建立國家學分系統（Credito Formativo Universitario, CFU），規定25小時課程活動，通過考試後即獲1學分，一年等於60學分，評分由0-30（18為及格分數），之後改變評分採ECTS的A（excellent）-F（insufficient）方式，亦於1999年加入歐盟高等教育品質確認網（ENQA），成立高等教育品質評估局，建立大學評估條件與認定標準。

二、高等教育學位區分之分析

(一) 高等教育學位證書之分類

　　義大利的高等教育範圍較廣，包括大學、技職大學及高級教育機構等，涵蓋各種學府，特別是藝術學科領域，另外有各樣的技職訓練機構如商業、電子科技及工業等學科，大部分的大學係公立大學，少部分的高等教育學府為私立學校，但之後已為相關部會所承認，目前（2001-2002）共有七百七十六個大學院所（包括五十二所公立大學，三所公立大學院所，三所技職大學，十三所非公立合法大學，十四所非公立合法大學院所，兩所外國大學，三所特殊立法高等學校）。

　　為配合歐盟實施二階學制，義大利於2001/2002年學期起改制調整其學制，在2001/2002年學期前入學者仍比照舊制，之後入學者則採用新制，茲分述如下：

　　義大利高等教育以ISCED學位分類來分，可有以下三類：

改制前（2001/2002年以前）

1. 5A級的學位

(1) Diploma di laurea/Diploma universitario（相當學士證書）：包括醫學、外科手術修業六年，獸醫、牙醫、建築修業五年或其他學科修業四至五年後授與Diploma di laurea證書，其他學科修業二至三年則授與Diploma universitario證書。

(2) Master di I livello/Diploma di specializzazione I livello/（相當碩士證書）：醫學、

1　歐洲共同體15國於1991年簽訂馬斯垂克條約成立歐洲聯盟，該條約於第三階段訂定各會員國應合乎五標準：通貨膨脹率不得超過前一年最低三國通貨膨脹率平均值1.5%，預算赤字比率不得超過其國內生產總值GDP3%，政府債務餘額不得超過其國內生產總值GDP60%，長期利率不得超過前一年最低三國長期利率平均值2%，通貨匯率在前兩年必須維持在匯率機制的2.25%界限內。

外科手術、獸醫、牙醫、建築等學科授與Diploma di laurea證書學位後，再修業一年，授與Master di II livello/Diploma di specializzazione II livello學位（此為比碩士再進一級，但比博士次一級的學位，我國無相當可比照之學位），亦可修業三年後授與dottorato di ricerca（相當博士學位），除此之外之其他學科修業四至五年授與Diploma di laurea證書後，再修業一至二年授與Master di I livello/Diploma di specializzazione I livello之碩士證書。

2. 5B級的學位

Diploma（高級技術證書）：藝術、設計與製圖修業四年，芭蕾、戲劇修業三年後授與此證書，為推廣教育之最高證書，有些專業需於完成專業實習才取得授證資格。此證書直接於職場應用，然而，並無法憑此證書繼續接受高一層教育。

3. 6級的學位

Dottorato di ricerca（相當博士證書）：只有醫學、外科手術、獸醫、牙醫、建築等學科授與diploma di laurea學位者，經三年修業研究，並提出博士論文者可授與此博士證書。

(二) 高等教育機構、入學資格、學制及修業方式（以下分析係根據2001/2002年改制後-新制）

義大利高等教育以層級區分，可分為三階段，分述如下

1. 第一階段（相當於我國之大學學士）

包括Corsi di Diploma Universitario（DU）（相當我國之一般大學）、及Scuole Dirette a Fini Speciali（SDAFS）（專指特殊學科之大學）

(1) 一般大學Corsi di Diploma Universitario（DU）及Scuole Dirette a Fini Speciali（SDAFS）：進入大學必須有中學畢業證書或相當的國外高中文憑，並通過入學考試，有些學科另有特殊的條件，學生的學費以學生本身的收入為基礎，各學科的學費亦不同，一般大學（DU）需修業三年，特殊學科之大學（SDAFS）需修業二至三年，再加上實習，大學部的課程稱 Corsi di Laurea（CL），目的在使學生有足夠的一般科學常識及職業技術，採學分制，需修滿180個學分才可畢業，授與diploma di laurea學位。

(2) 高級特殊領域學院（Accademie di belle arti/Istituti superior及Accademia nazionale di danza arte drammatica）：Diploma（高級技術證書）：入學資格需有中學畢業證明，包括Accademie di belle arti/Istituti superior學院（藝術、設計與製圖等學科，修業四年），及Accademia nazionale di danza arte drammatica（芭蕾、戲劇學科，修業三年），修業完成以後授與Diploma證書，有些需經過專業考試才取得授證資格。然而，並無法憑此證書繼續接受高一層教育。

2. 第二階段（相當於我國之碩士）

新制下碩士研究生包括三種學制：Corsi di Laurea Specialistica（CLS）,Corsi di Specializziazione di 1 livello（CS1）以及Corsi di Master Universitario di 1 livello（CMU1）。

(1) CLS 提供特殊領域的高級教育（包括醫學修業六年，獸醫藥科、牙醫、藥科及化學修業五年），必須擁有學士學位或相當的外國學士學位始可申請，包括大學部的180學分共需修滿300學分且通過碩士論文始得畢業，畢業後授與Diploma di laurea specialistica證書。另外，醫學、獸醫藥科、牙醫、藥科及化學或其他學科等在授與Diploma di laurea specialistica證書學位後，再修業一年後授與Master di II livello/Diploma di specializzazione II livello學位（此學位係比碩士再進一級但比博士次一級的學位，我國無相當可比照之學位），或再修業三年授與dottorato di ricerca（相當我國之博士學位）。

(2) CS1 提供高級專業職業實習，CS1的設立可能在歐盟高等教育的指導原則之外，其必須擁有學士學位或相當的外國學士學位且須經過競爭的入學考試始可申請，學程需修習二至三年，包括大學部的180學分共需修滿300-360學分且通過碩士論文始得畢業，畢業後授與 Diploma di specializzazione I livello 碩士學位。

(3) CMU1提供科學領域學科教育或高等教育指導必須有擁有學士學位或相當的外國學士學位且有額外入學條件始可申請，學程需修習一年，修滿60學分且通過碩士論文始得畢業，畢業後授與Master di I livello學位。

3. 第三階段（相當於我國之博士）

Dottorato di ricerca（相當博士證書）：醫學、獸醫藥科、牙醫、藥科及化學等學科及其他學科，擁有diploma di laurea specialistica 學位者再修業一年即授與Master di II livello/Diploma di specializzazione II livello學位，而若申請三年修業研究，並提出博士論文者可授與Dottorato di ricerca博士證書。

有關義大利改制前高等教育的學歷、學位，修業年限，入學資格，以及畢業條件等請參照表9-2。

表9-2 義大利高等教育學位列表：改制前 (2001/2002年以前)

學歷或學位	ISCED分類	修業期間	授予之高等教育機構	入學資格	畢業條件	學習模式	是否得申請更高層級學習	備註
Diploma di laurea/Diploma universitario	5A	一般學科為4年，醫、獸醫、牙醫為6年及建築為5年，因學習科別而不同	Universita/Istituti universitari/Politecnici	完成ECONDARY中學教育者，且需經大學入學考試	原則以考試為主，部分科系要求實習	教學原則以修習科目為主，採學分制 (CREDIT/)	可申請研究所碩士級課程	相當於我國學士
Master di livello/Diploma di specializzazione I livello或Master di II livello/Diploma/Diploma di specializzazione II livello學位	5A	1至2年	Universita/Istituti universitari/Politecnici	持Diploma di laurea學歷者	需繳交論文	教學採研究專題為主	只有醫科、手術牙醫、獸醫及建築科可申請Master di II livello 或/Diploma di specializzazione II livello學位或申請dottorato di ricerca課程	相當於我國碩士
Diploma	5B	3至4年	Accademie di belle arti/Istituti superiori及Accademia nazionale di danza arte drammatica	持中學畢業學歷者	部分專業需實習	以職業訓練為主	只授與證書而不可繼續深造	
Dottorato di ricerca或Master di II livello 或/Diploma di specializzazione II livello學位	6	需完成前揭兩階段及Dottorato di ricerca 3年，Master di II livello 或/Diploma di specializzazione II livello學位1年學程期間	Universita/Istituti universitari/Politecnici	持Master di II livello/Diploma dl specializzazione II livello學位文憑者	需繳交論文	指導研究		Dottorato di ricerca相當我國博士學位，Master di II livello 或/Diploma di specializzazione II livello我國無相當學位

改制後（2001/2002年以後）

1. 5A級的學位

(1) Diploma di laurea（相當學士證書）：除醫學、獸醫藥科、牙醫、藥科及化學外之其他學科修業二年則授與Diploma di laurea證書。

(2) Diploma di laurea specialistica /Master di I livello/Diploma di specializzazione I livello/ Diploma di laurea specialistica（相當碩士證書）：醫學修業六年，獸醫藥科、牙醫、藥科及化學修業五年後授與Diploma di laurea specialistica證書，除醫學、獸醫藥科、牙醫、藥科及化學等學科外之其他學科在獲頒Diploma di laurea證書學位後再修業一年獲頒Master di I livello學位，修業二年獲頒Diploma di laurea specialistica學位，修業三年獲頒Diploma di specializzazione I livello。而醫學、獸醫藥科、牙醫、藥科及化學等學科在授與Diploma di laurea specialistica證書學位後再修業一年後授與Master di II livello/Diploma di specializzazione II livello學位（此學位係比碩士再進一級但比博士次一級的學位，我國無相當可比照之學位）。

2. 5B級的學位

Diploma（高級技術證書）：藝術、設計與製圖修業四年，芭蕾、戲劇修業三年以後授與此證書，為推廣教育之最高證書，有些專業且需經過專業考試合格才取得授證資格。然而，並無法憑藉此證書繼續接受高一層教育。

3. 6級的學位

Dottorato di ricerca（相當博士證書）：醫學、獸醫藥科、牙醫、藥科及化學等學科及其他學科，在授與diploma di laurea specialistica學位後經三年修業研究，並提出博士論文者皆可授與此博士證書。

有關義大利改制後高等教育的學歷、學位，修業年限，入學資格，以及畢業條件等請參照表9-3。

三、小結

對義大利而言，何項有關高等教育措施已改制或仍維持原狀是很難清楚劃分的，因此雖法案已清楚明定，但有些改革仍受延滯。在近幾年的改革中，較明顯的是三項重要觀念：高等教育的自治、高等教育的評估與高等教育的規劃。義大利在高等教育改革的措施擴至以下幾項領域：高等教育結合職業教育與終身教育，教育機構自治，指導教育方針，政府輔助獎學金制度等，大致而言，義大利的高等教育已與歐盟推動各會員國適用的高等教育措施接軌。

表9-3　義大利高等教育學位列表：改制後（2001/2002年以後）

學歷或學位	ISCED分類	修業期間	授予之高等教育機構	入學資格	畢業條件	學習模式	是否得申請更高層級學習	備註
Diploma di laurea	5A	一般學科為3年	Universita/Istituti universitari/ Politecnici	完成ECONDARY中學教育者，且需經大學入學考試	原則以考試為主，部分科系要求實習	教學原則以修習科目為主，採學分制（CRED-IT）	可申請研究所碩士級課程	相當於我國學士
Master di I livello/Diploma di laurea specialistica及Diploma di specializzazione I livello學位或Master di II livello/Diploma di laurea specialistica	5A	1至3年（例外：醫學部從大學開始6年，牙醫、藥學、獸醫、藥學、化學5年直接授授與與碩士學位）	Universita/Istituti universitari/ Politecnici	持Diploma di laurea學歷者	需繳交論文	教學採研究專題為主	可被接受申請Doctor課程	相當於我國碩士
Diploma di specializzazione II livello 及master di II livello	5A	1年	Universita/Istituti universitari/ Politecnici	持 Diploma di laurea specialistica	需繳交論文	教學採研究專題為主		我國無相當學位
Diploma	5B	3至4年	Accademie di belle arti/Istituti superior及Accademia nazionale di danza arte drammatica	持中學畢業學歷者	部分專業需實習	以職業訓練為主	只授與證書而不可繼續深造	
Dottorato di ricerca	6	需完成前揭兩階段及3年學習期間	Universita/Istituti universitari/ Politecnici	持Diploma di laurea specialistica學位學位文憑者	需繳交論文	指導研究		相當我國博士學位

第三節　葡萄牙高等教育

一、高等教育沿革與背景

　　葡萄牙於1986年通過教育體系基本法案（Basic Law on the Education System）建立管理所有層級教育的一般法，直至2003年後葡萄牙通過高等教育品質與發展新法（Low no.1/2003），採用新的學位架構，高等教育改革邁進一大步，並引進與ECTS配合的學分認證規則、教育機構品質認定及終身學習法。為採用兩段式學制，葡萄牙對各階段學程作改變，根據1980年的學位法，各大學採用國家學分系統與ECTS一致。該法於2003年修正，重點在建立最少入學條件並加強入學後的品質。自1998年起葡萄牙已加入歐盟高等教育品質確認網（ENQA），並於2003年建立高等教育諮詢評議會（Higher Education Advisory Council）。葡萄牙在1960年代僅有四所大學（Lisbon Technical, Classical Universities, Oporto 及 Coimbra Universities）且在1974年之前，高等教育資源只有保留於少數特權階級，至1990年代共有152所州立及81所私立高等教育學校。自1989年起由經濟部建立中學以上之技職教育體系，並與工廠機構合作，將訓練與勞動市場結合，提供特殊技術課程（Cursos de Especialização Tecnológica , CET）。自1999-2002年間，政府擴張規範CET可成為受訓者的修習學分。

二、高等教育學位區分之分析

(一) 高等教育學位證書之分類

　　葡萄牙因目前學制與歐盟高等教育整合之兩段式學制不同，葡萄牙已提出調整以Liccenciado 及Mestreystem學位的法案，大學只有在特定的情況下授與Doutor（Doctorate）學位，且各階段學位的修業年限亦將有不同。

　　葡萄牙高等教育以ISCED學位分類來分，可有以下三類：

1. 5A級的學位

(1) Bacharel（相當學士證書）：係由技職高等教育機構所提供的第一階段學程，如工程科技（Engineering）、健康科技（Health Technology）等，在完成三年學程後所授與之學位證書。

(2) Licenciado（相當碩士證書）：包括在Universidade醫學修業六年，工程、建築、法律修業5年，社會科學、商科、教師訓練修業四年所授與之學位（葡萄牙之Universidade係無中間證書之二段式大學，故直接授與Licenciado），與在技職高等教育機構（Instituto Politecnico）完成第一段的高等教育學程再修業一至二年後所授與的學位。

2. 5B級的學位

Bacharel：需完成三年高級職業訓練以後授與此證書，為推廣教育之最高證書，有

些專業且需於完成訓練並進行專業實習才取得授證資格，雖仍授與Bacharel，但無法繼續更高學位。

3. 6級的學位

Doutor博士證書：需完成前揭兩階段，有些學科需要兩年以上足夠的研究（Mestre），再根據學科不同完成不同的博士學程期間（variable duration），且須提出博士論文即可授與此博士證書。

(二) 高等教育機構、入學資格、學制及修業方式

葡萄牙高等教育以層級區分，可分為三階段，分述如下：

1. 第一階段（相當於我國之大學學士）

包括Universidad（相當我國之一般大學）、及Instituto Politecnico（技職高等教育機構）

- (1) 一般大學（Universidad）：進入大學必須完成中學並通過國家入學考試，類似我國學制，於高中階段先分科，考生選考與將來所學相關之科目，公立大學必須填寫六項選項的志願表，成績的計算以中學成績占50%，國家入學考試占50%。自1993年起，葡萄牙也安排特殊身分入學方法，例如殘障、葡萄牙移民、葡裔非洲人等，對於超過25歲無中學學歷者可經由特殊入學考試進入大學。

- (2) 技職高等教育機構（Instituto Politecnico）：入學資格需有中學畢業證明Bachiller，或通過相關專業的學科測驗，包括工程科技（Engineering）或健康科技（Health technology），在完成三年學程後所授與之學位證書。

2. 第二階段（相當於我國之碩士）

Licenciado（相當碩士證書）：包括在Universidade：醫學修業六年，工程、建築、法律修業五年，社會科學、商科、教師訓練修業四年所授與之學位（葡萄牙之Universidade係無中間證書之二段式大學，故直接授與Licenciado），與在技職高等教育機構（Instituto Politecnico）完成第一階段的高等教育學程再修業一至二年所授予的學位。

3. 第三階段（相當於我國之博士）

Doutor：需完成前揭兩階段，有些學科並須經兩年以上足夠的研究（Mestre），根據學科不同而需完成不同的學程期間（variable duration），且須提出博士論文方可授與Doutor學位。有關葡萄牙高等教育的學歷、學位，修業年限，入學資格，以及畢業條件等請參照表9-4。

表9-4　葡萄牙高等教育學位列表

學歷或學位	ISCED分類	修讀期間	授予之高等教育機構	入學資格	畢業條件	學習模式	是否得申請更高層級學習	備註
Bacharel	5A	一般學科為4年，醫學學科為6年（直接授與Licenciado），工程科與健康科學科3年，因學習科別而不同	Universidad Institute Politecnico	完成ECONDARY中學教育者，且需經大學入學考試	原則以考試為主，部分科系要求實習	教學原則以修習科目為主，採學分制（CREDIT/）	可申請研究所頒士級課程，但有些學科可直接上完頒士課程	相當於我國學士
Licenciado	5A	一至二年	Universidad Institute Politecnico	持Bacharel者	需繳交論文	教學採MODULAR為主	只有Universidade可接受申請Mestre及Doctor課程	相當於我國碩士
Bacharel	5B	三年	Vocational Training Institutos	持Bachiller學歷者	部分專業需實習	以職業訓練為主	雖授與證書但不得申請更高層級學習	
Doctor	6	需完成前揭兩階段，有些學科目須經兩年以上足夠的研究，根據學科不同而需完成不同的學程期間（variable duration）	Universidade	持Licenciado	需繳交論文	指導研究		相當我國博士學位

三、小結

葡萄牙對歐盟調和會員國高等教育的學制及認證制度的建立等各項措施,採取積極配合的態度。1990年代前期各大學有趨近特殊學科化的走向,政府目前遂反向操作,提升並廣化高等教育的領域,以配合歐盟專業人才的流通。葡萄牙同時也致力於提昇高等教育機構的教師素質,預計達到大學部分的終身教師,至少擁有技職高等教育的碩士(Mestre)學位或大學部的博士學位。

第四節　希臘高等教育

一、高等教育沿革與背景

希臘自1925年於塞薩洛尼基(Thessaloniki)成立亞里斯多得大學及1937年於雅典(Athens)成立歐頌(Athon)大學後,希臘的高等教育自始建立,此兩教育機構不但日後成為希臘教育與研究的模範,且因其地理位置之優勢,亦使其成為希臘政治及經濟之競技場。自19世紀初至1970年代,希臘的教育行政運作架構深受德國「Humboltien」模式影響,亦即由一級教授掌控行政權,設立教授職位,並由教育部長批准教學計畫,因此高等教育的自主權與自主管理受到極大的限制。然而,自大戰後特別是1950至1960年代,希臘成為OECD國家中高等教育成長率最高的國家,也因此帶動其經濟與社會的現代化,教育機構如雨後春筍般設立。1982年希臘的高等教育基礎運作有重要的變革,朝向組織化、普遍化與機構化方向;自1983年起建立高等教育入學考試系統,由1268/82改革方案引進新的高等教育運作架構,脫離了原始受限的運作,鞏固大學的政治庇護、自主權與自主管理並立法規定second-level的學習與研究;另一項主要事件同時展開-即強調學術界各層級的參與教育、研究及行政責任的民主過程。希臘於1992年成立國家技職教育與訓練系統(National System of Vocational Education and Training,ESEEK),以加強中階層勞動力,因應歐洲單一市場的競爭。[2] 希臘教育部1997年開始的教育再造主要是鞏固入學的公平性,加強教育免費觀念,採取人性化及配合國際現勢人才需求設置學科,提升學生文化素養與個人成長,並培養適應國際環境快速發展的能力。

二、高等教育學位區分之分析

(一) 高等教育學位證書之分類

希臘尚未實施歐洲學分認證系統(ECTS),關於波隆尼亞進程,希臘亦尚未有

2　希臘於1981年加入歐洲共同體,歐體於1992年12月31日完成經濟單一市場計畫

相關的教育改革，然而，最近於2001年通過高等教育與技職部門組織結構法案，採用ISCED學位分類中的5A級機構，且於2002年成立5A級碩士學位。目前，大致上希臘仍採兩段式學制即第一段四至六年，一般普通大學為四年制，技職學院三年半（再加上一學期相關領域工作實習），包括經濟行政、應用藝術、應用工程、健康與社會學、食品與加工、農業與音樂技術等，而技術、藥學與牙醫大學為五年制，醫學則為六年制，第二段研究所一至二年，博士學位三年以上。

1. 5A級的學位：包括Ptychio（相當學士證書）、Diploma（相當學士證書）、Metaptychiako diploma eidikefsis（相當碩士證書）

2. 6級的學位：只有Didaktoriko diploma（相當博士證書）

(二) 高等教育機構、入學資格、學制及修業方式

希臘高等教育以層級區分，可分為三階段，分述如下

1. 第一階段（相當於我國之大學學士）

包括Panepistimio（相當我國之一般大學）、Polytechneio/Panepistimio（專指engineering領域之大學）及Technologiko Ekpaideftilo Idryma,TEI（專指技職學科之大學）。

(1) 一般大學（Panepistimio）及專指工程領域之大學（Polytechneio/Panepistimio）：擁有中學（希臘為Eniaia Lykeia）畢業證明（leaving certificate）即可申請進入一般大學高等教育機構。修業期限通常為四年制，而技術、藥學與牙醫大學為五年制，醫學則為六年制，以課程選讀為修習方式，其主要評量方式為考試。畢業後取得Ptychio或Diploma（專指工程領域），相當於我國的學士證書。希臘高等教育各校招生入學人數係由教育部每年公布。自1997年依據2525/97法案通過後，入學人數遽增。倘若申請人數超過規定招生人數，錄取標準如下：以中學第二、三年九個科目總平均（G.M.O）加上全國性考試成績計算。若是申請教職科系（例如物理教育、科學、外國語文及文學、軍事學校等）則需加考特別學科或體能測驗，除此之外，特殊條件申請高等教育入學包括以下六種情形：

A. 住在海外之希臘人

B. 於希臘工作之外國人子女

C. 賽普勒斯人

D. 外籍人士

E. 外籍人士擁有獎學金者

F. 異教希臘僑民擁有獎學金者

(2) 技職大學（TEI）：國立技職大學之入學資格需有技職中學（Secondary Technical Vocational Educational Schools）之低階中學（Gymnasio, lower secondary school）畢業證明，私立技職大學需有普通中學之高階中學（lykeio, upper sec-

ondary school）畢業證明，成人者雖只有低階中學畢業證明也可被接受。取得證明後得以參加全國性考試（包括兩科共同科目，一科專業科目），通過後即可申請數個技職教育機構。其修業年限為四年（包括三年半課程再加上一學期相關領域工作實習），修業完成取得確認證明（Confirmation of Vocational Training）後，取得技職大學證書（Vocational training Diploma）。

2. 第二階段（相當於我國之碩士）

希臘的大學設有219所研究所（Postgraduate study programmes, PMS）入學資格為持有Ptychio及Diploma（相當學士證書）者，經由甄試或筆試及口試通過者，且需要有外語能力，外國人申請則須具備希臘語能力，甄試成績包含大學時期成績、研究所相關之大學科目表現及大學論文或其他研究著作等，修業年限為一至二年，以學分為修習方式，研究生須用三個月以上時間撰寫研究報告或論文（Postgraduate research or thesis）。修業完成後授予Postgraduate specialization degree（MDE），相當於我國之碩士學位。

3. 第三階段（相當於我國之博士）

希臘之Didaktorilo Diploma相當於我國之博士學位，入學資格為持有MDE 學位者，修業年限為三年以上，須繳交論文（thesis）與通過口試；但有些大學學科例如工藝（技術）領域（Polytechnic field）等設有博士學位卻無碩士學位。博士學位之課程、修業時間及學分皆由學校校務會議（Special General Assembly ,GSES）決定，再由學校評議會核准。

除此正規學習課程（Conventional Study Programmes, SPS）外，對於超過23歲之成人，亦可透過希臘空中大學（Hellenic Open University, OU）取得高等教育學位。希臘空中大學課程包括三種：

(1) 大學後再訓練課程－修完課程後取得結業證書（certification of attendance）

(2) 大學教育課程－修完課程後取得學士學位（academic degrees）

(3) 研究所教育課程－修完課程後取得研究所專門學位（postgraduate specialisation degrees）

有關希臘高等教育的學歷、學位，修業年限，入學資格，以及畢業條件等請參照下頁表9-5。

表9-5　希臘高等教育學位列表

學歷或學位	ISCED分類	修業期間	授予之高等教育機構	入學資格	畢業條件	學習模式	是否得申請更高層級學習	備註
Ptychio或diploma	5A	藥學、牙醫及技術類為5年，醫學為6年，其他學科為4年，因學習科別而不同	University Open University College/Institute of Higher Education Vocational Training Institutes	完成SECONDARY中學教育者，若為技職則為大學入學則需經全國性考試	原則以考試為主、部分科系要求實習	教學以修習學科課程，各課程應修習達若干小時為主，學期末須通過各學科測驗	可申請研究所碩士課程，但有些學科可直接申請博士課程（例如Panepistimio	相當於我國學士
Metaptychiako diploma eidikefsis	5A	1至2年	University Open University College/Institute of Higher Education Vocational Training Institutes	持Ptychio或diploma學歷者	需繳交論文	教學採研討專門學科為主，另設會或講座談會	可被接受申請Didaktorilo diploma課程	相當於我國碩士
Didaktoriko diploma	6	3年以上	University Open University College/Institute of Higher Education Vocational Training Institutes	持Metaptychiako diploma eidikefsis學歷者，部分學校接受Ptychio或diploma pass degree 者	需繳交論文	指導研究		相當我國博士學位

三、小結

　　希臘共有廿所大學及一所空中大學，希臘目前大致上仍採兩段式學制高等教育，惟其絕大多數學生只擁有第一階段學士學位（約佔85%以上），雖然希臘於2003年國會教育改革案中，將合併學士與碩士課程，縮短學士課程為三年，但遭受學校與學生反對而陷入僵局。希臘對國外大學的學分與學歷的認證程序係由隸屬教育部的特別機構稱Inter-University Centre for Recognising Foreign Degrees（DIKATSA）[3] 負責，該機構認證是以平等互惠認證希臘學歷原則。為配合國際化及調和歐盟會員國的學習課程，希臘高等教育體系大半提供英語化課程，並有越來越多與歐洲其他國家交換的學生，為期一至二學期；希臘塞薩洛尼基（Thessaloniki）大學附設語言中心，專為外國學生於大一入學時開設一年密集的希臘語課程。

3　Inter-University Centre for Recognising Foreign Degrees (DIKATSA)地址為223 Mesogeion str, 11525 Athens, Greece. TEL:30-192-37835, Contact: Lianos Theodoros.

第一節　瑞典高等教育

一、瑞典高等教育背景

　　瑞典的高等教育開始於1477年，最初的目的是爲了提供較貧困而無法赴歐陸國家唸大學的年輕人有修習高等教育的機會，特別是在法律、神學與哲學。而至十七世紀，瑞典的大學開始從事部分自然科學研究與政府官員教育，爾後的大學教育也緊密與當地社會需求配合，這個傳統延續至二十世紀後期，政府對高等教育制度的整合，強調高等教育與工作生活的結合。因此，就歷史而言，瑞典的高等教育有兩大傳統，一是政府的強制介入，二是實用性教育的導向。然而在1990年代的高等教育改革，通過了瑞典主要的法律——高等教育法（1993），更確認大學應具提升社會經濟競爭力的任務及與勞工市場的結合。雖然如此，並非代表瑞典不重視大學的學術研究，而是說明其高等教育在社會的定位。同時該法也重新定位政府與大學之關係，將大學自治權以法律條文規定，政府僅負責學位的規範，課程交由大學自主。瑞典於1995年加入歐盟，算是新興會員國，波隆尼亞進程的原則尚未在該國實現，但值得注意的是，在2004年2月公布的特別委員會報告，宣示了未來將往二級三階學制及學分制的高等教育改革方向。

二、瑞典高等教育學位分析

(一) 高等教育學位證書之分類

　　原則上，瑞典的學制與學科相當繁瑣，尚未有明顯的二級三階制，加以其大學負有協助社會工作的傳統，許多科目是以課程的應用程度爲計劃其修業內容與年限，只有在一般科目（即除醫學、牙醫、獸醫、心理、建築、法律、師資培育、心理治療、護理、藝術及防火工程外，統稱一般科目）可區分出學士三年與碩士一年之原則，其它科目皆有不同學位證明名稱與修業方式；在博士研究學位上也有四年制的一貫課程與各爲二年的分隔學位，可謂相當繁雜。

　　而依聯合國國際教育分級標準（ISCED）而言，其與英美傳統的二段三階學制相去甚多，其所授學位或證書名稱與其上課內容相關，故分類十分細瑣，未來需進行的改革相當巨大，其各類高等教育所頒之學位或證書，分類如下：

1. 5A級學位：包括Veterinärexamen/ läkareamen (Med/Vet), läkareamen (teacher train-ing) Apotekarexamen/ tandläkareamen/ psykologexamen/ landskapsarkitektexamen/ arkitektexamen/civilingenjorsexamen/agronomexamen/juristexamen/ hortonomexamen/ Logopedexamen/ Organistexamen/ Brandingenjörsexamen/ Socionomexamen/ Arbetster-apeutexamen/ Optikerexamen/ Sjukgymnastexamen/ sjuksöterskeexamen/ Konstnärlig/ högskoleexamen/ Kandidatexamen/ Magistereamen；
2. 5B級學位：包括Kvalificerad / yrkesexamen / Intyg /diplom /gesällbrev；
3. 6級學位：有研究型學位，分二licenciat 和doktor。

若以課程是否屬大學層級區分，在前述瑞典的高等教育傳統可以得知，其大學學院的課程設計，原本就有濃厚的專業技術意涵，前述5A級的課程與英美制的技職區分並不明顯，屬5B級的課程相當少。而在大學層級方面，非一般科系如醫學、獸醫、法律、心理、建築、工程、音樂、社工、藝術等，修業為三至六年，其取得學位者可直接申請研究學位課程，而若係一般科系general programs，可以略分三個階段，分述如下：

1. 第一階段為大學部為kandidatexamen，即為相當於我國之學士，入學資格為中學畢業且考試及格者，修業為三年，以課程及考試為修習方式，其主要評量方式為考試，須修滿120個學分。
2. 第二階段為magisterexamen，入學資格為持學士學位者，相當於我國之碩士，修業多為一年，亦有以學士連貫課程要求四年，以修習80學分為畢業條件，多數課程學習者皆須繳交研究論文。
3. 在第三階段有兩種研究學位，入學資格皆為碩士學位者，其學位有二類，一為licenciat修業年限二年，須完成80學分課程修讀與繳交論文（thesis）；另一為Doktor修業四年，亦須完成160學分及繳交論文並經口試通過者；兩者修業年限不同，訓練方式亦有異，雖然皆屬博士級研究學位，但層級不同，持liceniciat者得再申請二年制doktor課程，應屬學士級之中間型學位。

(二) 瑞典高等教育機構、學制及修業方式

瑞典高等教育機構，可分為大學（universitet/university）、大學學院（högskolk/uni-versity college）及技職學校（vocational school/ kompletterande skola）等三類機構；而前二類主要以國立為主，但也有私立學校（但接受國家補助），該二類校院皆屬可授予學士以上學位的高教機構，但第三類的kompletterande skola僅提供為專業或職訓課程，授予技職證明（ kvalificerady rkesexamen）或補充教育（intyg/ diploma/ gesällbrev）。

整體而言，若以傳統大學 / 大學學院為基礎，可略區分高等教育機構為大學機構及非大學機構，分述如下：

1. 大學機構：目前有國立十三所大學與二十三所大學學院為主，私立校院則有三所，此等高等教育機構在法律授權下，皆擁有各項學位授予權限，而目前正有

二十所私人高等教育機構亦被准予開設大學部的課程；雖法律授權決定各類學位、證明的資格與條件，原則上仍由學校決定課程安排與畢業條件；在1992年高等教育法，重新調整高等教育各校地位，其所有學生約占全部高等教育人口之三分之二。

2. 非大學機構：除大學及大學學院外，其它類別高等教育機構亦可提供二至三年修業的技職證明或補充教育證書。

有關於入學資格方面，基於瑞典傳統上國家介入高等教育定位事宜，雖課程學術自主性日高，但入學資格仍由國家法律定之。原則上，入學大學基本資格為在高中時期完成國家課程者（national program），並且應有90%的課程及格。但是為了因應擴大高等教育學習人口之政策，瑞典亦承認凡25足歲而有四年以上工作經驗，或具有一定知識者，亦可申請入學大學，充分展現其彈性。另外，除了高中成績外，瑞典有國家舉辦之「共同大學適向測驗」（common university aptitude test），而大學入學名額約三分之一是由高中成績決定，三分之一由大學適性測驗與高中成績決定，另三分之一則由工作經驗與適性測驗決定。

而在研究學位方面，由於瑞典並非全部科系為二級三階制度，一般學科能區分三級制，同時許多科目是授予5A級的專業學位，但並非區分學士或碩士；原則上，研究所學位仍由各校自行決定；一般科目的學士（Kandidatexamen）修業為三年，碩士（Magisterexmen）一年，亦有四年一貫的直攻碩士課程，該碩士又區分為專業型（Magisterexmen Med Ämnedjup）與學術型（Magisterexmen Med Ämnedjup）；而研究學位的博士（Doktor）為四年，亦可分為Licenciat及Docktor兩段修習，其修業年限則各為二年。

有關瑞典高等教育的學歷、學位，修業年限，入學資格，以及畢業條件等請參照下頁表10-1。

三、小結

瑞典的高等教育因其傳統上著重專業實務的知識傳授，反映在其課程設計與學位證書分類上，而強調大學的社會功能，使政府與大學的伙伴關係較為緊密；但並非瑞典不重視其學術研究，而係在高等教育學習過程中，強調課程實務專業性的設計；例如各類別的專業學位證書，在一般科目亦有開設，在一般科目修讀者，可多修學分的方式在學士學位外加修取得högskoleexamen專業文憑，足見其專業社會性的重視。綜言之，瑞典高等教育制度並非學術象牙塔，與社會互動息息相關，目的係培育學術與專業並具的人才。

表10-1　瑞典高等教育學位列表

學歷或學位	ISCED 分類	修業期間	授予之高等教育機構	入學資格	畢業條件	學習模式	是否得申請更高層級學習	相當我國學位
Veterinärexamen/läkareamen (Med/Vet)	5A	5年半	Universitet högskola	修畢secondary education經國家考試或具相當工作經驗者	專業型知識與技能(學校自定)120個學分	教學 論文	Doktor Licenciat	專業型學位，應可相當於我國醫學士及獸醫學士
läkareamen (teacher training)	5A	3-5年	Universitet högskola	修畢secondary educatin經國家考試或具相當工作經驗者	專業型知識與技能(學校自定)120個學分	教學 論文	Doktor Licenciat	專業型學位，應可相當於我國教師資格暨學士學位
Apotekarexamen/tandläkareamen/psykologexamen/landskapsarkitek-texamen	5A	5年	Universitet högskola	修畢secondary education經國家考試或具相當工作經驗者	專業型知識與技能(學校自定)120個學分	教學 論文	Doktor Licenciat	專業型學位，應可相當於我國學士學位
Arkitektexamen/civilingenjorsexa-men/agronomexa-men/juristexamen/hortonomexamen	5A	4年	Universitet högskola	修畢secondary educatin或具相當工作經驗者	專業型知識與技能(學校自定)120個學分	教學 論文	Doktor Licenciat	專業型學位，應可相當於我國學士學位
Logopedexamen/Organistexamen	5A	4年	Universitet högskola	修畢secondary education經國家考試或具相當工作經驗者	專業型知識與技能(學校自定)120個學分	教學 論文	Doktor Licenciat	專業型學位，應可相當於我國學士學位
Brandingenjör-sexamen/Socionomexamen	5A	4年	Universitet högskola	修畢secondary education或具相當工作經驗者	專業型知識與技能(學校自定)120個學分	教學 論文	Doktor Licenciat	專業型學位，應可相當於我國學士學位
Arbetsterapeu-texamen/Optiker-examen/Sjukgymnastexa-men/sjuksöterske-examen	5A	3年	Universitet högskola	修畢secondary education經國家考試或具相當工作經驗者	專業型知識與技能(學校自定)120個學分	教學 論文	Doktor Licenciat	專業型學位，應可相當於我國學士學位
Konstnärlig högs-koleexamen	5A	3-4年	Universitet högskola	修畢secondary education經國家考試或具相當工作經驗者	專業型知識與技能(學校自定)，至少120個學分	教學 論文	Doktor Licenciat	專業型學位，應可相當於我國學士學位

學歷或學位	ISCED分類	修業期間	授予之高等教育機構	入學資格	畢業條件	學習模式	是否得申請更高層級學習	相當我國學位
Arbetsterapeutexamen/Optikerexamen/Sjukgymnastexamen/sjuksöterskeexamen	5A	3年	Universitet högskola	修畢secondary education經國家考試或具相當工作經驗者	專業型知識與技能（學校自定），至少120個學分	教學 論文	Doktor Licenciat	專業型學位，應可相當於我國學士學位
Konstnärlig högskoleexamen	5A	3-4年	Universitet högskola	修畢secondary education經國家考試或具相當工作經驗者	專業型知識與技能（學校自定），至少120個學分	教學 論文	Doktor Licenciat	專業型學位，應可相當於我國學士學位
högskoleexamen	5A	2年	Universitet högskola	修畢secondary education經國家考試或具相當工作經驗者	專業型知識與技能（學校自定），至少80個學分	教學		無我國相當學位，類似英國高等教育證書
Kandidatexamen	5A	3年	Universitet högskola	修畢secondary education經國家考試或具相當工作經驗者	專業型知識與技能（學校自定），至少120個學分	教學 論文	Magistereamen	相當於我國學士學位
Magistereamen	5A	1年，若高中畢業直攻則需4年	Universitet högskola	修畢general programme具Kandidatexamen者，亦有secondary education經國家考試或具相當工作經驗者直接攻讀	學術型碩士需有40學分之論文，專業型碩士則需20學分之論文	教學 論文	Doktor Licenciat	相當於我國碩士學位
Licenciat	6	2年	Universitet högskola	具各項5A級學位者（除Kandidatexamen）	80學分，40學分之論文	教學 論文	Doktor	無我國相當學位，類似英國MPHIL，應與我國碩士類似
Doktor	6	2-4年	Universitet högskola	具各項5A級學位者（除Kandidatexamen）及Licenciat者	160學分，80學分之論文	教學 論文		相當於我國博士學位
Kvalificerad yrkesexamen	5B	2-3年	kompletterande skola	修畢secondary education，或具相當工作經驗者，不需經國家考試	技職證明	教學		無我國相當學位
Intyg/diplom/gesällbrev	5B	2-3年	kompletterande skola	修畢secondary education或具相當工作經驗者，不需經國家考試	技職證明	教學		無我國相當學位

第二節　丹麥高等教育

一、丹麥高等教育背景

　　雖然丹麥的高等教育開始於1479年的哥本哈根大學，但是實際上在爾後的四百年內，它也是丹麥唯一的大學；直到十八世紀末葉，方出現另一所學院，而十九世紀後，才開始廣設專門技術學院，其高等教育的發展在歐洲地區，可謂相對的晚期，尤其是大學部分，幾乎皆在二十世紀方成立。但雖然發展較晚，丹麥的高等教育卻發展迅速，尤其在最近二十年，丹麥在非學位的技職教育大幅成長，其一部分是國民所得較高（僅次於盧森堡），另一部分是因為國家文化及政治上重視國民的高等教育。目前丹麥有四所大學及七所大學層級的技術學院，還有許多提供技職訓練的學院。在傳統上，丹麥的高等教育改革自1980年代開始，係為了回應產業對次高等教育的期待，即加強了學校與雇主的合作，設計高等教育課程，讓課程訓練專門化，原則上，丹麥的高等教育依修業時間長短分為四個類別階段（cycles），而政府部門也對不同階段的高等教育立法有不同的法律規範，對其訓練教育的目的、課程規劃及學位類別，皆以法律定之；該等改革亦是回應波隆尼亞進程的宣言，其中2003年提出的大學法草案，進一步落實了二階三段式的高等教育架構。綜言之，丹麥一如北歐地區國家，在高等教育十分著重其與社會的實用互動，國家對於高等教育的引導規劃亦介入為深。

二、丹麥高等教育學位分析

(一) 高等教育學位證書之分類

　　原則上，丹麥的學制與學科並不繁瑣，在改革後的高等教育，採明顯的二級三階制，四個類別階段（cycles）的設計，充份配合波隆尼亞進程的要求，雖其大學負有協助社會工作的傳統，許多科目是以課程的應用程度為計劃其修業內容與年限，但原則上可區分學士三年與碩士二年之原則，僅部分科目如醫學、獸醫及工程採連貫五年至六年的碩士學制，其學位證明名稱與修業方式已相當一致；在博士研究學位則有PHD及Doktorgrade兩類別，分別修業三年及五至八年；另有二至三年的技職課程，並不授予任何學位（僅有畢業證明Diploma）。

　　而依聯合國國際教育分級標準（ISCED）而言，丹麥在改革後，其與英美傳統的二段三階學制相去不遠，在法律的規範下，其所授學位或證書名稱十分單純，其各類高等教育所頒之學位或證書，分類如下：

　　　1. 5A級學位：包括Bachelor /Candidadatus (Medicine) / Candidadatus (Vet)/ Candidadatus (Pham. /Arch.) Candidadatus (others)/ Magister (art)
　　　2. 5B級學位：包括/Professions-Bachelor
　　　3. 6級學位：研究型學位，分二PHD和Doctorgrad

　　若以課程是否屬大學層級區分，在前述丹麥的高等教育傳統可以得知，其大學學院的課程設計，原本就有濃厚的專業技術意涵，前述5A級的課程係與英美制的一般大學課程相當，屬5B級的課程則包括教師訓練、社會工作、護理及電影等技術職業訓練，與一般大學課程區分十分清楚，其授予學位爲「專業型學士」（PROFESSIONAL BACHELOR），與一般學士有所區分在其課程設計之目的以技職爲導向，且不得持該學歷爲研究所教育之申請資格。在大學層級方面，可以略分二個階段，分述如下：

1. 第一階段爲Bachelor，此爲大學部的第一階段，即爲相當於我國之學士，入學資格爲中學畢業且考試及格者，修業爲三年，以課程及考試爲修習方式，其主要評量方式爲考試。

2. 第二階段爲Candidadatus，入學資格爲bachelor degree者，相當於我國之碩士，修業多爲二年，而醫學、獸醫及工程學門則以學士連貫課程要求五年至六年，少部分人文科係有連貫六年課程，授予Magister of Art；碩士課程以Study Units爲修習方式，多數課程學習者皆須繳交研究論文。

3. 在第三階段有兩種研究學位，入學資格皆爲碩士學位者，其學位有二類，一爲PHD修業年限三年，須完成課程修讀與繳交論文（thesis），其論文應經公布受學界檢視；另一爲Doctorgrad修業五至八年，須繳交論文並經口試通過者；兩者修業年限不同，訓練方式亦有異，PHD課程目的採英美式，其學位係授予具研究能力資格者，而Doctorgrad則係傳統模式，申請學位者必須提出實質對其研究學門有貢獻之論文。因PHD是新制，傳統上丹麥視Doctorgrad爲較高一級的學位，甚至接受PHD持有者之申請入學。

(二) 高等教育機構、學制及修業方式

　　丹麥高等教育機構可分爲大學（universiteter）、科技大學（tekniske universiteter）、大學層級學院（Højskoler）、專門技術學院（ e.g. social højskoler, sygeplejerskole, lærerseminarier）及技術學校（tekniske skoler）等四類機構，前二者皆屬可授予學士以上學位的高教機構，其中科技大學與第三類學校，皆可提供在專業職訓或中小學教師培育課程，授予「專業型學士」（Professional Bachelor）；而第四類學校是提供二年期職業訓練，不授與任何學位，僅爲證書之授與。

　　整體而言，若以傳統大學爲基礎，可略區分丹麥高等教育機構爲大學機構及非大學機構，分述如下：

1. 大學機構：目前有十一所國立大學，其中五所是傳統大學，三所是科技大學，二所是商業管理學院、一所是師資培育大學；而在法律授權下，皆擁有學位授予權限，但法律授權決定各類學位、證明的資格與條件，原則上大學是提供研究及教學，但科技大學會提供非學位的證書。

2. 非大學機構：除大學外，其它類別高等教育機構亦可提供專業學士學位證書及修

業證明等，包括專門技術學院與技術學校等高等機構。

有關於入學資格方面，基於丹麥各類高等教育機構為法律授權自治性組織，各校依法律規定之入學條件擇選申請學生，但基本上，大學層次的大學部課程皆要求學生至少須在高中通過下列考試之一：studentereksamen, højere forberedelseksamen (HF), højere handelseksamen (HHX), højere teknisk eksamen (HTX)，但部分學校得對學生採取適性測驗或要求工作經驗，但原則仍以前述考試決定入學申請。而研究所以上學程，則各校依彈性自訂，基本上亦須大學學士學位為原則性條件；而在研究學位方面，碩士學位是基本要求，並無以其它證明或工作經驗替代的彈性。

有關丹麥高等教育的學歷、學位，修業年限，入學資格，以及畢業條件等請參照下頁表10-2。

三、小結

丹麥的高等教育一如歐陸國家的高等教育特色，以法律訂定各類學位條件、入學條件及其課程等基本規範，但授課的內容仍由大學（及其它高等教育機構）負責，換言之，高等教育的學術自由仍由大學負責，而政府透過法律與資源分配的引導，將高等教育與社會服務、產業訓練緊密結合，該等高等教育之學術自由與社會角色的平衡，是歐盟高等教育做為公共服務的特色。

然經過1980年開始的改革後，丹麥高等教育已建立相當清楚的二段三階學制，其高等教育之特色，在於技職體系雖然與一般大學分離，但獨有的「專業學士」制度，給予技職體系學生類似學術的文憑，雖然不能申請更高層研究課程，但顯見其對技職教育的重視。另外，丹麥高等教育重視其實用的特色，亦顯見在其對非一般的專業科目，如醫學、獸醫、工程的學碩士一貫課程設計，及各學位可加修六個月的專業補充課程，都是其高等教育結合應用性的努力。

表10-2　丹麥高等教育學位列表

學歷或學位	ISCED 分類	修業期間	授予之高等教育機構	入學資格	畢業條件	學習模式	是否得申請更高層級學習	備註
Candidadatus (Medicine)	5A	6年半	Universiteter	在高中通過資格考各項試之一者	完成STUDY UNITS修習，該論文，數並且提出應有6個月寫作期	教學課程研究，修習，指導	可申請PHD或Doktorgrad	相當於我國醫學士
Candidadatus (Vet)	5A	5年半	Den kgl. Veterinør- Og landbohøjskole	在高中通過資格考各項試之一者	完成STUDY UNITS修習，該論文，數並且提出應有6個月寫作期	教學課程研究，修習，指導	可申請PHD或Doktorgrad	相當於我國獸醫學士
Candidadatus (Pham. Arch.，others)	5A	2年	Danmarks Farmaceutiske Højskole Arkitektskoler	持學士學位者	完成STUDY UNITS修習，該論文，數並且提出應有6個月寫作期	教學課程研究，修習，指導	可申請PHD或Doktorgrad	相當於我國學士
Candidadatus (engineering)	5A	5年	Danmarks Tekniske Universiterte Aalbrog Universiteter	在高中通過資格考各項試之一者	完成STUDY UNITS修習，該論文，數並且提出應有6個月寫作期	教學課程研究，修習，指導	可申請PHD或Doktorgrad	相當於我國碩士
Magister (art)	5A	6年	Universiteter Danmarks Farmaceutiske Hojskole Arkitektskoler Handelshojskoler Den kgl. Veterinør- Og landbohojskole	在高中通過資格考各項試之一者	完成STUDY UNITS修習，該論文，數並且提出應有6個月寫作期	教學課程研究，修習，指導	可申請PHD或Doktorgrad	相當於我國碩士
PHD	6	3年	Universiteter Danmarks Farmaceutiske Hojskole Arkitektskoler Handelshøjskoler Den kgl. Veterinør- Og landbohojskole	持碩士(含Magister和Candidatus)學位者	完成課程修習與教學或具它型式的討論訓練，提出論文者	教學課程研究，修習，指導	可申請Doktorgrad	相當於我國博士

學歷或學位	ISCED分類	修業期間	授予之高等教育機構	入學資格	畢業條件	學習模式	是否得申請更高層級學習	備註
Doctorgrad	6	5-8年	Universiteter Danmarks Farmaceutiske Højskole Arkitektskoler Handelshøjskoler Den kgl. Veterinor- Og landbohøjskole	持碩士學位或PHD學位者	完成論文，該論文Thesis應由數個相關的Dissertation組成	指導研究		相當於我國博士
Bachelor	5A	3年	Universiteter Danmarks Farmaceutiske Højskole Arkitektskoler Handelshøjskoler Den kgl. Veterinor- Og landbohøjskole	在高中通過資格考試之一者	完成課程修習	教學、修習課程、	可申請Candidatus課程	相當於我國學士
Profes-sions-Bachelor	5B	3年	Jordemoderskoler Sygeplejerskoler Sociale Højskoler Lærerseminarier Ingeniørhøjskoler Danmarks Tekniske Universitet	在高中通過資格考試之一者	完成課程修習	教學	不可申請更高階課程	無相當我找國學位
Diploma	5B	2-3年	Tekniske Skoler Handelsskoler landbrugsskoler	在高中通過資格考試之一者，或有相當工作經驗者	完成課程修習	教學	不可申請更高階課程	無相當我找國學位

第三節　芬蘭高等教育

一、芬蘭高等教育背景

　　一如北歐諸國，芬蘭的高等教育發展相當晚。芬蘭在歐洲的歷史中，向屬偏遠而爲列強所分割，其官方語言以芬蘭語與瑞典語共同並列使用，這些歷史的因素都在其高等教育制度呈現；芬蘭的第一所大學於1640年瑞典統治時期在Turku成立，後來在俄羅斯統治下更名爲Imperial Alexander University of Finland，在1908年，才有第二所大學的成立。而在1960年代後，芬蘭因應工業的需求，才又開始大量設立以專門技術爲取向的後中學教育機構（post- secondary colleges）。芬蘭最重要的高等教育改革是在1990年代開始，是將技職取向的中學後教育納入高等教育體系；在早期芬蘭對高等教育的定義是十分嚴格，僅教授科學科目的大學才是高等教育，而改革後的高等教育則納進原先的中學後技職體系，將其升格爲大學層級的高等教育機構，同得授予研究所的學術學位，因此芬蘭大學生人數也從1960年的二萬四千人快速成長至2002年的三十萬七千人。而一如其它歐洲國家，芬蘭的高等教育亦由國家法律規範其學位授予權力、經費來源與宗旨。

二、芬蘭高等教育學位分析

(一) 高等教育學位證書之分類

　　芬蘭的高等教育有技職訓練的傳統，但在改革之後，所有的技職學校都有授予學位證書的權力，但與傳統高等大學教育的學位仍有區別。且芬蘭高等教育傳統並無學士學位之制度，而第一階段（undergraduate）的修業期間甚長，爲五至六年，畢業學位皆爲碩士，爲配合波隆尼亞進程的二段三階學制，自2005年起，將全面由原先undergraduate階段切割爲二，第一期爲學士，修業期爲三年至四年，第二期則改爲碩士，修業爲一至二年；目前則新舊制度並行，值得強調的是，芬蘭的undergraduate包括學士及碩士，分別以低等與高等學位（lower 或higher degree）稱之，而postgraduate只有研究學位，不含碩士，與其它國家的定義略有不同。另外在技職體系的非學術學位上，芬蘭仍保有四至五年的專業課程，並且要求完成三年以上的工作實務經驗後，可再進修更高一層的專業學位（屬postgraduate級）；雖說該等學程是技職取向，但其又有學分修習與學級升等制度，故在ISCED分類，並不將之獨列爲技職類別（5B），而與一般高等教育並列爲5A級。

　　綜言之，依聯合國國際教育分級標準（ISCED）而言，芬蘭高等教育在改革後，其與英美傳統的二段三階學制相去不遠，僅前述專業課程較爲特殊，在法律的規範下，其所授學位或證書名稱十分單純，其各類高等教育所頒之學位或證書，分類如下：

　　1. 5A級學位：包括Lisensiaatti-licentiat (Med/Vet) / Erikoisiääkäri- specialläkare/Er-
　　　ikoiselälnlääkri- specialveterinär/ Lisensiaatti-licentiat (Dentistry)/Erikoishammaslääkäri-

specialtandläkare/ Kandidaatti-kandidat (law) / Olikeusnotaari-rättsontarieKandidaatti-kandidat (other subject)/Maisteri-magister/ Farmaseutti-farmaceut /Proviisori-provisor /Ammattikorkeakoulututkinto- yrkeshögskoleexamen

2. 5B級學位：無。

3. 6級學位：研究型學位，分二lisensiaat_ licentiat 和tohtori_doktor 兩類。

若以課程是否屬大學層級區分，在前述芬蘭的高等教育傳統可以得知，其大學學院的課程設計，原本就有濃厚的專業技術意涵，在改革之後，原屬技職教育的課程亦如一般大學課程區分為二段（graduate/postgraduate），故無屬ISEDD之5B級的課程，但芬蘭對技職教育之重視並不因此而減扣，二十九所技職校院之學生約為全部高等教育學生之五分之二。在傳統大學層級方面，可以略分三個階段，分述如下：

1. 第一階段Lower Degree或Bachelor，是大學部的第一階段，即為相當於我國之學士，入學資格為中學畢業且考試及格者，修業為三年，以課程學分選修及考試為修習方式，其主要評量方式為考試，但需繳交學士論文。

2. 第二階段為Higher Degree或Master，入學資格為Bachelor者，相當於我國之碩士，修業多為一至二年，而醫學、獸醫及工程學門則以學士連貫課程要求五年至六年，稱之Licientiat；該碩士課程是與學士課程為連繫，皆屬Undergraduate的一部分，入學資格為完成第一階段課程者，課程學習者皆須繳交研究論文。另外在醫學、牙醫與獸醫，完成Licientiat課程加上考試後，修習三至六年的專門學位（Specialisation Degree），係為一種的專業證明書

3. 在第三階段有兩種研究學位，入學資格皆為碩士學位或Higherdegree者，其學位有二類，一為lisensiaat_ licentiat修業年限二年，須完成課程修讀與繳交論文；另一為tohtori_doktor修業四年，須繳交論文並經口試通過者；兩者修業年限不同，訓練方式無異，雖皆屬研究型學位，但原則上博士課程為四年，可一貫修習或分二階段完成。

(二) 高等教育機構、學制及修業方式

在1990年代的改革後，合併原有八十五所學院為技職校院，芬蘭高等教育機構可分為大學（yliopisto/universiteter）及技職校院 （ammattikorkeakoulu/yrkeshögskolan）兩類，整體而言，分別負責其高等教育的兩大重心；另有軍事國防校院（maanpuolustus-korkeakoul/försvarhögskolan），亦授予學位，而其若以傳統大學為基礎，可略區分丹麥高等教育機構為大學機構及非大學機構，分述如下：

1. 大學機構：目前有二十所是國立綜合大學，其中十所是傳統綜合大學，十所是專門大學。專門大學其中三所是商業管理學院、三所是工程與建築大學，四所是藝術大學；而在法律授權下，皆擁有學位授予權限，但法律授權決定各類學位、證明的資格與條件，原則上大學可自主提供研究及教學內容，並提供undergraduate

（含學士及碩士）及postgraduate（含博士）二段式學程。

2. 非大學機構（技職校院）：除前述綜合大學與專門大學及軍事國防校院外，其它類別高等教育機構係屬技職體系，目前有二十九所技職校院，皆爲市立或私立，與地方發展密切結合，可提供專業學位證書及修業證明等，其提供係爲二段（undergraduate及postgraduate）二級學制，尚無第三級的博士課程。

有關於入學資格方面，基於芬蘭各類高等教育機構爲法律授權自治性組織，各校依法律規定之入學條件擇選申請學生，唯芬蘭仍有國家入學考試，各校得依據學生考試成績配合自校入學測驗或高中在校成績自主決定申請之學生資格；同時其它類別考試如國際學科測試（international baccalaueate）或歐洲學科測驗（Euopean baccalaueate）都可被視同爲申請成績證明，而若在技職校院讀滿三年或有相當工作經驗而被認爲有相當知識者，亦可能被接受爲大學新生，其入學制度展現相當彈性；唯實際上多數大學新生仍由國家考試成績申請入學。在技職校院方面，其入學資格就顯得較爲寬鬆，凡高中畢業或高職畢業者，皆可申請入學。在課程方面，芬蘭的大學法規定了二十類學科領域，但是各校對領域課程有絕對的自主權限，亦有絕對權限規範畢業學位規則。整體而言，在大學階段，低等或學士課程需修滿三年120學分，而高等或碩士課程則需再修滿二至三年的40個學分，某些科系如工程則需要180學分；而醫學、牙醫與獸醫學系並無高、低（學碩士）之區分，其licentiate學分需修滿六年200至250學分；至於研究型學位則無學分計算，係由學生完成之論文決定。

有關芬蘭高等教育的學歷、學位，修業年限，入學資格，以及畢業條件等請參照表10-3。

三、小結

芬蘭的高等教育品質在OECD國家的評比上，一直名列前矛，尤其在與社會產業的結合方面，其高等教育一直爲工業國家的典範；其成功之處在於高等教育的基礎訓練時間較長，也十分重視實用經驗的結合；雖配合波隆尼亞進程的國際化潮流而採行二級三階制，但將學士與碩士過程都歸類爲Undergraduate，其課程亦採連貫的設計，只有博士級研究學位被歸爲Postgraduate，換言之，在大學基礎教育，各類科都長達五至六年，若脫離英美與我國的學士／碩士制度觀念，芬蘭對高等教育培育人才的規劃，係屬長期及務實；而芬蘭高等教育的另一特色，在於其對特別學科如醫學，有專門學位的課程，該等學程學位並非學術學位，但爲醫科提供三至六年學術及實務進修，甚至比具學術學位的博士班更長，足見其高等教育並非獨重學術領域，亦對實務有相當投注。

表10-3 芬蘭高等教育學位列表

學歷或學位	ISCED分類	修業期間	授予之高等教育機構	入學資格	畢業條件	學習模式	是否得申請更高層級學習	備註
Maisteri-magister	5A	1-2年	yliopisto / universiteter	取得Kandidaatti-kandidat (other subject)者	修畢40學分並完成碩士論文	教學與研究指導	得申請博士課程	相當於我國碩士學位
Farmaseutti-farmaceut (pharmacy)	5A	4年	yliopisto / universiteter	高中職畢業，參加國家入學考試或相當之考試	修畢120學分並完成學士論文	教學	得申請higher degree碩士課程	相當於我國學士學位
Proviisori-provisor (pharmacy)	5A	2年	yliopisto / universiteter	取得Farmaseutti-farmaceut (pharmacy)者	修畢40學分並完成碩士論文及6個月實習	教學與研究指導	得申請博士課程	相當於我國碩士學位
Tohtori-doktor	6	4年	yliopisto / universiteter	完成HIGHER DEGREE：如Lisensiaatti-licentiat (Med/Vet/Dent)、Proviisori-provisor (pharmacy)、Maisteri-magister、Kandidaatti-kandidat (law)者	完成論文並通過考試	研究指導	無	相當於我國博士學位
Lisensiaati-licential (others)	6	2年	yliopisto / universiteter	完成HIGHER DEGREE：如Lisensiaatti-licentiat (Med/Vet/Dent)、Proviisori-provisor (pharmacy)、Maisteri-magister、Kandidaatti-kandidat (law)者	完成論文並通過考試	研究指導	得申請博士課程	無相當於我國學位
Ammat-tikorkeakoulu-tutkinto-Yrkeshögskoleexamen	5A	3-4年	ammat-tikorkeakoulu/Yrkeshögskolan技職校院	高中職畢業	完成專業訓練	教學	得申請Ammat-tikorkeakoulututkinto/yrkeshögskoleexame學程	無相當於我國學位
Ammat-tikorkeakoulun jatkotutkinto-Påbyggnad sexamen vid universitet	5A	無固定年限	ammat-tikorkeakoulu/Yrkeshögskolan (技職校院)	取得Ammattikorkeakoulun-tutkinto-yrkeshögskoleexamen者並具3年以上工作經驗	完成專業訓練	教學	無	無相當於我國學位

學歷或學位	ISCED分類	修業期間	授予之高等教育機構	入學資格	畢業條件	學習模式	是否得申請更高層級學習	備註
Lisensiaatti-licentiat (Med/Vet)	5A	6年/5年	yliopisto / universiteter (大學)	高中職畢業，參加國家入學考試或相當之考試	修畢200-240學分，並完成學士論文	教學與研究指導	得申請專業課程如：Erikoisiääkäri-specialläkare及Erikoisiääkäri-specialläkare 另可申請博士學位課程	相當於我國醫學士及獸醫學士
Lisensiaatti-licentiat (Dentistry)	5A	5年	yliopisto / universiteter	高中職畢業，參加國家入學考試或相當之考試	修畢200學分，並完成學士論文	教學與研究指導	得申請專業課程如：Erikoisham-masläkäri-specialtandläkare；另可申請博士學位課程	相當於我國牙醫學士
Erikoisiääkäri-specialläkare	5A	5-6年	yliopisto / universiteter	取得lisensiaatti-licentiat (Med/Vet)者並通過國家考試	完成專業訓練	教學與研究指導	無	無相當於我國學位
Erikoiseläin-lääkäri- special-veterinär	5A	4年	yliopisto / universiteter	取得lisensiaatti-licentiat (Med/Vet)者並通過國家考試	完成專業訓練	教學與研究指導	無	無相當於我國學位
Erikoisham-masläkäri-specialtandläkare	5A	3-6年	yliopisto / universiteter	取得lisensiaatti-licentiat (Dentistry)者並通過國家考試	完成專業訓練	教學與研究指導	無	無相當於我國學位
Kandidaatti-kandidat (law)	5A	2年	yliopisto / universiteter	取得Oiikeusnotaari-rättsontar(law)者	修畢40學分並完成碩士論文	教學與研究指導	得申請博士課程	相當於我國碩士學位
Oiikeusnotaari-rättsontarie(law)	5A	3年	yliopisto / universiteter	高中職畢業，參加國家入學考試或相當之考試	修畢120學分並完成學士論文	教學	得申請higher degree頂位課程	相當於我國學士學位
Kandidaatti-kandidat (other subject)	5A	3-4年	yliopisto / universiteter	高中職畢業，參加國家入學考試或相當之考試	修畢120學分並完成學士論文	教學	得申請higher degree頂位課程	相當於我國學士學位

對歐盟而言，其人民要在其他歐盟國家留學或就業，或者是在勞動市場上的相互交流上，所遭遇到的最大困難就是資格與學歷的認可問題。由於各國學位系統的差異，教育與訓練機構的不同，再加上教育體系經常改變，使得學歷採認的困難度更形擴大。為了克服這些困難，歐盟已經引介許多計畫來促進學術或就業方面的資格及學歷認可。[1] 而在2001年5月歐盟高等教育「布拉格部長會議」中，與會的部長們更積極鼓勵各大學及其他高等教育機構在現行法律架構及歐盟的協助下，促進學術及職業方面的學歷承認，包括課程、學位及其他的學歷等，使得歐洲公民可以在歐盟高等教育區內，有效地運用其學歷、資格、能力及技能等。[2] 於是在此一積極目標下，歐盟積極展開各會員國間學歷採認的協調工作。

波隆尼亞宣言的主要目標在於增進歐盟高等教育畢業生的交流與就業，並確保歐盟高等教育在全球的競爭力。在完全尊重歐洲各國文化的多樣性及教育體系的差異性之下，波隆尼亞宣言明確地建議兩階段學制，畢業生的就業能力必須在第一階段的學歷就受到確認。只有在充分的學歷認可下，歐盟高等教育區內畢業生的交流才可能實施。也就是應該要促進教育體系的透明度及彼此間的互信，這也植基於相關課程與機構所落實的品質保證政策。一般認為透明化的主要方式為簽發歐洲共同文憑補充說明給所有的畢業生及運用歐洲學分轉換系統（ECTS）。以往歐洲學分轉換系統僅適用於在其他機構學習一段時間後的學分轉換，在波隆尼亞改革中則成了一種學分累積的制度。在一般正規的高等教育課程中，此一學分累積制度也促使了在非正規教育中獲得學分的可能性，如此有助於終身學習。[3]

根據歐洲執行委員會文教總署有關學歷認證的資料，歐盟文憑認可之規範依其用途可區分為學歷及就業資格認可：[4]

一、學歷認可（Academic Recognition）

係認可由外國所核發的文憑或階段修業證明，使具有該文憑或資格證明者可在本國

---

1   http://europa.eu.int/comm/education/policies/rec_qual/rec_qual_en.html.

2   Unionhttp://europa.eu.int/comm/education/policies/lll/lll_en.html.

3   http://www.aic.lv/ace/ace_disk/Bologna/about_bol.htm.

4   http://europa.eu.int/comm/education/policies rec_qual/recognition/in_en.html.

繼續就讀。現階段歐盟除了規範若干特別職業認可外，並無任何強制學歷相互承認之法規。根據歐盟阿姆斯特丹條約，相關教育體系之建構及教學課程之設計乃屬於各會員國之權限，各國且賦予其國內大學校院機構在教學課程、內容及核發文憑與證明方面的自主權限。

　　不過歐洲執行委員會仍藉著伊拉斯摩斯（Erasmus）留學計畫的實施，來鼓勵歐盟各國多種不同的教育體系互相承認。伊拉斯摩斯計畫雖然屬於自願性質，但常可以提供給迥然不同的各國教育體系彼此瞭解與認可的機會。另執委會為促進各國對學歷認定問題的瞭解，特別在該計畫下成立「歐洲國家學歷認可資訊中心網（Naric）」，俾提供會員國學歷認可程序等相關訊息。

二、就業資格認可（Professional Recognition）

　　首先釐清該職業資格是否受到該國法律的規範。資格受規範的職業是指法令明文規定必須持有相關文憑或具有必要資格方可從事該職業，在這條件下未持有會員國文憑依法不能從事該職業。至於持有文憑者若想在文憑核發國以外的會員國從事該職業活動（不論是受僱或自行執業）時，歐盟相關法律可維護該權利的行使，並受到會員國的尊重。歐盟馬斯垂克條約確立保障居住自由、勞務自由及勞工自由流通等基本原則。為落實前項基本權利的行使，歐盟業已陸續通過採行多項有關受資格規範之執業文憑認可法規。

　　依據教育文憑等級，規範三年制以上高等職業學校文憑認可的法規要點89/48/CEE，另外針對無法適用於上述89/48/CEE法規要點者，則有92/51/CEE來規範三年制以下高等職業教育文憑、證書或其他各類職業教育證明文件。但上述兩項作業要點並不代表會員國間文憑自動對等系統的建立。事實上，就業資格承認係基於接受國規定從事某種職業必須持有該種文憑，而非對該文憑之認定。此外當事人必須個別提出申請，並明示欲從事之職業。

　　前述之兩個法規要點亦適用於未持有其他國家所要求的文憑，但卻擁有本國認可之從業資格文憑者，接受國應准許申請人可在其轄屬地區從事該指定職業。類似證書承認應視為認可申請人從事該職業的權利，與其他持有該類國家文憑者享有相同的條件，但並不自動表示申請人持有的證書與該國某文憑相等。以上兩項法規要點規定，審理就業資格認可的主管機關因不同類別的職業而異。欲進一步瞭解何種職業資格受規範或各個職業審理機構所在，則須依文憑程度向各國指定的受理機關（contact point）接洽辦理。歐盟相關法令規定審理機關有四個月的審議期限。若申請遭拒，則可求助於該接受國現行訴願途徑。此外，針對包括醫生、牙醫、護士、獸醫、藥劑師、助產士及建築師等職業的第二大類指令規定所謂的「自動承認」明定由各會員國所核發的上述職業文憑、證書等，只要其教育訓練符合法規內的最低限度條件時，應予以自動承認。

　　早自1960年代起，為了落實歐盟條約第49條及第57條，在某些產業間已推行職業資

格承認的作法，例如商業、工業及手工業部門或職業已有多項規範要點。這些落實自由化的法規要點均頒有暫行措施。即爲保證在本國獲得的職業經驗受到接受國的承認，得以順利從事某種指定職業。而歐洲執委會則正致力於提出整合這些相關法規要點的方案。然而上述法規要點並不適用於資格未受規範的職業，因欲從事該職業的當事人所面對的是勞動市場法則與市場行爲，而非文憑限制。若出現上述作業要點均不適用的情況時，則尊重其他會員國所核發的職業資格文憑。

　　有鑒於由歐洲大學聯盟（EUA）所出版的趨勢報告第三集[5]（Trends III Report）中明確指出，單是推行學士、碩士兩階段學制尚不能解決歐盟高等教育學歷認可問題，他們深信歐盟高等教育整合的內容中必須涵蓋一個容易判讀與可比較的學歷制度，並要求文憑架構應奠基於相關外在參考文件，如文憑補充說明書、程度說明書、技能與學習成果等，可能的話應協調一個共同的歐洲文憑架構（European Qualification Framework）。歐盟目前推行的文憑補充說明書（Diploma Supplement）是一種附屬在高等教育文憑內的文件，它提供了標準化的格式來說明畢業生所修習課程的性質、程度、內容與情況。文憑補充說明書使得學歷的判讀更透明化，並可輔助相關資格文件如文憑、學歷、證書等的學術與專業方面的認可。歐盟爲鼓勵已將文憑補充說明書應用於第一（學士）與第二（碩士）階段所有課程的學校，更頒發所謂的文憑補充說明書標籤（Label）給這些學校，以促進更有效率的學術與人員交流。

　　由於政治、經濟和科學技術的迅速變遷，國際間出現各種應運而生、爲數眾多的進修課程，因此也就產生了各種相應的證書、文憑，各國也不斷地修訂相關的教育及證書系統以爲因應。隨著全球進修人口的持續成長，對各種進修資格證明提供一項公平認證的需求也不斷增加。如今資格證明的不被承認（non-recognition）和不當評價（poor-evaluation）已經成爲一項全球性的問題。其主要原因在於，原修業文憑或證書未能提供足夠的資訊，在缺乏更詳盡、適當的解釋之下，對文憑所記載的進修內容和課程水準很難做出適切的判斷。歐盟所推行的文憑補充說明書正是爲了回應上述的挑戰，因爲它提昇了高等教育內容的透明度，可以隨時因應資格證明的快速改變做調整，更提高了相關資格證明的流通性與可接受度，並有助於終身學習，而且使得資格證明可被公平、公開地評量。[6]

　　文憑補充說明書乃由各國政府機構依據聯合國教科文組織（UNESCO）以及歐洲執委會與歐盟理事會（Council of Europe）共同合作研究、設計、修訂的範本來製作，該文件需包含八個主要部分：[7] 1.驗證原資格證明擁有人的身分；2.原資格證明眞僞的驗明；3.獲得資格的水平或級別；4.獲得資格所需通過的修業內容和考試結果；5.原資格的用途領域或功能；6.額外資訊；7.文憑補充說明書本身眞僞的判別標示；8.所屬國家

5　www.unige.ch/eua.
6　http://europa.eu.int/comm/education/policies/rec_qual/recognition/diploma_en.html.
7　http://europa.eu.int/comm/education/policies/rec_qual/recognition/diploma_en.html.

高等教育系統的相關資訊。上述八個部分的資訊可依實際需要予以提供或記載。如有未提供的資訊則應作適當的解釋。而頒發原資格證明的教育機構應對文憑補充說明書採行與原資格證明文件相同的查驗流程。

對個別學習或進修者而言，文憑補充說明書使得其文憑較為易讀，且便於與國外文憑作比較，可對修業者在學期間修業課程及學習能力表現準確記述，對文憑所有人的學習表現及成果可以公平客觀地評量，還可以提高獲得較好工作及在國外進修的機會，由於企業雇主對文憑補充說明書上所提供的學生修業資訊有愈來愈高的興趣，因此該文件也能增加對持有人的僱用率。而對高等教育機構而言，文憑補充說明書使得學術文憑和專業證書的認證更加容易，因而也就增加了原資格證明的透明度，藉由提供這樣一個全歐洲都能接受的範例框架，國家和教育機構的自主性因而獲得確保。再者，該文件提供公平客觀之修業評量，提升資格證明在國際上的接受度，也增加教育機構之國際能見度，此外更可以提高畢業生在國家與世界級機構或企業之就業機會，還能節省教育行政機構的時間，因為文憑補充說明文件針對許多常見的學位證書內容和認證等問題提供了適當的解答。[8]

在高等教育品質的掌控方面，歐洲執行委員會於2003年夏天通過歐盟部長理事會於1998年高等教育品質保證合作的報告實施方案，該方案要求歐盟高等教育的品質保證應更一致且更可信賴。是以執委會目前正研擬可評比的判準，以建立一套系統化的制度來評鑑現行大學內部品質保證機制。除此之外，執委會更將整合各個國家、區域及專業的評鑑制度，並要求評鑑單位本身也必須接受評鑑，以保障外在評鑑的公平與適當。執委會認為推動歐洲地區更一致的品質保證機制將有助於文憑認可，雖然它未必能解決所有的學歷認可問題，但卻可以幫助學校註冊人員、學歷檢定人員及企業雇主更有效地作出學歷認可上的相關決定。

在波隆尼亞進程中，對每一個在歐洲求學的學生最有直接影響的改革措施應該算是已逐漸付諸實行的「歐洲學分轉換制度（ETCS）」。因為，一方面，它意味著今後歐洲各級學位的取得主要基於必須修完足夠的歐洲學分，而不再受到修業年限的限制。例如按照規定，獲得學士學位必須取得180個歐洲學分，獲得碩士學位必須在取得學士學位之後再完成120個歐洲學分的碩士課程（即總計300個歐洲學分），而取得這些學分所使用之連續年限的重要性則相對降低。另一方面，在歐盟各會員國高等教育機構裡取得的歐洲學分將得到其他歐洲國家高等院校的承認。這樣不僅方便了歐洲各國對高等學歷之間的相互比較、判準，而且也有利於大學生的課業交流。[9]因此，我國對歐洲學分的採認也應該有前瞻性的規劃，依歐盟的規劃，在歐盟高等教育區域內，學生可以自由選擇國家、學校去進修，所修習的學分應獲得歐盟會員國的承認。也就是說，我們即將

---

8   http://europa.eu.int/comm/education/policies/rec_qual/recognition/diploma_en.html

9   http://www.edufrance-china.com/index.ip?page=enseignement_org.

面對的自歐洲返國之畢業生，其學位可能是在兩個或以上的歐盟高等教育機構所完成。

　　文憑補充說明書（Diploma Supplement）是歐盟近年來大力推介的制度，該制度目前也廣爲歐盟各會員國所接受，並積極實施。由於該文件可以很具體地提昇各國學歷的相互認可，配合學分轉換制度更可以有效地促進歐洲的學歷認可與學生的流通。該文件中八項對學歷文憑提出輔助說明的主要項目，提昇了高等教育內容與課程的透明化，增加其授與之學歷文憑的可接受度。相較於以往修課或成績單爲唯一的判讀標準，該文憑補充說明書實提供畢業生以往所受教育之更詳盡資料，大大地提高其學歷文憑的有效度與可接受度。我國目前仍無相似之文件設計，爲積極與歐洲甚至全球高教體系接軌，我國實有必要思考引介類似之文憑輔助文件。

　　歐盟高等教育改革中的品質保證計畫也是值得關注的重點。根據歐盟部長理事會1998年關於高等教育品質保證合作的建議，許多會員國已著手成立品質保證權責單位或機構。歐洲執行委員會也在過去十年來透過蘇格拉底計畫積極推動。另外歐盟高等教育品質保證網絡（ENQA）的成立不但有助於歐盟高等教育品質的全面提昇，更有助於相關資訊的公開與取得。爲了確保品質保證機制的實踐，歐盟也引進了對於大學院校的校內、校外評鑑制度。品質保證制度的引介對於歐盟高等教育學歷的採認有相當正面的影響。我國的教育品質管控與評鑑制度已行之有年，各高等教育機構也都能在既有的規範下保持一定的教育品質。不過歐盟此一公開、透明的評鑑制度，以及對評鑑者本身的評鑑，也頗有值得參考之處。

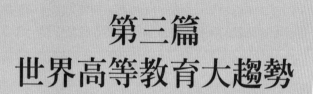

第三篇
世界高等教育大趨勢

高等教育是關乎國家人才養成的最後階段。由觀察世界局勢可輕易發現，許多在國際經濟上具備競爭力的國家，無不重視高等教育政策。在歐洲，英國是世界民主政治之發源地也是高等教育的大國，英國的高等教育品質保證制度亦影響「歐盟高等教育品質保證協會」（ENQA）高等教育品質保證的共同標準；德國的職業教育二元制和國家資歷認證亦影響歐盟職業教育「歐洲職業教育學分轉換機制」（European Credit System for Vocational Education and Training, ECVET）。因此，歐盟個別國家既有的教育特色和文化是帶領整體歐洲高等教育發展趨勢的推手，尤其是歐盟會員國中的經濟暨合作發展組織（OECD）會員國。為瞭解全球化浪潮下世界高等教育的政策大趨勢，本第三篇分述歐洲國家，如：英國、德國、芬蘭、俄羅斯；先進國家，如美國和澳洲；亞洲國家，如：日本、韓國、印度等國高等教育政策的大趨勢，期望對前述兩篇歐盟高等教育整合的研究成果有一定參照與比較的架構，也能供國內高等教育學界一些參考和啓發。

　　英國（United Kingdom）包括英格蘭（England）、蘇格蘭（Scotland）、威爾斯（Wells）、北愛爾蘭（Northern Ireland）四個地區，人口約6,200萬人，有180所大學和約249萬名高等教育學生，[1] 總共約有30萬6千名外籍留學生，其中有9萬2千人來自歐盟國家，英國高等教育吸引留學生對英國經濟貢獻達50億英鎊的總產值。[2] 英國是高等教育發展歷史最悠久的國家之一，也是全球高等教育與文化產業的重鎮，根據2010年OECD的統計，英國出版的學術論文占全世界的7.2%，在全球最頂尖前1%的學術論文裡，有13.8%引用英國的學術成果，表現僅次於美國的高等教育。[3] 而從世界大學排名來看，英國有32所大學排進世界前200名，牛津大學、劍橋大學、倫敦帝國學院更是擠進前十大排名的知名學府，以人口比例而言，英國無疑是世界最頂尖的高等教育學區。從牛津、劍橋大學創立起至今，英國高等教育制度隨著時代演變有其淵源。在立法上從西元1世紀到15世紀由教會掌管教育，16到19世紀英國國會擴大，運用立法建立高等教育制度，20世紀以後高等教育法規趨於完善。然而，為了提高國家競爭力，鞏固英國長久以來的學術地位，英國過去數十年來對高等教育的改革從未間斷。英國政府包括教育部和商業部定期會邀請各產業人士進行諮詢，同時委託學者針對高等教育中的各項議題進行全盤規劃與檢討。

　　分析英國高等教育法規體系及其內容，可以窺見其基於英國國家體制和高等教育傳統而形成的高等教育法規特點。第一，英國歷史上的高等教育制度包容著中央與地方相結合的立法體制。在英國教育體制方面，英格蘭、威爾斯、蘇格蘭和北愛爾蘭四個相互獨立、各具特點的法定公共教育制度。四個教育制度分別由不同的議會法案來管理，經費和行政也各為自治。1944年《教育法》（Education Act）規定每一個地方當局都必須建立教育委員會，以充分履行它在教育方面的職能。在1988年英國教育改革之前，地方教育當局的教育管理許可權涉及除大學以外的各類公共教育，以及技術性學院。第二，英國主要高等教育法律內容全面，各補充修正法多而專一。英國目前主要教育法規為

1　"Statistics - Students and qualifiers at UK HE institutions," *Higher Education Statistics Agency (HESA)*, available from: http://www.hesa.ac.uk/content/view/1897/239/.

2　"International students in the UK: facts, figures and fiction," *UK Council for the International Students Affairs*, September 2010, pp. 1-2.

3　"International comparative performance of the UK research base: 2011," *Areport prepared for the Department of Business, Innovation and Skills* (London: Department of Business, Innovation and Skills, 2011), p. 4.

1944年的《教育法》和1988年的《教育改革法》（Education Reform Act），作爲教育法的修正與補充，例如，英國國家制定了專門的大學考試法、教師退休法、大學與學院資產法等。當時這些法案是英國教育改革的 程碑，奠定英國朝向福利國家發展的基礎。第三，以法規保護大學自治。大學自治一直是被稱作爲英國高等教育的基石。1963年針對高等教育改革的「羅賓斯報告」（Robbins report）提出：「大學自治不是一種特權，而是能更好地發揮學術功能的必要條件。」從牛津、劍橋，到後來的倫敦、威爾斯等著名大學，都得到皇家特許而得以自治大學之稱。[4] 大學以外的高等教育機構則一般劃歸地方教育當局管理，依據1944年教育法，地方性的高等教育機構屬於公立教育的範圍，其「自治權」小於一般大學許多。1988年教育改革法實施之後，許多原技術學院和部分原地區教育當局管轄的教育學院和師範學院等高等學校，也自1989年4月1日起，獲得獨立的法人地位。如此，大學「自治權」的範圍擴大了，高等學校自治也從「大學」擴大到「多元技術學院」和「高等教育學院」。自1992年英國政府發布《擴充與高等教育法案》（1992 Further and Higher *Education Act*）後，英國幾乎將所有的技術學院都改名爲大學。因此，英國的大學都是獨立的自我管理機構，有權設置不同課程，並且根據開設課程授予學士、碩士和博士等不同學位。

第一節　英國高等教育之學制與特色

一、英國教育學制

英國教育採用學期制，一年分三個學期，每學期大約10週：秋季班（9-10月初開學）、春季班（1月上旬開學）、夏季班（4-5月中開學）。大學課程學制一般爲3年（在蘇格蘭，大學須修讀4年），三明治課程則需4年，[5] 醫學系需修讀五年，英國的研究生課程一般可以分爲碩士與博士兩種，而碩士課程又分爲授課式課程和研究式課程。一般臺灣留英學生多半選擇授課式課程。授課式碩士課程一般爲1-2年，申請人必須具有大學學士學位或相關專業資格，未達此要求的申請人需先修讀1年的碩士預科課程或插讀大學科系，取得學士學位後再申請碩士課程。

英國的高等教育分兩大類，即大學（University）和學院（College）。兩所世界頂尖水準的綜合類古典大學乃是英美大學的源頭：劍橋大學、牛津大學。劍橋大學在共67個學科排名中有38個專業系所排名第一，經費排名全英第二；牛津大學有29個專業系所排名第一，經費排名全英第一。長期以來，兩所學校採取高選擇性錄取，學生住校，師

4　*Students and universities: eleventh report of session 2008-09 Volume 1*, Great Britain: Parliament: House of Commons: Innovation, Universities, Science and Skill Committee, p. 104.

5　三明治課程（Sandwich Course）：一般學制爲四年（第一、二年在校學習，第三年在企業實習，第四年再回校完成學士學位課程學習）。這種英國大學課程讓學生在攻讀學位的同時也可以累積工作經驗。

生間為一對一的師徒制（Tutorial System）關係，即小規模、小範圍、小比例的菁英培養模式；是培養世界政治、經濟、文化等多領域學術菁英的高等學府。劍橋大學、牛津大學實際上負責招生和錄取的是學院（college）而不是大學（university）。學院招收不同專業的學生，在同一個學院裡生活、學習。每一名學生自然就歸屬於招收他的學院，並在這個學院生活和修習課業。在教學活動組織上，大學和學院具有不同的角色作用。[6]所有專業的理論課（lecture）和專業實驗課由大學負責組織，具體教學內容由相應專業的院系（school/department）負責；而學院則負責組織實施小班輔導課、討論課和個別指導，實際上，在學生學業指導和發展的督促上發揮著更加直接、更為重要的作用。為了達到其功能，學院從各專業院系（school/department）聘任了一大批專業導師和不同層級的學業指導教師。而不同層級的指導教師分別由學術發展不同層級的專業人員擔任，既包括高水準的專家學者，也包括剛入門不久的青年教師，分別賦予其學業指導、專業指導、課程指導和學生指導等不同層面的教學職責。劍橋、牛津大學之所以構建這樣一種「學院制」教育模式是基於以下教育理念：(1)人才培養是大學的根本，大學的本質在於人才的成長，大學及其教師應該為大學生的成長提供全方位的支援，也為其培養的優秀人才而自豪；(2)大學培養的是人，關注的是人本的全面發展和發展潛力；(3)大學要培養創新人才，而創新人才只能在多元文化交融、多元視野匯集、多學科知識交錯的氛圍裡孕育、成長。[7]

英國高等教育的課程一般由大班授課、小班輔導、實驗操作和自學學習組成。每學期通常設有3-5門必修課和1-2門選修課，每週上課時間一般不超過20小時。由於安排有大量的自習時間，總上課時間充足。課程設計密切結合社會和產業需求，涵蓋面較廣。同時，注重課程之間的整合，以避免相同內容在不同課程中重複出現，保障教學內容的連貫性。[8]英國高等教育強調培養學生的自主學習能力。教師的主要任務是為學生提供學習指導和諮詢。教師通常選擇具有前沿性或實用性的內容授課，很少指定教材，而是推薦與課程相關的參考文獻。老師公布的作業大多只給出題目，文章的方向、架構和內容由學生自主決定。因此，學生在課外還要查閱大量文獻資料以加深對課程的理解。英國注重培養學生思考問題的獨立性和解決問題的創造性。課堂上，教師鼓勵學生各抒己見，只要論點清晰、採用理論充分就認為回答正確。因此，一道問題經常沒有唯一答案。個別輔導時，教師首先要瞭解學生對問題的理解以及在尋求答案過程中所做的努力，然後再進行引導和釋疑。對有獨到見解的作業通常給分很高，以鼓勵學生的創新精神。

6　Trigwell K., "Teaching-research relations, cross-disciplinary collegiality and student learning", *Higher Education*, Vol.49, No. 3 (2005), pp. 235-254.

7　University of Cambridge, "The University's Mission and Core Values," available from: http://www.admin.cam. ac.uk/univ/mission.html.

8　Ibid.

　　另外，三明治課程為英國高等教育連結產業與職場的獨特合作辦學型式，此英國產學合作人才培養的方法分為兩種；第一種「三明治」教學計畫內涵是將此分為三個階段：首先學生中學畢業後，隨即在企業實習1年，接著回學校學習完2年或3年的課程，最後再到企業實習1年；這即是所謂的「1＋2＋1」或是「1＋3＋1」教學計畫。第二種「三明治」教學計畫內涵是第一、二、四學年在學校學習課程，第三年則至企業實習的方式。[9]三明治課程原為英國大學為使學生透過實務工作之體驗，以建立踏實的基本能力而設計。其特徵在於學生的校內學習活動與校外的工作實習交換進行，學生實習的場所或部門必須與學生本科符合，如商科學生在商業機構實習，工科學生在工業機構實習。這種交替學習的方式，由於成效良好，因此延伸到中學實施，並以職業學校為主，課程安排方式也逐漸多樣化。該種課程設計受到歡迎進而仿效，美、日兩國對該種課程的安排方式稱為合作課程。

　　在世界主要已開發國家中，英國中央教育行政管理機關的變化最為頻繁，20世紀初建立國家教育委員會，1944年成立教育部，1964年教育部改為教育與科學部（Department for Education and Science, DES），1992年又由教育與科學部恢復為教育部（Department for Education, DfE）。變化最大的是1995年6月，英國政府宣布將教育部和就業部合併，成立教育與就業部（Department for Education and Employment, EfEE），原來就業部的就業服務、職業培訓及資格認證、企業教育職能等，被轉到新的教育與就業部，其他職能分別劃歸相關部門。2001年6月工黨贏得大選連任後，即將教育與就業部改組為教育與技能部（Department for Education and Skills, DfES）。DfES每年投入約600億英鎊的經費在教育發展，在學校教育（中小學）的投注最多。中央教育行政管理機關名稱的改變顯示政府對教育焦點的調整，1992年之前，由於教育與科學一直被英國視為保持其經濟、政治實力的基礎，故科學與教育部的設置反應英國政府將「教育」與「科學」進行通盤考慮。到了1990年代，隨著知識經濟概念的風行，如何使學校培養的人才更好地適應社會現實需要，與學生未來就業聯繫起，即將學校教育的輸入與輸出加以統整，此即1992年更名為教育與就業部的主要原因。邁入21世紀後，英國政府認為技能（skill）不僅是學生在學校課程直接獲得的學術技能，而是涵括了學生未來學習、工作、生活等技能，且是學習者能否在未來工作中繼續進行高品質學習的保證。

二、英國高等教育財政結構

　　英國是工業革命的發源地，也是崇尚資本市場運作的社會，高等教育之自主性很高，相對其經費來源也相當多元，政府亦鼓勵大學尋求多元化的經費來源，英國大學之收入來源來自四大區塊：

9　　Leonard Martin Cantor, *Further Education in England and Wales* (London: Routledge, 1986), p. 47.

(一) 政府撥款

政府撥款主要通過高等教育基金委員會（Higher Education Funding Council）來發放，該委員會給高校的撥款包括教學經費、科研經費、約定經費，專項經費及高等教育創新基金等等。其中，教學經費和科研經費占撥款的大部分。政府撥款在高校籌資管道中占有很重要的地位，如2008/2009學年，政府撥款總額為88.19億英鎊，占大學總收入達34.8%。

(二) 「第三類」經費

「第三類」經費是指通過大學與政府、工商界合作直接為社會服務籌得的資金，如短期課程和諮詢。所有的大學和學院有權接受這類經費，但是他們必須競標，根據大學表現出來的願意投入這類活動的努力程度為競爭基礎分配經費。這些經費與教學經費和研究經費相比很少，但總額也在逐年增加。

(三) 學費

學費包括本國及歐盟成員國學生學費和非歐盟成員國留學生學費。對本國及歐盟成員國學生，英國政府2006年實施的《高等教育改革法案》中規定：高校自行決定收取一年0至3,000英鎊不等的學雜費。絕大多數高校都收取一年3000英鎊的學費，只有少數高校收取低於3000英鎊的學費，其中里茲大都會大學的學費最低，一年2000英鎊。英國高校對非歐盟國家留學生收取的學費相對于本國和歐盟國家學生來說是相當高的，基本達到兩倍以上。如劍橋大學本科第一年學費，本國和歐盟學生是2,940英鎊，海外學生為8,088英鎊（藝術類），10,596英鎊（科技類），19,614英鎊（醫學）。

(四) 民間捐贈

英國高等教育經費中，民間捐贈的數額隨每年的經濟狀況以及各高校爭取民間捐贈的努力程度的不同而有所變化，如2004/2005、2007/2008學年，捐贈總額分別為3.07、5.08億英鎊。儘管英國也存在捐資助教的風氣，但英國高等教育的民間捐贈相較於美國，其總額在高等教育總經費所占的比例還是相當有限的。例如2007/2008學年，美國高等教育經費來源中捐贈收入的總比重達到了25.1%，而英國只有1.8%。[10]

1963年的「羅賓斯報告」確立英國高等教育之「雙軌制」，擴充教育定位在主要是為16-19歲青年提出普通及職業教育，同時也提供許多成年人全時或部分時間的課程，可分為初級與高級兩種，前者屬中等教育，後者屬高等教育。英國的擴充教育（Further Education），在1988年的教育改革法案對此有明確界定，擴充教育機會的提供係屬於地方教育當局的權責。擴充教育係指：已達離校年齡者提供全時及部分時間的教育（包括職業訓練、社會教育、體育及娛樂活動等）；以及在與前述教育活動配合的情況下所提

10　參照英國高等教育統計委員會（Higher Education Statistics Agency, HESA）Finance Data Table之比較資料：http://www.hesa.ac.uk/component/option,com_datatables/Itemid,121/task,show_category/catdex,1/。

供有組織的休閒活動。隨著1992年《擴充與高等教育法案》之頒布，允許多元技術學院等其他高等教育機構改制為大學後，其著名的高等教育雙軌制遂走入歷史。目前英國高等教育政策的主要特色有：在體制上，藉著廢除高等教育的「雙軌制」，高等教育之規模已大幅擴充，不僅已脫離「菁英式」（elite）色彩，進入「大眾化」（mass）階段，並漸朝「普及式」（universal）高等教育模式邁進。[11]高等教育經費雖接受政府補助，但經費之撥付卻主要係透過高等教育撥款委員會此仲介單位提供，各大學均各自為一獨立自主之單位，教育主管部門尚無直接干預之權。三、注重高等教育品質保證，且高等教育撥款委員會乃依機構功能執行成效提供經費補助。四、高等教育採納使用者付費觀念，政府雖提供大學經費補助，但近年來學費政策已做大幅改變，從要求學生繳納學費，改為引進學費貸款，入學免繳學費，畢業後採費用分擔之措施。

三、英國高等教育品質保證

　　為維持與鞏固英國在高等教育市場之卓越競爭地位，英國在高等教育品質保證上從1960年代就已成立相關公正機構負責監督高等教育之成效。英國高等教育品質保證局（Quality Assurance Agency for Higher Education, QAA）成立於1997年，負責對全英高等學校提供一統的綜合品質保證服務。QAA是一個獨立自主的組織，經費來自大學院校的會費以及委託評審的簽約組織，如英格蘭和威爾斯高等教育基金委員會等。QAA的使命是促使公眾相信高等教育品質和學位標準。QAA的主要業務是對大學和學院進行評審（review），其辦法是視察高等學校，對教學管理，包括對海外合作辦學的管理，進行審核（audit），對各學科教與學的品質和標準作出評價（assessment），並將審核和評價報告公諸於眾。每年大約有1,000多名來自高校的學者擔當各審查小組的成員。

　　此外，QAA還負責就學位授予權和大學稱號問題向政府提供建議。QAA的最高決策是理事會。理事會全面負責業務領導和戰略導向，包括聘請首席執行官（chief executive），制定主要政策，監督執行情況等。理事會由14人組成。其中4人由高校方面聘請，4人由高等教育基金組織方面聘請，另6人則是在工業、商業、金融或專門職業等方面具有廣泛實踐經驗的獨立人士。QAA總部辦公室共有工作人員100人，分工負責教育評審工作，戰略與政策研究，以及行政管理等。QAA對學科評鑑的流程如下：1. QAA與學校建立聯繫；2. 學校提交自我評鑑資料；3. 評鑑團主席評估材料並組織評鑑小組；4. 評鑑小組前往進行評鑑訪問；5. 對學科內容進行評鑑，6. 形成學科評鑑報告。

　　其主要任務包括以下四點：[12]

　　1. 維持高等教育學術授予的標準與品質，以確保學生與廣泛社會大眾的利益。

11　Martin A. Trow & Michael Burrage, *Twentieth-Century Higher Education: Elite to Mass to Universal* (Baltimore: The Johns Hopkins University Press, 2010), pp. 46-47.

12　"strategy 2011-2014," QAAassuring standards and improving quality of UK higher education, available from: http://www.qaa.ac.uk/AboutUs/strategy11-14/Pages/achieving-aims.aspx.

2. 公布學術標準與品質的資訊，提供學生選校、雇主瞭解學校，以及決策者制定公共政策之基礎。
3. 提升高等教育標準與品質的保證與管理，並促進對該確保的標準與品質的價值有一更廣泛的瞭解。
4. 促進對高等教育標準與品質的本質有一更廣泛的瞭解，並維持從英國、歐洲及國際實務所引用的共同參照標準。

第二節　英國高等教育之導師制度

導師制度（Tutorial System）是英國高校不可缺少也是很重要的一個角色。在英國的大學裡每一位從事教學、科研的人員都要具備成為學生導師的素質，這也是對他們工作的基本要求。英國導師角色定位明確，是開拓學生事務工作的重要保障。導師主要的職責在於：(1)對在校學生進行學業上的輔導與幫助；(2)根據學生的個性，實施一對一教學；(3)對在校學生身心健康、生活等方面的關心與幫助；(4)是對即將畢業的學生進行就業方面的指導。導師制的特色主要可歸納為以下三點：[13]

1. 方向性指引，而非細節性教導
作為導師更多目的是為學生指引目標，而如何實現目標的具體細節則由學生獨立解決與完成的。如導師會開列書單，要求學生一個星期之內上交讀書心得或小論文，而至於如何借書、如何列印等細節他是不關注的。導師只告訴你目標，至於如何實現目標則主要靠自己的努力，而這恰好可以激發學生的潛能。

2. 責任主體是學生，而非學校和導師
在英國高等教育的理念中，學生是獨立的個體，應該對自己的行為負責。

3. 生活幫助是被動的，而非主動
作好生活上的事，是學生自己應該做的，別人為你做的是幫助，你是應該感謝別人的，而照顧則好像給人的感覺是應該的。劍橋大學的一位已經退休的院長在回憶自己的導師經歷時就提到，對學生的管理更多地是學術的督導，而非生活的照顧。當然作為導師，她與她的學生相處非常融洽，會參加學生的很多活動，甚至邀請學生家長來一起參加聚會。但這是因為她喜歡這些，是「額外」做的，而非必須做的。

13　David Palfreyman (ed.), *The Oxford Tutorial* (Oxford: Oxford Centre of Higher Education Policy Studies, 2001), pp. 106-109.

第三節　英國高等教育之未來趨勢

一、拓展高等教育的境外市場

　　英國政府為留學生提供的獎學金除政府雙邊文化教育交流獎學金專案（由英國文化委員會，經費由財政部撥款，外交部文化關係司負責）外，外交部與英國文化委員會也與外國政府簽有獎學金雙邊協定，以資助海外學生和研究人員赴英學習。英國以前的獎學金除政府獎學金外，大學方面也通過各自設立的單方獎學金以及校級交流獎學金，為留學生提供經濟支援。與此同時，為了招收更多的留學生，大多數英國高校都設有國際事務辦公室，協助校方招收外國留學生。英國高等教育吸引留學生對英國經濟貢獻達50億英鎊的總產值，足見英國辦學模式對其他國家有極大的吸引力。然而英國高昂的學雜費和生活成本也同時令許多學子卻步。

　　為因應高等教育國際化的發展趨勢，英國政府與大學正積極開拓境外教育市場，即通過與國外教育機構合作在境外辦學。辦學模式大致分為兩類：一種是英國某大學和國外政府高等學府共同新建一所大學開展教學科技研發工作；另一種則是英國某大學在境外與外國大學聯合培養大學生，授課方式分為兩種：一種是在境外實施教學的全英式的教育課程，二是學生在當地讀完兩年或大部分課程，最後一年進入英國大學繼續就讀。此外，英國高等教育開拓境外市場還包括通過電子媒體給學生提供認證的課程，學生讀完課程並獲得合格成績便可獲得英國大學頒發的學位證書。[14]

二、大學經營競爭學費上漲

　　2004年英國國會通過新的《高等教育法案》，該法案規定大學將提高學費，大學學費的漲幅要參照通貨膨脹率來進行調解，至2006年該法案實行，英國本土學生的學費由當時平均1,250英鎊上調至上限3,000英鎊。此法案實施的同時，為保證經濟弱勢學生上大學的權力，英國開始廢除上大學先行繳費制度，全面實施助學貸款政策，規定大部分學生可以不付學費而通過助學貸款的方式解決學費問題進入大學學習，畢業後也不需要馬上償還欠下的貸款，與此並行的是繼續實行生活費補助制度。2008年爆發全球性金融危機，給英國經濟造成重創，經濟不景氣迫使英國政府必須重新進行大規模的財政預算削減，在政府公布的全面經費削減方案中，受經濟危機的影響，高等教育預算將被減少40%左右，大學提高學費以填補政府經費不足又成為高等教育的熱門議題，目前這項新的學費上漲計畫已於2012年秋季開始實施。英國新的學費上漲計畫將目前的學費上限標準由每年3,290英鎊調整為每年9,000英鎊，各大學可在此範圍內自行確定學費數額，為

14　Drummond Bone, "Internationalisation of HE: A ten year view," *Department for Education and Skills*, available from: http://webarchive.nationalarchives.gov.uk/20090902222257/http://www.dius.gov.uk/higher_education/shape_and_structure/he_debate/~/media/publications/I/Internationalisation-Bone.

彰顯教育機會公平原則，英國政府要求各大學在向學生收取高額學費的同時，必須確保不會因此將經濟弱勢的學生拒之於大學門外。[15]

　　為此，英國政府的學生財政支持政策也擬作以下調整。首先，政府將設立資金總額為1.5億英鎊的國家獎學金，用以支持經濟弱勢的學生。其次，繼續改善政府的其他財政支持政策，把學生個人的學費貸款額度上限調整至每年9,000英鎊，為降低貸款學生的畢業後還款壓力，將學費貸款的起始償還收入標準由原來的15,000英鎊調整至21,000英鎊。換言之，貸款學生畢業後其收入達到每年2,1000英鎊的時候才開始償還貸款，並且將貸款的償還期限由25年延長為30年；學生生活費貸款額度也同時往上調整至每年7,000英鎊，且其中的40%由政府無償提供，60%由學生畢業後分期償還。[16]

三、大學重視課程之國際化

　　2008年利物浦大學（The University of Liverpool）校長波恩（Drummond Bone）受邀對高等教育中的國際議題進行研究並發表建議。波恩在《高等教育國際化：十年觀點》（Internationalisation of HE: Aten-year view）之結案報告綜合評估以往英國留學生的文獻，認為目前「英國高等教育機構需要開展海外招生工作，即使招收外國學生至英國就學仍然是目標，未來必須在雙邊或多邊的國際化脈絡下進行」。[17] 未來英國高等教育機構國際招生之活動必須採取合作的方式，教學甚至必須在海外進行，或採取短期人員或移動機構的方式。報告中建議英國大學可以考慮在海外設立分校，或與當地、多國的夥伴聯合開授課程或學位；採取遠端學習、線上教學也是接觸國際學生的良方。此外，透過與傳統大學或新跨國課程供應者的夥伴關係，能使學分認證更加容易，也有利於學生與人員的短期流動、研究與技術移轉的合作，但是這類夥伴關係需要有效的管理才行。學生與員工進行海外的工作實習經驗必須是學習的一部分，海外的校友會組織也可以增加大學品牌的長期效益。政府方面需要思考透過諸如建構能力（building capacity）的方式，來強化大學國際化的最佳效益。2009年由英國政府所主導的《高等教育未來的論辯》（The debate on the future of higher education）為未來10-15年的高等教育提供最佳的發展報告中亦建議強調，國際化必須成為大學長期策略的一部分，增加教學基礎設備與學生設施。學生在選擇大學時也應該將國際化的機會當成考慮因素，外國語言的提供也應是核心課程的一部分。英國研究委員會（Research Councils UK）需要延伸其海外活動，與大學齊力合作，增加與其他海外夥伴或自身的研究。最後，政府的各式措施與活動必須能提倡「品牌」（brand），超越以往「販賣」（selling）的模式。[18]

15　"Students face tuition fees rising to £9,000," *BBC News*, available from: http://www.bbc.co.uk/news/education-11677862.

16　"Money you can get to pay for university – from 1 September 2012," *Directgov*, available from: http://www.direct.gov.uk/en/EducationAndLearning/UniversityAndHigherEducation/StudentFinance/DG_194804.

17　詹聖如，林永豐，「英國高等教育改革之政策建言」，《教育資料集刊》，第44輯(2009)，頁119。

18　Drummond Bone, op. cit.

　　課程國際化是高等教育國際化中最爲基本重要的因素，英國教育家們普遍贊同課程的國際化不僅包括開設更多的外語課程或者學習有關其他國家的歷史地理知識，更重要的是有國際視野的課程體系，引進「歐洲空間」（European dimension），幫助學生瞭解世界的變化並使其更具有國際競爭力。英國人對於「歐洲空間」的定義爲：加強學生的歐洲身分，增強學生對歐盟及其成員國的知識，使他們瞭解英國與這些國家以及歐洲和世界其他國家合作的意義。[19] 爲此，英國高等教育課程中引入了國際教育課程與國際性內容，同時開設了注重國際主題的新課程以及地區性或國別研究的內容。英國透過高等教育課程內容的國際化，在增進學生對各國以及國際合作的瞭解的同時，也促進英國高等教育國際化的發展。爲了加強課程方面的國際化進程，各大學開設與國際有關的以及與國際接軌的課程專業，如：世界經濟、國際金融、國際貿易等新專業科目。1990年代以後英國高等教育機構國際化課程的數量和比重不僅迅速增加，且成爲實施課程內容和結構改革，提高高等教育教學品質，實現培養國際化人才的重要手段。

第四節　英國高等教育之重要政策

一、配合歐盟高等教育整合政策

　　「波隆尼亞進程」（Bologna Process）做爲歐盟高等教育整合的平台，帶給歐洲教育整合史上一個突破性的轉折，歐洲學分轉換制度（European Credit Transfer and Accumulation System, ECTS）也爲分歧的歐洲學分體制建立一個準則，同時也便利於學生交流學習上，文憑認證的依據。於2010年已完成歐盟高等教育學區（European Higher Education Area, EHEA）之建立，目前「波隆尼亞進程」的正式會員已達47個國家，已建立了全球最大之歐盟高等教育學區。其六大主要內涵爲：建立容易理解以及可比較的學位系統，即在歐盟國家的公立大學之間建立一個統一的可以互相比較的學位系統；建立一個學士和碩士爲基礎的高等教育體系；建立歐洲學分轉換系統；促進師生和學術人員的流動，在波隆尼亞進程中，歐洲各公立大學的學生和教師都可以到其他歐洲大學學習或任教，這類學習或任教都能得到學生和教師所在大學的認證，從而極大地推動了師生和學術人員在歐洲大學之間的流動與交流；歐盟高等教育的品質保證；促進歐洲領域內之高等教育合作。

　　英國做爲波隆尼亞進程的主要參與者，其在波隆尼亞進程的引導下，英國教育部以及大學都積極參與歐盟的高等教育交流與合作，並依據波隆尼亞進程所涉及的主要內容採取多項措施促進本國的高等教育國際化進程。英國在積極採取歐盟高等教育國家化

19　Universities UK International Strategy, Universities UK, available from: http://www.universitiesuk.ac.uk/Publications/Documents/intlstrategy.pdf.

政策措施的同時，也以其在歐盟中的獨特地位，促進歐盟高等教育國際化的發展。伊拉斯摩斯計畫（European Community Action Scheme for the Mobility of University Students, ERASMUS）是波隆尼亞進程的重要組成部分，最早由英國教育委員會於1987年為因應英國教育國際化而提出，後來逐漸擴展為促進歐盟社會的國際化的重要政策。相較以往的英國高等教育國際化政策乃至歐盟國際化政策，伊拉斯摩斯世界計畫（ERASMUS Mundus）將目光關注到第三國家，企圖通過與非歐盟國家的高等教育的合作交流，進一步擴大國際化的範圍，促進高等教育國際化的進程。伊拉斯摩斯計畫主要目標是擴大短期留學的高校學生數量，使短期留學成為大學學習的一部分。同時，伊拉斯摩斯計畫的目標已於2010年幫助300萬學生成功流動，它主要採取的策略包括：提供在三個歐洲國家學習碩士課程的機會，為第三國家的畢業生和學者提供獎學金，通過與第三世界國家高等教育建立夥伴關係來鼓勵歐洲向全世界敞開大門，通過與第三國互相承認資格認證來提升歐盟高等教育的市場。此目標也與1999年英國政府推動高等教育行動計畫互相配合，在計畫期間英國政府擬將增加國際留學生的人數。此次首相國際教育行動計畫共分為五大重點，分別為市場化交流，高等教育夥伴關係，成人教育夥伴關係，學生就業，其目的在於吸引70,000留學生，赴英國接受本科教育。30,000 留學生赴英國接受英國成人教育；促成多於以往兩倍的國家每學期多送10,000 學生赴英國留學；增加外國留學生在英國的滿意程度。[20]

目前，已有90%的歐盟高等教育機構參加伊拉斯摩斯計畫參與歐洲研究生課程。該計畫是為了改善高等教育品質所進行的合作和流動專案，旨在通過和第三國家的合作來增強對不同文化的瞭解。它通過允許學生和訪問學者參與歐洲碩士課程，在歐盟高等教育機構進行研究生階段學習和鼓勵歐洲的大學生到第三國家學習來增強歐洲各國在高等教育領域的國際聯繫。同時，在伊拉斯摩斯計畫的執行過程中，英國為其主要的宣導者與參與者。英國在執行伊拉斯摩斯計畫中，各大學也結合自身的特色採取積極的措施促進國際化進程。例如：劍橋大學延續了伊拉斯摩斯計畫中所聲明的政策，提供劍橋歐洲信託職業獎學金，為鼓勵劍橋學生增強其對於其他國家的歷史、語言、文化教學方式等的瞭解。

二、持續投入高等教育創新與人才培養

2004年7月，英國政府正式發布《2004-2014年科學與創新投資框架》（Science & innovation investment framework 2004-2014），該計畫的目標是要在2014年將英國的研發投資提高到國民生產毛額（GDP）的2.5%，要使英國成為全球經濟的關鍵知識樞紐，同時成為將知識轉換成新產品和服務的世界領先者。[21] 其中，在高等教育創新改革方面，

20 "Bologna Process Responding the Post 2010 Challenge," *The Higher Education Academy*, pp. 5-7.
21 "Science & innovation investment framework 2004-2014," *Department of Business, Innovation and Skills* (London: Department of Business, Innovation and Skills, 2008), p. 54.

英國希望大學能夠爲培養一流科學家、工程師和技術人員提供強大支援。致力於提高大學、學院和中小學校的教師素質，提高學生研究科學的興趣和積極性，增加具有研究能力的高素質的研究生比例。根據框架中的計畫，英國爲保持大學和國家實驗室的先進研究能力，將繼續提供持續的研究經費，繼續改善大學和研究機構知識轉移和產業化的能力。英國財政部於2011年3月23日發布了新的政府財政預算（the plan for growth），新計畫的目標是在全國範圍內以及在各產業之間實現永續和平衡的成長，中央財政預算案中公布了一系列幫助目標發展的措施，其中包括創新人才培養。該計畫包括四個面向：其中一個重要方面就是要加強公民受教育的程度，要培養歐洲最靈活的就業人口。根據OECD的統計，英國科學和技術方面的人力資源從2001年的37%上升到2009年的44%。2007年英國的科學與工程的大學畢業生占總畢業生人數的22.5%，與其他已開發國家相比並不算高。但是，根據2010年OECD的統計，英國有45%的博士畢業生來自於科學與工程領域，[22]這與其他國家該領域的博士畢業生比率相比是比較高的。因此，擁有博士學位的畢業生是創新的重要來源。

三、增加學生名額分配與社會流動性

根據2011年英國商業、創新與技術部（Department for Business, Innovation & Skills, BIS）於2011年6月底公布高等教育白皮書。負責高等教育政務次長大衛・威利茨（David Willetts, Minister of State for Universities & Science）表示，這份名爲《以學生爲核心》（Students at the Heart of the System）的白皮書，主要在於計劃爲英格蘭的高等教育注入更多的市場力量，不僅更強調大學彼此之間的競爭，還重視學生身爲高教「消費者」的權益。2012年起，將會有85,000個學生名額從原來的分配制改爲由大學來競爭。其中的65,000個名額，主要提供給成績優秀學生（在中學高級會考「A-Level」中，拿到兩個A等及一個B等的成績，或者成績更佳者）。此項政策意味著，未來有競爭力的大學可以不再受到限制，而擴大招收優秀學生。另外的 20,000個名額，則提供給一年只收取低於7,500英鎊學費的高教機構。由於明年起，大多數大學都將調漲學費至最高9,000英鎊，只有一些提供高教課程的繼續教育學院（further education colleges）只收取低於6,000英鎊的學費，因此，此部分名額恐將多數爲繼續教育學院所取得。大衛・威利茨表示：「第一年，我們嘗試開放高教系統，但只開放四分之一的名額，並未對於整個系統帶來太多的影響。未來，我們希望能逐年地增加開放競爭的名額。」也因爲大學必須爲了招生而競爭，未來無法吸引學生的學科，也將面臨關閉的命運。該報告也表明，高等教育是促進社會流動的引擎。過去5年以來居住在英國最貧困地區進而就讀大學年輕人數比例增加超過30%，15年來該比例不斷成長更超過50%（參照圖12-1），故英國高等教育未來必須著眼於增加社會流動性（mobility），公平社會署（Office of Fair Access）將會

22　OECD Database.

增加其資源；且在大學收取超過6,000英鎊費用的前提下，監督其對弱勢家庭背景之學生所提供之計畫與目標。今年秋天，公平社會署署長將向英國國會報告，未來如何在高等教育之改革工作。公平社會署將有權力繼續來保障學術自由，並包含教職缺徵選的過程。[23]

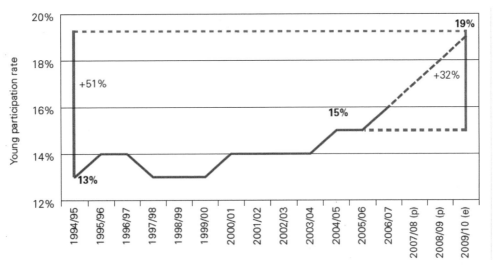

圖12-1 最貧困區域青年參與高等教育比率

資料來源："Higher Education: Students at the Heart of the System," *Department for Business, Innovation & Skills*, p. 55.

---

23 "Higher Education: Students at the Heart of the System," Department for Business, Innovation & Skills (2011), pp. 49-56.

　　美國有著一個大規模、多樣化、富於創新的高等教育體制，具有強健的研究和經費（funding）系統。在規模方面，美國的高等教育層面廣泛，而且相當分散，以競爭和自治高等學府為特徵。依照美國國家教育資料資源中心（National Education Data Resource Center, NEDRC）統計，目前美國共有大學院校4,409所左右，其中1,690所為兩年制，2,719所實施四年制。除了1,700所左右的公立院校（由所在州、市經營）以外，還有2,733所私立院校。[1] 在美國的兩年制院校中以社區大學（Community college）為主體。目前美國高等院校註冊的學生超過1,900萬人，其中的1,100萬就讀於公立院校，外籍學生（foreign students）約有67萬人，臺灣赴美留學學生有2萬8千人左右，佔總體外籍學生之4.2%。[2] 美國的大學生中56%以上是女性。同時值得注意的是，在職學生所占的比例約40%，他們是一邊工作一邊上大學的專業人員。此外，美國的常春藤院校（Ivy League）[3] 非常有名，許多外國學生都希望到這八所世界一流的私立大學進修學習。美國為卓越的高等教育學區，於2011年根據「世界大學網路排名」（Webometrics Ranking of World Universities）的資料顯示，有103所美國大學進入世界前兩百名大學排行之內。[4]

　　分權化（decentralized）是美國的高等教育管理體系的特點，在美國教育管理體系中聯邦政府、州政府、民間認證機構和大學自主管理承擔著不同的職責。聯邦政府：根據美國憲法，高等教育由各州負責管理，美國聯邦政府對高等教育沒有直接管轄權（軍事院校除外）。美國設有聯邦教育部（Department of Education），它既不制定高等學校設定的標準，也無批准成立高等學校的權利。全美沒有統一的、政府主導的高等教育品質評估標準和監控體系。學分的認可、計算和轉換為各高校的內部業務，由學校自主決

1　Number of educational institutions, by level and control of institution: Selected years, 1980-81 through 2008-09, Institute of Education Science, available from: http://nces.ed.gov/programs/digest/d10/tables/dt10_005.asp.

2　Foreign students enrolled in institutions of higher education in the United States, by continent, region, and selected countries of origin: Selected years, 1980-81 through 2008-09, Institute of Education Science, available from: http://nces.ed.gov/programs/digest/d10/tables/dt10_234.asp.

3　常春藤盟校或常春藤聯盟（Ivy League）成立於1965年，是由美國東北部地區的8所大學組成的體育賽事聯盟；常春藤盟校包括：布朗大學、哥倫比亞大學、康乃爾大學、達特茅斯學院、哈佛大學、賓州大學、普林斯頓大學、耶魯大學（Brown University, Columbia University, Cornell University, Dartmouth College, Harvard University, Princeton University, the University of Pennsylvania, and Yale University）。

4　Ranking Web of World universities, available from: http://www.webometrics.info/top12000.asp.

定。聯邦政府對高等教育品質的影響是間接的。聯邦政府規定一些與高等教育有關的法案，但這些法案都是規定聯邦政府如何向高等院校提供資助，如何向大學生提供獎學金和貸款，以及如何重點發展某些特定的學科等。

州政府：美國絕大部分州都設有高等教育委員會。高等教育委員會主要通過宏觀調控以促進和保證本州高等學校的教育品質的提高。50個州的高等教育行政主管部門對州內公立高校管理許可權各不相同，但其主要職責是研究制定州政府教育撥款分配方案、州內高校發展方向、處理政府與高校關係，不涉及學校具體辦學事宜。舉辦公立學校，須經州和地方政府立法批准，對其品質要求，各州均有具體的標準和政策。[5]

民間認證機構：在美國的教育機構，主要由民間認證機構進行認證。經過美國教育部認可的六大區域的認證機構及近百個專業認證機構擔負著規範各個高校學術品質的職責。高等教育認證委員會（Council for Higher Education Accreditation, CHEA）是協調並審核認證機構的專業機構。美國聯邦政府則通過這些認證機構間接實現對各大高校的管理與監督。經過「認證」（recognition）的大學培養的學生起碼是合格的大學生，因其教育品質確有很大保證。在公、私立院校教育品質方面，州政府更多地依靠民間認證機構的認證，確保教育品質和學生利益。因此，認證才是高等教育品質保障的核心。高等教育認證委員會在評估認證機構時採用五條標準：1.學術品質；2.責任；3.創新精神；4.合適和公正的決策評估程序；5.永續性評估。[6] 這些標準特別強調確保和提高學校或專案的學術品質，以服務於受教學生和他們的家庭、高等院校、贊助團體、政府和雇主。高等教育認證委員會對認證機構的評估週期通常為十年，其中包括一個五年的中期評估。聯邦教育部認證標準於1992年法理化，主要強調的是學校或項目的品質是否符合申請聯邦學生資助或其他聯邦專案的認可標準。[7]

大學自主管理：美國大學院校擁有很大的辦學自主權和很強的獨立性，諸如聘任教授，招收學生，調整專業，設置課程，財政開支等各方面都完全由學校自主決定。但是大學自主並不等於校長獨裁。為了確保大學正確的辦學方向，更好地保證該大學的教學品質，絕大多數公立大學和私立大學都實行董事會領導下的校長負責制，董事會決定大學的大政方針，是大學的直接上層決策機構。公立大學的董事會由州長任命產生，其成員大部分是教育界以外的各界人士，包括科學家、企業家、文化名人、律師、醫生、官員等等，旨在有效地彙集社會各方面的意見，確保大學在辦學過程中的一切決策趨於民主化和科學化。董事會的主要職責是聘任校長，負責審批專業和課程設置，決定學費標準和校園基本建設以及審批學校經費預算等重大事項。[8]

5　　*CIS Higher Education Directory 2010*, Council of International Schools (John Catt Educational Ltd, 2009), p. x

6　　Ibid., p. 41.

7　　Ibid., p. 42.

8　　John C. Smart, *Higher Education: Handbook of Theory and Research* (New York: Springer, 2008), p. 172.

第一節　美國高等教育基本學制

美國高等教育大致分為四類：職業或技術院校（Vocational or Technical Institute）、初級或社區學院（Junior or Community College）、四年制學院（College）、大學或理工學院（University or Institute of Technology），職業或技術學院主要培養專門人才如商業會計、護士、工程技術人員等，學制兩到三年，一般只授予副學士學位（associate's degree）。初級學院或社區學院主要提供高等技術教育和職業教育並為所有願意接受高等教育的人提供普通教育；同時為四年制大學輸出人才。初級學院招收高中畢業生，學制多為兩年，一般授予副學士學位。學院和大學的學制一般為四年，學生畢業後可獲學士學位；隨後再修業一年或兩年研究生可獲碩士學位，三到五年可獲博士學位。美國的高等教育主要分為三種類型：公立大學、私立大學和私營大學。公立大學由州政府或地方政府資助，由州政府領導。私立大學由私人團體、宗教組織、企業公司等資助，由主辦者領導，並接受州政府的指導。[9]

在美國的公立教育和私立教育（private education）之外，還存在有另一種高等教育學校即私營教育院校。私立教育（private education）和私營教育（proprietary education）有其共同點，都是獨立法人，追求特色，努力保持競爭力。但又有很多不同之處，最大的不同是私立教育系非營利性教育，不能營利；私營教育是營利性教育，可以營利。為了鼓勵高等教育的進一步發展，促進高等教育的多樣化，滿足各種年齡、各類人群、各個工種對進一步學習提高的需要，美國各級政府積極鼓勵包括營利性高等教育機構在內的各類高等教育機構的發展，因而營利性高等教育機構數量迅速增多。[10]

對高中畢業生來說，四年制大學（University/College）以及二年制社區大學是銜接在高中之後的升學管道。因臺灣學制承襲美式制度，四年制大學與臺灣的大學類似，畢業將授與學士學位（Bachelor's Degree）。社區大學有兩個主要目標：專業證書課程以及大學轉學課程。專業證書課程部分以實用課程為主，像是電腦相關課程等等。大學轉學課程部分則是以四年制大學為目標的跳板。美國四年制大學入學以高中學生在校學業平均成績（Grade Point Average, GPA）以及SAT[11]成績為主要評量依據，一些因為在校成績不好，或是SAT考不好而無法申請到理想大學的學生，會先進入社區大學，利用兩年的時間獲得GPA較高分數，然後再轉學到四年制大學，而在社區大學修的學分可以在四年制大學裡面抵免相同科目。社區大學的入學門檻低，所以讓這些成績較差的學生有翻身的機會。社區大學畢業將授與「副學士學位」。

9　*International Student Handbook 2009,* College Board, p. 47.
10　Ibid., pp. 48-49.
11　SAT（Scholastic Assessment Tests）測驗是由美國大學委員會（The College Board，大約4,300所美國大學共同組成的文教組織）委託教育測驗服務（Educational Testing Service）。

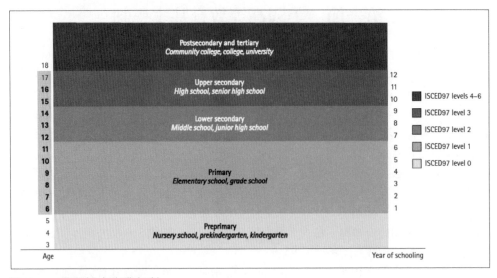

圖13-1　美國教育修業年齡

資料來源：“Comparative Indicators of Education in the United States and Other G-8 Countries: 2011,” Institute of Education Science, p. 81.

　　美國大多數四年制大學入學時會提供一科主修（Major），叫做通識教育（Liberal Arts）。該學科是為了興趣尚未決定的高中畢業生們準備，選擇該科主修的學生可以任選校內所有基礎科目，從人文領域到理工領域皆可，藉由廣泛的學習來尋找自己的興趣，等到大二大三時，再讓學生依照興趣自行決定其主修，簡言之，就是大一大二不分科系，以上是大學的部分，在美國叫做「Undergraduate」。研究所方面，美國的研究所統稱「Graduate school」，依照修業年限長短以及目標不同，通常分為「Master」以及「Doctorate」，Master就是臺灣所謂的碩士，而Doctorate就是通稱的「博士學位」。美國碩士修業年限一般是2年，而博士則是3-7年不等。和臺灣不同之處在於，臺灣的碩士和博士大多偏重於學術上的研究，都需要有論文才能畢業。而博士更需要有碩士學歷才有資格攻讀，是學術研究的更專精以及延伸。美國高等教育則不同，美國學生在大學畢業後可以選擇碩士或是直接攻讀博士，其博士要求並不一定需要碩士學歷。而美國的碩士和博士目標也不盡相同，美國有不少碩士不需要寫畢業論文，只要把課程修完即可畢業，這些碩士比較屬於就業導向；另一方面，博士則是在單一學術領域的專精，畢業後將以學術或是研究領域為主要目標。因此對美國的大學畢業生來說，碩士和博士有如兩個不同的選擇，這方面和臺灣學制上博士是碩士延續之概念是不同的。此外，美國有不少學生是在就讀碩士之後才決定繼續攻讀博士，也有一些博士學生因為無法完成論文而放棄博士學歷，只拿碩士學歷。

第二節　拜杜法（Bayh-Dole Act）與美國高等教育

1980年以前，美國資助給大學研究單位的研究成果，幾乎都傾向於歸屬於政府所有，且免費或非專屬方式授權讓民眾使用；或直接放棄權利，納入公共所有（public domain），實際運作上都交給各政府機關自己選擇，透過契約方式與受資助者簽約，在契約中決定權利歸屬。而當時各機關都有自己政策，在美國竟有26種不同的政策。例如美國國防部都是傾向將權利給受資助廠商，而能源部、農業部則傾向由政府保留權利。而到底美國政府對政府資助研發成果要採用怎樣的政策，一直有很多辯論。直到1978年後卡特總統組成的委員會建議，應該將全國的政府資助研發政策統一，並制定成法律。因而催生出了1980年的拜杜法。參議員Birch Bayh 和Robert Dole 提出了一個草案，這就是拜杜法（Bayh-Dole Act）的由來。[12]

1980年開始，美國透過拜杜法同意聯邦政府資助的研究案可以申請專利（patent），造成了大學申請專利開始大幅增加，1979年美國大學共取得264項專利，1997年則共取得2436項專利，成長近十倍。根據經濟暨合作發展組織（Organization for Economic Cooperation and Development, OECD）統計美國大學所取得的專利，在1963年只占全國專利數的0.3%，至2008年已提高至6%。[13]但這些取得專利的研究，很大一部分是關於生物醫學領域，而其中大部分都有接受聯邦政府所資助，且大部分都是基礎研究或研究工具的專利。該法原本的用意，只是想要讓聯邦資助的研究能夠多一點商品化而不要被埋沒，想要讓這些政府資助的研究成果，能夠移轉到民間使用，獲得更多的商業化應用，也就是希望這些成果有更多人願意取授權使用。另外一項考量，則是擔心美國政府補助的研發成果，若不申請專利，就會被外國人拿去使用。因此，拜杜法無疑促進了大學與產業實務之間的聯結，該法對美國高等教育的影響有以下兩大重點：[14]

1. 它提高研究型大學生產力，使科技移轉利益發展創新的策略方法，導致大學申請專利數目增加，促進專利商業化之應用。大學之研究成果反饋到社會則影響科技移轉之相關機構和政策。

2. 拜杜法以一種新的方式利用大學的資源，支持政府發展高科技產業加速各州政府之利益。有鑒於過去20年來美國聯邦國家科學基金（National Science Foundation, NSF）對於基礎研究沒有顯著增加，拜杜法則使產業與大學合作出密切的關係，產生新的技術；而國家則成為使新技術活躍運用的代理人。

12　Rebecca S. Eisenberg, *Public Research and Private development: Patents and Technology Transfer in Government-Sponsored research* (82 Virginia Law Review 1677, 1996).

13　OECD, "Compendium of Patent Statistics 2008," available from: http://www.oecd.org/dataoecd/5/19/37569377.pdf.

14　John Aubrey Douglass, "The Entrepreneurial State and Research Universities in the United States: Policy and New State-based Initiatives," *Higher Education Management and Policy*, Volume 19, No. 1, OECD (2007), pp. 4-5.

第三節　美國高等教育之重要趨勢

　　相對於美國較注重大學的自主發展，較缺乏通盤性的具體研發計畫。歐盟執委會於2000年1月提案建立「歐洲研究區域」（European Research Area, ERA），透過「第7期科研架構計畫」（7th Framework Programme, FP 7）推動具有聯邦式特色的整體研發方案。歐洲研究區域提供歐盟科學的發展和潛在技術政策的分水嶺，追求科學和技術服務的共同戰略，代表了在歐盟共同的產業研發和高等教育的創新構造。2002-2006年歐洲研究區域涵蓋175億歐元的預算，約占歐盟成員國整體研發（R&D）支出的4至5%，並計劃於2013年朝向歐盟國民生產毛額（GDP）的3%必須投入研究和發展當中。[15] 雖然，過去十年美國整體研發支出平穩保持於國民生產毛額之2.5至2.8%，[16] 但由於私立大學自主性的影響力擴大，聯邦補助經費難以分配至最大效益。且美國聯邦國家科學基金在結構上也面臨短缺，美國高科技產品的出口占國民生產毛額的比例1980年代之31%下滑至2000年時之18%，代表美國於研發上的優勢逐漸流失；就大學工程學科的畢業生人數而言，於1985年達高峰來到77萬人左右，1990年以後美國企業對工程學科的需求激增，然而工程學位於美國就業的人數就再沒超過63萬門檻，也代表美國學生赴歐洲或其他區域留學人口增加。[17] 因此為了維持美國世界一流強權的競爭力，聯邦政府必須提供必要的財政支助；然而，因應歐盟高等教育區的整合影響，美國的高等教育也產生幾個未來重要的發展趨勢：

一、通識教育重要性提升

　　美國高等教育開始出現其他的新趨勢。過去20年間不同種族外籍學生的增加，引發了多元文化研究專業的出現。各大名校的招生選擇性提高了，而社區大學也愈加繁榮。雖然學生數量增多，學校仍希望能著眼於個別化的指導，這導致了榮譽項目、實踐學習和新生研討會的出現。學校也努力逐漸提高效率以保持聲譽。這也鼓勵了學校去評估學生的學習情況。總體而言，各院校和大學需要權衡並確定：學生在大學裡需要知道什麼或能做什麼，我們怎樣去保證學生已經達到了這些目標。由於這個原因，在過去的20年間，許多學校制定或修改了他們的「通識教育」標準。通識教育是一個包含人文、社會科學、數學、自然科學和藝術的課程系列。因此，通識教育在很大程度上重新肯定了文理藝術在高等教育的重要性。

15　Ibid., p. 20.

16　"GDP share of R&D expenditure," Finnish Science and Technology Services, available from: http://www.research.fi/en/resources/R_D_expenditure/GDP_share_of_RD_expenditure.

17　John Aubrey Douglass, op. cit., p. 25.

二、外籍學生大幅增加

60%的學生曾就讀過一個以上的學校。35%的學生曾就讀兩個以上的學校。另一個趨勢是有色人種學生的增加，1980年代至今，美國大學的外籍的留學生不斷成長，學生來源又以亞洲的留學生成長幅度最大（參見圖13-2）。美國人口普查者預測2020年後，大學院校裡少數族裔學生的人數將會首次超過白人學生。研究者指出美國增長最快的是拉丁裔學生。他們非常重視教育，但是。拉丁裔人常會因家庭經濟壓力而導致他們不能完成傳統四年制的學位。所以，兩年制和盈利性高等教育機構可幫助這些超齡學生和拉丁裔學生。

美國最新「門戶開放」（Open Doors）報告顯示，2009年10月美國大學就讀的留學生為69萬923人，創歷年新高，其中中國留學生人數從9萬8235人大幅增長至12萬7628人，超過美國留學生總數18%居冠，臺灣則排名第5。中國則位居英國、義大利、西班牙和法國之後，是美國學生的第5大留學目的地，值得注意的是，不同以往中國學生多為赴美攻讀碩博士學位，最新趨勢是赴美攻讀學士學位，且在所有留學生中增長最快。據美國國際教育研究所（Institute of International Education）調查，2008至2009年，有2萬6,000多名中國學生在美國攻讀學士學位，而8年前只有約8,000人。中國學生不僅到全美知名大學深造，也進入地區大學、州立大學就讀，甚至進入在海外招生的小區大學求

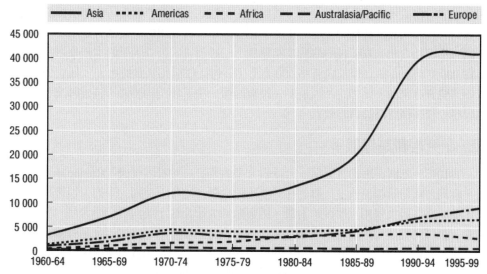

圖13-2　1960-2000年美國大學外籍研究生區域來源

資料來源：John Aubrey Douglass, "A World of Competitors: Assessing the US High-Tech Advantage and the Process of Globalisation," *Higher Education Management and Policy*, Volume 20, No. 2 OECD（2008），p. 15.

學。大多數中國學生付全額學費（因為國際學生不具備申請政府財務補助的資格），這
對經濟衰退導致捐款和州政府資助大幅減少的大學，帶來很大幫助。

近年來，美國為了吸引更多中國學生，及幫助學生適應不同的文化及加強大學國際
觀，美國大學和學院「主動出擊」，在中國設立幫助高中生畢業後順利到美國就讀的計
畫。包括哥倫比亞大學教育學院（Teachers College of Columbia Un iversity）今年首次舉
辦的「大陸高中應屆畢業生計畫」，共有28名學生在北京的國際關係學院（University
of International Relat ions）學習6個月，其中19人取得前往哥倫比亞大學繼續完成今年課
程的資格。這個計畫幫助學生做好美國大學新生入學申請準備、著重英語訓練和文化融
合，提供諮詢，課程針對英語測驗、學術性向測驗（SAT），還包括參觀美國東北部大
學等。另一個新計畫是「美國大學學分轉移課程（U.S.-Sino Pathway, USSP），目的在
幫助中國高中生先在本國學習，了解課程安排、課程內容、學習方法等；學生取得學分
後，可直接進入美國的東北大學、貝勒大學、佛蒙特大學、猶他大學等6所學校的二年
級就讀，都是美國綜合排名前100的大學。[18]

三、營利性大學興起，學費高昂

大學學費在過去20年的漲幅已超過物價膨脹率，從1995年到2005年，私立大學學費
上漲了36%，公立大學學費的漲幅更高達51%，社區大學也漲了30%，很多學生因負擔
不起學費，靠借貸完成學業，或乾脆放棄進入大學。但負擔的主要問題不只是學費的調
漲，大學財務系統的健全影響更大，而目前的美國的高等教育體系，尚無法提供大專院
校足夠的誘因來改進機構的效能與產能。私立大學教育支出的絕大部分是由學生學費來
負擔，然而私立和公立學校的學費差距懸殊。一般而言，公立大學的本州學生學費為每
年13,000美元，而私立學校則需36,000美元（不包括住宿和伙食費用）。私立學校非常
依賴其他資金來源，比如說私人捐助、投資回報、項目和契約經費、技術轉讓費以及其
他服務收費來保證高品質的教育。

四、研究經費越趨競爭

1810年，德國發展出世界第一所「研究型大學」－柏林洪堡德（Humboldt）大學之
後，歐洲各國紛紛起而效尤。雖然在一些國際大學評比中，美國大學的表現皆是最優異
的，並成為各國大學相互學習的對象，但與歐洲大學相較，美國研究型大學的發展是較
晚的。美國研究型大學的資本主義企業化走向十分明顯，隨著2008年金融海嘯後美國經
濟之衰退、聯邦科學研究基金削減，使得美國研究型大學身處資本主義掛帥的戰場中，
不得不與其他大學競爭師生、資源與名望。但美國的研究型大學與許多國家的大學不

18　「美國大學中國大陸留學生數量超過2.6萬，增長率居首位」，中央日報，摘自：http://www.cdnews.com.
　　tw/cdnews_site/docDetail.jsp?coluid=115&docid=101351152。

同，因爲美國的研究型大學沒有一個政府中央部門統一監管，這使美國的研究型大學有了非常多樣的面貌，其規模、財富、對外來資源的倚賴程度都各有千秋。把美國學術界變得更加複雜而充滿壓力的，並不是那些商業或資本主義的力量。美國大學之所以日趨複雜，乃是因其本身的創造力、影響力刺激了其他機構或國家，引發連串以科學爲主的競爭。

第四節　美國高等教育之重要政策

　　美國聯邦教育部於2006年9月發布最近一期的高等教育改革報告書《領導力之檢驗：描繪美國高等教育的未來》（A Test of Leadership: Charting the Future of U.S. Higher Education）針對美國未來10年的高等教育政策立下明確的改革目標。該報告緣起於論及美國高等教育面臨的兩大挑戰：第一是在全球化競爭下，超過90%的行業需要接受過高等教育的公民來擔任，大學教育因而日趨重要；政府理應協調各單位以迎接經濟轉型的挑戰、回應各族群對高等教育的需求，以及提供更多就學機會給所有公民。第二則是越好的工作機會往往由嚴優秀的員工取得，因此有必要增強美國人民的經濟競爭力；儘管美國擁有令人稱羨的高等教育體系，但其他國家已經迎頭趕上，舉例來說，1970年代，美國培育的科學和工程博士占了全世界總量的50%，但依現今趨勢推估，2010年，美國將只培養出15%的科學和工程博士；過去美國30年以來獲得大學文憑比例停滯於66-67%之間。此報告賦予高等教育未來委員會（Commission on the Future of Higher Education）的終極目標，在思考如何改善美國的高等教育體系之當前問題，以確保畢業生符合未來經濟發展人力所需，並且具備因應時代變遷的轉型能力；同時也希冀藉由該報告書的提出，規劃一套美國高等教育之改革時程表。[19]

一、增加獎助學金

　　美國有一半的大學生必須靠借貸始能接受高等教育，有3／4的私立大學學生及將近2／3的公立大學學生畢業後即面臨償還學生貸款的壓力。對於某些負擔不起高學費的家庭來說，有能力即可進入大學就讀是政府遲遲無法兌現的承諾。估計10年下來，因經濟因素放棄升學之人力成本達200萬人。該報告建議簡化目前的獎學金系統，以符合申請學生所需，具體措施如下：[20]

　　1. 聯邦政府、州政府及高等教育機構應該依據開放、增加留校率（減少因財政困難造成的中輟）和畢業率，以及減少債務負擔等三大原則，增加以需求爲基礎的補

---

19 "A test of leadershp: Charting the future of U.S. Higher Education," U. S. Department of Education, (2006), pp. 9-10.

20 Ibid., pp. 18-19.

助（need-based financial aid）方式。

2. 簡化聯邦學生補助方案的申請流程，以家庭收入做為資格審查的標準，同時讓學生及早知道審查結果，以便做最適當的決定。

3. 提高裴爾獎助學金（Pell Grant）的金額，從目前的4,310美元，在4年內增加至5,400美元。

4. 如果只由聯邦政府單方面增加補助，而大學學費無限上漲，則仍舊於事無補，高等教育機構應該一起與政府合作控制學費的成長率。

二、提高學習品質與資格認證

　　其他國家的高等教育體系正進行改革以提升學生學習成效時，美國大學生的學習品質卻顯得不合時勢所需，某些能力水準甚至逐年下跌。最近的評量結果調查研究紛紛顯示美國高等教育的品質堪慮，從美國在全球大學畢業率排名的下降、大學修業時間的延長、學習成效與核心能力（core literacy skills）的低落，不禁令人質疑美國高等教育機構能否培育出駕馭21世紀全球市場的美國公民。高等教育未來委員會歸納出問題的癥結發現，過去美國政府和教育者太專注將學生送入大學，卻忽略要協助學生順利在四年內取得大學文憑，導致很多學生中途離校，或即使勉強畢業，學習品質也未達標準。分析1992年到2003年國家成人語文能力測驗（National Assessment of Adult Literacy）顯示，大學畢業生能流暢使用語文的比例10年內從40%降到31 %；企業雇主也反應很多畢業生尚未做好就業準備、缺乏職場所需的批判思考能力、解決問題能力及寫作能力。

　　委員會也促請後中等教育機構透過發展教學方式、課程整合、運用科技等改善學生學習。除了提升後高等教育機構的學習品質外，其他非正規學習或職業訓練課程的品質也必須提升，因為知識經濟意味著人們必須終身學習以因應社會變遷。為使美國人民終身都有機會接受優質且負擔得起的教育或訓練，委員會建議政府應發展全國性的終身學習，教育部應與州政府、聯邦政府各部會合作，針對成人學習者提供更彈性的學習機會：該項計畫書應具體涵蓋中高等教育、成人教育、職業教育及人力發展訓練等體系，整合政策面、經費面及績效責任面，以促進學生在各類型後中等教育機構的流動，並培育符合國家所需的優質勞動力。[21]

三、大量投入研發與創新

　　在人力資本方面，目前美國大學培育的數理、科技、醫學及與全球產業競爭力相關領域的人才仍舊低於未來市場需求，科技、工程和醫療相關產業正迅速成長並極需大批專業人力投入，這些關鍵產業都與國民健康與經濟發展相互依存，但根據2000年的統計資料顯示，38%擁有博士學位的科學家與工程師不在美國出生，也就是說美國在前瞻研

21　Ibid., pp. 3-5.

究領域有賴外籍專業人力的投入。而歐盟此時正積極推動居禮夫人行動方案（Marie Curie Actions）以吸引跨國研究人才，美國移民局卻對雇主擔保簽證（employer-sponsored visas）的限制，阻擋美國發展科技產業與經濟所需的外籍人才貢獻所學及專長；而研究經費未能進行跨機構、跨領域的整合，導致單一部門掌握大量課程或研究經費，類似的資源壟斷結構往往限制突破性和創新的發展，此乃美國高等教育面臨之重大挑戰。該報告做出幾點建議：[22]

1. 振興並增加高等教育改善基金會（The Fund of the Improvement of Postsecondary Education）的經費，將推廣創新教學經驗設為首位，並且鼓勵基金會在新興研究領域進行促進優質學習的相關研究。

2. 高等教育改善基金會的振興方案可藉由整合政府各部門對高等教育投入的研究經費著手，避免研究資源浪費。

3. 各機構應善用資訊科技的優勢，彌補傳統教學的不足。發展以資訊科技為基礎、學習者為中心的教學方案，以促進學習成效、減低教學支出，並符合就業市場需求。

4. 各機構應積極開發新興的跨領域科目，如服務產業，並推動新的課程發展方案與授課方式。

5. 鼓勵各大學院校利用資訊科技發展合作工具增強總體能量，利用開放資源及開放學習，建立新的合作典範，為下一世代建立符合知識經濟的學習環境。

為確保美國在全球市場上的競爭力，該報告建議聯邦政府在重點領域增加投資經費，以確保美國境內大學在關鍵領域如科學、工程、醫學，以及其他知識密集產業之領先地位。

22　Ibid., pp. 10-11.

第一節　德國高等教育背景

德國的高等教育均由各邦政府訂定的「高等教育法」（Hochschulgesetz）所規範。德國國內的大學除了極少數由教會設立者外均爲各邦政府所設立，但是教學與研究自由一直都是共同的傳統特色。大學自由探索眞理的理想與獨立於政治和宗教干涉的精神，可以遠溯中世紀大學肇建之際的特權。19世紀在國家主義、民族主義及自由運動的推波助瀾之下，新人文主義（Neuhumanismus）運動激發了洪堡德（W. von Humboldt）創建了結合現代化與民族精神的柏林大學（Berliner Universitat）。當時著名的學者費希特（Johann Gottlieb Fichte, 1762-1814）、史萊爾瑪赫（Friedrich Ernst Daniel Schleiermacher, 1768-1834）、高斯（Carl Friedrich Gaus, 1777-1855）等，都被指定爲柏林大學的講座教授，1811年費希特被選爲首任的大學校長，在1810年的4月，因爲人事有糾紛，洪堡德請求國王暫時留任，到新大學完全設立爲止。

柏林大學注重學術自由、教學自由、學習自由，就是受到洪堡德理念的影響。雖然，柏林大學是德意志帝國的國立大學，但是政府對於柏林大學只有獎助，沒有政治的介入干擾，以學術研究爲中心，注重教學和研究自由，在學術表現上成就非凡，培養許多諾貝爾獎得主和各行各業的領袖人才。因此，歐洲、亞洲和美洲許多國家的大學都以柏林大學爲學習對象。例如：東歐的捷克、北歐的瑞典和中歐的奧地利，這些國家都模仿柏林大學的精神建立大學的制度。此後的德國大學便普遍存在著堅持人文主義教育精神、強調教學與研究的緊密結合、追求眞理的學術自由與獨立、建立以哲學爲統整基礎的學術體系、重視通識性學術陶冶等精神。在此精神下，德國的大學校園與其周遭還境之間，幾乎完全的開放與融合；但作爲自由追求眞理知識的獨立單位，德國大學的教學與研究都一直與政治、經濟及社會實務保持適當的距離。[1]

德國在教育事務上具有地方分權的「半主權」（semi-sovereign）性質，這種決策的特色爲：地方分權，國家介入的程度有限；社會團體成爲行政管理事務的夥伴，而這些社會團體通常是中央集權的組織，在決策過程中，政府與社會團體必須進行不斷地協

1　Grit Würmseer (2010), Auf dem Weg zu neuen Hochschultypen Eine organisationssoziologische Analyse vor dem Hintergrund hochschulpolitischer Reformen, Berlin: Springer Fachmedien Wiesbaden, pp. 26-27.

商與討論。[2] 1960年代以來，伴隨著二次大戰後嬰兒潮的教育需求，快速大眾化的發展趨勢使德國大學面臨極大的挑戰。而東西德統一前夕，西德約有130萬左右的大學生和10萬2千位大學教授，而東德地區則僅有11萬大學生和3萬8千位大學教授，面臨資源整合的挑戰。德國高等教育在上述的背景下不得不謀求改革之道。在相關法律架構下，高等教育改革必須透過中央與地方相關單位共同決策，相關機制包含中央層級的聯邦教育與研究部（Bundesministerium für Bildung und Forschung, BMBF）及學術審議委員會（Wissenschaftsrat, WR）；地方層級的教育權責單位為各邦文教部長聯席會議（Kultus-ministeriumskonferenz, KMK）、財政部長聯席會議（Finanzministerkonferenz, FMK）、大學校長會議（Hochschulrektorenkonferenz, HRK），最具決策影響力的則是各邦主席聯席會議（Ministerprasidentenkonferenz, MPK）。

　　德國聯邦政府專責管理教育事務的單位為聯邦教育與研究部（BMBF），在波昂（Bonn）和柏林（Berlin）均設有辦公室。除了1位部長外，BMBF 尚有2位「政務次長」（Parlamentarischer staatssekretär），2位「常務次長」（staatssekretär），該部會主要負責規劃教育改革、研究之推動、與各邦共同擬訂教育計畫與研究、與各邦共同裁撤或成立高等教育院校及其附設醫院等任務，該部分為八個部門：[3]

1. 「中心部門」（Zentralabteilung）
2. 「策略與政策議題部」（Strategien und Grundsatzfragen）
3. 「歐洲與國際之教育與研究合作部」（Europäische und internationale Zusammenar-beit in Bildung und Forschung）
4. 「職業教育與終身學習部」（Berufliche Bildung; Lebenslanges Lernen）
5. 「學術系統部」（Wissenschaftssysteme）
6. 「基礎科技新之研究部」（schlosscltcchnologien fur Innovationcn）
7. 「生命科學暨健康之研究化部」（Lebenswissenschaften-Forschung für Gesund-heit）
8. 「未來防範暨文化、基礎與永續性研究部」（Zukunftsvorsorge-Forschung für Kul-tur; Grundlagen und Nachhaltigkeit）

　　德國是世界公認的職業教育大國，其職業教育系統的廣泛性不僅於管理層次，還涉及經濟上各具體的行業，必須與時俱進，調整相對應的培訓方式。此外，職業教育還牽涉到與其他歐盟國家接軌的問題，特別是在「波隆納進程」（Bologna Process）展開後，德國身為歐盟經濟發展的火車頭，必須更著重職業教育培訓之教育成果相互承

2　Wolfgang Streeck (2003), *From State Weakness as Strength to State Weakness as Weakness: Welfare Corporatism and the Private Use of the Public Interest.* Max Planck Institute Working Papers, available from: http://www.mpifg.de/pu/workpap/wp03-2/wp03-2.html#4.

3　Bundesministerium für Bildung und Forschung, Leitung und Organisation, available from:http://www.bmbf.de/de/5625.php.

認（mutual recognition）的課題。德國聯邦職業教育研究所（Bundesinstitut für Berufsbildung, BIBB）於1970年依據職業教育訓練法（Berufsbildungsgesetzes）所成立，是專門負責提昇職業教育品質的機構。此機構負責觀察與調查工廠的訓練和繼續教育之學習、以現代化之多媒體設備促進工廠職業教育之實習、視導職業遠距學習的品質，以及導引相關職業教育永續發展的國際計畫等。[4]該單位主席之下設有主席常務副代表、副祕書長，第一處負責制定研究與服務之工作方案、國際職業教育、教育行銷；第二處負責職業教育之統計與財務規劃；第三處負責職業教育之教學與學習事務；第四處負責職業教育之架構與規範。另外還設有中心部門（Zentralabteilung），負責相關法律與人事問題、機構之開銷與部門之聯繫。該機構必須每年提出研究規劃與研究課題，並向大眾公布其主要成果。[5]

在教育制度上，德國採行多元管道之教育體系。學童滿六足歲開始接受義務教育，受完四年（柏林市為六年）之基礎學校（Grundschule）教育後，家長可依學童之能力、性向為其選擇下列三種不同中等教育機構之一就讀：（德國學制上的升學進路請參照圖14-1）

1. 技職學校（Hauptschule）五年級至九年級或十年級：技職學校九年級畢業生大部分繼續在德國二元制之職業養成教育體系內接受三至三年半不等之「學徒訓練」（職業教育二元制），並於取得職業證照後進入就業市場；所謂二元制（dual system）之技職教育為德國教育之重要特色所在。基本上，德國的職業教育可以分為全日制學校與二元制。前者含括了「職業專門學校」（Berufsfachschule）、「專門高級學校」（Fachoberschule）、「職業文理中學／專門文理中學」（Berufliches Gymnasium/Fachgymnasium）、「職業高級學校（Berufsoberschule）」、「專門學校」（Fachschule）；後者則是學生一邊讀書，一邊在職場實習。「二元制」的基本理念係源自於德國教育學者Georg Kerschensteiner（1854-1932）的工作教育理念，務期使學生兼具理論知識與實務的能力。為此，整個職業教育訓練的場所為二，一為職業學校，主要負責理論知識的傳達；另一為工廠或公司，肩負實務能力的培育。所以，學生的學習時間為，在職業場所學習每週3至4天，在職業學校每週學習2天。[6]經濟合作暨發展組織（OECD）的教育報告則形容德國高度發展的技職教育為，整合工作（work）與學校（school）本位的學習，可以使學生透過學徒制度轉移為全職的就業人口，提高就業參與率。[7]

4　Bundesinstitut für Berufsbildung, Über das BIBB, available from: http://www.bibb.de/de/26173.htm.
5　Bundesinstitut für Berufsbildung, Aufgaben des BIBB, available from: http://www.bibb.de/de/1420.htm.
6　Ausgewählte Neuzugänge in der Literaturdatenbank Berufliche Bildung, BIBB, 2010, p. 9.
7　Kathrin Hoeckel and Robert Schwartz (2010), *Learning for Jobs OECD Reviews of Vocational Education and Training Germany*, OECD country report, p. 5.

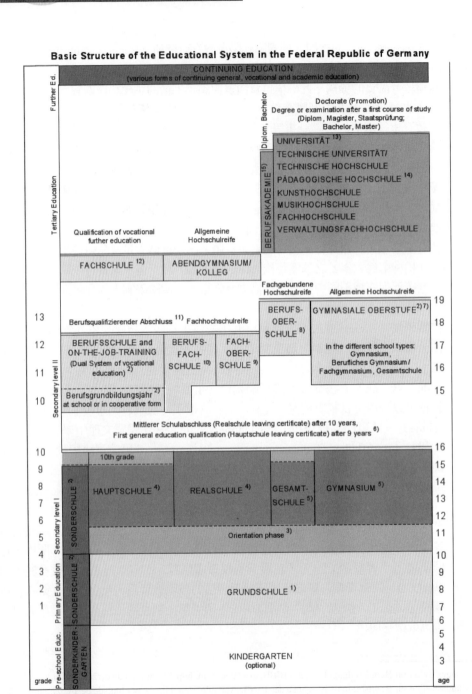

圖14-1 德國學制圖

資料來源：The Education System in Germany, (http://educatinggermany.7doves.com/2008/10/08/system).

德國職業學校為了因應全球化的需求，提升學生的素質乃為一大要務，因此決定進行「考試制度」（Prüfungssystem）的改革，一為增加「中期考試」（Zwischenprüfung），一為畢業考試的彈性化。基本上，一般職校畢業生領有三種成績：職校、實習廠商和德國商業工會（Deutscher Industrieund HandelskammertagIHK）。原本在職業學校只有一次的結業考試，由於某些邦決定，在職業訓練的過程當中，必須加考一次「中期考試」。不僅職業學校如此決定，就連在實習的工廠或企業，也企圖增加實習結業考試，以掌控學生的素質。[8]

過去所謂「中期考試」主要是在學生學習一年半以後所做的一次基本測驗，考試的不及格率介於10%-50%之間，由於此項成績並未計入畢業成績，所以中期考試成績不具任何效力，成績的好壞並不影響畢業與否。但是新制的中期考試則具有影響力，如果中期考試沒過，學生有兩次補考機會。《職業訓練法》2005年的修訂，第37條到第50條規範了考試的相關內容，將畢業考試分為二階段進行，賦予考試的形式更多的彈性。

2. 實科中學（Realschule）五年級至十年級：實科中學十年級畢業生取得義務教育結束證明（Mittere Reife），可選擇續接受學徒訓練或選擇升入文科中學或升學就讀全時制之各種不同職業學校，並於通過考試後取得專業大專院校入學資格（Fachhochschulreife）；

3. 文科中學（Gymnasium）五年級至十三年級：文科中學十三年級畢業生通過「畢業會考」（Abitur）取得大學入學資格的高等教育成熟證書（Hochschulreife）。技職學校及實科中學畢業生亦可透過第二教育途徑（zweiter Bildungsweg）經由就讀夜間文科中學（Abendgymnasium）取得大學入學資格。

截至2012年德國有415所高等學校（Hochschulen），其中有106所大學（Universitat），6所教育大學，16所神學院，51所藝術大學，207所專門應用科技大學（Fachhochschule）和29所公共管理學院。在415所高等學校中，有95所是私立高等學校。2011/2012學年，德國大學生總數約有240萬人，其中47%是女性，53%是男性。33.3%的學生在大學就讀，29%的學生在應用科技大學就讀。[9] 德國高等教育傳統的畢業形式在綜合性大學為文憑考試，其中文科為碩士考試。如要成為教師、法律工作者、醫生或藥劑師則要通過國家考試。上大學通常至少要學習八個學期，但是實際上許多學科的學習時間更長一些，因為在八個學期的時間內無法完成全部學業要求。德國大學學習為單一階段制。也就是說，只有在學習終結時才算完整地結束了學業。大學前期證書或中期考試不視作畢業，它們只是說明，學生通過這種考試後，有資格進入專業學習的階段。其中綜合性大學和高等專科學校中按國際慣例設置的專業例外。學習這些專業可以逐級

8　Pfeiffer,D. & Eschenburg, R. (2003). Globalisierung, Standortwettbewerb und berufliche Qualifizierung - Situation und Probleme der Berufsausbildung in Deutschland und Brasilien.

9　BMBF, Hochschule, available from: http://www.bmbf.de/de/655.php.

分段快步進行，在學習六個學期後，即可獲得英美模式的學士文憑，從而有資格就業。如果願意的話，可以繼續深造，再學習四個學期，爭取獲得英美模式的碩士學位，或者以德國傳統的碩士考試或文憑考試畢業。

　　引入國際承認的英美模式「學士」和「碩士」結業形式，在德國大學引起了一場小小的革命。德國各大學共提供了1,000多個國際學士和碩士文憑的專業。這就使得學生能更快畢業，進入就業市場。主張這種向國際看齊的大學學習形式的人認為，這種形式有兩大優點：一是德國大學畢業生在國際市場上可以獲得更好的機遇，二是如果外國學生在德國獲得的大學文憑能在本國得到承認的話，他們就更願意前來德國學習。

第二節　德國高等教育學位區分之分析

一、高等教育學位證書之分類

　　德國舊有之高等教育實行「碩士－博士」兩階段學位體系下，其學位可分為下列幾種：

1. 理學碩士（Diplom）：專業為自然科學、工程學、社會科學和經濟學的大學畢業生可獲得理學碩士學位。理學碩士一般要求在某一學科領域內學習至少八個學期，並要達到規定的學習要求。理學碩士的獲得需要撰寫有深度的、獨立的學位論文（Diplomarbeit），及通過相應的筆試和答辯。

2. 文學碩士（Magister Artium）：人文科學，通常也包括一些社會科學的大學畢業生通常將獲得文學碩士。與理學碩士的學位考試相比，文學碩士的學位考試包括兩門主要學科，或一門主科和兩門副科。考試的要求因學科和大學而相異，但通常都需要撰寫學位論文和通過答辯。

3. 應用科技大學的學位：應用科技大學的學生在通過畢業考試或學位考試後，同樣被授予畢業文憑和學位，只是須在括弧中加上應用科技大學（Fachhochschule）字樣，以示區別，稱為（應用科技大學）碩士。應用科技大學的畢業生具有從事職業的資格，並有權獨立開業，而且也可能轉入相應的大學繼續學習，但通常不能直接攻讀博士學位。

4. 博士（Doctorate/ Doktor）：原則上講，德國大學的任何一個專業都可以招收博士生。博士生的資格取決於優異的大學學習成績。在德國之外獲得學位的學生是否有資格攻讀博士學位，通常決定於大學的學院或系所。此外，必須要找到一位願意指導你學業的教授，德國人稱博士之父（Doktorvater）。博士導師可能會給你一個做博士論文的課題，也有可能接受你提出的課題。在德國攻讀博士一般意味著同時也參與研究。除了博士論文的撰寫之外，博士生通常要參加博士生討論

會（Doktorandenkolloquien），與其他博士生討論和交流課題的研究進展。博士學位的獲得需要提交博士論文，並且要通過主科和相關副科的口試比較多。

5. 新制學位：德國高等教育改革－與國際接軌之國際課程（International Courses）：近年來德國政府推動高等教育改革，並致力縮短大學校院就讀年限。目前已有部分大學開設英美學制中之學士（bachelor）課程，修業年限約為六學期，以及英美學制中之碩士（master）課程，修業年限為一至兩年。此外，大學改革倡議中亦不乏博士班課程開設之主張。為使德國大學在二十一世紀更具競爭力，德國於1998年實施了基本的教育改革，引進與國際同軌的課程及學位，如授予學士或碩士學位。許多德國之大專院校利用新授與的學位以發展提供新課程。

德國大學開始開辦國際學程，除了為德國高等教育的改革，也因應不諳德語的外國學生在德國唸書的問題。例如可解決外國學生取得當國學士學位後，欲在德國繼續攻讀碩士學位，而當國學士學位是否在德國被承認的問題。國際課程80%以上用英文上課，少部分用德文。國際課程可承認學士學位，一至二年可取得碩士學位，其中50%不需要學費。

國際學程不是專為外籍學生而設立，而是德國學生與外籍學生一起參與的課程。國際學程的課程經過完整的規劃，提供學程的大學院校，將會積極的輔導學生，在一定的修業年限內，完成學士或是碩士學位（學士課程依規定為期三年，也就是六個學期，碩士課程為期三到五個學期）。大部分的課程均以英文授課，因此申請國際學程的學生，不需參加德語入學鑑定考試，而只要出示英文程度證明（TOEFL）。不過參加國際學程的學生，除了專業的學科課程外，也可參加德語課程，增進德語程度。

從1998年《索邦宣言》以來，德國的高等教育體制也在進行調整和改革，例如設立所謂的「歐洲學分轉換制」（ECTS），以使德國大學之學分可在參與此一體系之歐洲國家獲得承認。從1998年起，德國實施了國際學位計畫（International Degree Programmes），即將原有的兩級學位制改成三級，即學士學位（B.A., 三至四年），碩士學位（M.A., 三年左右），博士學位（三至五年），以便與國際接軌。目前已有許多大學將原有的全部或部分的傳統碩士課程調整為學士和碩士的學程，德國預計在2006年以前讓所有之大學院校實施此一新制。修讀博士學位則有不同的規則，越來越多的博士論文可以用英文來撰寫（以就讀學科系所的決定為前提）。除此之外，也有研究所提供英語的博士學程。

二、高等教育機構、學制及修業方式

(一) 高等教育機構

德國的高等教育機構，依其任務性質可分為三種類型：

1. 綜合大學（Universität）

學科選擇較多，特別強調系統理論知識與教學研究並重的高等學府。德國許多大學均有百年以上的歷史。德國近代教育改革先驅威廉‧馮‧洪堡德（1767- 1835）提出「研究與教學合一」的理念，至今仍是各大學院校治校的原則，綜合大學著重學生科學研究能力的培養。這是一種學科較多、專業齊全、強調系統理論知識、教學科研並重的綜合大學。此類大學一般都設有工科（Ingenieurwissenschaft）、理科（Natur-wissenschaft）、文科（Geisteswissenschaft）、法學（Rechtswissenschaft）、經濟學（Wirtschaftswissenschaft）、社會學（Sozialwissenschaftt）、神學（Theologie）、醫學（Medizin）、農學（Agrarwissenschaft）以及林學（Forstwissenschaft）等學科。這類大學包括有：綜合性大學、理工大學、師範大學（Pädagogische Hochschule, PH）、全科大學（Gesamthochschule, GH）、以及體育大學、行政管理和國防大學等。綜合大學學制為四至六年，學歷為碩士Diplom或Magister，畢業生可以直接讀博士。

2. 應用技術大學（Fachhochschule, FH；University of Applied Science）

此類學校又稱為應用科技大學，大部分學校歷史較短，規模不大，所開設專業科目多具實用特色，例如：工程、技術、經濟、金融、設計及工商管理等，而較少開設文科類的專業科目。其課程設計與內容除必要的基礎理論外，多偏重實用，專業分類較細，課程安排緊湊，學程較短，四年可取得專業大專院校碩士學位（Diplom FH）。

3. 藝術和音樂學院（Kunsthochschule, Kunstakademie/ Musikhochschule）

此類高等學院（包含戲劇、電影學院）的教育目的在培養未來的藝術家，是培養藝術應用相關領域的專業人才。目前德國的藝術與音樂學院基本上都是由國家來資助，與大學和大部分的專業大院校一樣。

(二) 學制及修業方式

德國大專院校的學程可分為基礎課程與專業課程兩個階段。在基礎課程階段學習基本專業知識，並培養學術研究的基本能力。基礎課程修業完後須經過進階考試（Zwischenprüfung/Vordiplom），通過此項考試始可學習專業課程。

一般修業時間約八至十二個學期數。1.基礎階段（Grundstudium），一般為四個學期，主要學習基礎課程。2.專業階段（Hauptstudium），這個階段將根據專業的不同，學習自己的專業課程，一般四至八個學期，其實就是攻讀碩士課程，做畢業設計和撰寫畢業論文。

根據大學的要求，學生在修滿基礎課程，積累足夠的學分後，參加「中期考試」（Zwischenpruefung, Vordiplompruefung, Diplomvorpruefung等），通過後才可繼續進入專業學習。全部課程修完，並完成畢業論文、通過畢業考試，便可以獲得相應的學位。

德國的高等學校對學生參加畢業考試所需的在校註冊學習時間只作出了常規學期

數的限制（一般為八至十個學期），對最高學期數一般沒有明確的規定。從這個意義上說，德國的大學沒有明確的學制概念。德國大學的一個學年分為兩個學期，分別為冬季學期和夏季學期，上課的時間（包括冬季學期和夏季學期）一般為廿八周，期間各有二至三個月的停課時間，供學生復習或進行各類實習。課程結構和學制因大學而異，由學習和考試條例加以規範和調節。

大學學習一般分成兩個階段：基礎階段和主課階段。儘管規定的最低學期數為四至五年，實際上的專業學習時間平均往往在六年以上，直至考試總共將近八年。在德國，有大學學歷的年輕人的平均年齡為27.5歲，明顯高於其他國家（英國：23歲，美國：24歲，法國：26歲）。正是由於對最高學期數沒有明確的規定，使不少大學生的註冊學期數接近或超過廿個學期，一小部分人成了「職業大學生」。學制要縮短，教學要改革，已成為德國高等教育發展的必然趨勢。與大學類似，應用科技大學的一個學年也分為兩個學期，分別為冬季學期和夏季學期，但上課的時間（包括冬季學期和夏季學期）要比大學長得多，一般為卅六周。

應用科技大學的常規學期數根據不同的學校和專業分別為六至九個學期不等，目前，德國大多數高等專業學院都努力達到四年制，其中包含一至二個實習學期，而且學生在開始學習前，通常必須已完成幾個月的學前實習。應用科技大學的課程一般分為基礎課程和主要課程兩個階段，基礎課程為二至四個學期，結束時有一次預考，然後進入主課階段。在主課階段，學生可在專任講師的指導下在幾個主修方向上選課。在實驗、設計練習中，特別是在畢業設計中，要求學生能獨立完成一個有關理論、實驗或設計的專門課題。

第三節　德國高等教育之改革

由前聯邦總理施若德所領導的「社會民主黨」於1998年取得政權起，為了強化大學的自主性，並且讓大學有更大的自由空間以建立其特色，聯邦議會開始針對用以規範大學根本原則的《高等教育框架法》（Hochschulrahmengesetzes, HRG）進行第4次的增補。2006年，在第4次的增補條文的框架下，又陸續進行了第5、6、7次的增補。這些增補的條文主要含括以下七個面向：[10]

1. 高等教育財務的分配以績效為取向。
2. 研究與教學評鑑：根據第6條的修正，政府當局往後將經常性的對教學、研究等

10　Wirth, M. (2006), *Die deutsche Universität—Wissenschaft, Ausbildung und die aktuelle Hochschulreform*, available from: http://v4.uebergebuehr.de/de/themen/. ; Siebtes Gesetz zur Änderung des Hochschulrahmengesetzes (7. HRGÄndG) Vom 28. August 2004, BMBF, , available from: http://www.bmbf.de/pubRD/HRG_7_bgbl_.pdf.

進行評鑑。而評鑑所得的結果將可用於不同目標，如諮詢、改革、資金分配等。

3. 學程的認可：認可的目的是使大學校院、學生及企業主對學習內容，尤其是對學士及碩士學程有可靠的依循，同時亦可保障國內及國際間對學位的認可。

4. 學、碩士學位的引進：根據第19條的增修條文，大學可以試行學／碩士新學制。

5. 限縮聯邦在組織管理上的權力，以利高教能更具自主性，並且具有更大的空間建立其特色、強化競爭力。

6. 公務員服務及敘薪法的改變：過去主要以年資作為給薪的標準，往後將以績效為給薪標準。

7. 學費：取消原本全國統一無須收取學費的政策，往後各邦將可依其狀況，自行決定學費收取的方式與額度。

《高等教育框架法》條文的修正，為德國高等教育實質上的改革措施提供基本前提。除了在法律上進行修正的工作，讓許多改革於法有據外，總理施若德亦在2003年3月14日於國會發表《議程2010》的演說。雖然此演說涵蓋就業、保險、醫療等多種議題，不過，教育亦是其中所提及的重要改革場域。《議程2010》中與教育有關的倡議包含各個教育階段，而與高等教育相關的重點則包括：[11]

1. 鼓勵大學追求學術上的卓越，提升大學的自治與競爭力，以發展學校特色及促進學術卓越。

2. 設立年輕教授制度，使得德國大學教授年輕化。

3. 實施學／碩士學位制度，促使大學生儘快完成學業，增加就業上的競爭能力。

4. 鼓勵大學注重研究與發展，給予大學更多的機會，讓大學能夠意識到發展上的危機，注重社會和產業的需求。

5. 從德國選出5所菁英大學，自2006年起，每年提供5億歐元（台幣約200億元）的經費，發展成為世界上的頂尖大學，以吸引世界上優秀人才的投入。

施若德所揭櫫的改革面向，基本上與《高等教育框架法》的修正是一致的。雖然，社會民主黨2005年底的大選後在組閣上失去了主導權，不過，實質上的許多改革業已上路；並且，在施若德下台後繼續往前推進。甚至右傾的「基督教民主聯盟」（Christian Democrat Union, CDU）之總理接班人梅克爾（Angela Merkel）還公開表達對施若德的感謝，認為其所提出的《議程2010》為德國的社會系統開啓一扇適於新時代的門。

德國的教育改革不像英美國家很容易在政黨輪替後進行重大的政策革新，德國很少公布類似教育白皮書的政策文件。但聯邦教育與研究部（BMBF）依然會定期出版政策規劃之報告。2010年德國聯邦教育與研究部發布《2010研究與創新聯邦報告》（Federal Report on Research and Innovation 2010），雖然該報告以德國整體研發政策為主軸，但也

11　台灣新社會智庫，德國「Agenda 2010」初探，摘自：http://www.taiwansig.tw/index.php?option=com_content&task=view&id=3864&Itemid=117。

清楚點出未來10年德國高等教育的改革方針：[12]

(一) 學術自由化

2009年德國通過科學自由法案（Wissenschaftsfreiheitsgesetz），相當程度提高未來德國在高等教育與研發創新整體系統的國際競爭力。第一階段規劃改善研究機構的預算、人員、建築和採購方面的法律規範；第二階段聯邦政府將聚焦於科技自由倡議（scientific freedom initiative），將對研究機構（包含大學）引進世界級的資金預算，以創造適合留住高品質人力資源的環境，並大力改善商業投資和創業的長期機會。[13] 德國《大學基準法》（Hochschulrahmengesetz）於1976年制定通過，而後於1985做了第一次修訂。以1985年版本為例，第58條第1項揭示：「大學是公法社團法人同時也是國家設施（Staatliche Einrichtungen）」；2006年德國修定《基本法》（Grundgesetz），進行聯邦制改革（Föderalismusreform），賦予各邦更大的權限與自由空間。在舊基本法第75條規定聯邦有權訂立通則，規範各邦、各鄉鎮及公法團體服務人員之法律地位，以及高等教育之一般基本原則；在新修訂通過之《基本法》第75條則完全被廢除，對高等教育管制進一步鬆綁，給予大學更大的學術自由空間與自主性，以增進其競爭力。[14] 大學也將有更多方式發現學術研究的額外資金機會，如長期開拓創新的方法和學術研究的領域。

(二) 邁向波隆尼亞進程之整合

為了因應歐洲聯盟的統合，落實波隆尼亞宣言的主張，促進高等學校的國際化，改善高等學校教學與研究的水準，實現教育機會均等的理想，符合創造性和自我責任的要求，經由合作強化研究和承擔社會的責任，因此德國政府陸續推動各項高等教育的改革，積極地對波隆尼亞進程的目標做出具體貢獻，特別是在學生的流動性（mobility）上鼓勵並獎助聯合學位學程（joint degree programmes）和出國到歐洲留學，以及學位相互認可；同時，進行全面性的教育改革，以解決高等教育的問題，希望建立現代化的高等學校，促進產業和經濟的發展，提升德國在國際上地位。[15] 當前德國高等教育的改革主要有下列幾項1. 尖端大學的選拔和補助：這一項協議有三個計畫導向：(1)培養學術人才研究所的補助；(2)優秀群體的補助；(3)補助具有未來概念的大學尖端研究：德國聯邦和各邦將支持大約 40個研究所，每年可以獲得100萬歐元的補助，每年共給予4,000 萬歐元的補助經費。2. 高等學校學費制度的改革：巴登—烏騰堡（Baden-Württemberg）、巴伐利亞（Bayern）、漢堡（Hamburg）、尼德薩克森（Niedersachsen）和北萊茵－西法崙（Nordreihn-Westfalen）五個邦從2006 / 2007年冬季學期開始，對學生徵

12　Federal Report on Research and Innovation 2010, Bundesministerium für Bildung und Forschung, pp. 13-40.

13　Ibid., p. 13.

14　*Higher Education Pact*, BMBF, available from: http://www.bmbf.de/en/6142.php.

15　Federal Report on Research and Innovation 2010, Bundesministerium für Bildung und Forschung, p. 14.

收每個學期500歐元的學費。同時提供學費貸款給需要的學生，學生可以畢業之後有收入，再償還學費貸款。(三)貫徹波隆尼亞宣言之師資流通決議「師資培育學士／碩士學位互相認可要點」，致力歐洲教師能力之標準化。[16]

(三) 國際化策略

有鑑於歐洲研究區域（European Research Area）在歐盟里斯本戰略[17]中扮演重要角色，德國將積極致力於歐盟「第7期科研架構計畫」（Framework Programme 7, FP7）之目標，該計畫也是目前全世界金額最高的總體研發計畫，2007-2013年經費總計達544億歐元。因此，爲促進研究人才的培養、拓展青年學子的歐洲意識，德國「聯邦教育與研究部」支持大學生、研究生與學者的交換，目的在促進德國學術的成長和學術文化之國際認證。許多半官方組織負責推行這項任務，其中最大和最重要的就是對所有國家和各個專業機構開放的「德國學術交流總署」（Deutsche Akademische Austauschdienst, DAAD）。過去五十年來有六十萬德國人，接受其獎學金進行實習、到國外學習或研究而畢業。「德國學術交流總署」也跟「邁向東方倡議」（Initiative Go East）組織合作，鼓勵越來越多德國大學生和研究生到中歐和東歐進行學習和研究。[18]此外「德國學術交流總署」也與歷史長達150年的德國宏博基金會（Alexander von Humboldt Foundation）合作推行，針對歐盟區的國際科研獎助，其金額高達500萬歐元，以吸引優秀的科技人才於德國進行研究。[19]

(四) 增加獎學金與學術補助

德國的高教系統主要皆由政府所設立與資助，因此，原則上並沒有優劣的階層排比。但爲了在國際學術市場上取得一席之地，德國也開始仿效英、美的作法，積極打造德國的頂尖研究機構與菁英大學。從2005年開始，聯邦與各邦政府共挹注19億歐元。其中，聯邦必須擔負起75%的經費，其餘25%則由各邦負責，這個計畫由聯邦與邦教育計畫暨研究促進委員會所執行，其所提出的三個具體促進方針如下：[20]

1. 設立研究生文理學院（Graduiertenschule）：此計畫共資助39所文理學院的設立，每所每年可得到100萬歐元的經費。
2. 組織優秀研究團隊（Exzellencluster）：強化大學、研究機構中特定科目之研究中心。大學需與大學外的機構合作，以利學科的整合，此計畫共資助37個研究團隊

16　BMBF in the Context of the Bologna Process, BMBF, available from: http://www.bmbf.de/en/7007.php.
17　2000年3月於里斯本舉辦的歐盟高峰會中，各國國家元首及政府首長們爲此設定一個2010年主要策略目標：「成爲世界上最具競爭力及最具動能的知識經濟體，進而實現經濟永續成長、就業機會增加與社會凝聚的願景；歐盟會員國的研發經費應提升至國民生產毛額3%的目標」。
18　Federal Report on Research and Innovation 2010, Bundesministerium für Bildung und Forschung, p. 31.
19　Ibid.
20　Exzellenzinitiative für Spitzenforschung an Hochschulen, BMBF, available from: http://www.bmbf.de/1321.php.

的設立，每個團隊每年平均獲得650萬歐元的資助。

3. 鼓勵頂尖研究：及至2006年的第二輪選拔揭曉後，共選出9所大學進行菁英大學的打造。此9所大學分別爲卡斯魯爾大學（Karlsruhe）、慕尼黑大學（LMU München）、慕尼黑科技大學（TU München）、阿亨科技大學（Achen）、柏林自由大學（FU Berlin）、芙萊堡大學（Freiburg）、哥廷根大學（Göttingen）、海德堡大學（Heidelberg）、康斯坦茨大學（Konstanz）。

(五) 強化產學合作的價值

德國爲職業教育大國，其二元制的職業教育體系就是以「產學合作、結合理論與實務」爲核心價值。面對未來更多元的技術與國際競爭力之挑戰，德國目前欲將波隆尼亞進程歐洲統合的理念植入其職業教育體制中。德國聯邦職業教育研究所（BIBB）理聯邦職業教育事務，而職業訓練的國際合作則由聯邦教育與研究部（BMBF）負責主持、簽訂合約與對話，德國目前正在和印度、俄羅斯、土耳其，以及中國洽談職業教育訓練的工作小組。使德國的職業教育成爲以「培訓：德國出口」（Training - Made in Germany）爲目標的職業教育國際行銷（International Marketing of Vocational Education），成爲以教育作爲服務導向進而出口的教育大國。[21] 德國向來的務實精神也滲透到高等教育中產學合作的生產模式層面，像是一些世界知名曾獲得諾貝爾獎的化學研究機構馬克斯·普朗克協會（Max Planck）、卡爾蔡司（Carl Zeiss）以及，像奧托哈恩(Otto Hahn)等人的基金會長期以來都與各學術教育單位保持良好的產學合作關係，樹立了德國整體傑出的研發人力水準。特別是公司、產業部門（Industry）會和政府，以及學術單位（包含：大學、學院、智庫等），形成良好的互動合作關係。企業會給予政府及學術單位生產創新的需求，而政府則負責與學術單位溝通，並訂立教學理論及教學科目上的回應和發展人力訓練方案。以2007年爲例，德國各公私部門的研發經費總支出爲587億9800萬歐元的總經費，其中產業部門除了投資自身的研發部門外，投入於政府和大學的總經費達230億3400萬歐元；政府投資大學和公立研究單位則達151億100萬歐元，顯示德國德企業十分願意帶動學術部門的研發活動，落實產學合作目標，並創造科技與研發產能，提升國家科學和人才的競爭力。[22]

---

21 *International Vocational Training Cooperation*, BMBF, available from: http://www.bmbf.de/en/17127.php.
22 Federal Report on Research and Innovation 2010, op. cit., pp. 19-20.

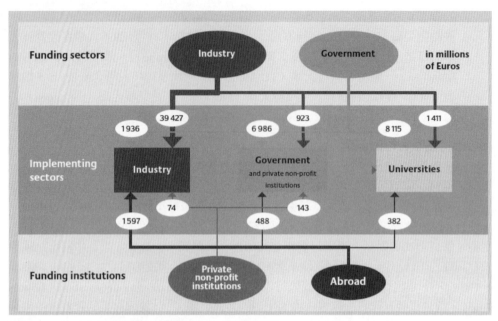

圖14-2　2007年德國各部門研發（R&D）總支出

資料來源：Federal Report on Research and Innovation 2010, Bundesministerium für Bildung und Forschung, p. 19.

第一節　芬蘭高等教育背景

　　芬蘭在全球經濟論壇（World Economic Forum, WEF）的全球競爭力排名排世界第七（曾3年奪冠）。2010年芬蘭的研發支出占國民生產毛額（GDP）近4%，其比重傲視全球。[1] 世界經濟論壇公布的《2011年全球競爭力報告》（Global Competitiveness Report 2010-2011）列出決定一國競爭力的12大支柱，其中高等教育與培訓（Higher education and training）位列第五大核心支柱。[2] 芬蘭人口僅536萬人，[3] 在歐盟中不算大國，但近10年來芬蘭的中學生蟬聯「經濟合作暨發展組織」（OECD）全球最佳學校教育冠軍的芬蘭，從2000至2009年在每3年舉辦一次的國際學生評量（Programme for International Student Assessment, PISA）[4] 成績均名列前茅（參見表15-1），表現受到國際高度肯定。然而，芬蘭之所以耀眼於國際社會的原因，關鍵在於教育的成功，由於長期重視教育投資，從而奠定國家總體發展躍進的紮實基礎。

表15-1　芬蘭PISA成績排名

芬蘭PISA（世界排名）	閱讀	數學	科學
2000	546（1）	536（4）	538（3）
2003	544（1）	544（2）	548（1）
2006	547（2）	548（2）	（1）
2009	536（3）	541（6）	554（2）

資料來源：PISA 2009 Result (http://www.oecd.org/document/61/0,3746,en_ 32252351_32235731_46567613_1_ 1_1_1,00.html).

1　The Global Competitiveness Report 2010-2011, 2010 World Economic Forum, p. 15.

2　Ibid., p. 5.

3　OECD, Country statistical profiles, available from: http://stats.oecd.org/Index.aspx?DatasetCode=RFOREIGN#.

4　國際學生能力量量計畫（Programme for International Student Assessment, PISA）是由經濟合作暨發展組織（Organisation for Economic Cooperation and Development）主辦的全球性學生評量，每三年舉辦一次。PISA自2000年實施以來，各國教育改革多同時參酌PISA結果。由於PISA創新而真實的評量設計、標準化的抽樣和計分程序、和嚴謹的執行品質監控，讓評量結果的跨國和跨時間比較，普遍受到重視。我國從2006年開始亦參加PISA的學生能力評量。

　　一如北歐諸國，芬蘭的高等教育發展比歐洲大陸晚。芬蘭在歐洲的歷史中，屬於偏遠地區而爲列強所分割，其官方語言以芬蘭語與瑞典語共同並列使用，這些歷史的因素都在其高等教育制度呈現；芬蘭的第一所大學於1640年瑞典統治時期在圖爾庫（Turku）成立，後來在俄羅斯統治下更名爲芬蘭亞歷山大帝國大學（Imperial Alexander University of Finland），1919年定名爲現在的赫爾辛基大學（University of Helsinki），1908年才有第二所大學的成立。而於1960年代後，芬蘭因應工業的需求，才又開始大量設立以專門技術爲取向的後中學教育機構（post-secondary colleges）。早期芬蘭對高等教育的定義是十分嚴格，僅教授科學科目的大學才是高等教育。芬蘭的高等教育之主要改革是於1991年開始，將技職取向的多元制技術學院（Polytechnic）首度納入高等教育體系，將其升格爲大學層級的高等教育機構，同得授予研究所的學術學位，因此芬蘭大學生人數也從1960年的二萬四千人快速成長至2010年約三十萬人。[5]（參見圖15-1）

　　芬蘭的義務教育爲九年，中等教育分爲普通高中或職業學校，均爲三年；高等教育機構分爲大學與技術學院（包括二年、三年及四年制），高等教育採行雙軌制，包括兩個平行機制，分別爲大學院校、多元制技術學院，其中大學院校共有20所，包含一所國防學院（National Defence College）[6]，技術學院有39所，其中14所爲私立學校；大學院校皆爲公立，技術學院則包含公立與私立，但二者皆直接隸屬於教育部所管轄。現行芬蘭免費的高等教育制度運作狀況良好，評鑑甚高，在國際評比中屢次拔得頭籌；在入

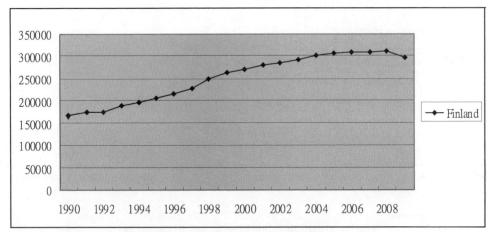

圖15-1　1990-2009年芬蘭高等（第三級）教育學生人數圖

資料來源：OECD Online Education Database (http://stats.oecd.org/Index.aspx?DatasetCode=RFOREIGN#).

---

5   OECDf Country statistical profiles, op. cit.

6   Ministry of Education and Culture, Universities and University Networks, Finland, available from: http://www.minedu.fi/OPM/Koulutus/yliopistokoulutus/yliopistot/?lang=en.

學方面，芬蘭高等教育採嚴格篩選入學資格，但充分補貼學生入學後的費用。芬蘭的大學爲國家所持有，大學運作所需資金的65% 由政府提供，其主要以科技研究和教育爲基本任務，並尊重研究的自由性和大學自治權，使得大學本身在很多事務上均擁有自主權。[7] 其入學方式採各校自行招生，並透過參加考試做爲錄取機制。一般來說，只有三分之一的學生可以通過考試進入大學學習。

第二節　芬蘭教育制度與特色

一、芬蘭教育制度與改革

　　芬蘭的教育理念往往與社會脈動相互結合，而清晰可見於教育政策與制度內；就芬蘭高等教育的政策而言，其著重於提升整體大眾教育水準，並促進教育平等，致力於各種族與地區的教育機會均等。芬蘭教育政策的長期目標在於提升教育水準與促進教育均等，如大學區域化、技術學院的教育改革都是基於此。芬蘭的教育是開放給全民的，每個人都有平等接受教育的機會，不論任何社經背景的學生皆能進入大學就讀，因爲芬蘭的高等教育是免費的，性別平等也在高等教育上相當成功地落實，甚至超過半數接受高等教育的學生是女性。芬蘭教育制度有教育機會均等、免學費、中央督導，地方執行，分層負責、國家支付大部分教育經費及高品質之教育五項特點；其教育政策有品質、效率、均等、國際化等四大重點。而芬蘭之所以會有體質良好且運作完善的教育制度，乃因一律免費的基本理念，其教育制度的品質奠基於它免費的本質，且每位學生所受教育品質完全相同，免費教育被視爲支撐芬蘭社會核心要素。

　　在芬蘭的教育行政方面，由國會決定教育立法及教育方針，教育暨文化部（Ministry of Education and Culture）爲最高教育行政機關，屬歷史悠久的政府部門之一，年代可追溯至西元1809年，芬蘭在俄羅斯公國時設立的「參議院教會事務部門」（Senate Department of Ecclesiastical Affairs）。1917年，芬蘭在俄國十月革命後獨立，將其改爲「教會事務與教育部」（Department of Ecclesiastical Affairs and Education）。隔年，參議院成爲國家政務會（Council of State），而原參議院底下的各部門（department）成爲內閣部門（ministries）。1922年「教會事務與教育部」被縮短爲「教育部」（Ministry of Education）。教育部的職責在於發展教育、科學、文化、運動和青少年政策，以及發展上述各層面的國際合作。芬蘭教育部設有兩位部長：

　　1. 教育與科學部長（Minister of Education），負責教育與科學研究等相關事務。

　　2. 文化與運動部長（Minister of Culture and Sport），負責文化、運動、青少年、著

7　Ministry of Education and Culture, Polytechnics, Finland, available from: http://www.minedu.fi/OPM/Koulutus/ ammattikorkeakoulutus/ammattikorkeakoulut/index.html?lang=en.

作權、學生助學貸款以及教會等相關事務。

由於芬蘭缺乏獨立的學校監督單位，因此由中央政府與教育部共同負責。至於「全國教育委員會」（Finnish National Board of Education）屬專家機構，負責高中、職業及成人教育的目標、課程、學位規定與政策執行。另外「教育評鑑委員會」（Educational Evaluation Council）掌管全國中小學教育評量與發展。高等教育（包括大學及多元技術學院）則由教育部下的「高等評鑑委員會」（Finnish Higher Education Evaluation Council）負責。[8]

二、芬蘭高等教育品質保證

受到國際化及國際市場的需求，高等教育品質保證制度日益受到重視；相對於教學發展而言，品質保證制度是極其重要的要素之一，而高等教育品質保證制度之目的是爲了提升高等教育的品質，增進國際競爭力。就歐盟整體而言，一般認爲「歐盟高等教育區」（EHEA）的建立將有助於高等教育品質的保證。而芬蘭高等教育品質保證制度包括「品質管理」（quality management）、「品質提升」（quality enhancement）的概念；國家高等教育政策、國家審核、全國性評鑑、各機關的品質保證機制正是芬蘭高等教育品質保證的基本要素。[9]

爲確保芬蘭落實高等教育機構品質保證，教育部藉由與各高等教育機構成果與目標的設定，促使高等教育達成教育與研究核心目標，並透過撥款，使高等教育機構更加注重目標達成及效率管理。而歐盟高等教育品質保障網的成立目的在交換歐盟高等教育機構有關品質評鑑與保證的資訊、經驗、典範，及推動彼此間品質評鑑與保證方面的合作。芬蘭除了參與「歐盟高等教育品質保障網絡」（European Network for Quality Assurance in Higher Education, ENQA）的組織外，亦成立「高等教育品質保證委員會」（*Finnish Higher Education* Evaluation Council）其主要任務在於調查歐洲及其他國家之高等教育品質保證的概況。

芬蘭整體國家的評鑑機制可分爲區域或地方層級、國家層級；其中，國家層級的評鑑主要由教育部和「芬蘭高等教育評鑑協會」（Finnish Higher Education Evaluation Council, FINHEEC）來負責。然而爲了實踐公平教育機會的核心價值，高等教育品質雖採用評鑑方式來縮短學校間教育品質的差異，但依法仍不進行公開排名的階級競爭。此外，芬蘭行政制度運作透明化之特色，也落實在評鑑制度當中，各教育人員皆能清楚了解評鑑的過程，因而提升評鑑的專業與可信程度。

爲有效落實高等教育評鑑之實施，「芬蘭高等教育評鑑協會」成立於1995年，其乃根據「歐盟高等教育品質保證網」（ENQA）的引導來發展。「芬蘭高等教育評鑑協

8　*Education in Finland*, Finnish National Board of Education, pp. 1-2.
9　*Tertiary Education for the Knowledge Society*, OECD publication, 2008, p. 270.

會」是一個獨立於教育行政機關及大學院校之外的專責機構，主要負責協助教育部、高等教育院校的評鑑，在評鑑過程中提供諮詢服務、發展評鑑方法論，最後並稽核其評鑑成果；評鑑之目的在於提高教育品質、教學方法，促進教育與研究的結合，激發教育發展與創新，並作為經費獎勵的依據。「芬蘭高等教育評鑑協會」也負責高等教育專業課程認證，提供高等教育機構之專業、非學分學位的課程認證與登記的程序；並定期與教育部、高等教育機構開會來討論高等教育機構的品質保證制度，並依討論結果進行制度的審查。此外，「芬蘭高等教育評鑑協會」曾向教育部提出由大學院校設置教學卓越中心，並在1998年開始評選「大學教育卓越中心」（Centre of excellence in university education），其目的在於改進大學教育的教學品質，促進對教育品質的討論，並提供相關支援。[10]

三、芬蘭高等教育機構、學制及修業方式

芬蘭歷經1990年代的改革後，合併原有85所學院為技職校院，芬蘭高等教育機構可分為大學（yliopisto/universiteter）及技職院校（ammattikorkeakoulu/yrkeshögskolan）兩類，整體而言，分別負責其高等教育的兩大重心；另有軍事國防校院（maanpuolustus-korkeakoul/försvarhögskolan），亦授予學位，而其若以傳統大學為基礎，可略區分丹麥高等教育機構為大學機構及非大學機構，分述如下：

1. 大學機構：目前有二十所是國立綜合大學，其中十所是傳統綜合大學，十所是專門大學。專門大學其中三所是商業管理學院、三所是工程與建築大學，四所是藝術大學；而在法律授權下，皆擁有學位授予權限，但法律授權決定各類學位、證明的資格與條件，原則上大學可自主提供研究及教學內容，並提供undergraduate（含學士及碩士）及postgraduate（含博士）二段式學程。

2. 非大學機構（技職校院）：除前述綜合大學與專門大學及軍事國防校院之外，其它類別高等教育機構係屬技職體係，目前有39所技職校院，皆為市立或私立，與地方發展密切結合，可提供專業學位證書及修業證明等，其提供係為二段（un-dergraduate及postgraduate）二級學制，尚無第三級的博士課程。

有關於入學資格方面，基於芬蘭各類高等教育機構為法律授權自治性組織，各校依法律規定之入學條件擇選申請學生，唯芬蘭仍有國家入學考試，各校得依據學生考試成績配合自校入學測驗或高中在校成績自主決定申請之學生資格；同時其它類別考試如國際學科測試（international baccalaueate）或歐洲學科測驗（Euopean baccalaueate）都可被視同為申請成績證明，而若在技職校院讀滿三年或有相當工作經驗而被認為有相當知識者，亦可能被接受為大學新生，其入學制度展現相當彈性；唯實際上多數大學新生仍由國家考試成績申請入學。在技職校院方面，其入學資格就顯得較為寬鬆，凡高中畢業

10　*Tertiary Education for the Knowledge Society*, OECD publication, 2008, pp. 271-273.

或高職畢業者，皆可申請入學。在課程方面，芬蘭的大學法規定了二十類學科領域，但是各校對領域課程有絕對的自主權限，亦有絕對權限規範畢業學位規則。整體而言，在大學階段，低等或學士課程需修滿三年120學分，而高等或碩士課程則需再修滿二至三年的40個學分，某些科系如工程則需要180學分；而醫學、牙醫與獸醫學系並無高、低（學碩士）之區分，其licentiate學分需修滿六年200至250學分；至於研究型學位則無學分計算，係由學生完成之論文決定。

　　芬蘭的高等教育品質在經濟暨合作發展組織（OECD）國家的評比上，一直名列前矛，尤其在與社會產業的結合方面，其高等教育一直為工業國家的典範；其成功之處在於高等教育的基礎訓練時間較長，也十分重視實用經驗的結合；雖配合波隆尼亞進程的國際化潮流而採行二級三階制，但將學士與碩士過程都歸類為Undergraduate，其課程亦採連貫的設計，只有博士級研究學位被歸為Postgraduate，換言之，在大學基礎教育，各類科都長達五至六年，若脫離英美與我國的學士/碩士制度觀念，芬蘭對高等教育培育人才的規畫，係屬長期及務實；而芬蘭高等教育的另一特色，在於其對特別學科如醫學，有專門學位的課程，該等學程學位並非學術學位，但為醫科提供三至六年學術及實務進修，甚至比具學術學位的博士班更長，足見其高等教育並非獨重學術領域，亦對實務有相當投注。

第三節　芬蘭高等教育重要趨勢

一、持續國際化

　　加入「波隆尼亞進程」（Bologna Process）改革學位制度以後，自2000年起每年前往芬蘭的國際學生人數成長了80.4%，前往國外的芬蘭交流生人數也成長了26.0%, 並且前者人數在2007年首次超過後者。同期，每年前往芬蘭的國際學生人數成長了97.7%。芬蘭在吸引國際學生方面之所以獲得成功，與其積極設置英語授課的課程計畫有很大關係。2010年芬蘭高等學校總計設置341項英語授課的學位課程計畫和149項英語授課的非學位課程計畫。[11] 按照課程計畫數量與高等教育規模的比例計算，芬蘭在所有官方語言非英語的歐盟國家中排列第二。不僅如此，芬蘭一直都將高等學校置於國家和區域創新體系的核心地位，這一策略在高等教育國際化進程中為芬蘭帶來國際一流的科技研發人員、科研團隊和科研機構，使得芬蘭的創新力與競爭力獲得世界權威評價機構的高度認可。

　　2009年6月，芬蘭議會通過新的大學法案，開啟大學改革里程碑，賦予大學獨立法

11　Centre for International Mobility, *Across the Borders: Internationalisation of Finnish Higher Education*, Helsinki: Libris, 2009. p. 31.

人地位，擴展大學自治權，獨立承擔財政責任，同時允許大學嘗試在碩士學位課程階段對來自歐盟和歐洲經濟區以外的國際學生收取學費。這標誌著芬蘭高等教育將突破「北歐模式」，力圖在全球高等教育市場有所作為。[12] 芬蘭豐富的英語授課課程與完善的學習生活服務使其在吸引國際學生方面取得成功，但是與英國、法國、德國等傳統歐盟高等教育國家相比，芬蘭的教育和知識的輸出能力仍然不足。

　　2009年由芬蘭教育部委託赫爾辛基大學發表的《芬蘭高等教育實踐策略報告》指出，到2015年芬蘭國際學生和教學科研人員的數量將實現大幅度成長，特別強調國際學生的比例將從2007年3.7%增加到2015年的7%，大學研究學院中的國際學生比例將從2007年的15.8%增加到2015年的20%。爲實現這一目標（參見表15-2），芬蘭教育部在未來六年將設立一項總預算爲3,000萬歐元的國際交流資助項目。高等院校將在全部學位原課程計畫中置入國際化之模組課程，根據個人學習計畫的不同，學生可以選擇參與固定期限的國際交流或者選修高標準的國際性課程。[13]

表15-2　2015年芬蘭高等教育國際化目標

Mobility goals for 2015				
Aim		2015[(1]		2007	
The number of non Finnish degree students in higher education institutions[(2]		20,000	7%	11,303	3.7%
The share of non Finnish students in graduate schoois			20%		15.8%
Teacher and exped mobility in polytechnics[(3] （long and short term）	incoming outgoing	3.000 4,000	47% 62%	1,689 3,252	26.2% 50.4%
Teacher and researcher mobility in universities[(4] （long and short term）	incoming outgoing	4,000 4,000	29% 29%	1,733 1,223	12.7% 9%
Students and trainee mobility in polytechnics[(5] （long and short term）	incoming outgoing	8,000 8,000	8% 8%	4,418 7,178	3.7% 6.1%
Students and trainee mobility in universities[(6] （long and short term）	incoming outgoing	8,000 8,000	6% 6%	5,214 5,275	3.8% 3.8%

資料來源：Ministry of Education, Finland. *Strategy for the I nternationalisation of Higher Education Institutions in Finland 2009- 2015*, Helsinki: Helsinki University Print, 2009. p. 30.

---

[12]　Arild Tjeldvoll, "Finnish Higher Education Reforms: Responding to Globalization," *European Education*, 2009, Vol. 40, No. 4, p. 25.

[13]　Ministry of Education, Finland. *Strategy for the Internationalisation of Higher Education Institutions in Finland 2009- 2015*, Helsinki: Helsinki University Print, 2009, pp. 30-31.

　　該報告指出芬蘭將以高品質的教育體系、高水準的科研能力和人性化的輔助服務，吸引全球優秀國際學生和教學科研人員前往芬蘭學習與工作。在國際科研領域中具有重要影響力的研發人才能夠有效促進芬蘭社會的國際化，提高芬蘭經濟的競爭力和改善芬蘭人民的福利。芬蘭將繼續完善服務業，爲吸引和挽留人才的國家政策提供支撐。爲實現此目標，芬蘭教育部與芬蘭科學院將協助聯合大學院校在已經獲得國際認可的研究領域取得領先地位。教育部和勞動與經濟部將聯合展開「集體競爭力與國際化成長計畫」（Growth and Internationlisation of Competence Clusters Programme），引導大學院校參與具有戰略重要性的國際研發合作。芬蘭科學院與國家科技創新局也將聯合推出「芬蘭傑出教授計畫」（Finland Distinguished Professor Programme），協助大學院校招募具備豐富國外工作經驗的一流教學科研人員。地方當局與高等學校將合作爲國際人才提供與就業、居住、衛生保健相關的服務資訊。芬蘭國家教育委員會和高等學校將合作開發更爲有效的國際學生選拔系統，將在國際學生的錄取程式中廣泛使用國際化和標準化的考試結果。從2010年開始，芬蘭教育部開始對富爾布萊特中心（Fulbright Center）[14]的年度撥款增加50%，主要用於支持芬蘭與北美高等學校之間的國際交流與學術合作，特別是資助優秀的年輕科研人員開展互訪交流。[15]另外，芬蘭教育部也會以每年增加50萬歐元預算的幅度補助「芬蘭與俄羅斯學生交換計畫」（Finnish Russian StudentExchange Programme, FIRST）。[16]根據OECD資料顯示，芬蘭高等教育機構的外籍學生人數自2005年後亦有超過20%以上的成長。（參見表15-3）

二、加強科學研究與交流

　　教育是芬蘭國家創新體系的堅強基石，而高等教育無疑是公共創新體系最重要的元素。根據統計，人口不到530萬的芬蘭目前擁有20所大學和29所綜合科技術學院，2009年在芬蘭20至39歲人口中，有1/5的人接受高等教育，是北歐國家中接受高等教育人口最多的國家，[17]爲芬蘭國家創新體系建設培養了大量高層次創新型人才。

表15-3　芬蘭外籍大學生人數（2005-2009）

年度	2005	2006	2007	2008	2009
人數	19,434	20,469	22,749	20,922	23,576

資料來源：OECD Online Education Database (http://stats.oecd.org/Index.aspx?DatasetCode=RFOREIGN#).

14　富爾布萊特中心又名爲芬蘭美國教育交流委員會（Finland-US Educational Exchange Commission）提供芬蘭和北美國家文化和學術交流的民間機構，成立於1997年，總部位於赫爾辛基。

15　Ministry of Education, Finland. *Strategy for the I nternationalisation of Higher Education Institutions in Finland 2009- 2015*, Helsinki: Helsinki University Print, 2009, p. 37.

16　Ibid., p. 43.

17　Minister Henna Virkkunen: The Universities Act promulgated, available from: http://www.minedu.fi/OPM/Tiedotteet/2009/06/Yliopistolaki.html?lang=en.

創新離不開科技發展，而科技發展又依賴於對基礎研究的不斷深入和探索。相對來說，高等教育學校科技人才密集，大批教授、學者有著豐富的基礎理論知識和技術，且專業學科齊全並有眾多先進的研究設備，在那些理論性強、難度大的基礎研究課題方面具有先天的優勢，從而決定了其應當成爲一個國家和民族從事基礎研究的主要基礎。長期以來芬蘭的科技政策一直十分重視和扶植高等院校基礎研究職能的發揮。2010年的研發支出，芬蘭占國民生產毛額（GDP）的比重傲視全球，達到3.9%，而2009年，芬蘭科學院分配基礎研究經費9.11億芬蘭馬克，國家技術局分配技術研究經費爲24.44億芬蘭馬克，同時國家直接投入大學和國家研究所的研發（R&D）費用分別爲19.6億和12.68億芬蘭馬克。[18]芬蘭高等教育體制改革與科技體制改革，充分發揮高校在基礎研究領域的重要作用，支持高校創新平臺建設，實現科學研究與人才培養的緊密結合。

三、持續發展終身教育

根據統計，芬蘭公司每年花在員工教育的經費大約是員工總薪水的3.5%，約有一半的芬蘭人都曾在進修上得到公司不同方式的協助，除了傳統的集體授課外，不少公司讓員工彈性調整工時以配合個別進修課程，這種彈性工時的安排相當常見，而芬蘭在職者參加成人進修課程的人數比例，在歐盟國家中也名列前茅。在大學、技術學院與年輕學生一起上課常需利用彈性上班時間，至於其它專門針對成人開的課程，則多是排在晚上或是週末時間，或以遠距教學、網路、自修方式完成部分課程，以方便人們在工作之餘進修學習。

有一部分的成人教育課程，目的在於解決失業問題的能力導向課程。勞工部與各成人教育機構和大學學院合作，開設許多短中長期不等的課，以訓練失業者符合市場需求的新技能。在芬蘭失業的人通常會去勞工局登記失業身份並領取補助金，若參加這些針對輔助就業而設計的成人課程，每日還有額外的餐費及車費補助，補助的部分完全免稅，課程結束前，也會包括一段時間的實習，以增加進入就業市場的機會，有的課程則是與特定公司及雇主合辦，受訓結束後獲得工作機會較多。[19]

四、芬蘭教育與研究2011-2016發展計畫

2012年3月芬蘭教育暨文化部公布了針對未來5年期的《教育與研究2011-2016發展計畫》（Education and Research2011–2016）。就總體而言芬蘭不以教育競爭力強國自居，開宗明義指出芬蘭25-34歲人口相較南韓高等教育受教率63%，芬蘭爲39%；加拿大25-64歲高等教育人口爲50%，芬蘭爲37%。而爲了永續發展經濟、改善福利與社會安全、提高國家競爭力，芬蘭將以科技和教育政策作爲主要策略。未來具體目標爲至少達

18　Finnish science and technology information service, available from: http://www.research.fi/en/resources.

19　*Education in Finland*, Finnish National Board of Education, pp. 9-10.

到30-34歲人口能有42%的高等教育受教率，亦配合歐盟之《歐洲2020戰略》到2020年20-24歲青年能達到90%以上接受繼續教育（post-compulsory）的程度。[20] 該報告關於高等教育的主要重點包括：

1. 除接軌「歐洲學分轉換機制」（ECTS）外，計劃於2014年與「歐洲職業教育學分轉換機制」（European Credit System for Vocational Education and Training, ECVET）接軌，以強化能力導向的技職教育的專業認證。在國內力求整合法制化的職業認證系統，以確實回應勞動市場之需求。[21]

2. 整合多元入學更具彈性與簡化：目前芬蘭有兩種大學入學考試形式，一種相當於證書制度，學生只要有大學入學資格考試證書即可申請某所大學；第二種是將大學入學資格考試和各大學自行組織的專業考試結合起來綜合考核。芬蘭的大學入學資格考試（Matriculation Examination）是所有高中學生在畢業時均須參加的全國性統一考試。同時，芬蘭大學也可以籌辦各校的入學考試，考試針對不同的專業有不同的標準和要求；考生可以報考多所大學，參加多次入學考試。入學考試在夏季舉行，秋季開學前公布成績。芬蘭高等教育入學考試的各項事宜主要由高等教育入學資格考試委員會（Matriculation Examination Board）統一管理，其中最重要的職責是負責考試的管理、試題的設計、試卷的評價以及對學生考試成績的複查。[22] 由於目前芬蘭大學招生方式繁雜，在2013年以前採行電子申請系統，以改善目前學生選擇大學的情況，使學生更有彈性和效率的進入高等教育。另外，在高等教育目標定位上，多元技術學院畢業生主要目標在進入學士後的勞動市場；讀大學的學生則主要以攻讀碩士學位（Master's degrees）為主，以調和國家人力的發展目標，因此設立未來各學科的目標人數。（參見表15-4）

3. 多元技術學院應作為與中小企業創新與研發的關係的橋樑：藉由芬蘭科技與創新基金會（Finnish Funding Agency for Technology and Innovation, TEKES）作為更有效分配資金的關係介入管道（relationship development intervention, RDI），給予技術學院發展研發活動更多支持。[23]

4. 設立國家數位圖書館：在各級大專院校務使研究成果數位資訊化，並以高標準方式儲存和傳遞訊息和保存資料，未來圖書館和博物館於2025年將可增加相較現在10倍以上的存放量，更利於終身教育的拓展。[24]

---

20 *Education and Research2011–2016 A development plan Reports of the Ministry of Education and Culture, Finland,* Ministry of Education and Culture Department for Education and Science Policy, 2012, p. 9.

21 Ibid.

22 *Education in Finland,* Finnish National Board of Education, pp. 13-14.

23 *Education and Research 2011–2016 A development plan Reports of the Ministry of Education and Culture, Finland,* op. cit., p. 9.

24 Ibid., p. 48.

5. 加強師生人員的流動性：除了促進技職生的流動性外，更要推動教學人員的流動，該目標在2016年達到20%的整體流動性，長期目標則爲30%的學生和教師之流動性，並促進學生參與國際實習的機會，以及追蹤評估和輔導。【25】另外，芬蘭未來應鼓勵學生增加參與歐盟高等教育整合之各項計畫，如康美紐斯計畫（Comenius Programme）和北歐青年加值計畫（Nordplus Junior）。

6. 資助學生在學旅遊補助（School travel subsidy）：在1994年《學生金融援助法》（Student Financial Aid Act）第65條的架構下，從2011年秋季學期開始，針對中等教育以上的學生給予在學旅遊獎助，以拓展學生視野並做爲職業資格準備，並盡量放寬在交通補貼上的一些限制。【26】

7. 對非歐盟國家學生增設獎學金，芬蘭未來將以「教育出口」（Educational exports）爲高等教育之目標，將開放更多國際學生名額給予非歐盟國家的學生，並適當評估用外國語言教授課程。【27】

表15-4　芬蘭2016年之高等教育各學科目標人數

	Entrants 2009	Entrant targets for 2016	Estimated number of qualifications awarded*
Humanities and education	5 774	5 830	4 740
Culture	7 707	4 745	3 670
Social sciences, business and adminstration	16 126	15 960	12 300
Natural sciences	6 304	5 310	3 450
Technology, communications and transprt	32 997	32 190	24 430
Natural resources and the environment	4 042	3 770	2 700
Social services, health and sports	17 324	18 590	15 340
Tourism, catering and domestic servises	8 361	7 305	5 500

資料來源：*Education and Research2011–2016 A development plan Reports of the Ministry of Education and Culture, Finland*, Ministry of Education and Culture Department for Education and Science Policy, 2012, p. 14

25　Ibid., pp. 28-41.
26　Ibid., p. 63.
27　Ibid., p. 49-50.

第**16**章　歐洲聯盟高等教育整合對俄羅斯之影響*

第一節　俄羅斯高等教育背景

俄羅斯自古以來與歐洲有不可分割的關係，從彼得大帝（Peter the Great）的歐洲化政策到拿破崙東征、克里米亞戰爭（Crimean War）、參與兩次世界大戰，俄羅斯都與西歐互為影響。然而，俄羅斯因本身的文化、地緣政治與宗教等因素造成迥異於歐洲各國的獨特性，使得俄羅斯在各種制度上隔絕於歐洲之外。歐洲聯盟（European Union 以下簡稱：歐盟）自1958年簽署羅馬條約以來，就積極在各項的政策領域上進行統合。「高等教育」乃國家培育人才的搖籃，亦為創造知識經濟的平台，隨著歐盟統合腳步的邁進，歐洲的政治家們也致力於歐盟高等教育事務的各項統合。1998年法國、德國、義大利以及英國四國教育部長共同簽署《索邦宣言》（Sorbonne Declaration），開啓現行歐盟高等教育統合「波隆尼亞進程」（Bologna Process）的方針，目前參與歐盟「波隆尼亞進程」的正式會員已達47個歐洲國家，建立了全球最大之歐盟高等教育區（European Higher Education Area, EHEA）。俄羅斯於2003年加入「波隆尼亞進程」，使俄羅斯境內近1,300所高等教育機構和600萬大學生長期面臨資金匱乏，以及教育行政管理等問題得以改善。更重要的，俄羅斯高等教育將和其他獨立國協國家（Commonwealth of Independent States, CIS）遵循一致的「歐洲標準」。

早在共產主義瓦解後，戈巴契夫（Gorbachev）就曾倡導回到歐洲大家庭的觀念。莫斯科國立國際關係學院副院長Andrey Melville也曾形容「波隆尼亞進程」不單只是一項教育統合的方案，而是歐盟對俄羅斯應用軟權力的展現。[1] 俄羅斯高等教育的評分方式、學制標準、文憑認證皆與西歐各國迥異，且因過去共產主義制度之影響下高教基礎建設不足，教師流失問題嚴重。有近四成的俄羅斯教授認為，為了遵循「波隆尼亞進程」的歐洲化制度，俄羅斯教育體制必須要徹底全盤的改革以建立歐洲標準化的高教機制。[2] 因此，俄羅斯加入歐盟高等教育整合對於歐盟和俄羅斯是一種突破性的重要關

---

* 本章摘自：黃筠凱（2012）。「歐盟高等教育整合：論歐洲聯盟對俄羅斯軟權力之影響」，載於郭秋慶（主編）《歐洲聯盟的新發展》，臺北：淡江大學歐洲研究所，頁165-174。

1　Voldemar Tomusk (ed.), *Creating the European Area of Higher Education* (Dordrecht: Springer, 2007), pp. 231-235.

2　A.L. Aref' Ev, "What Instructors and Administrators of Russia's Higher Educational Institutions Think about the Bologna Process," *Russian Education and Society*, Vol. 51, No. 5, May 2009, p. 8.

係。本文將以「波隆尼亞進程」爲主體分別就政治面、經濟面、文化和教育等面向簡析歐盟高等教育統合對俄羅斯所產生的影響。

第二節　軟權力之概念

美國國際關係學者哈佛大學甘迺迪學院前院長、國防部副部長奈伊（Joseph Nye）於1990年首先提出軟權力的概念。2004年奈伊集結他過去發表軟權力相關論文，出版《軟權力：世界政治成功的手段》（Soft Power: The Means to Success in World Politics），將軟權力概念作出完整定義。該書中提及軟權力：「讓他人做你想要的結果」（Getting others to want the outcome that you want）[3]，「軟權力」（soft power）是吸引、說服或同化他人以獲得自己想要的結果，而不是強迫、威脅或引誘。「軟權力」是關於一個國家的價值、意識型態與生活方式等的「吸引力」（attractiveness）[4]。「軟權力」的資源是無形的，它來自「文化魅力」、政治價值、意識形態和具有合法與道德權威的外交政策；文化是一個內容很廣、也很模糊的概念，很難加以定義。宗教、語言、教育、生活方式、電影、電視、報紙、網路、飲食等等都可以包括在文化的範疇之內。本文將以「軟權力」之概念解釋俄羅斯被歐盟設計之歐盟高等教育整合制度所吸引，進而造成歐盟對俄羅斯政治、經濟、文化和教育等關係的實質改變。

第三節　歐洲聯盟與俄羅斯關係

俄國是歐盟僅次於美國和中國的第三大貿易夥伴，2010年總貿易額達24,470億歐元占歐盟8%；歐盟則爲俄國進出口最大夥伴佔48%。[5] 俄國主要出口市場依序爲荷蘭、德國、義大利、烏克蘭、中國；歐盟的天然氣供應有四分之一以上來自俄國，而歐盟也是俄國最大的投資者，2009年歐盟對外直接投資（Foreign Direct Investment, FDI）達到1776億歐元，俄羅斯有75%的外資來自歐盟會員國，[6] 可見歐盟與俄羅斯在經貿上有極爲密切的相互依賴關係。

歐盟對俄國現今之共同戰略爲2003年5月在彼得斯堡（Petersburg）高峰會上所提出的「四大空間」（Four「Common Spaces」）之概念。雙方領袖同意在未來合作上將以

3　Joseph S. Nye, Jr., *Soft Power: The Means to Success in World Politics* (New York: Public Affairs, 2004), p. 150.

4　Ibid., p. 191.

5　European Commission DG Trade, bilateral relations, Russia, available from: http://ec.europa.eu/trade/creating-opportunities/bilateral-relations/countries/russia/ (Accessed: 2011.10.15).

6　EU Trade with the World, Russia, Main Indicators, available from: http://trade.ec.europa.eu/doclib/docs/2006/september/tradoc_113440.pdf (Accessed: 2011.10.15).

此為長程目標，並以夥伴與合作協定（Partnership and Co-operation Agreement, PCA）為基礎分享彼此利益。[7]「四大空間」係指歐盟與俄國關係將建立在四項主要領域之合作上，該四大領域包括：

1. 共同經濟空間（Common Economic Space）。
2. 共同自由、司法與安全空間（Common Space of Freedom, Security and Justice）。
3. 共同對外安全合作空間（Common space of co-operation in the field of External Security）。
4. 共同教育、研究和文化空間（Common Space for Research and Education, including Cultural Aspects）。[8]

歐盟主要透過「四大空間」的「共同教育、研究和文化空間」展現其對俄國在文化面向的戰略，其中又以教育合作為此戰略的主軸。歐盟與俄國的教育合作計畫主要有三大戰略性指標：

1. 大學交流合作。
2. 學術交流。
3. 促進相關學科對歐盟研究（EU studies）之投入。

歐洲執委會資助的天普計畫（Trans-European Mobility Scheme for University Sstudies, Tempus）[9]、伊拉斯摩計畫（Erasmus Mundus programmes）和歐洲與俄國合作建立的歐洲研究機構，在促進歐盟與俄國兩方關係上具有關鍵性的角色。按照「波隆尼亞進程」，俄國可實施兩循環系統的學士（4年）和碩士（2年）新制度，該案已經於2009年9月生效。另外，俄國教育暨科學部已準備新教育標準之推行，將帶給高等教育機構更多的自由和責任。[10]俄國現正實施的是天普第四期計畫（Tempus IV programme 2009-2013），其主要目標為推動歐洲學分轉換系統（European Credit Transfer System, ECTS）[11]和課程現代化，終身學習教育以及授予學位證書的架構。

一、俄羅斯高等教育概況

俄羅斯高等教育起源於18世紀，俄國境內總共有近1,300所高等教育機構（大學、

EU/Russia: The four "common spaces", EUROPA – Press Release, MMO/04/268, Brussels, 23 November 2004, available from: http://europa.eu/rapid/pressReleasesAction.do?reference=MEMO/04/268&format=HTML&aged=0&language=EN&guiLanguage=en (Accessed: 2009.05.03).

[8] "Country Strategy Paper 2007-2013 RUSSIAN FEDERATION," European Commission, p. 3, available from: http://ec.europa.eu/external_relations/russia/docs/2007-2013_en.pdf (Accessed: 2011.09.03).

[9] 天普計畫（Trans-European Mobility Scheme for University Sstudies, Tempus）於1990年建立，是歐盟協助包括西巴爾幹、東歐、中亞、北非以及中東等地區27國之高等教育革新計劃。

[10] "EU-Russia Common Spaces Progress Report 2009," European Commission, March 2010, p. 48.

[11] 歐洲學分轉換制度（ECTS）：採用兩階段的高等教育學制，也就是歐洲內部的大學生和留學生可以在不同會員國之大學進修學位，只要該大學科系有認可的ECTS學分，大學需修滿180-240個ECTS，研究所需修滿90-120個ECTS。此制度設計能促進歐洲大學生、教師、與研究人員之流動，也吸引更多的國際學生。

學院、研究所），公立大學占97%；大學生總人數約為1,400萬人，外籍國際學生約有14萬人，約有80%取得專家（specialist's degree）學位。大學集中在莫斯科、聖彼得堡兩大城，學費對於一般所得的家庭而言非常昂貴。2000年俄羅斯政府通過了為期25年的《俄羅斯聯邦國家教育發展綱要》（Federal Programme of Education Development），已建立大學入學考試制度。然而，教師流失問題非常嚴重，2006年以前流失約有7萬名教職人員，因為俄羅斯大學教授的平均工資不到3000盧布（100美元），且大學管理人員貪污、學力造假（phony of diploma）問題層出不窮。[12] 因此，俄國政府也意識到高等教育改革刻不容緩，俄國最新規劃2010-2012年高等教育預算達3,900億盧布（145億美元）為2005-2007年的兩倍預算。普丁（Putin）總統也宣布要投入超過90億盧布（3億美元）成立高教創新基礎建設（Innovative Educational Infrastructure），朝向高等教育組織全面現代化邁進。[13]

二、歐盟與俄羅斯高等教育之差異

由於俄羅斯自1990年蘇聯垮臺之後，依然承襲舊有的高等教育學制。因此，在俄羅斯高等教育體系在制度面要與歐盟的「波隆尼亞進程」進行整合，尚有許多有待俄國政府改革之處。根據歐洲執委會委託智庫俄羅斯暨歐洲經濟政策中心（Russian-European Centre for Economic Policy, RECEP）所做的評估報告中指出，俄羅斯與「波隆尼亞進程」整合上面臨五大問題：[14]

1. 評分與學制標準、文憑認證（學士、專家、碩士、副博士、科學博士）。
2. 大學評鑑制度。
3. 大學組織能力管理與語言能力。
4. 大學經費、設備與基礎建設、教員待遇。
5. 學生於不同國家大學間流動之一致性（synchronization）問題。

目前針對制度上俄羅斯高等教育體系與歐盟最大的差異在於評分標準與文憑相互承認的問題上，很難產生所謂一致遵循的「歐洲標準」。例如在教師評分方面：傳統上俄羅斯教師評分相較歐洲認同的等第較為寬鬆且模糊，因為若是要採用歐洲學分轉換制度（ECTS）必須建立在能相互對等的評分標準下，而俄羅斯普遍的情況是老師給分寬鬆，歐洲的大學老師無法鑑別出俄國老師評比的「好」（Good）或「非常好」（Very good），因為在俄羅斯這兩個級別都歸在「好」（Good）。（參見表16-1）另外，在俄羅斯通常一般有三成左右的人都能拿到「優」（Excellent），相較西歐每班大約只

12　E.V. Dobren' Kova, "Problems of Russia's Entry into the Bologna Process," *Russian Education and Society*, Vol. 50, No. 4, April 2008, pp. 45-46.

13　"Putin urges modernization of Russian higher education," RIA Novosti, available from: http://en.rian.ru/russia/20110824/166118624.html (Accessed: 2011.10.01).

14　*The Bologna Process and Its Implications for Russia* (Russian-European Centre for Economic Policy, 2005), pp. 78-79.

有10%的同學能取得「優」等成績，使得俄羅斯在執行「波隆尼亞進程」的最大目標學分轉換之趨同面臨重大阻礙。[15]再者，歐洲學生在考量赴俄國進修共同學程時只可能考慮俄羅斯名聲較好的大學，因為歐洲的大企業只接受幾所名氣較佳大學之文憑，像莫斯科大學（Moscow State University）和聖彼得堡大學（University of St. Petersburg）等，構成阻礙其他46個「波隆尼亞進程」國家的歐洲學生參與俄羅斯共同學位學程之意願。[16]

　　此外，各學位的名稱認可則是俄羅斯與歐盟高等教育整合之另一重大難題，傳統上俄羅斯的高等教育學制分為4年制學士（Bachelor's）、5年制專家（Specialist）、2年制的碩士（Master's）、3-4年之副博士（Graduate）、最多至13年的科學博士（Ph. D.）等學位。其中對應「波隆尼亞進程」實施兩循環系統的學士（4年）和碩士（2年）制度的最大困難在於，歐洲國家的學位制度裡不存在「專家」這個5年制的學位，該學位又是俄國學生大部分之畢業學位，但按照「波隆尼亞進程」裡的分類卻不知應把該學位歸為碩士或學士學位。[17]因此，雖然俄羅斯已於2003年加入「波隆尼亞進程」，但目前歐盟高等教育整合還無法於俄羅斯全面性實施。

表16-1　歐盟與俄羅斯評分標準比較

歐盟（EU）		俄羅斯（Russia）	
A	Excellent	A	Excellent
B	Very good	B	Good
C	Good	C	
D	Satisfactory	D	Satisfactory
E	Mediocre	E	
FX	Unsatisfactory (with right to re-pass)	FX	Unsatisfactory
F	Unsatisfactory (with no right to re-pass)	F	

資料來源：*The Bologna Process and Its Implications for Russia* (Russian-European Centre for Economic Policy, 2005), pp. 112-113.

15　Ibid., pp. 110-111.

16　E.V. Dobren' Kova, "Problems of Russia's Entry into the Bologna Process," op. cit., p. 46.

17　E.V. Dobren' Kova, "Problems of Russia's Entry into the Bologna Process," op. cit., pp. 47-48.

第四節　歐洲聯盟高等教育整合對俄羅斯之影響

　　根據2005年歐盟執委員會在俄羅斯加入「波隆尼亞進程」兩年後所做的評估報告中提及，俄羅斯加入歐盟高等教育整合對其內部的教育認同（Identity）有兩大影響。在國際層次可導致與歐洲的高等教育學制與系統進行整合，反之則會面臨體制孤立於國際社會；於國內層次俄國加入歐盟高等教育整合可以促進其高等教育軟硬體之現代化，反之則可能會有發展停滯之問題。因此，俄羅斯本身加入歐洲化的高等教育制度對其內部發展是極為有利的戰略選項。（參見圖16-1）

一、歐盟高等教育整合：創造高教共同市場

　　1998年，法國、德國、義大利以及英國四國教育部長共同簽署索邦宣言，開啟「波隆尼亞進程」的序幕，1999年6月19日歐洲29個國家簽署波隆尼亞宣言（Bologna Joint Declaration），更使得高等教育整合得以打破政府間運作的藩籬，當時規劃於2010年建立全球最大之歐盟高等教育區（EHEA）。由歐盟執委會教育暨文化總署（European *Commission* Directorate-General Education & Training）規劃方案，配合相關國際組織如歐

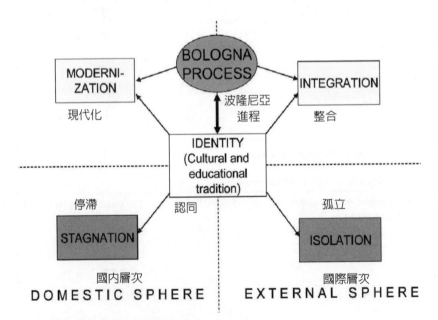

圖16-1　「波隆尼亞進程」對俄羅斯改革之影響

資料來源：*The Bologna Process and Its Implications for Russia* (Russian-European Centre for Economic Policy, 2005), p. 25.

洲大學聯盟（European University Association, EUA）[18]和歐盟高等教育品質保證網絡（European Network of Quality Assurance in Higher Education, ENQA），以及波隆尼亞追蹤小組（Bologna Follow-up Group , BFUG）的合作下，此後每隔兩年會召開高教部長級會議，並發布歐盟高等教育整合重要指標性文件。綜觀歷次會議內容可歸納出歐盟建構的歐盟高等教育區主要核心概念為：[19]

1. 流動（mobility），透過歐洲學分轉換制度（ECTS）、文憑補充說明文件制度（Diploma Supplement, DS）及其他相關的流動方案，以強化學生與教職員的跨國流動，同時促進學術資金的流動。
2. 就業能力（employability），建立學士與碩士二層級（2 cycles）的學位體系以提升學生的長期就業能力。
3. 競爭力／吸引力（competitiveness/attractiveness），為提升歐盟高等教育之國際競爭力。

二、政治面之影響

2000年普丁當選總統後即提出教育政策調整，扮演新政府推行經濟改革的重要角色，為了增加俄羅斯於教育服務上的全球性競爭力，必須加強與歐洲大學間之合作，2003年普丁表示加入「波隆尼亞進程」合乎俄國國家重要利益，更有助活化俄國外交事務。俄國教育部負責高教國際事務的Gennady Lukichev指出：俄國加入「波隆尼亞進程」象徵歐陸兩大政治強權合作，建立從里斯本到海參崴的共同教育空間。[20]2005年於倫敦舉行的歐盟與俄國高峰會議（EU-Russia Summit）即決定放寬俄國教育和科學工作者的簽證（visa）限制。[21]針對歐盟高等教育整合對俄羅斯政治面之影響，莫斯科國立國際關係學院副院長Andrey Melville曾形容「波隆尼亞進程」不單只是一項教育統合的方案，而是歐盟對俄羅斯應用軟權力的展現。

三、經濟面之影響

加入歐盟高等教育整合，對俄羅斯經濟面之影響主要為大學經費來源增加，也是對俄羅斯高等教育的一種內部改革。因為，俄國本身對於要融入歐盟高等教育制度也感到激勵，遂於2005年提出「國家重點教育計畫」（National Priority Project for Education），提出優秀的大學都能參與學術補助的競賽。2007年俄羅斯300間認可大學中，有40所大

---

18 歐洲大學聯盟（EUA）代表主要歐盟高等教育界的主流民意。其參加成員包括歐洲大學的校長和代表國家的學會和協會，以及高等教育機構的網絡。擁有參加歐盟高等教育學區47個國家的850名成員。

19 "The European Higher Education Area," Austrian Federal Ministry of Science and Research, pp. 4-8.

20 Voldemar Tomusk (ed.), *Creating the European Area of Higher Education*, op. cit., pp. 230-233.

21 ROAD MAP FOR THE COMMON ECONOMIC SPACE, European Commission, pp. 48-49, available from: http://www.eeas.europa.eu/russia/docs/roadmap_economic_en.pdf (Accessed: 2011.09.20).

	1993/ 94	1995/ 96	2000/ 01	2002/ 03	2003/ 04	2004/ 05	2005/ 06	2006/ 07	2007/ 08
學生總人數	2613	2791	4741	5948	6456	6884	7064	7310	7461
公立教育機構總人數	2543	2655	4271	5229	5596	5860	5985	6133	6208
私立教育機構總人數	70	136	471	719	860	1024	1079	1177	1253

表16-2　學生至俄國高等教育機構留學總數（1993-2008）

資料來源：Yuri Rubin, Aleksey Belokopytov & Evgenia Gorlacheva, "The realization of Bologna Process in Russia: the appearance of independent quality assurance system," The Agency for Higher Education Quality Assurance and Career Development (AQA) Russian Federation, 2010, p. 4.

學獲得俄國和歐盟補助共200億盧布（約4.7億歐元）[22]，俄羅斯參與伊拉斯摩斯世界計畫（Erasmus Mundus）之留學生，歐盟將補助每年個人500歐元（Euro）。而俄羅斯藉由加入「波隆尼亞進程」所得到的經濟利益則來自三方面：[23]

1. 外籍學生和交換學生增加，為學校所帶來的學費收入（參見表16-2）。
2. 外國大學僱用俄國教職員的薪資。
3. 為吸引更多外國學生促進俄國政府和外國資金，加強對本地大學投資以提升大學聲譽和經濟發展。

四、教育面之影響

俄羅斯藉由加入「波隆尼亞進程」對教育面之影響可歸納為三方面：

1. 畢業生競爭力提升，俄國大學文憑得轉換成被歐洲認可之文憑對於畢業生有利於就業或進入歐洲外商公司工作。而俄語（Russian）環境就是一個競爭優勢，畢竟為歐洲地區大學生第五普及的語言，歐盟高等教育整合也必須加強設置俄語相關課程，加入歐洲學分轉換制度一方面使得俄羅斯與前獨立國協國家（CIS），取得在學術與人員交流上更緊密的聯結，事實上這也符合俄國本身的基本外交安全戰略－鞏固與CIS國家之關係。[24]
2. 提升研發實力，藉高等教育整合增加與歐盟申請研究計畫：俄國目前有253個大學、研究機構參與現行歐盟「第7期科研架構計畫」（Framework Programme 7, FP7）中的136個研究案，獲得歐盟2,900萬經費資助，可提升科研人員合作能力與擴展學生國際視野。[25]

22　Stefan Gänzle, Stefan Meister & Conrad King "The Bologna process and its impact on higher education at Russia's margins: the case of Kaliningrad," *High Education* (2009) 57, p. 540.

23　Voldemar Tomusk (ed.), *Creating the European Area of Higher Education*, op. cit., p. 244.

24　Voldemar Tomusk (ed.), *Creating the European Area of Higher Education,* op. cit., p. 238.

25　European Community-Russia Scientific and Technological Cooperation: a Roadmap for Action 2009-2011,

3. 加入歐洲學分轉換制度能提升俄國提高大學生、科學研究人員的流動性（Mobility）；擴展教育服務、技術人員輸出到歐洲國家。俄羅斯加入「波隆尼亞進程」後，自2004年起已經有1,380個學生申請得到歐盟Erasmus Mundus聯合碩博士學位課程獎學金：碩士每年補助2,4000歐元；博士學位3年補助60,000-130,000歐元。【26】

第五節　俄羅斯參與歐洲聯盟高等教育整合展望

　　綜觀歐盟高等教育統合的發展，1999年時今日歐盟中26個國家和冰島、挪威以及中立國瑞士皆已加入「波隆尼亞進程」，2001年賽普勒斯加入，甚至歐盟2012年新成員克羅埃西亞和候選國土耳其都早已加入歐盟設計的歐盟高等教育政策統合；獨立國協國家加入歐盟高等教育整合也影響俄國跨入歐洲化的合作意願，2003年後更加入了俄羅斯和許多前蘇聯國家，拓展了歐盟與俄羅斯的實質關係。【27】歐盟執行委員會教育暨文化總署設計之高等教育統合方案對於歐盟東擴，領先於一般所認知歐盟的政治和法律統合。而此種泛歐高等教育整合制度也可詮釋為，歐盟對東歐國家所設計之預先加盟（pre-accession）的方案，從教育面向植入歐洲共同價值觀進而影響政治面統合是一種軟權力之應用。「波隆尼亞進程」將全歐洲整合成歐盟高等教育區，更加吸引國際人才至歐洲留學，使得歐洲展現在高等教育的軟實力，把高等教育的共同市場做大創造共生共榮的歐洲空間。

　　俄羅斯2003加入「波隆尼亞進程」後引起國內反彈聲浪，俄羅斯社會學家S. Kara-Murza批評政治人物利用歐洲化的口號摧毀俄國300年以來樹立的教育文化傳統，特別是5年的專家學制。【28】然而，很明顯的俄羅斯之特殊性使其不可能加入歐盟這個超國家組織，但在歐盟軟權力的運作下，俄羅斯卻能有限度的選擇參與對其自身經濟和學術發展有利的歐盟制度整合。高等教育現代化已經是全球化的一種必然趨勢。就政治外交、經濟、人才、教育、國家競爭力而言，俄羅斯參與歐盟高等教育整合的機制絕對有其正面的利益和深遠的影響。在政治外交上，俄羅斯加入歐盟高等教育整合促使2005年歐盟與俄國高峰會議決定放寬俄國教育和科學工作者的簽證限制；在經濟利益上，2007俄羅斯300間認可大學中，有40所大學獲得俄國和歐盟補助共200億盧布（約4.7億歐元），且過去5年以來留學俄國的學生人數不斷成長，是1992年共產瓦解時的10倍

European Commission, DG Research and innovation, p. 3.

26　Erasmus Mundus Scholarship, Come and Study in Europe, News letter, available from: http://ec.europa.eu/education/study-in-europe/doc/russia_en.pdf (Accessed: 2011.10.05).

27　David Crosier, Lewis Purser & Hanne Smidt (2007). *Trends V: UNIVERSITIES SHAPING THE EUROPEAN HIGHER EDUCATION AREA*, Brussels: European University Association, p. 68.

28　E.V. Dobren′Kova, "Problems of Russia's Entry into the Bologna Process," op. cit., p. 49.

以上；在教育上，俄國大學文憑得以轉換成被歐洲認可之文憑對於畢業生有利於就業或進入歐洲外商公司工作，大學生、科學研究人員的流動性也隨之增加。故歐盟的歐盟高等教育整合政策是要把歐盟所謂的共同價值觀：民主、自由、法治、人權、社會正義（European Common Values: Freedom, Democracy, Human Right, Rule of Law and Social Justice）植存於俄國的青年學子，有朝一日使其發酵。歐盟就可免於俄國之潛在威脅，互蒙其利，同時也促進歐洲區域的和平穩定與成長。

　　澳洲大陸面積769萬平方公里，是世界上最大的島，也是世界上最小的陸塊，南北長約3,700公里，東西寬約4,000公里。澳洲位處南半球，是由來自許多不同背景的民族所構成的國家，文化多樣性已成為澳洲的一項國家特性，這種由原住民文化、早期的歐洲移民，以及相繼的移民所融合的多樣性，也是澳洲在面臨世界快速變遷的挑戰時，最重要的優勢之一。澳洲由六個州（state）及兩個領地（territory）組成，分別為新南威爾斯州（New South Wales, NSW）、維多利亞州（Victoria, VIC）、昆士蘭州（Queensland, QLD）、南澳（South Australia, SA）、西澳（Western Australia, WA）和塔斯馬尼亞州（Tasmania, TAS），以及澳洲首都坎培拉所在的澳洲首都特區（Australia Capital Territory, ACT）和北領地（Northern Territory, NT）兩個行政特區。澳洲政府採聯邦制，各州及領地具有半自治權。根據澳洲法律，州與地區政府負責教育，聯邦政府是提供資金和參與制定政策的合作夥伴。澳洲高等教育長期以來一直是澳洲政府強大其經濟力、生產力與增強區域性影響力的基石。澳洲政府過去30年來在高等教育的投資，已使澳洲高等教育成為澳洲最重要的輸出產業，並將其成功地由對亞洲各國援助發展的角色，轉型成經濟貿易取向。而在此一貿易取向的國際化發展中，澳洲無論從國家政府層級到大學機構，都是非常積極的參與者。[1]高等教育已經作為一項重要的產業。澳洲教育服務的出口產值於2008年高達142億澳幣，為澳洲僅次於煤礦、礦業的第三大出口收入來源。[2]澳洲整合自身地理與文化優勢，結合移民、就業等激勵政策，過去二十年來發展為教育出口大國，其經驗殊值國人重視。

第一節　澳洲高等教育背景

　　澳洲在過去三十年間，已經發展成為全球領先的留／遊學目的地，與英美齊名。在高等教育產業裡，共有38所公立大學、3所自行認證的私立大學，以及約79所已經認證的私立教育機構。澳大利亞的高等教育產業非常多元，高等教育院校於2010年註冊的學

1　http://epaper.heeact.edu.tw/archive/2011/11/01/5055.aspx.

2　Department of Education, Employment and Workplace Relations, *Review of Australian Higher Education Final Report* (Commonwealth of Australia, 2008.), p. 87.

生總數為119萬，其中28%為海外學生，持學生簽證在澳大利亞就讀且全額給付學費的國際學生人數，則高達24萬3,591人。面對這樣的高成長率，一個健全而且彈性的教育政策與相關規範是必要的。而在提升大學註冊率的同時，澳洲政府也非常注重保持高品質的教育水準。「提升高等教育的品質」（Advancing Quality in Higher Education）為澳洲政府對高等教育的最重要政策目標，將投資13億元經費（相當於臺幣400多億元），以確保加強高等教育的教學與學習品質。[3]

第二節　澳洲高等教育行政體制

　　澳洲為內閣制國家，高等教育基本由州政府負責教育責任，但過去四十年來，聯邦政府在教育經費和政策的影響力卻不斷提升。根據憲法，州政府仍保留提供民眾教育的責任，兩個自治地區在教育方面亦擁有與州政府類似的責任。傳統澳洲高等教育系統為三元化系統，包括大學（universities）、高等學院（colleges of advanced education，CAES）、及專科技術學院（Technical and Further Education, TAFE）等，分別接受三個各自獨立的聯邦委員會（Commonwealth commissions）之管轄。1974年至1985 年間，澳洲政府合併大學與高等學院，由高等教育委員會（Tertiary Education Commission）接管，此時澳洲高等教育（Tertiary Education）的意涵類似於國際間所使用的高等教育（higher education）意涵，而澳洲大部分學者則以higher education 指大學與高等學院，並以第三級教育（tertiary education）指專科技術學院及再職進修教育機構。[4] 現行澳洲的「第三級教育」指的是中等教育後之高等教育制度，包括高等教育以及職業教育與訓練兩部分。高等教育指的是可授與學士以及高級學位之高等教育機構，主要指屬於全國單一系統內的高等教育機構。職業教育與訓練則指的是技職體系，只有學位以下的授與權，包括技術與進修教育。[5]

　　澳洲聯邦政府高等教育、技能、工作與職場關係部部長（Minister of Tertiary Education, Skills, Jobs and Workplace Relations）伊萬斯（Chris Evans）於2011年12月12日發布新聞稿宣布澳洲政府決心整合高等教育、技能、科學與研究為單一部門，以確保澳洲能迎接未來經濟挑戰。將高等教育事務納入新部門「產業、創新、科學、研究與高等教育部」（Department of Industry, Innovation, Science, Research and Tertiary Education, DIISTRE）將強化產業、創新、科學、研究與高等教育彼此關係，以符合業界需求及教

3　http://epaper.heeact.edu.tw/archive/2011/11/01/5051.aspx.

4　江愛華，「澳洲高等教育改革政策框架解析」，《教育資料輯刊》，第32輯－教育變革與發展(2006)，頁283。

5　沈姍姍，「澳洲高等教育改革—作為全球經濟競賽的籌碼」，《教育資料輯刊》，第35輯－高等教育(2007)，頁119。

育澳洲人未來職場必具備之技能;該項整併部門重任已列澳洲聯邦政府核心議題,目標計畫產業與職場人力能面對新挑戰。[6] 2012年以後原來隸屬於「教育、就業暨勞資關係部」(Department of Education, Employment and Workplace Relations, DEEWR)負責管理所有國際學生赴澳洲簽證和移民相關政策,藉此給予教育部門補助的國際事務組(international group)也將轉而納入「產業、創新、科學、研究與高等教育部」的行政編制。[7]

第三節　澳洲高等教育重要政策

2008年12月澳洲教育部委託南澳大學提出「高等教育改革報告」(Review of Australian Higher Education Final Report),為未來澳洲高等教育體系設立策略目標;例如於2020年,25至34歲青年具有學士學歷者可達到40%;2020年,學士後之高等教育學生來自低社經地位者可達20%;結合職業教育與高等教育,確保各地區的教育環境品質等。報告主持人南澳大學教授布萊德利(Denise Bradley),提出現行整體高教系統的主要問題包括:[8]

1. 澳洲目前有持續擴增高等教育數量及更高階技能的需求,澳洲在OECD國家中具有大學及以上學位之25-34歲的人口數約略高於中位數。
2. 現行法規仍有不切時宜的地方。
3. 有關品質與標準的各類問題。
4. 提高高等教育參與率的問題。
5. 高等與技職教育系統間、各個機構、學校間的途徑不夠暢通。
6. 區域性的供給並未符應當地的需求。
7. 補助／課程／產企業／聯邦政府間的協調仍有阻礙。

因此,她認為其他許多國家更早就已強調高等教育的表現與投資,澳洲在多項指標仍落後,亟需大幅的改善。

另外,澳洲獨立研究智庫　格拉頓研究中心憎(The Grattan Institute)由澳洲聯邦政府(Australian Government)、維多利亞州政府(Victoria State Government)及墨爾本大學(The University of Melbourne)等贊助,於2012年3月14日公布一份更新後的「概觀澳洲高等教育」(Mapping Australian Higher Education)研究報告,由高等教育計畫

6　教育部電子報491期,摘自:http://epaper.edu.tw/windows.aspx?windows_sn=8995。
7　Andrew Norton, *Mapping Australian Higher Education* (Melbourne: Grattan Institute, 2012), p. 61.
8　〈澳洲高等教育檢視報告 提出高等/技職教育整體改革建議〉,教育部電子報350期,摘自:http://epaper.edu.tw/windows.aspx?windows_sn=2992。

（Higher Education Program）主任諾頓（Andrew Norton）主編。【9】茲以「高等教育改革報告」與「概觀澳洲高等教育」，歸納出未來澳洲高等教育的重要政策四大趨勢，包括：建立高等教育公開化機制；強化技職與高等教育的結合；提高教育經費與就學補助，以及持續吸引國際學生與國外師資。

一、高等教育公開化機制

過去澳洲高等教育的管理是各州自治的模式，1946年澳洲聯邦憲法始賦予聯邦政府對「給予學生權益」（benefits to students）相關規範之立法權限，使得聯邦政府涉入高等教育的管制擁有法律的基礎。特別是對公立大學聯邦政府對於高等教育經費的掌控開始具有很大的權力，大學普遍接受聯邦政府所規範的補助條件。然而，2000年以後成立的新型大學在法律上屬於財團法人，聯邦政府無法以過去公立大學的認可（accreditation）程序進行管理。根據2008年布萊德利「高等教育改革報告」的建議，針對澳洲高等教育體系轉型的改革建議下，澳洲政府開始進行一連串高等教育組織的重整，以增進經濟發展與人才培育品質，並進而為澳洲創造出更多的職場工作機會。2012年澳洲聯邦政府成立高等教育品質標準局（Tertiary Education Quality and Standards Agency, TEQSA），完全以聯邦機構取代了各州高等教育的認可單位，專為登記大學以上的教育機構並監控學校的教育品質及標準。【10】希冀藉由新成立的高等教育品質標準局，提供所有高等教育機構一致性規範及標準導向的架構與原則，並發展學習與教學成效評量工具。

澳洲大學品質保證局（Australian Universities Quality Agency, AUQA）成立於2000年，是一獨立的非政府組織，專門負責全澳洲公私立大學五年一輪的校務評鑑。AUQA審核的目的在於了解大學教學品質，以促使大學發展學習成效相關標準，包含如何決定標準，及更新、制定程序以確保標準的落實、如何持續檢視成效、國內與國際標準如何相比與相容，以及這些成效與內容比較的結果為何等等。目前已完成二輪的校務評鑑，在TEQSA可以獨立正式運作之前，AUQA仍持續對澳洲各大學進行品質審核的工作。TEQSA是澳洲政府根據《2011年高等教育品質與標準局章程》（Tertiary Education Quality and Standards Agency Act 2011），於2011年7月30日新成立的高等教育品質保證機構。TEQSA係將AUQA與澳洲其他現有的獨立民間機構「合併」，成為一個全國性的教育組織，並統一執行澳洲高等教育政策及品質保證工作。TEQSA雖是一個獨立的品質保證機構，但卻隸屬於澳洲「教育、就業暨勞資關係部」（Department of Education, Employment and Workplace Relations, DEEWR）之下，因此，所有人員都從原本非政府單位身分轉為政府雇員。TEQSA的權責比AUQA擴增許多，除了訂立資歷、教學、學習等標準，

9　〈澳洲重視高等教育與技職教育更緊密的結合〉，教育部電子報514期，摘自：http://epaper.edu.tw/windows.aspx?windows_sn=10187。

10　Andrew Norton, *Mapping Australian Higher Education* (Melbourne: Grattan Institute, 2012), p. 59.

並監督所有澳洲不同高等教育機構之教育品質，包含已註冊之高等教育機構、大學、專業學校、學院、澳洲海外分校等。[11]

高等教育品質標準局（TEQSA）已於2012年1月30日正式開始運作，首任行政長官為尼科（Carol Nicoll）博士，該單位在本質上是超然且獨立於其他有關第三級教育（tertiary education）和研究的政府部門。據此，在TEQSA所規定的標準下教育部門得以做出重要決策。其工作項目包含：提供澳洲高等教育供給者全國一致性的標準與規範，涵蓋課程認可（course accreditation）、教學、資格認定以及資訊與研究層面採用標準導向的架構與原則；在TEQSA擬定品質標準之前，相關教育部長會任命成立高等教育標準專門小組（Higher Education Standards Panel），以便相關的教育部長們諮詢各州教育部、相關聯邦研究部門，和TEQSA的綜合意見，[12]並確保澳洲高等教育與訓練的品質及聲譽，以及澳洲高等教育的國際競爭力、卓越、多元與創新；鼓勵並促進高等教育系統符應澳洲的社會與經濟需求；確保高等教育提供學生有品質的教育；確保學生有足夠的管道了解高等教育的相關資訊等。2013年時，TEQSA亦將納入職業教育機構與所有教育訓練機構組織。在未來四年中，澳洲政府可望投入約6,000萬澳幣在TEQSA的實質運作上。[13]

同時TEQSA主要功能在於其超然的獨立性得以藉資助政策（funding policy）避免對辦學者和學生產生教育不公待遇，並防止政治上對教育辦學者的利益輸送，或形成教育不利。TEQSA的建立超脫聯邦司法管轄權的限制，也標誌著過去澳洲高等教育前所未有的權威性。[14]在該局之管制下，大學校院當今面臨的問題是如何將高等教育標準及學校政策規則統一整合。大學校院亦顧慮一旦對外公開透明化教育及教學標準，將會造成校與校間的比對，導致標準制定困難度增加。[15]值得關注的是，TEQSA在進行國家高等教育機構的登記註冊（National Register of Higher Education Providers）工作時，將對所有高等教育機構註冊者的資訊公開，該資訊包含：法定名稱（Legal Name）、註冊更新日期（Registration Renewal Date）、澳洲法人編號（Australian Business Number for the legal entity, ABN）、交易名稱（Trading Name）、教育供給者類別（Provider Category）、供給者住址及網站、自我評鑑當局（Self-Accrediting Authority）、課程名稱（Course Name），以及認可更新日期（Accreditation Renewal Date）[16]，除將落實品質與績效的評鑑，簡化現有的規範流程，未來更將著重在澳洲國際教育品質的確保，也

11　澳洲大學品質保證局（AUQA）的轉型與新任務－高等教育品質與標準署（TEQSA）的新角色，摘自：http://epaper.heeact.edu.tw/archive/2011/11/01/5055.aspx。

12　Andrew Norton, *Mapping Australian Higher Education* (Melbourne: Grattan Institute, 2012), p. 61.

13　同註8。

14　Andrew Norton, op. cit., p. 62.

15　教育部電子報420期，摘自：http://epaper.edu.tw/windows.aspx?windows_sn=6069。

16　National Register of Higher Education Providers, Tertiary Education Quality and Standards Agency (TEQSA), available from: http://www.teqsa.gov.au/national-register.

就是國際學生學習品質。TEQSA由5名主要專門委員領導，並徵詢全球品質保證機構的意見，希望為其推薦適當的人選，臺灣高等教育評鑑中心也是被諮詢的機構之一。[17]

二、技職與高等教育的結合

澳洲過去25年來對於高等教育和職業教育訓練（Vocational Education and Training, VET）的連結做過許多努力，因為企業主對於高級技術人力的就業市場需求，澳洲將追求更為彈性的高等教育體系視為至關重要的策略。惟傳統上高等教育與職業訓練的課程（curriculum）設計、教學方法（pedagogy），以及評量（assessment）方式皆有廣泛的差異，使得該項政策的改革更顯複雜。「高等教育改革報告」揭示高等教育和職業訓練體系能結合的六大特質：[18]

1. 高等教育和職業訓練的共同價值在於發展知識與技術，並對經濟與社會作出貢獻。
2. 被認可的高等教育機構之主要任務在於，在其安排下能給予職業訓練學習者相同的資格（qualification）認定。
3. 兩個教育體系雙方能分享並協調彼此的資訊和方法，以預測未來產業需求和人口發展趨勢。
4. 針對特定大都會、人口有顯著成長，以及教育程度及參與落後區域，其對人力有需求的公司和產業，兩個教育體系雙方能提供綜合反應的能力。
5. 得以建立具有績效和能有效監督管理之架構。
6. 在高等教育和職業訓練兩個教育面向建立更清晰、堅強的學習進路（pathway）。

因此，澳洲教育當局為結合高等教育和職業訓練體系乃發展出「澳洲資歷架構」（Australian Qualifications Framework, AQF），由澳大利亞聯邦政府、各州與各領地政府所共同擁有。這套架構於1995年問世，透過完整全面的架構，協助增進世人對澳洲教育制度的認識，了解每個學歷資格所代表的學習程度。這套架構的使用者，涵蓋所有教育訓練產業：中小學、技職教育、高等教育，以及包含認證機構與提供教育訓練的學校，皆隸屬於此架構之下（參見表17-1）。其中牽涉的關係者眾多，包含教育產業與相關的機構組織、工會、專業協會、授權發照機構、政府單位等。該架構採取分層組織，以不同程度與不同種類的學歷資格作為區分基準，各自皆有呼應且分層的學習成效。設計這樣的分層方式，目的在描述學歷資格時能有一致性，也能清楚表達不同種類的學歷資格之間，存在何者差異並且有何關聯。

澳洲資歷架構的分層組織，明確定義畢業生的學習成效，也明列學生在展示學習成

17　同註8。

18　Department of Education, Employment and Workplace Relations, *Review of Australian Higher Education Final Report* (Commonwealth of Australia, 2008), p. 179.

表17-1　澳洲資歷架構高等教育和職業訓練資格對照表

Schools sector accreaitation	Vocational education and training sector accreditation	Higher education sector accreditation
		Doctoral Degree
		Masters Degree
	Vocational Graduate Diploma	Graduate Diploma
	Vocational Graduate Certificate	Graduate Certificate
		Bachelor Degree
	Advanced Diploma	Associate Degree, Advanced Diploma
	Diploma	Diploma
	Certificate IV	
Senior Secondary	Certificate III	
Certificate of Education	Certificate II	
	Certificate I	

資料來源：Department of Education, Employment and Workplace Relations, *Review of Australian Higher Education Final Report* (Commonwealth of Australia, 2008.), p. 193.

效時，必須具有什麼程度的自主能力。澳洲學歷資格架構共有十級，第一級的複雜度最低，第十級最高，相當於博士學位（Doctoral Degree）。透過這些層級，可以知道學生修課完畢的學習成效，也看出畢業生在修業完成之際，應具備哪些知識與理解力，能執行哪些工作等等。藉由描述知識與技能程度，便能知道畢業生在進入職場之際，具備多少的相關知識與技能。

改革高等教育和職業訓練體系學習進路（pathway）是澳洲政府自1980年代後即著重的政策，根據2008年的「高等教育改革報告」指出，澳洲全國的大學生於邁入高等教育之前，先在專科技術學院（Technical And Further Education, TAFE）[19] 學習之比例從1994的5.8%增加到2006年的10.1%；學生於進入高等教育後承認在專科技術學院的學分或能被大學抵免的學分，其比例從1994年的2.4%增加為2006年的4.3%。[20] 足以顯示職

19　澳洲公立與私立專科技術學院（TAFE）是澳洲獨特的教育系統。每年培養出100多萬有技能的學生進入社會或升上大學，TAFE於澳洲的教育定位相當於美國的社區學院或我國的專科學校（二技）。TAFE的教學是技能多於理論，目的在培養學生能力以符合就業市場的需求。TAFE開辦各類證書、文憑和高級文憑等課程，學生修畢這些課程後，可取得專業或相關資格，課程為半年至兩年不等，多數大學都會給予持TAFE文憑或高級文憑的學生學分豁免。

20　Department of Education, Employment and Workplace Relations, *Review of Australian Higher Education Final*

業教育訓練的學分有越趨重視之情況，尤其澳洲有近七成學生選擇就讀TAFE，代表普遍認同技職教育對於就業能力培養的信心，也有越來越多學生選擇先就讀TAFE獲得就業能力，再進入大學深造而利用「澳洲資歷架構」進行學分抵免。然而，澳洲許多大學之間對於接受學生TAFE的職業教育學分的資歷和學分承認上，仍然存有很大的差異性，乃是澳洲高等教育和職業訓練體系系需要克服的教育本質問題。[21]

　　新的澳洲資歷架構（AQF）能為學歷認證系統帶來信心，加強學生的求學生涯發展，並讓畢業生與勞工能在澳大利亞國內與國際之間享有更高的流動性。而且這套架構融入全國性的政策，讓學生能在三個教育產業之中（中小學、職業教育與訓練、高等教育），選擇搭配多元的求學途徑以取得學歷，可以協助學生從職業教育與訓練的軌道轉換到高等教育，而且沒有銜接的問題。澳洲學歷資格架構委員會主席Hon John Dawkins也強調：「這套新高等教育架構能提升大家對教育訓練系統的信心，而且也在邁向未來的同時，維持教育的高品質、架構清楚、過程透明化。然而，這個過程將不會很輕鬆，因為大家對『學術標準』的定義為何，仍有著不同見解」。[22]

　　活化澳洲資歷架構並朝向更詳細明確地描述，各資歷等級所需之學習成（learning outcomes）乃是未來澳洲政府要高等教育機構採納AQF之重要目標。在實踐上，維多利亞州已經發展出學分基礎（Credit Matrix）提供能比照和描述各級資歷所需要學習時數和學習步驟的指引。未來AQF將能讓學生、大眾及企業主以實務功能作為教育資格認定的基準（benchmark），澳洲資歷架構、高等教育和職業教育會重新發展，企求達到各資歷等級之異同描述能更具時代性和概念上的一致性（coherent）。如此做法的目的在不於消除各科目（行業）資歷上的對比，而是希望透過比較引導出各資歷隱含的對照關係，使得各資歷架構能更被易於瞭解，並有助於高等教育和職業訓練體系連結課程上的設計，使學生更易於轉換學習進路。[23]

三、提高教育經費與就學貸款補助

　　高等教育是澳洲經濟上最重要的產業之一，2010年公立大學為澳洲創造了220億澳幣的收益，而過去二十年來高等教育已成為澳洲最重要的出口產業，2010年國際學生就對澳洲帶來37億澳幣的學費收入。因此，為了維持高等教育的辦學效能與高教市場的競爭優勢，教育經費是必須的投入的公共支出。教育經費是發展高品質精緻教育的基礎，依據2012年「概觀澳洲高等教育」報告指出澳洲聯邦政府於公共教育支出有四大型

Report (Commonwealth of Australia, 2008), p. 192.

21　Ibid.

22　澳洲大學品質保證局(AUQA)的轉型與新任務—高等教育品質與標準署（TEQSA）的新角色，摘自：http://epaper.heeact.edu.tw/archive/2011/11/01/5055.aspx。

23　Department of Education, Employment and Workplace Relations, *Review of Australian Higher Education Final Report* (Commonwealth of Australia, 2008), p. 194.

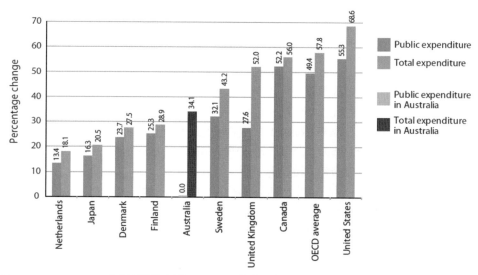

圖17-1　1995-2005年澳洲與主要OECD國家高等教育經費支出比率

資料來源：R Department of Education, Employment and Workplace Relations, *Review of Australian Higher Education Final Report* (Commonwealth of Australia, 2008), p. 147.

態：[24]

1. 用於教學的直接撥款（Direct grants）。
2. 就學貸款：政府補助給學生金融貸款，學生再用以支付高等教育學費。
3. 直接撥款給學生的收入補助（income support）。
4. 用於研究的直接撥款。

根據2008年「高等教育改革報告」澳洲於高等教育支出占國民生產毛額（GDP）的1.6%，這是相對高於經濟合作暨發展組織（OECD）的比率，但低於美國、瑞典、韓國，以及英國。目前OECD國家趨勢自1995年後皆大幅提升高等教育支出，然而，澳洲於1995-2005年間在25個OECD國家中高等教育支出排名17，高等教育支出的成長率為34%，還落後於澳洲整體經濟成長率42%，也還低於OECD國家高等教育支出58%的成長幅度。澳洲1995-2005年間所增加的高等教育經費大部分來自私立部門的挹注，澳洲過去也習慣於把私人部門對高等教育的經費作為政府支出的補充。因此，相較於主要OECD國家如美國對高等教育之公共支出高達55.3%，澳洲政府未來對於維持高教市場的競爭力，高等教育經費的公共支出還需要投入更多的經費。（參見圖17-1）

2005年後澳洲政府開始推動「高等教育貸款計畫」（Higher Education Loan Program,

---

[24] Andrew Norton, op. cit., p. 35.

HELP）以取代舊有制度「高等教育貢獻計畫」（Higher Education Contribution Scheme, HECS），當前「高等教育貸款計畫」由「教育、就業暨勞資關係部」（DEEWR）和澳洲稅務局（Australian Taxation Office, ATO）負責管理，在其制度下有一套「依據收入貸款」（Income Contingent Loans）可支援學生資金籌集。「學生學習津貼」（student learning entitlement）將會提供給所有合格的澳洲、紐西蘭公民及持有居民簽證者，此津貼將可讓他們取得一個相當於7年全時進修的聯邦資助，但若學生所修的大學課程多於6年或是進修績優課程（honors course），或者研究所課程者則可延長時間。[25] 自2012年起也將實施職業教育高等教育貸款計畫（VET FEE-HELP for full-fee students）對高級資格認可的技職學生提供全額支援計畫。[26]

「依據收入貸款」，是一項政府協助學生借款以解決教育金融問題的政策，也可視為政府直接補助的一種替代方案。因為高等教育供給者的客戶「年輕學生」往往無法獨立負擔高額的學費，他們家長的收入也無以償還銀行所定的較高利息。因此，正如所有已開發國家對教育不利的補貼是一種政策上的反應，此制度的特色在於高等教育的商業貸款能根據借貸者的財務狀況作出調整。然而，澳洲自1989年以來學生對高等教育的貸款總額增加近50倍，此趨勢顯示澳洲高等教育的借貸人口和學費收入都在持續增加。（參見圖17-2）

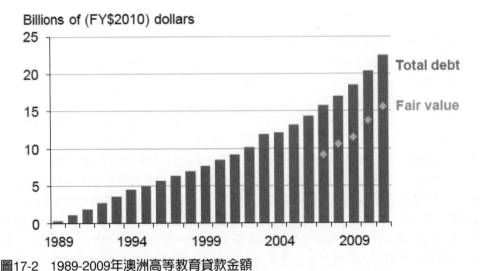

圖17-2　1989-2009年澳洲高等教育貸款金額

資料來源：Andrew Norton, *Mapping Australian Higher Education* (Melbourne: Grattan Institute, 2012)，p. 40.

25　沈姍姍，「澳洲高等教育改革－作為全球經濟競賽的籌碼」，《教育資料輯刊》，第35輯－高等教育（2007），頁124。

26　Andrew Norton, *Mapping Australian Higher Education* (Melbourne: Grattan Institute, 2012), p. 39.

以2011年為例「高等教育貸款計畫」（HELP）的名目債務額高達230億澳幣，「教育、就業暨勞資關係部」的報告即指出澳洲2011年高等教育貸款的實質債務應只有155億澳幣的價值，比名目債務額還少76億澳幣之多。這代表了澳洲政府借出的就學補助高於標準的實際利率，政府從債券市場借來的錢，透過費者物價指數（Consumer Price Index, CPI）不斷上漲下再借貸給學生，而兩者的差異為2-3%，也造成每年高等教育借貸每年多出近6億澳幣的利息成本。雖然隨著高教學生人數和學費的增加，澳洲政府高等教育借貸總成本和呆帳也相對增加。[27]然而，長期而言澳洲設立「依據收入貸款」可降低財政對高教貸款補助的成本，HELP設立學生貸款額度，2012年醫學系學生最多可貸款112,134澳幣；貸款年限的7年限制也將取消，給予學生更多經濟上的彈性。

四、持續吸引國際學生與國外師資

澳洲政府自1980年代以後就十分重視高等教育的國際化，招收國際學生除了因應澳洲人力及人口需求外，獲取收益及政經關係的建立也是重要因素。根據聯合國教科文組織統計，澳洲於2011年有257,637名國際學生，占全球留學生市場的7%，[28]而在澳洲本地的國際學生中，其人數占國內高等教育學生總數的19.5％，是OECD所有國家中比例最高的，也創造33,482份和教育直接相關的全職工作機會。[29]此外，由於澳洲90%的國際學生來自亞太地區且幾近一半的學生攻讀「社會科學、商業及法律」類別之學位，澳洲基於「今日跨國讀商業的學生，明日將進行跨國商業活動」的心態，將國際學生視為未來加強和亞太地區經濟聯結的機制。

澳洲教育服務的出口產值於2008年高達142億澳幣，為澳洲僅次於煤礦、礦業的第三大出口收入來源。（參見圖17-3）教育產業自1982年之後每年以超過14%的成長率，教育收入從只占出口不到1%的比率成長至2007年已經占出口7%以上的收益，[30]足見澳洲教育成功吸引國外學生的競爭力。其高等教育體系負責國際事務的專責單位為澳洲國際教育處（Australian Education International, AEI）是澳洲聯邦政府產業、創新、科學、研究暨高等教育部（DIISRTE），相當於臺灣的教育部、勞委會與國科會）國際事務主政單位，負責促進澳洲教育國際化，並與其他國家建立教育訓練策略合作關係。澳洲國際教育處的願景是打造澳洲成為區域及全球的卓越教育訓練中心，以及各國尋求相關領域合作夥伴的首選對象。澳洲國際教育處全國辦事處位於坎培拉，在澳洲及世界各

27　Andrew Norton, op. cit., pp. 39-40.
28　*Global Education Digest 2011 Comparing Education Statistics Across the World*, UNESCO Institute for statistics, p. 201.
29　*The Australian education sector and the economic contribution of international student*, Access Economics Pty Limited for Australian Council for Private Education and Training, 2009, p. 7.
30　Department of Education, Employment and Workplace Relations, *Review of Australian Higher Education Final Report* (Commonwealth of Australia, 2008.), p. 87.

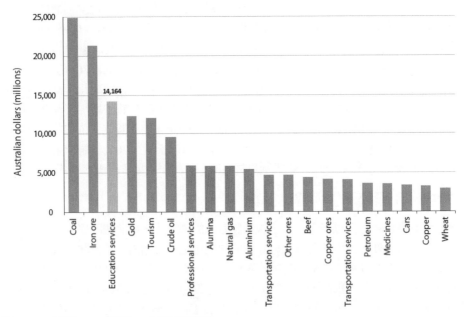

圖17-3　澳洲2008年前20大出口項目

資料來源：Department of Education, Employment and Workplace Relations, *Review of Australian Higher Education Final Report* (Commonwealth of Australia, 2008), p. 88.

地另設置16個辦事處。透過這些辦事處，「澳洲國際教育處」積極參與下列活動：[31] 教育訓練國際合作、國際教育品質與規範、國際教育研究與資訊、獎學金、留／遊學教育服務業者、學歷資格認證，及政府間合作。

澳洲的外國學生以亞洲籍學生為大宗，其比例均維持在六成左右。就外國學生的流動而言，雖然澳洲政府在招收外國學生上不遺餘力，但因其主要的行銷對象為鄰近亞洲國家，再加上其相對低廉的生活費與不錯的教育品質，使得大量亞洲學生選擇赴澳留學，[32] 而近年來，來自亞洲的國際學生人數，其比例更攀升至七成以上。此外，2008/2009學年各國學生在澳洲求學對澳洲的經濟貢獻達142億澳幣，較前一年度增加23.4%。雖然各國學生對澳洲經濟貢獻多寡的前十名和國際學生來源人數之排名不盡相同，國際學生赴澳洲留學前三位為中國、印度、韓國，仍以亞洲國家為大宗（臺灣排行第14位）[33]。澳洲由於地理位置的優勢、欲與亞洲建立政經連結及亞洲學生帶來的龐

31　澳洲辦事處教育暨研究處（AEI Taipei），摘自：http://www.aei.org.tw/AEI_ABOUT.aspx。

32　戴曉霞、潘琇櫻，「全球化或區域化？主要地區及國家之外國學生來源分析」，《教育政策論壇》第9卷，第4期，頁40。

33　*Export income from education services by the top 50 nationalities*, Australian Education International, available from: http://www.tda.edu.au/resources/AEI_research_snapshot.pdf.

大商機等因素，即於2008年布萊德利教授提出的「高等教育改革報告」報告書中，建議拓展多元國際學生來源，但在「留學澳洲2010」（Study in Australia 2010）報告中，仍將中國、印度、印尼、南韓、馬來西亞及泰國等六國列為目標市場，此外，澳洲每年提供十個名額給來自亞洲國際博士生的「總理獎學金」（Prime Ministers' Australia Asia Endeavour Awards），也將中國、印度、印尼、南韓、馬來西亞、泰國、日本、新加坡、臺灣及越南列為優先給予國家。[34]

　　早在1991年澳洲就訂定海外學生教育服務法規（Education Services for Overseas Students, ESOS），規範欲招收國際學生的大學必須先在聯邦的「招收國際學生院校及課程註冊系統」（Commonwealth Register of Institutions and Course for Overseas Students, CRICOS）中登錄。然而登錄之前，州和領地政府會依課程內容、國際學生福利、學校財務狀況等標準，審核其是否有資格在CRICOS上登錄。經過審核後，由州、領地政府向聯邦單位提出登錄的建議。登錄之後，若不符合規範，州及領地政府亦有權限向聯邦建議取消登錄。國際學生在選擇學校或課程時，只能選擇有列在CRICOS上的大學，否則無法取得簽證。此外，針對國際學生預繳的學費，澳洲海外學生教育服務法規也明示大學有義務在必要的時候，退還全額學費的規範。更甚者，而1993年的「國際學生收取學費保證法案」（Overseas Students Tuition Assurance Levy Bill 1993）中，強制要求大學加入民間辦理的「學費保證方案」（Tuition Assurance Scheme, TAS），更加保障國際學生在可歸責於大學的錯誤時，仍能取回預繳之學費。而2007年修訂後的海外學生教育服務法規設立新的「教育供給者海外學生國家登記與實務規章」（National Code of Practice for Registration Authorities and Providers of Education and Training to Overseas Students），規範供應國際學生就讀之大學與機構，必須給予國際學生以下協助：學生語言準備訓練；適應澳洲新聞化環境的資訊與建議；住宿、旅遊、健康、福利以及歧視的解決方案；監督學生出席率和課程進度；學生風險與家庭的強制聯繫；建立國際教育上訴委員會以接受國際學生仲裁和上訴之事務，2012年後該規章將全面實施，使澳洲高等教育國際招生更為彈性與活化，學生權益更受保障。[35]

　　澳洲高等教育就學人數（本地和國際學生）至2010年達到歷史高峰，超過330萬人，國際學生赴澳求學人數也因為聯邦政府的補助和移民等激勵政策下持續大幅成長。[36]（參見圖17-4）澳洲以「留學澳洲」（study in Australia）為其國際教育品牌，並定位於「生活、學習、成長」（live, learn, grow），以此強化澳洲之識別度。在「生活」方面，強調澳洲不但是世界上最適合居住的地方，且生活費相較歐美也比較便宜。

34　*Endeavour Postgraduate Award*, Department of Education, Employment and Workplace Relations(DEEWR), International, available from: http://www.deewr.gov.au/International/EndeavourAwards/IntApp/Pages/PostgraduateAwards.aspx.

35　Department of Education, Employment and Workplace Relations, *Review of Australian Higher Education Final Report* (Commonwealth of Australia, 2008), pp. 97-98.

36　Andrew Norton, op. cit., p. 20.

除此之外，各種文化慶典、音樂會、博物館、重要體育活動等應有盡有，可以在課業之餘，豐富自己的閱歷。表現在「學習」層面，則因爲澳洲教育在國際上富有盛名，因此可以接受高品質的教育，做爲未來成功的基石。「成長」來自於整體的生活及學習經驗，也可以爲個人累積預備未來工作的實力。除了原有的品牌口號，在「留學澳洲2010」（Study in Australia 2010）報告中，也強調「留學澳洲」的品牌內涵如下：[37]

1. 在全球經濟艱困的此時此刻，澳洲的畢業生由於技能符合社會需求、且能力被全球企業雇主認可並被僱用，因此更顯得出類拔萃。
2. 在勞力市場縮減的情況下，澳洲畢業生具備與眾不同的生存技能。
3. 不管是專業技能或是從個人成長的面向來談，澳洲的畢業生都走在通往成功的路上。
4. 在全球化競爭的浪潮下，澳洲提供國際學生掌握成功契機所需的技能、經驗和環境。
5. 澳洲做爲英語系國家且有安全的環境，能夠提供國際學生自由的氛圍以達成其學術目標。

過去澳洲對國際學生的入學標準必須具備通過「國際英語語言測驗」IELTS（International English Language Testing System, IELTS，亦稱雅思），爲國際認可的英語能力證明。大多數英語系國家，例如：澳洲、英國、紐西蘭、加拿大及德國等高等學府都偏好此英語能力認證，不單是學術機構接受IELTS成績，凡是申請至英國、澳洲、紐西蘭及加拿大移民者，或是英國及澳洲各政府部門實習生及參加專業公會人士，或是申請從事特定職業，如：醫師、護理師等，都得在申請時一併提供IELTS成績以證明其英文能力。然而在2007年「教育供給者海外學生國家登記與實務規章」實施後，留學澳洲的語言能力管道可以擁有不同的選項，越來越多大學也對雅思測驗的門檻放寬，或給予包含語言課程的學習安排，2002-2005年已經有超過四分之一的國際學生透過非正式測驗的管道進入澳洲高等教育留學。[38]

37　Government *drive to raise Australia's international education profile*, Australian Education International (AEI), available from: www.aei.gov.au/AEI/SIA2010.htm.
38　*Review of Australian Higher Education Final Report*, op. cit., p. 103.

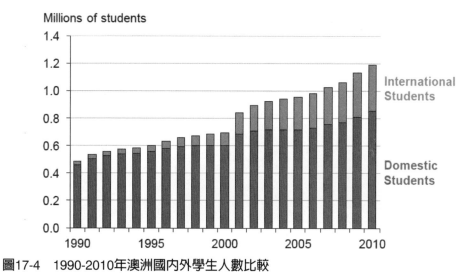

圖17-4　1990-2010年澳洲國內外學生人數比較

參考資料：Andrew Norton, Mapping Australian Higher Education (Melbourne: Grattan Institute, 2012), p. 21.

第 18 章　日本高等教育之重要改革趨勢

　　日本是東亞最大的島國，由北海道、本州、四國、九州四個大島與其他島嶼及遠離本土的沖繩縣所構成。領土總面積爲377,915平方公里，截至2012年6月日本人口有1億2,736萬人。日本2011年度的國民生產毛額（GDP）爲4兆4,970億美元，排名世界第四位，僅次於美國、中國，以及印度；對外國直接（Foreign Direct Investment, FDI）投資達8,733億美元爲世界第九。另外，日本漁業捕獲量爲全球的15%爲漁業大國。[1] 日本向來重視創新所帶來的產業效益，估計2012年投入研發（R&D）資金達1,576億美元，約占其國家GDP的3.5%爲全亞洲第一。[2] 且日本在世界經濟論壇（World Economic Forum, WEF）每年公布的《全球競爭力報告》（Global Competitiveness Report）的國家競爭力排名皆是名列前茅，2012-2013年報告日本於7項評比標準平均得到5.4分位居第十，在亞洲僅次於新加坡和香港。[3]

　　台日兩國因地理位置與歷史文化淵源，百餘年來，雙方經貿關係一直非常密切，日本也一直是臺灣最重要的技術與投資來源國。由於日本長期供應韓國及中國的汽車零組件，日本供應材料及零件，臺灣負責模組加工製造，中國負責布品組裝，然後輸出美國。[4] 特別是韓國和臺灣特別依賴日本的電子材料和零組件，以2011年日本發生311大地震爲例，日本大地震就使全球的汽車供應鏈產生3至4個月的缺口，足見日本產業與日本脣齒相依的互補性。日本在全球製造產業上長期掌握半導體、平面顯示器、通訊、生技、醫療器材等產業之上游關鍵性材料與零組件，並擁有大量研發成果專利以及強大的消費性品牌等優勢。而日本在二戰以後到1980年代能維持每年5-10%的經濟成長率，其最大的成長動能著實來自於優秀的「人力」素質，日本企業能維持高度的全球市場占有率和創新實力維繫於對「人力」資源的開發與應用。日本的高等教育體系爲過去日本經濟起飛建立了「人力」的厚實基礎，雖然晚近以來日本經濟成長下滑、政權更動頻繁，

1　*CIA The World Factbook*, available from: https://www.cia.gov/library/publications/the-world-factbook/geos/ja.html.

2　*2012 Global R&D Funding Forecast*, R&D *Magazine*, available from: http://www.rdmag.com/Featured-Articles/2011/12/2012-Global-RD-Funding-Forecast-RD-Spending-Growth-Continues-While-Globalization-Accelerates/.

3　Klaus Schwab (Ed.) *Global Competitiveness Report 2012-2013* (Geneva: World Economic Forum, 2011), p. 14.

4　〈日本強震影響2012年後續汽車產業佈局〉，財團法人車輛研究測試中心，摘自：http://www.artc.org.tw/chinese/03_service/03_02detail.aspx?pid=2146。

但是據聯合國教科文組織（UNESCO）統計2011年有13萬1,599人，[5] 日本依舊是亞洲吸引最多外國學生留學的重鎮。日本於2004年起推動的國立大學法人化的政策也使得日本之高等教育更加富有競爭力，由於台日歷史文化關係密切，其各項高等教育改革重要趨勢殊值作爲我國高等教育的借鏡之範本。

第一節　日本教育行政制度

　　日本國土含括47都道府縣；這47個被稱爲「地方自治體」的包括：一都（東京都）一道（北海道）二府（大阪府、京都府）及從北端的青森到南方沖繩（琉球）的43縣。地方自治體有兩級，都道府縣之下還有「市町村」級，二次大戰後，日本採議院內閣制，天皇爲虛位元首。國會爲最高立法機關，分眾議院、參議院，提名選舉總理大臣（首相）。內閣行使國家行政權，對國會負責，由眾議院裡占多數席次的黨組閣，含總理大臣及14名國務大臣，二分之一以上的國務大臣須由國會議員當中選任。內閣的存立必須獲得議會的信任，眾議院有對內閣信任、不信任的決議權，然內閣也有解散眾議院的權限。內閣當中文部科學大臣掌管的文部科學省爲中央層級的教育主管機關。學校教育系統分爲學前教育：幼稚園；初等教育：小學校（相當於我「國小」）；中學校（相當於我「國中」）；高等學校（相當於我「高中」）；高等教育：大學、大學院（相當於我師「研究所」）等。義務教育期間爲九年，爲小學校的六年及中學校的三年。（參見：圖 18-1）日本教育行政體制爲中央與地方二級制，「文部科學省」（Ministry of Education, Culture, Sports, Science and Technology, MEXT）乃日本中央主管教育的最高行政機關，相當於我國教育部，簡稱「文科省」。文部科學省最高首長爲文部科學大臣，簡稱「文科大臣」，通稱「文相」，相當於我國教育部長。2000年之前中央主管教育的最高機關爲「文部省」，最高首長爲文部大臣；2000年日本內閣省廳進行整併，文部省與科學廳合併爲「文部科學省」。地方教育行政主管機關爲「教育委員會」乃設置於都、道、府、縣及市（含特別區）町村的地方主管教育行政機關，相當於我國的縣市教育局。主管大學、私立學校以外學校及其他教育機關的管理、學校的組織編制、教材、教育課程、社會教育等相關事務。[6]

5　*Global Education Digest 2011 Comparing Education Statistics Across the World*, UNESCO Institute for statistics, p. 201.
6　翁麗芳，「日本的教育改革」，《教育資料集刊》，第32輯（2006），頁3-4。

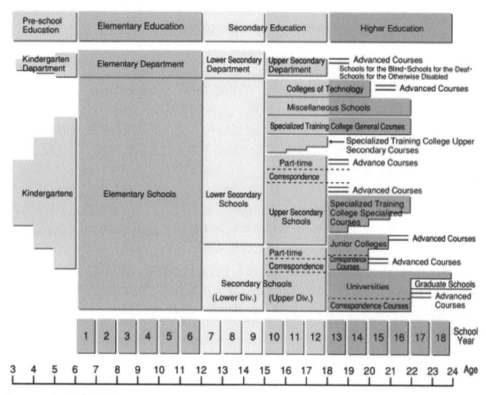

圖18-1　日本學制圖

資料來源：Swiss representations: Japan

（http://www.eda.admin.ch/eda/en/home/reps/asia/vjpn/embjpn/sthe/hej.html）

第二節　日本高等教育之現況與特色

　　日本現行的高等教育機構，可分成四年至大學及二年制（或三年制）的短期大學（Junior College，以下稱短大），其入學資格均為高等學校或與其相當之學校畢業或具有同等學力者；另有五年制高等專門學校（Specialized Training College），此外，醫學及牙醫需六年以上。大學畢業頒發學士學位（Bachelor's degree），短期大學頒發副學士學位（Associate's degree），高等專門學校可頒發專門士資格（Specialist's degree）。除此，透過「學位授與機構」的認定，畢業者達到學位授與機構的標準，也可取得「學士」、「碩士」或「博士」的學位。此外，還有不屬於文部科學省管轄，而直屬各中央

機構的「大學校」。[7] 值得注意的是自2005年以後短期大學畢業者得被頒發「短期大學士」（Tanki Daigaku shi）學位，取代舊有與英國專科學位（Foundation degree）以及美國副學士學位同等的認定。[8]

　　以大學校數而言，戰後初期180校，至2002年至702校，其中國立99校，公立76校，私立526校[9]；到2011年共有大學780所，其中國立86所，公立95所，私立599所。而短大部分，在1964年成為正式學制後，1990年代以後逐漸減少，2002年則為525所，2011年則為363所。而其中國立大學由99校合併成86校，是合併政策推動的具體成果。日本目前高等教育學者仍定位其發展狀況是美國高等教育的大眾化階段，因整體升學率2011學年的統計為18歲同年齡層的56.2%（未包括專門學校），其中升四年制大學者為49.1%，升短大為6.3%。[10]

　　日本高等教育的大眾化發展，產生包括以「私立為主」、「大規模化」的結構特色。以在學者人數為指標分析，大學部學生私立大學所占比例在1995年時超過60%，2001年時為77%；在短大部分，則從最初開始至2001年私立學校的學生數比例一直是90%以上。這種以私立教育為主的發展結果，主要是日本政府鼓勵設置私校之所致是其原因之一；但另一原因則除因增設新大學之外，在既有的大學中增設學院亦是原因，特別是大型學校的產生也是原因。據統計在1955年，超過一萬個學生的大學有10校，而2001年時則有40校。

表18-1　日本2011年大學院校數量

Category	Total	University	Of thise on the left, Universities with graduate schools	Junior colleges	Colleges of technology	Specialized training colleges (with specialized courses)
Total	1,224	780	618	387	57	2,720
National	137	86	86	0	51	9
Public	122	95	75	24	3	185
Private	965	599	457	262	3	2,526

資料來源：Higher Education in Japan, MEXT (2011), p. 6.

7　梁忠銘，「日本教育」，楊深坑、王秋絨、李奉儒（主編），《比較與國際教育》(台北：高等教育，2012)，頁482。

8　Roger Brown, *Higher Education and the Market* (New York: Routledge, 2011), p. 147.

9　楊思偉，「日本國立大學法人化政策之研究」，《教育研究集刊》，第51輯第2期 (2005)，頁5。

10　*Higher Education in Japan*, MEXT (2011), pp. 5-6.

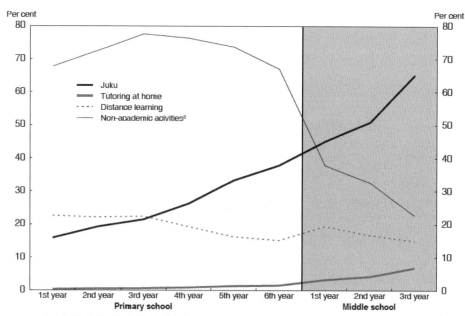

圖18-2　日本學生進修私塾比率圖

資料來源：Randall S. Jones, *Education Reform in Japan*, OECD Economics Department Working Papers, No. 888, OECD, p. 15.

　　經濟暨合作發展組織（OECD）於2011年的「日本教育之改革」（Education Reform in Japan）報告中提出在日本中高等教育特有的私塾（Juku，日文：塾）文化。日本傳統上認為接受高等教育是進入菁英族群的一種排名機制，對於男性而言依賴不同的大學聲望（prestige）所帶來的「教育回報率」[11]可從2.5%到15.6%不等。2006年統計日本人就讀公立大學平均有5.3的教育回報率。此外，日本家長普遍認為私塾是對學生有效用的，他們認為私塾可以提供學校沒有的上課服務內容，以幫助其子女通過入學考試，因此私塾的定位等同於臺灣的「補習班」。一般而言，傳統上私塾的目的是學生預習或複習學校上課內容，以及學習應付入學考試的機構。據2008年統計日本學生上私塾的原因有50%是為了更專注於學習學校的課業（參見圖18-2），有43%是為了準備入學考試；家教（tutoring at home）則是為了補救那些在學校無法理解的內容。由於日本家長對大學入學考試的重視，使得大學入學考試的競爭早在18歲前就如火如荼地展開，而日本中學生每週學校課後的補習（after-school lessons）時間的比率也是OECD國家最高的。私塾在日本是另一種龐大的教育產業，有超過5萬家私塾提供200萬中小學生課後補習，

---

[11]　教育回報率：相對於大學畢業之後的收入而言，培養成本有高低之說。從經濟學的角度考慮，如果教育回報率高於投資利率，將資本用於教育是有利的；如果教育回報率低於投資利率，對於個人來說，這種投資是一種賠本買賣。

已經有21家私塾的資本足以公開於證券市場公開上市。然而，有趣的是OECD國家課後補習比率最低的國家芬蘭卻是參加學生能力國際評量計畫（Programme for International Student Assessment, PISA）15歲級的知識技能評量測驗中表現最傑出的國家。

第三節　日本高等教育之改革趨勢

日本政府鳩山首相於2009年12月30日公布「新經濟成長戰略基本方針」，以2020年為目標，規劃未來10年的發展策略，2010年6月新首相菅直人正式提出「新成長戰略」（The New Growth Strategy）中，明確地將教育政策納入規劃7大發展領域的21項國家策略計畫中，期望以2020年為期，克服日本的經濟發展問題。為了於2020年達GDP成長4%的首要目標，該報告特別強調，日本應該由下而上整合從幼兒教育到建立頂尖大學（cutting-edge universities）的教育環境，並促進創新的人力資源養成計畫，以培養國際人才，廣納國外高技術人力。預期2020年日本外籍高級技術人員人數倍增，派遣30萬名日本學生及在職者出國進修，吸引30萬名外籍學生至日本研究培訓。[12] 而經濟暨合作發展組織（OECD）於2011年以該報告為評估藍本針對未來日本教育改革提出觀察與建議的工作報告，在OECD的「日本教育之改革」（Education Reform in Japan）報告中提出未來日本教育所面臨的六大挑戰：[13]

1. 人口迅速高齡化和財政困難下，改善教育的品質。
2. 更有效益地減輕政府支出壓力並將政府資源花費在教育刀口上。
3. 減輕教育支出對家庭的經濟負擔。
4. 提升教育機會的平等（equity）和教育成果。
5. 加強學校和勞動市場之間的連結以降低青年失業率。
6. 擴大高等教育部門對於提升日本創新及發展的潛能。

上述六大教育挑戰已成為日本政府亟需努力推動的方向，此外，該工作報告指出日本政府對於教育部門的預算支出為GDP的4.9%，尚低於OECD國家的平均教育支出占GDP之5.9%的水準許多（參見圖18-3），然而日本每位學齡學生的教育開銷卻高於OECD國家之平均水準的13%。特別是日本有三分之二的高等教育部門為私人經營，在考量通貨膨脹的基準下每位日本學生的教育開支從1995年到2007年成長了7%，[14] 顯示日本政府需要在教育上更加投入經費和做出改革措施。故此，該報告分析日本高等教育的主要改革趨勢如下：

12　*On The New Growth Strategy*, Cabinet Decision June 18, 2010, Japan, pp. 54-55, 63-64.

13　Randall S. Jones, *Education Reform in Japan*, OECD Economics Department Working Papers, No. 888, OECD, p. 5.

14　Ibid., p. 6.

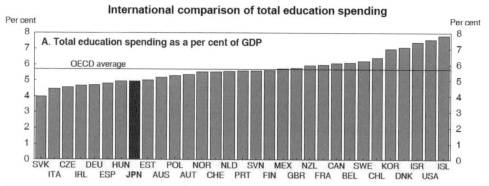

圖18-3　2007年日本與OECD國家教育支出占GDP比重

資料來源：Randall S. Jones, Education Reform in Japan, OECD Economics Department Working Papers, No. 888, OECD, p. 6.

一、提升高等教育品質，引進客觀評鑑制度

為提升高等教育質量，有效透過高等教育協助日本人力資源發展，日本自2004年起即透過客觀機構進行高等教育評鑑，期能透過評鑑，有效提升日本高等教育質量並創造世界級的研究機構。自2005年至2008年，日本已有許多國立大學參與評鑑系統，評鑑師生的表現，透過積分平均系統評鑑，學生學校數從36所增加至51所，另外，由學生評鑑教師的數量也從45所增加至83所。[15] 顯示日本將仿效美式的績效責任制由評鑑導引政府給予大學整併和補助的依據，提升高等教育的辦學競爭力。

二、大學資訊公開化，協助學生選擇適合大學

2011年起，日本政府要求大學提供有關學費、活動及設備等公開資訊使其透明（transparency），讓學生可依據大學公開資訊及自身條件、偏好，選擇適合的大學。未來日本並規劃進一步要求大學提供畢業學生就業資訊，以供學生做為選校參考。此外，日本文部科學省也依據各大學的表現，提高資金補助，以鼓勵大學間之競爭。[16]

三、促進高等教育國際化

日本高等教育國際化程度較OECD其他國家為低，2008年日本高等教育外國學生僅占整體學生人數的3.2%，低於OECD平均水準8.5%。留日學生人數自1983年的1萬人，成長至2009年的13.3萬人，為順應國際化教育成長趨勢，引進國際學生留日就讀，帶

15　Randall S. Jones, op. cit., p. 27.

16　Ibid.

動日本高等教育國際化並促進日本與國際接軌，日本於2004年成立日本學生支援機構
（Japan Student Services Organization, JASSO）協助留學生建立留學計畫與申請學校，
以及提供生活、就業、獎學金等協助；更於2008年提出「30萬名留學生計畫」（Global
30 project: Framework of the 「300,000 International Students Plan」），目標於2020年將
日本留學生成長至30萬人，占高等教育總學生人數20%。[17]目前依據聯合國教科文組
織（UNESCO）統計2011年有13萬1,599人，為全球第五大海外留學市場，僅次於美、
英、澳洲、法、德等國，[18]且較2000年的64,011人已經成長超過一倍。

　　「30萬名留學生計畫」或稱為「促進核心大學國際化方案」（Project for Establish-
ing core universities for internationalization），目的是藉由投入大量的資金和資源到文部
科學省篩選出30所特色大學，打造全球性大學並吸引最有潛力的國際學生，具體策略則
為：提高英語授課課程比例、招募外國教授、提升教學及研究水準、招募協助國際學生
的特別行政人員、建立適合國際學生就讀的環境、充實大學支援服務架構並提升行政人
員的專業知能等。希望藉由這些策略吸引國際學生前來並提供高品質教育，進而提
升整體日本大學的國際競爭力。目前文部科學省已從22所自願參與甄選的大學選出13所
核心大學包括：東北大學（Tohoku University）、筑波大學（Tsukuba University）、東
京大學（Tokyo University）、名古屋大學（Nagoya University）、京都大學（Kyoto Uni-
versity）、大阪大學（Osaka University）、九州大學（Kyusyu University）、慶應大學
（Keio University）、上智大學（Sophia University）、明治大學（Meiji University）早稻
田（Waseda University）、同志社大學（Doshisha University）、立命館大學（Ritsumei-
kan University），文部科學省將連續五年，每年提供二－四億日元協助這些大學營造國
際化的學習環境，但相對地，每所大學也必須履行義務，負責招募三千至八千名國際學
生，並成立經營兩個海外辦事處，做為提供日本留學資訊的單一窗口。[19]

四、提升高等教育投資

　　2007年日本國內R&D的支出占其GDP的3.44%，OECD平均2.28%，僅次於以色列的
4.77%及芬蘭的3.47%，為OECD國家第3高，而日本在高等教育機構的公共支出卻僅占
其GDP的0.5%，私人部門對高等教育的支出占了三分之二的比重，而OECD國家平均為
1.5%，僅高於智利0.3%，為OECD國家的次低。為達成「新成長戰略」中樹立頂尖大學
的目標，日本政府擬進一步提升高等教育的投資，並持續提升研發創新能量、鼓勵智慧
財產權及促進教學提升，政府的指導政策為依據大學的績效表現（accountability）、學
校自主的學費收入來源及學校管理效率的提升，決定增加的投資額度。[20]

17　Randall S. Jones, op. cit., pp. 27-28.

18　*Global Education Digest 2011 Comparing Education Statistics Across the World*, UNESCO Institute for statistics,
　　p. 201.

19　*Higher Education in Japan*, MEXT (2011), p. 30.

20　Randall S. Jones, op. cit., p. 28.

五、鼓勵大學校院整併，提升教育支出效率

　　受財政困難影響，2011年日本中央政府對教育預算減少2%，地方政府雖有其他稅捐協助教育支出，但幫助有限。另由於日本大學及學生人數規模普遍低於英、美等國，依據OECD估計，未來20年日本大學如缺乏進一步整併，受少子化影響，整體國立大學生源將較現在分別減少6千人，勢必衝擊日本高等教育。為改善教育支出的效率，日本政府推動大學校院的整併（consolidation），自2002年起，29所國立大學已整併至14所，私立大學部分，自1995年起，因應200間私立大學面臨學生不足問題，日本政府准許私立學校破產，並要求破產學校協助學生轉往他校就讀。

　　此外，該報告提出日本目前高等教育機構裡的小型大學占多數，相較美國平均一所大學人數超過11,000人，另有18%的大學學生超過2萬人；英國也有50所公立大學有超過2萬名學生。日本高中畢業生自1995年的15年來持續下降了35%，早於2003年就已經有29%的私立大學和46%的私立學院無法支付營運開支，也有38%的私立大學無法招足所提供的學生名額。因此，因應未來少子化的趨勢對於日本是無可避免，而此大環境給予日本大學整併的動機，有效整合大學院校將促進教育資源合理應用和收支管理。[21]

六、提升高等教育學費自主性

　　日本文部科學省每年為國立大學學費設定收費標準，多數學校為取得政府支持乃以該標準收取學費，卻也造成學費調整缺乏彈性，無法充分反映教育成本。依該標準收費目的之一，係為讓低所得家庭學生可以接受高等教育，但亦可能變相產生教育資源補貼高所得家庭學生現象。為落實教育資源合理分配，日本政府擬以適度放寬大學學費自主性，並配合提升大學高等教育的學費貸款額度，減輕一般家庭對高等教育的負擔，使教育資源能朝向更有效的運用。[22]

　　大學自主乃日本國立大學朝向法人化的政策脈絡，依據日本國會2003年通過之「國立大學法人法」及文科省公布有關「國立大學法人」制度的概要，本制度建立的基本理念為：[23]

1. 大學個別進行法人化，確保自主的營運：賦予各大學獨立的法人身分；對預算、組織等限制大幅縮小，由大學負責決定。
2. 導入「民間創意」的管理手法：導入理事會制度，以實現「上層管理」模式；設置「經營協議會」，從全校性觀點進行對資源最大運用的經營。
3. 藉由「校外人士的參與」使營運系統更加制度化：導入「校外理事制度」（聘請校外有識之士與專家等為理事）；校外人士參與規劃及審議經營相關事項之「經

---

21 Randall S. Jones, op. cit., pp. 29-30.
22 Ibid., p. 30.
23 楊思偉，「日本國立大學法人化政策之研究」，《教育研究集刊》，第51輯第2期 (2005)，頁14-15。

營協議會」；校外人士可參與負責校長遴選的「校長選考會議」。

4. 轉型為「非公務員型」的人事制度：各大學需負責導入以能力與業績為依據的薪資系統；廢除兼職的限制，將其能力與成果透過產學合作等方式回饋社會；包括對事務職員體系在內，實現校長的全校性人事任命權。

5. 導入「第三者評鑑」，轉型為事後檢核方式：大學的教學與研究成績由第三者機關評鑑及檢核；使第三者機關評鑑結果確實反映在大學資源分配上，並廣泛公開評鑑結果、財務內容、教育研究等資訊。

日本自2004年4月1日起開始實施國立大學法人化，該政策中一項主要改變，即是引入外界「有識之士」參與校內運作機制，其中包括理事會必須至少有一位學校以外人士擔任，另外在「經營協議會」必須有半數以上的校外人員參加，然後在校長選考會議（校長遴選委員會）亦必須由「經營協議會」（包含校外人士）及「教育研究評議會」派代表組成。在這種架構下，一方面教學與經營分開規劃，一方面在理事會及經營協議會有校外人士「無限制」的參與。[24] 自2004年起大學法人（university corporation）可以依據行政命令「大學設置基準」（Standards for Establishment of Universities）分別由中央政府、地方教育當局、教育財團法人成立公司並設立大學。日本於2004年將全部國立大學法人化，2012年已有86所國立大學法人，另外各縣市政府設立的公立大學有95所，56所已法人化，23所正研議改制為法人。法人化後的國立大學校長兼法人理事長，法人化的公立大學初期也多由校長兼任理事長，但為考量法人經營的效率，近來校長未兼任理事長的學校有增加的趨勢。法人化後的國立、公立大學也引發教職員待遇調整、工作權保障及中央補助款減少等問題。部分地方型的國、公立大學因中央補助款減少，對外募款有限，影響教育研究環境。[25] 最知名屬於文部科學省（MEXT）所通過成立的大學法人包括東京法律思維大學（Tokyo University of Career Development）由Tokyo Legal Mind K.K.控股公司成立，以及日本第一所建教合作型培養數位創作人才的數位好萊塢大學（Digital Hollywood University）是由Digital Hollywood股份有限公司於2005年成立。[26]

日本政府為強化國立大學之國際競爭力並推動擅長之重點研究，國立大學改制為「國立大學法人」，將擴增國立大學在經營管理之自主性。國立大學收取之學費，則與校外資金同列為主要收入來源。由於國家財政困難，每年刪減經費，國立大學運營費交付金依學生、教職員人數及設備規模，擬訂補助基準，但依2006年施政方針所訂，每年國立大學運營費交付金刪減1%。日本政府2009年度補助國立大學總經費為1兆1,695億日圓（折合台幣約4,183億元）（較前一年度減少118億日圓，折合台幣約42億元），2010

24　同前註，頁21。

25　「日本富山縣立大學將法人化」，教育部電子報501期，摘自：http://epaper.edu.tw/windows.aspx?windows_sn=9488。

26　Roger Brown, *Higher Education and the Market* (New York: Routledge, 2011), p. 146.

年度起，將以研究成果及大學經營管理之評鑑，決定補助款分配額度。[27]

　　目前日本政府欲調整高等教育預算分配讓無法因應社會變化的大學自然退場之機制。私立大學方面，目前約有7成大學生就讀於私立大學，但由於全國有將近600所私立大學，因此招生嚴重不足的大學也不在少數。改革案擬對積極招收社會人士在職進修、培育未來需求領域人才以及致力於國際化的大學增加補助。相對的，對於招生嚴重不足，以及營運管理有問題的學校減少補助，甚至於不給予補助。另外，對於沒有公布財務資料的學校，補助金的減額率將由以往的1%提高至5%。而國立大學方面，對於國立大學的營運費交付金將一改以往依據教職員人數，以及學生人數為計算基準的補助方式，改以學校是否提供活用特色的教育內容做為決定補助多寡的依據。2012年度首度設立的「國立大學改革強化推進事業」即是這項轉變的象徵。在該項事業中針對大學依據地區、學術領域進行合作，並且將事務處理共同化等努力給予財務支援。

　　另外，改革案中也提出類似民間控股公司的「傘式組織」方式。目前國立大學法人化中，一個法人只能經營一個大學，而傘式組織方式可由一個法人經營複數的大學。如此一來，可以活用規模經濟（擴大生產規模以引起經濟效益增加的現象）以利改善對學生的服務，並且充實教育環境。[28]

七、強化職業教育與訓練

　　日本技術學院及專業職業學院等職業教育與訓練機構（Vocational education and training, VET），對於調合學校與勞動市場現象扮演著重要的角色，因企業對於勞動僱用，著重於員工是否滿足特定專業資格，而高等教育是培養學生未來在企業所需的本質學能。2010年日本政府為有效連結職業訓練機構與事業單位，提升學生就業能力，鼓勵機構擴大就業導引功能，並透過邀請企業參與職業教育之訓練課程等方式，協助畢業生就業接軌，並促進企業對於職業教育與訓練機構之認同。

　　在2010年的「新成長戰略」中，第19項國家發展策略為引進職涯成績（Career Grading）系統，未來日本將以英國的國家資歷架構（National Vocational Qualification, NVQ）為範本建立屬於日本的職業教育認可系統，它能被適用於醫療照護、幼兒保育、農業、林業、漁業、能源，以及觀光產業從業人員的職能認可，並與大學和職業學院合作，規劃職能學分累進系統（credit accumulation system），使那些沒有足夠時間完成完整學程的人士（例如：單親媽媽）有機會繼續進修學習新的職業技能，以解決長期失業的問題，使失業不再是危機而是一個學習新能力的轉機，而促進就業。[29]

27　「日本國立大學法人化後現況(上)」，教育部電子報390期，摘自：http://epaper.edu.tw/windows.aspx?windows_sn=4879。

28　「日本教育改革案重點整理」，教育部電子報520期，摘自：http://epaper.edu.tw/windows.aspx?windows_sn=10503。

29　*On The New Growth Strategy*, op. cit., p. 64.

第19章　韓國高等教育之改革趨勢

　　韓國（Republic of Korea，本文指大韓民國亦稱：南韓）位於東北亞韓半島，自1948年從美、英、蘇聯託管後獨立。據2012年統計韓國有48,86萬人，國民生產毛額（GDP）達1兆5740億美元，排名世界第13位；2011年出口總值為5,565億美元，達世界第7名，1960年代韓國經濟的人均生產總值還與非洲和亞洲的貧窮國家相似，到1995年時韓國已被世界銀行和國際貨幣基金等組織列入已開發國家之列，韓國過去40年以來展現了讓人不可置信經濟成長，其全球整合的發展模式使韓國轉化為高科技產業化的經濟大國。[1]韓國其實已不是亞洲的「小龍」。2011年，繼日本、中國之後，她成為亞洲第三、全球第九個貿易破兆大國；更狂簽自由貿易協定（Free Trade Agreement, FTA），成為亞洲擁有最大經濟領土的國家。從1997年國家瀕臨破產，短短十多年大破大立，飆進已開發國俱樂部。韓國貿易總額突破了一兆美元，成為全球第九個貿易額破兆國。在亞洲，是繼日本、中國後，第三個兆元俱樂部成員。韓國成為全球前十大貿易國中，唯一和歐美兩大經濟體，都簽下FTA的國家。也一舉超越新加坡，成為亞洲擁有最大經濟領土的國家，與韓國簽定FTA國家的GDP，占全球GDP高達61%。「韓國曾是最偏遠的亞洲半島國家，一躍成為和整個西方自由貿易的國貿大國」[2]韓國自2002年與日本聯合舉辦世界盃足球賽成功，開始設立執行機構，有計畫地籌劃、執行國家形象綜合政策，積極經營國家形象，鞏固國家形象知名度。為協助企業發展國際品牌，近年來南韓政府除積極提升國家形象外，並鼓勵企業自創品牌。

　　三星電子更已經成為全球性的品牌，市值高達381億美元，英國倫敦品牌鑑價顧問公司品牌金融（Brand Finance）於2012年6月公布的全球品牌排行榜中三星的品牌價值排名世界第六，一年內成長了78%。該企業集團涵蓋科技、造船、建築與金融領域，包辦韓國1/5的出口貿易量，更是在智慧型手機市場上唯一能與美國蘋果公司競爭的對手。[3]韓國過去十年以來傑出的經濟成果可從其教育辦學成果看出端倪，韓國15歲級學生參加經濟合作暨發展組織（OECD）舉辦的國際學生能力評量計畫（Programme for International Student Assessment, PISA）考試成績表現名列前茅，在閱讀和數學表現尤為

1　*CIA The World Factbook, Asia Southeast Asia, Korea South*, available from: https://www.cia.gov/library/publications/the-world-factbook/geos/ks.html.

2　「衝最猛的小龍韓國：全速進攻贏者圈」，《天下雜誌》，第488期（2011/11/28），頁136-137。

3　*Brand Finance Global 500, 2012*, Brand Finance plc, p. 14.

表19-1　韓國PISA成績排名

PISA項目／考試年份	2003	2006	2009
閱讀	1.芬蘭（544） 2.韓國（534） 3.加拿大（528）	1.韓國（556） 2.芬蘭（547） 3.香港（536）	1.上海（556） 2.韓國（539） 3.芬蘭（536）
數學	1.香港（550） 2.芬蘭（544） 3.韓國（542）	1.臺灣（549） 2.芬蘭（548） 3.香港（547）	1.上海（600） 2.新加坡（562） 3.韓國（546）
科學	1.芬蘭（548） 2.日本（548） 3.香港（540） 4.韓國（538）	1.芬蘭（563） 2.香港（542） 3.加拿大（534） 4.臺灣（532）	1.上海（575） 2.芬蘭（554） 3.香港（549） 4.新加坡（542） 5.日本（539） 5.韓國（538）

資料來源：（http://pisa.nutn.edu.tw/link_rank_tw.htm）

突出。（參照表19-1）韓國高等教育近來在終身學習認證、數位化網路教學、大學國際化，以及與大企業（如：三星電子）的產學合作各方面皆有持續邁向先進國家的趨勢。尤其臺灣與韓國產業競爭性較高，過去韓國人年均所得落後臺灣，1998年平均國民所得只有臺灣54%，如今韓國國民年所得已超越臺灣約2,000美元，其高等教育的政策趨勢值得臺灣借鏡與思考。

第一節　韓國教育高等教育制度

　　韓國在獨立建國之後其教育和學制深受美式教育的影響，但在行政運作上仍然保有過去日本統治時期的特色。從1961至1992年獨裁政權執政的時期，韓國高等教育側重於對經濟發展的實用功能（practical function）[4]，整體而言中央政府對公私立大學經濟和政治事務的掌控性極高，反映了日本式的集權教育行政管理模式。2008年1月24日韓國「教育人力資源部」與「科學技術部」合併為「教育科技部」（Ministry of Education, Science and Technology, MEST）為中央主管教育和科學研究發展的主管機關。另外，近來韓國行政革新強調地方分權與放鬆管制（deregulation），便發展出「教育監察直選制度」。依照2010年2月26日所修正的「地方教育自治的相關法律」之規定，教育監察委

4　*Higher Education to 2030*, OECD, p. 202.

員候選人的資格為：在該市、道[5]中具備被選舉人資格者，自登記參選日起回溯一年之間，無實際政治職務，且其教育經歷或是教育行政經歷五年以上或是兩者合計五年以上者（過去曾從20年下修至15年，此次大幅下修經歷至五年的規定，乃是希望讓選民能有更多的適任者選擇），由此規定，便可看出教育監察委員必須是：具備教育理念與實務的「有學養」與「高德望」者。由於教育監察委員得以指揮監督地方行政機關的所屬公務員；並且可以提出與教育有關之法令、條例以及教育規定還有教育預算；還可對人事任用、教育訓練以及獎懲上進行處分，甚至對市議會的決議還可提出再議。[6]而在韓國計畫將更多的教育職權進一步轉移至市、道的教育廳的同時，地方自治體教育監察的地位將更形重要。也因此，教育監察委員被視為必須「超脫政黨」，所以政黨不能推薦候選人參與教育監察選舉，而教育監察委員候選人也不能標示政黨之主張或反對某政黨，如此一來教育政策不為特定政黨所把持，教育政策也較不易因政權輪替而荒廢停擺。

第二節　韓國高等教育現況簡析

根據經濟暨合作發展組織（OECD）之教育概覽（Education at a Glance 2012）報告顯示，2009年韓國政府投注於高等教育（tertiary education）的費用占國民生產毛額（GDP）的2.6%，是所有OECD國家所投入高教經費比例最高的，同屬OECD的亞洲國家，日本也僅達1.6%，[7]足見韓國政府對於高等教育辦學之重視。韓國於1999-2005年投入13.4億美元推動「韓國腦力21」（Brain Korea 21, BK21）計畫後，已經於2006-2012年間再投入23億美元進入BK21的第二期計畫，從2006年起每年有超過15,000名研究生獲得補助。自2004年起，韓國針對區域型大學推動「區域創新大學計畫」（New University for Regional Innovation, NURI），2004-2008年間預計提撥1.42兆韓元（合14億美元或每年2.8億美元），並已核定109所大專校院執行130個計畫，計畫項目包括：吸引師資、改善學校環境、強化區域產學合作及扮演區域創新研究角色等。具體上「韓國腦力21」的目標涵蓋以下四點：[8]

1. 發展世界級的研究所及培養研發人才：預計2005年之後，每年培養1,300名自然

5　韓國全國劃分為一個特別市（특별시）、六個廣域市（광역시）、八個道（도）及一個特別自治道（특별자치도）；以上一級行政區稱為「廣域自治團體」（광역자치단체），共有十六個。廣域自治團體以下之二級行政區則稱為「基礎自治團體」（기초자치단체），全國共有73個自治市（자치시）、86個郡（군）、69個自治區（자치구）。

6　Seog Hun Jo, "The track of policies for educational equality and its implications in Korea," *Journal of Educational Change* (Springer: 2012), pp. 16-17.

7　OECD (2012), *Education at a Glance 2012: OECD Indicators*, OECD Publishing, p. 245.

8　*About Brain Korea 21*, available from: http://bnc.krf.or.kr/home/eng/bk21/aboutbk21.jsp.

科學和工程領域博士，讓某些研究所躋身世界前十大、SCI期刊之發表數量亦可望進入世界前十大。

2. 支持未來研發人力，以厚植研究及競爭能力：將BK21總經費的70%給予研究生、博士後、特約研究員。

3. 培植專門化的區域型大學，並強化產學連結：由產業界和地方政府提供配合款，並支持研究成果之商品化。

4. 強化產學在課程和研究方面的合作：因應產業之需求，以培養能為產業所用的人才。改革大學系統以培養有創意人力資源：多元化入學管道、增加學生數，建立研究經費中央管理系統，普遍實施教授評鑑制度。

第三節 韓國高等教育之改革

韓國早於1994金泳三（Kim Young Sam）總統時代就推動以「世界化」（Segye-hwa）為核心理念，藉由經濟與金融自由化改革的實施，加速韓國經濟進入全球市場。在此國家發展理念下教育改革委員會（Presidential Commission on Education Reform, PCER）開始建議一系列的教育改革，其主要政策有四項：1.增加韓國高等教育裡國際學生的人數；2.支持韓國大學在海外設立分校；3.透過多項教育計畫強化韓國的文化認同感（cultural identity）；4.大量培訓國際關係領域的專家學者。[9] 雖然，那時期的韓國因為亞洲金融風暴導致經濟衰弱，需要依賴國際貨幣基金（IMF）的紓困，教育改革的成效有限，但是「世界化」的國家發展理念卻為後來的高等教育改革奠定深厚的基礎。

一、擴大高等教育之國際化

根據經濟暨合作發展組織（OECD）之統計資料顯示，2009年韓國高等教育約有322萬名學生就讀，[10] 其中國際學生有50,030人。[11] 近年來由於韓國經濟成長、韓國電視劇、影視歌星風行亞洲形成所謂的「韓流」風潮。韓國政府多元積極地行銷韓國，並將高等教育與其文化政策整合。越來越多的外籍生選擇到韓國求學，2009年韓國國際學生約5000人已較2000年人數成長了15倍。韓國在高等教育的全球市場占有率也從0.2%提升至1.4%的水準，也是OECD國家高教市場擴張最快速的國家，在韓國國際學生總數

9   Eun Young Kim & Sheena Choi, "Korea's Internationalization of Higher Education: Process, Challenge and Strategy," in David W. Chapman, William K. Cummings, Gerard A. Postiglione(eds.), *Crossing Borders in East Asian Higher Education* (New York: Springer, 2011), pp. 211-212.

10 OECD Country statistical profiles, available from: http://stats.oecd.org/Index.aspx?DatasetCode=RENRL#.

11 *Global Education Digest 2011 Comparing Education Statistics Across the World*, UNESCO Institute for statistics, p. 201.

之中有95%（48,000人）來自亞洲，特別是以來自中國和蒙古的學生居多。然而，韓國大學院校只提供部分學程以英語授課，[12] 此外，韓國2009學年高等教育的學費支出於公立學校平均為5,315美元、私立學校平均為9,586美元，甚至高於OECD平均水準，排名OECD國家第二，僅次於高教留學市場的龍頭美國。另外，韓國的國際學生有76%就讀於私立院校，[13] 較難獲得韓國政府的公共補助（public subsidies），因此，如何降低高教學費對亞洲留學生家長的負擔，是高等教育市場化與面臨國際競爭時所需特別關注的議題。

　　韓國教育科技部（MEST）於2011年的年度教育報告書的第三章提供大學品質教育（Universities Offering Quality Teaching），特別強調為了吸引更多的國際學生赴韓求學，未來韓國政府將資助大學整合國際化的步伐，應建構外籍生的綜合系統、增加專屬於國際學生之宿舍、成立專責組織以整合外籍生全部的在地支付問題，以協助其適應區域性差異，以及協助外籍生準備留學過程的完整資訊。韓國政府透過頒布「大學全球化發展計畫」（Development Plans for the Globalization of Universities）未來將在大學階段展開包含聯合學位及雙學位（joint and double degrees）、學分轉換（credit exchange）、交換教授及學生、外籍生實習（foreign internships）、外國人自願服務（foreign volunteer services）等計畫上實踐大學國際化的願景和目標。另外，韓國政府規劃於仁川的松島（Songdo）市[14] 設立自由經濟區（Free Economic Zone），以吸引國外知名大學設立分校並促進與韓國在地大學的合作與競爭。本國大學與高等教育機構將強調韓國本土的長處，例如：韓國研究（Korean studies）以及科學技術領域，作為鼓勵拓展海外教育事務的主要策略。[15]

　　因為韓國高等教育體系現行還是以韓文授課為主，韓語能力也成為國際學生赴韓留學的動機。而值得注意的是韓語學習，拜韓劇、韓國電影及流行音樂風靡全球之賜，越來越多外國人想學習韓文、瞭解韓國文化。為因應此市場需求，韓國政府計畫以合併海外教育機構及文化中心，提供整合性資訊及服務方式，提供海外人士更有效學習韓文及韓國文化。從下面的數字可以看出，韓語及韓國文化在海外的能見度有加速成長現象，即2009年海外設立韓語課程的中小學為522所，到2011年則增加至695所；而參加「韓語能力檢定考（Test of Proficiency in Korean）」人數也快速成長，由2007年28國的5萬,133人、2009年的35國8萬5,000人，快速增加到2011年的47國12萬1,500人。為因應此風潮，韓國教育科技部提出海外文化教育機構整併計畫，並已於7月10日的內閣會議中通過，相關整併內容本月將送國會審查。截至目前，韓國在16個國家設立了38個韓文教育機構

12　Country Note-Korea, OECD Publishing, p. 3.
13　Ibid., p. 9.
14　松島國際都市（Songdo International Business District, SIB）是韓國仁川廣域市一個面積為15,000英畝的人工島嶼上所興建的國際中央商務區。人工島在仁川海岸線通過填海造地的方式建造。松島國際都市位在首爾西部40英里，距離仁川國際機場7.4英里，中間有仁川大橋連接。
15　*Major Policies and Plans for 2011*, Ministry of Education, Science and Technology (MEST) Annual Plan, p. 11.

及在20個國家設立24個文化中心，2012年於匈牙利、墨西哥、印度、泰國、比利時、巴西及埃及等國設立文化中心，「教育科技部」計畫將海外韓文教育機構併入文化中心，同時亦將投入更多行政支援及經費，也將依據韓國流行文化普及情形，增設「海外文化中心」。[16]

　　為提升國家競爭力及全球化程度，南韓政府計畫八、九年以後，也就是2020年時，能吸引20萬外國青年來南韓留學。這是2012年4月30日，南韓總理金滉植主持教育改革會議時，所決定的政府新施政目標。金滉植總理與多位決策官員在該項會議裡共同討論兩個議題：一是怎樣才能強化高等教育的國際競爭力；另一個是如何促進社會各界慷慨捐助大專校院。南韓政府自2004年起，積極設法為大專校院廣招外籍學生；2008年時，全南韓外籍生人數達5萬名，2011年再增加到8萬9,537名，期盼今年底能增至10萬名。這幾年以來，南韓大專校院也一直在自世界各地招收天資聰穎又肯努力用功的外籍生。另外，南韓政府同時也規劃今年底以前，激發2萬名個人及50家企業團體提供資金給大專校院，使大專校院各方面的發展都能更加快速。[17]

二、深化產業與高等教育的合作

　　韓國教育科技部（MEST）於2011年的年度教育報告書指出，未來韓國將加強大學裡的實務教育，高等教育軌道必須開設專門的實務課程以反映大學生畢業後面臨企業的需求。透過大學、政府、企業三方面緊密的合作將提供學生更多親自動手（hands-on experience）的實務以及企業實習經驗；大學也必須徵募更多具有在企業界有實務經驗的教授，大學教師的評鑑也應該更體現教師對產學合作的貢獻做出反映。[18]該報告亦承諾將於高等教育引進全體企業支援（All Support for EnTerprise, ALLSET）系統，使得普通大學與產業大學（Industry-University）具有合作互相成長的管道，進而使頂尖中小企業培育所需要的實務人才增加就業機會。（參見圖19-1）也就是說，學校必須確保大學擁有機器設備的有效利用，能給予在地公司派遣人才委託訓練及使用。此外，韓國將打造更多大學成為「產業綜合校園」（industrial complex campus），使得ALLSET的產學合作系統能藉著大學、產業大學與中小企業各部門的合作措施轉化為以區域為導向的永久性產學合作系統。[19]

16　「韓國政府將整併海外教育及文化中心」，台灣服務貿易商情網，摘自：http://www.taiwanservices.com.tw/org2/3/news_detail/zh_TW/45273/I。

17　「南韓新目標2020年招20萬外籍生 2012年約50家企業資助大學」，教育部電子報501期，摘自：http://epaper.edu.tw/windows.aspx?windows_sn=10021。

18　*Major Policies and Plans for 2011*, Ministry of Education, Science and Technology (MEST) Annual Plan, p. 12.

19　Ibid., p. 13.

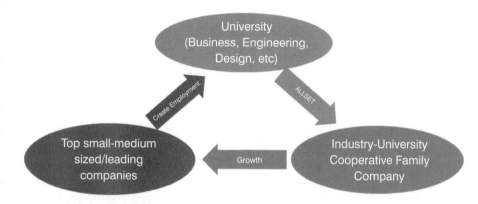

圖19-1　韓國產學合作系統

資料來源：*Major Policies and Plans for 2011*, Ministry of Education, Science and Technology (MEST) Annual Plan, p. 13.

　　該報告指出韓國將推動產業與大學合作計畫（Project for Industry-University Cooperation）將使有領先領域的50所產業大學的人力資源重整再造，為促進該計畫之執行需要以大都會區的人力資源發展，以及產業大學核心資料作為產學合作的關鍵指標（Key Index）：[20]

1. 改造產業大學為培訓的核心系統：產學合作招聘教授，以加強特定產業經驗之評估與補充。
2. 厚植勞工就業能力：以工作經驗學分系統（Work experience credit system）為基礎，成立以企業為導向的實務課程。
3. 協助企業與大學維持合作關係：透過產學合作會議促進新技術開發、推廣培訓課程。

　　韓國政府已經對產學合作投入大量資金，2010年大都會區人力資源發展計畫（Metropolitan HR Development Program）、產業大學計畫（Industry-University Program）、區域基礎研究團隊（Regional-based Research Team）等三大計畫已經投入1,525億美元，共有44所大學獲得獎助。2011年再以提升企業指標（Enhance Business Indices）和產業綜合校園（industrial complex campus）兩大計畫投入1,485億美元，共有47所學校獲得獎助；規劃2012至2013年將整併上述計畫之功能為都會區領先產業（Metropolitan Leading Industry）、區域策略產業（Regional Strategic Industry）、碩士級的區域領先研發產業（Regional Industry Leading R&D），以及學／碩士級的區域中小企業基金（Regional SME funding）等四大產學合作計畫，預計投入2600億美元，將有80所大學和15個區域大學校區受惠。（參照表19-2）

20　Ibid., p. 13.

表19-2　2010-2013韓國頂尖產學合作大學計畫

2010	2011	2012-2013		
Metropolitan HR De-velopment Program (102 billion won, 20 schools)	Enhance Business Indices (100 billion won, 20 schools)	LINC	Type I	100 billion won, 20 schools Metropolitan Leading Indus-try (Undergraduate)
Industry-University Program (36 billion won, 17 schools)	Enhance Business Indices (31 billion won, 17 schools)		Type II	90 billion won, 30 schools Regional Strategic Industry (Undergraduate)
Regional-based Research Team (14.5 billion won, 7 schools)	Enhance Business Indices (14.5 billion won, 7 schools)		Type III	40 billion won, 30 centers Regional Industry Leading R&D (Graduate)
	Industrial Complex Campus (3 billion won, 3 schools)		Type IV	30 billion won, 15 campuses Regional SME funding (Un-dergraduate/graduate)

資料來源：*Major Policies and Plans for 2011*, Ministry of Education, Science and Technology（MEST）Annual Plan, p. 14.

　　目前韓國政府擘劃強化產學合作的系統，未來會有更多的專業人士於產學合作基金會（Industry-University Cooperation Foundation）有擔任主席的機會，促進大學和產業界的聯合研究案和協助學生就業，並透過產學研究成果產生獲利，邁向轉型為專業的產業學大組織（Industry-University Organization）。韓國高等教育產學合作的學制以結合大學和研究所為五年一貫的課程，以培育具有在地產業經驗且具備研究能力的傑出人力為目標。大學和企業必須聯合規劃和執行研究所和博士層級的產學合作課程，更應秉資訊公開之原則揭露各科系和就業率的排名資訊，以及應依照各領域專業論文的排名和數量結果控管各科系招生名額之多寡，確保產學合作的人力素質。[21]

　　韓國對青年就業特別關注，自1999年起就實施青年職場經驗計畫（Youth Job Experience Programme, YJEP），針對15至29歲的待業青年每人每月30萬韓元2到6個月的補助，以幫助他們度過從學校到職場的轉換期。參予該計畫者有5個公司、非政府組織、政府機構和公共企業提供給大學生該求職期間的補助，以減少經濟停滯的狀態。[22]

21　Ibid., pp. 14-15.
22　Jones, R. S. & M. Tsutsumi (2009), "Sustaining Growth in Korea by Reforming the Labour Market and

三、強化研究與發展成效

韓國為提高研發、謀求在高等教育下建立以資通訊科技（Information and communications technology, ICT）為基礎的教學與研發網絡，2002年成立國家數位圖書館支援系統（National Digital Library Support System），2003年又建構了聯合研究資訊服務系統（Research Information Service System, RISS），企求建立以完備資通訊科技為基礎建設的高等教育強化整體研發環境。另外，前述的松島國際都市被認為是全世界最大的私人都市開發案。韓國政府計畫打造松島市成為「無所不在的城市」（ubiquitous city），是以英語為通用語言（lingua franca）的自由商業區，在此城市將以暢通的電腦網路連結每戶家庭和對外生活，設置專區提供世界級大學進駐分校，以此高品質的生活型態吸引更多的國際商務投資。「無所不在的城市」計畫將於2014年完成，據估計65,000人的松島市會因此創造30萬個工作機會。松島市只是一個標竿，韓國未來欲打造更多城市為「無所不在的城市」，並使無線網路的覆蓋率達全國行政區域。許多私立大學機構也將加入該計畫，使網路資通訊連結每戶家庭與城市共同開創新時代的大學校園。[23]

為提升韓國研發競爭實力與建立世界級研究環境，韓國教育科技部2011年的年度教育報告書提及，未來要建立從大學到博士層級的國家研究人員培育系統與研究獎助計畫。也就是成立「全球博士獎學金」（Global PhD Scholarship, GPS），從大學階段開始培養頂尖世界級的優秀研發人才，該經費會補助獲選的300位博士和博士後研究人員兩年共3,000萬美元。另外，韓國亦規劃設立「總統博士後獎學金」（Presidential Post-Doc Fellowship），提供博士畢業者和年輕醫生於大學或研究機構繼續研究的機會，培養更高深的研發能力。[24]

論及韓國高等教育的產學合作與研發成果，一定要談韓國傾國投入發展的企業三星電子股份有限公司（Samsung Electronics Co., Ltd.）。過去10年三星電子迅速成長業績橫掃全世界，成為世界第一流企業，面板、手機等領域稱霸全球，2011年營業額約1424億美元（7.4兆新台幣）讓臺灣企業難以望其項背。從上到下信奉的人才第一及產學合作的信念是三星霸業的基石。三星的員工平均年薪約新台幣250萬元，每年至少要花30億元培訓員工，訓練基地叫做「三星人力開發院」，員工一進入三星工作，就要到這裡進行27天的魔鬼訓練，目的就是要讓新員工脫胎換骨成為三星人。「三星人力開發院」的教育訓練強調集團核心價值的傳承，鼓勵員工激勵創意、挑戰全球市場、訓練情報分析能力等。一切都是為了實現三星董事長李健熙的人才第一戰略。它的員工平均每年受訓時間為186小時，平均每人每年受訓支出相當新台幣54,000元，相形之下，美國為32,000元（三星的60%）、臺灣約5,000元（三星的9%）。其非凡成就亦拜賜於產學合作，南

Improving the Education System," OECD Economics Department Working Papers, No. 672, OECD Publishing, p. 21.

[23] *Higher Education to 2030*, OECD, pp. 211-212.

[24] *Major Policies and Plans for 2011*, op. cit., p. 16.

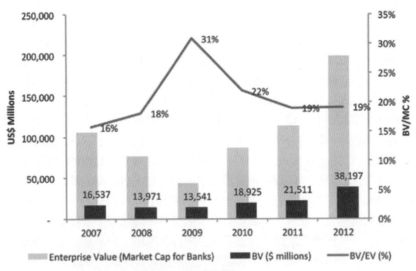

圖19-2　2007-2012年三星電子品牌市值成長圖

資料來源：*Brand Finance Global 500, 2012*, Brand Finance plc, p. 14.

韓政府成立一個隸屬於教育科技部的韓國高等科技學院（Korea Advanced Institute of Science and Technology, KAIST），這個學院最自豪的是他們的校友是三星研發部門的主力之一，而成均館大學（Sungkyunkwan University）與三星亦有如膠似漆的合作關係，產學合作如魚得水。三星集團投資成均館大學的水原校區，成為它的企業外部人才培訓的大本營與研發基地，成均館大學的半導體、OLED移動顯示等研發中心的教授也常是三星公司的研究人員，在大學校園研究中心擁有自己的研究室。【25】

四、改革大學之績效管理模式

　　根據OECD於2009年一份關於韓國維持經濟成長與教育改革的報告指出，2006年韓國25到34歲人口就讀高等教育的人口比率達53%，僅次於日本和加拿大。然而，55-64歲人口就讀高等教育的比例僅為該年齡層人口的11%（參照圖19-3），顯示韓國在終身教育方面仍落後於OECD先進國家的平均。此外，韓國於1990年只有33%的高中畢業生會繼續升學接受高等教育，2007年高中生選擇進入高等教育已達80%的比率；大學的數量從1990年148所院校到2007年成長至211所院校，其中有161所為私立大學。該報告亦指出在韓國教育被認為是學生家長強制命令所左右，但高等教育培育的成果表現並非如同各利益相關者所期待。在OECD所做的一項各國高等教育執行效能的經濟競爭力調查

25　Research and Development, Samsung Electro-Mechanics, available from: http://www.samsungsem.co.kr:8080/en/company/overview.html.

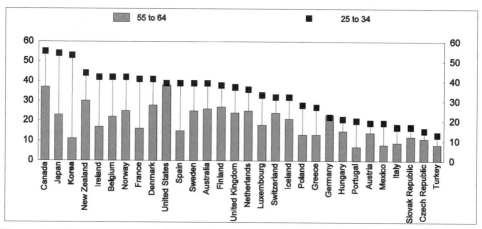

圖19-3　國際高等教育受教年齡層比較

資料來源：Jones, R. S. & M. Tsutsumi (2009), "Sustaining Growth in Korea by Reforming the Labour Market and Improving the Education System," OECD Economics Department Working Papers, No. 672, OECD Publishing, p. 22.

中，韓國於55個國家中排名第53位，顯示韓國高等教育系統尚無法有效應對企業部門的人力需求。從數據上來看，韓國身為已開發國家前往海外的大量留學生還不斷地成長，從2001至2007年已成長了45%，為OECD國家少有的現象，2006年從韓國到OECD區域的留學生人數占OECD國家外國學生總人數的4%，韓國也成為僅次於中國和印度的國際學生第三大來源。[26] 從上述OECD的統計資訊不難瞭解，韓國高等教育的品質和表現尚無法令國人完全滿意，韓國的高等教育還需要進一步的改革，以符合整體國家經濟發展的訴求。

　　高等教育的辦學品質是奠定國家經濟發展的基石，未來韓國高等教育將取法歐美國家的績效責任制度（Accountability），透過大學教育認可系統（accreditation system）確保高教辦學品質。韓國大學教育理事會（Korea Council for University Education, KCUE）和韓國大學暨學院理事會（Korea Council for University College Education, KCCE）被指定為評鑑和認可大學的專門機構。大學評鑑的結果將直接反映於政府提供給大學院校的財政補助款，透過長期計畫性的評鑑措施得以確立大學最理想的規模，並解決教師供需均衡的問題。此外，大學評鑑將應用於大學組織再造的政策上，具體作法為：透過《私立學校法》（private school law）的修訂提供不適任的大學退出教育市場的策略。表現不佳的大學將被限制該校學生申請就學貸款的名額，該校應接受調查與組織再造的諮詢，包括接受學校合併、裁撤、處室修訂、人員縮編等項目之諮詢。[27]

26　Jones, R. S. & M. Tsutsumi (2009), op. cit., p. 22.
27　*Major Policies and Plans for 2011*, op. cit., pp. 11-12.

按韓國國會於2010年12月通過之國立大學法人（民營）化草案，立法目的是要使大學更自由，學校對財政有更大自主權。可以自行經營改善大學收入，然而韓國國立大學與教授都相信，法人化的目的就是要減少政府的財務負擔。首爾國立大學（Seoul National University）總資產，含土地、建物等等，估計約值3.2兆韓元，折合28億美金。這些資產中，所佔比例最多的，是土地，估計值1.9兆韓元；其次是建築物，約1.2兆韓元；再其次是設施設備，約100億韓元；植物約6億7,000萬韓元；其餘則爲財產權、版權等。[28]韓國教育科技部於2011年的年度教育報告書亦指出，韓國要讓首爾大學法人化建立法人化籌備委員會（preparatory committee）的過程作爲所有國立大學的標竿。韓國首爾國立大學法人化制定的實施條例包括：逐步國立大學的資產私有化、教職員公務人員地位的轉化、制定大學財務和會計的選舉制度、實施以績效表現爲基礎的薪資制度，以及廢除現行大學校長的直接選舉系統等。未來符合韓國政府認可實施法人化的國立大學將逐步法人化，因此加強高等教育的國際競爭力。[29]

韓國2011年已評選出26所經營不善私立四年制大學及二、三年制專科學校，2012年起，停止對他們提供經費補助；另17所問題較嚴重的校院，則既停止對其學校經費補助，對該校學生的就學貸款額度，也按情形作不同比例限制；兩類受處分校院合計43所。這項重大處分措施，是由2011年7月1日成立的「大專校院重整委員會」決定的；該委員會委員20位，由教育科學技術部聘請，針對全南韓346所私立大專校院的經營管理情形實施評鑑。這是韓國政府爲改革高等教育所邁出的最重要且最大的一步；未來，這46所私立大專校院須嚴格重整，不是與他校合併，就是結束校務，關門大吉。[30]此「汰劣獎優」措施的另一目的，是評鑑各校院的財務狀況，財務管理健全且良好的校院，要求他們減收學生學雜費，達成降低大專校院學雜費的目標。各校院財務稽核查察工作，是由南韓審計監察委員會（Board of Audit and Inspection）負責執行。南韓教育科學技術部現正爲明年調降大專校院學雜費籌措韓幣1兆5,000億元，其中包括原計畫繼續補助，但如今決定明年起不補助其中的43所極待重整私立大專校院約韓幣1,300億元。[31]

五、致力建構終身學習的社會

韓國政府從2002年開始啓動全面性的終身教育計畫（Plan for Lifelong Education），在以在地區域發展爲基礎的前提下，推動並協助成年人將終身教育作爲日常工作（routine）的一部分，給予成人在不同年齡層有更多進入高等教育的機會和管道。隨著終身教育的觀念日趨重視，韓國各級地方政府所分配到的資金也越來越多投入終身教育的基

---

28 http://epaper.edu.tw/windows.aspx?windows_sn=7345.
29 *Major Policies and Plans for 2011*, op. cit., p. 12.
30 教育部電子報，摘自：http://epaper.edu.tw/windows.aspx?windows_sn=8437。
31 Ibid.

礎建設，建構以城市爲主體的終身學習網絡。韓國政府過去從既有25個城市中擴大爲33個終身學習城市，未來推動終身教育計畫的城市擴大爲100個終身學習城市。雖然迄今韓國終身學習城市的發展項目仍所著重於文化和休閒內容，地方政府已經計劃制訂具有獨特賣點（the unique characteristics）的城市特色，以利於發展出具地方性的終身教育內容，使在地學習與就業保有永續性的聯繫，且爲成年人創造更多的就業機會。[32]

韓國的「學分銀行制度」（Credit Bank System, CBS），有助於瞭解如何幫助成人以有別於傳統學生入學的方式來獲得學士學位。CBS是一個開放的教育制度，它承認校內及校外所得的各種學習經驗，登記CBS 的學習者必須累積CBS 所承認的學分，當任何人累積到140個所需的學分，就能獲得學位。韓國政府於1997年1月通過學分認證法案，於1998年開始實施，目的是要對所有人開放高等教育機會，並認證學校制度以外的學習成就。管理督導整個學分銀行制度執行的機構，包括教育科技部、韓國教育發展學院（Korean Educational Development Institute, KEDI）及地方教育局（Provincial Offices of Education）。大部分發展與督導的工作指派給KEDI負責。KEDI負責的工作包括學生註冊、學分證明、對學位需求的評估與提供、認證、重新評估教育方案。

韓國對於促進終身學習社會有幾個目的。首先，此制度爲全民保障高等教育的學習機會，只要想學，沒有時間及地點的限制。這個制度保障所有韓國成年人受教育的權利。其次，CBS 提供所有中等學校畢業後，不能繼續進入高等教育機構就學的成人另一個就學的機會，以鼓舞學習者的自我發展，並滿足成人工作者職場上的需求。最後，CBS 將焦點集中在機構間資源的整合運用，並爲成人學習者提供一個便利的資源網絡。這個制度藉由連結正規與非正規教育機構增加機構中資源的有效性。[33]自從CBS發起後，非正規的高等教育型態才開始被授予正式的學分，過去大學或學院一直被認爲是參與高等教育制度的唯一方式。基於這個信念，民眾對大學制度的需求非比尋常，也使得學生要進入高等教育制度必須面對極大的競爭。而「學分銀行制度」亦能經由合法的程序受到政府的認同與保證。

韓國過去十年強調於教育體系的科技基礎建設，2002年12月韓國「教育人力資源部」提出「數位校園願景2007」（e-Campus VISION 2007）總體教育計畫。該計畫首要目標爲：1. 改善教學過程中研究設施的競爭力；2. 藉著改善高等教育教職員和學生資通訊科技的能力；3. 建立透明有效的大學管理機制。再以上述目標所達成的目標交互影響，促進人民資通訊科技（ICT）的使用。「數位校園願景2007」從2003年開始實施，包括建立數位學習基礎設施、增設網路線上課程（online lectures）使得高等教育消費者可隨時隨地獲得他們想要的教育服務，同時促進學生透過多元的數位內容自我管理學習

32　*Higher Education to 2030*, OECD, p. 212.
33　The Korean Credit Bank System, Effective Implementation of Continuing Education at the Grassroots, available from: http://www2.unescobkk.org/elib/publications/effective/KOREA.pdf , pp. 1-2.

和研究進度；該計畫的具體任務爲：[34]

1. 敦促各大學積極增設「數位學習協助中心」（e-learning support center）：該中心的數位教育內容將由多所大學所共同創造和共享。
2. 透過多媒體課程和研究資料內容的數位化開發數位教室及數位研究服務。
3. 結合既有韓國教育與研究資訊服務（Korea Education and Research Information Service, KERIS）資料庫的內容成爲最好的教育內容。
4. 利用新一代的超高速網路舉辦互聯網路講座（collaborative lecture-seminar）課程，提供高品質的應用服務。

數位學習協助中心的功能在於以系統性協調，開發和傳送數位學習的教育內容。該中心配備數位內容編輯室，以協助數位學習內容編輯和傳播，另設有數位學習教室。上述設施由大學和學院各部門之間所共享。該方案提倡之聯合網路線上課程將開放給各大學自願參與，2007年時透過「數位校園願景2007」計畫，韓國大學的教室已經從34%增加到70%，轉化爲能即時使用高品質數位教學服務和內容的數位教室（e-lecture rooms）。[35]

有鑒於國際比較教育在先進國家圖書館資源的指標上，韓國過去各大學圖書館平均館藏重要期刊的數量遠遠落後於其他OECD先進國家。韓國平均各大學圖書館學術期刊的訂閱數量僅爲澳洲的1/16，爲美國的1/13，爲日本大學圖書館的1/6。（參見表19-3）因此，韓國未來爲了克服此關鍵的落差，必須進口高品質的學術資料和訊息來源，應提高韓國圖書館藏書和資料庫的預算。韓國高等教育體系內的研究人員和獎學金訊息和資源過去主要掌握在各自的大學手上，未來韓國教育科技部朝向建構完善的韓國教育與研究資訊服務（Korea Education & Research Information Service, KERIS），研究資訊服務系統資料庫也是隸屬於教育科技部的組織，藉以提供各大學圖書館用於學術研究和蒐集資料的互聯的資料庫入口網路，包含書目和數位化的文獻內容，整合韓國大學之間的研究能力使之具備更多元的管道。實證資料顯示韓國各大學圖書館的內容占25.8%，是整體研究人員最大的資料來源，其次的研究資料來源就是韓國教育與研究資訊服務系統資料庫占24.4%，因此，韓國教育與研究資訊服務系統資料庫的整合能與各大學圖書館資源相得益彰，強化韓國整體的研發競爭力。[36]

---

[34] Insook Lee "Korean Content Management in e-Higher Education: Here and Hereafter"in *Educational Technology Research and Development* (New York: Springer, 2006), pp. 214-215.

[35] Ibid., p. 216.

[36] Yoon Hee Yoon & Kim Sin Yong, "Correlation analysis between university research competitiveness and library's scholarly information in OECD nations and Korea," *Scientometrics*, Vol. 74, No. 3 (2008), p. 358.

表19-3　韓美英日澳洲圖書館經費比較

Country	Collection		Academic journals			Materials budget ($)		Students
	Total volume	Per student	Current subscription	Average		Materials budget	Per student	
				Per library	Per student			
Korea (146)	74,895,508	43.3	142,315	975	0.08	119,897,652	69.2	1,731,512
US (857)	571,674,986	126.0	4,728,635	5,658	1.04	1,265,958,119	279.0	4,537,868
UK (137)	96,485,746	56.8	207,945	1,664	0.12	247,156,372	145.5	1,699,545
Japan (699)	275,238,000	94.2	1,485,990	2,126	0.51	665,358,440	227.6	2,923,377
Australia (299)	29,402,410	28.5	1,319,294	5,761	1.27	175,797,928	170.4	1,031,586

資料來源：Yoon Hee Yoon & Kim Sin Yong, "Correlation Analysis between University Research Competitiveness and Library'S Scholarly Information in OECD Nations and Korea," Scientometrics, Vol. 74, No. 3（2008），p. 357.

　　韓國教育科技部於2011年的年度教育報告書亦將終身學習的概念納入教育國際合作策略上，未來韓國政府將擴大其對發展中國家的援助發展計畫，透過聯合國教科文組織（UNESCO）的信託基金方案也能將韓國自身職業教育的科技經驗傳授給非洲國家。目前韓國政府已規劃與東南亞國家協會（Association of Southeast Asian Nations, ASEAN，簡稱：東協）柬埔寨、寮國、緬甸與越南等四個國家（e-Learning）建立了韓國與東協網路大學（Korea-ASEAN Cyber University）框架計畫，以韓國各大學數位學習協助中心爲主的先進的數位學習系統。韓國將選出資訊化最成功的一所標竿學校（pilot school）對此計畫運作中的泰國輸出韓國數位學習之經驗。此外，透過東協網路大學跟韓國駐外的辦事處和教育中心形成合作的系統，能持續以教育國際合作推廣韓語到海外國家。【37】

---

[37] *Major Policies and Plans for 2011*, op. cit., p. 19.

　　印度共和國（Republic of India）1947年從英國殖民統治下獨立，地理上位於南亞，東臨孟加拉灣，西面阿拉伯海，南邊為印度洋，海岸線達7,516.6公里。鄰國包括：西北的阿富汗與巴基斯坦，北方的中國、不丹與尼泊爾，東方的緬甸與孟加拉，東南方隔海面對斯里蘭卡。擁有占世界第二位約12億500萬人口，國民生產毛額（GDP）達4兆5,150萬美元為世界第三，僅次於美國和中國。印度自1997年起從傳統農村經濟開始朝向自由開放市場式經濟，每年增加超過7%以上的外國投資進入印度，且因為內需消費龐大，2010年有8%的經濟成長率。[1] 另外，印度人口年輕化程度很高，有將近5億人的年齡在19歲以下，約占全部人口逾4成，且中產階級不斷增加，購買力持續成長。根據世界銀行、里昂證券等單位的預估，到2015年時，印度中產階級人口以及可自由支配的購買力的成長率，都會是新興亞洲裡最高的國家，甚至遠遠超過中國。[2] 因此，印度被許多國際投資機構評估為最具投資價值的市場之一。

第一節　印度高等教育現況簡析

　　大學和專業化學院是印度高等教育的核心。在印度的大學研究和教學科目涵蓋甚廣，從詩歌研究到電腦工程到太空探究都有涉及。大多數大學和高等教育研究中心是獨立經營的。相當多大學是由附屬學院和專業院系組成的聯合結構。大體而言，印度高教體制屬於學院教授本科課程，而專業院系負責引導研究生進行深入研究和實習。由大學決定進入學院學習的標準，並且安排所屬科系的初級學位考試，以及學位的授予（granted degrees）。一些其他類型的大學在其一般的課程及專業技術的課程中都設有本科和研究生課程。還有第三類大學和學院，這類學校教授本科和研究生階段的專業技術課程，諸如印度技術學院、印度醫藥科學院、印度森林研究院、印度動物醫學研究院，有的學院只提供研究生課程和研究課題，如印度農業研究院和醫學研究生院。相

1　*South Asia, India*, CIA-The World Factbook, available from: https://www.cia.gov/library/publications/the-world-factbook/geos/in.html.

2　「經濟潛力仍在，印度具長期投資價值」，《Smart智富雜誌》，摘自：http://smart.businessweekly.tw/webarticle.php?id=47695&p=4。

表20-1　印度高等教育學校數量

No. of Institutions/Enrolment	2009-10	2010-11
Universities	493	523
Colleges	31812	33023
AICTE approved Technical Institutions	10653	11809
Distan Teaching Universities / Institutions	200	200*

資料來源：*Annual Report 2011-2012*, Department of School Education & Literacy, Department of Higher Education, Ministry of Human Resource Development Government of India, p. 80.

較於歐美國家或是澳洲提供的高等教育學費，印度的高等教育仍舊是由政府高度資助，並依據大學憲章保障所有人民進入高等教育的公平機會。[3] 依據印度人力資源開發部（Ministry of Human Resource Development, MHRD）2012年的資料顯示，印度於2011年學年有523所大學，其中42所為隸屬中央的國立大學，和243所邦立大學；還有33,023所學院，11,809所被中央認可的技術學院，以及200所實行遠距教學的大學及學院（參見表20-1），[4] 每年有超過1,200萬人大學畢業。此外，由印度現階段2010-2015年中央高等教育預算高達上個財政年度前五年的九倍來看，印度於2025年至少會成長到具有1,500所大學，且會有30%的人口接受過高等教育，形成潛力無窮的高教超級大國。[5]

受到經濟全球化浪潮的影響，印度因為英語人口的普及，且大學以上人口眾多，已經使印度成為歐美國家知識人力外包所委託的重要來源。印度的「知識流程外包」（Knowledge Process Outsourcing, KPO）細分市場估計價值5,000至7,000萬美元，根據全球調查公司Gartner的調查報告，到2013年印度在這個細分市場的成長率將達到30%。許多跨國企業將其業務流程外包給印度，成效良好，進而鼓勵企業繼續將高階的知識工作外包給印度公司。這項趨勢將使企業節約成本、提高運作效率以及擁有人才。知識流程外包涉及境外處理知識密集型的業務流程，這些流程要求具備適當資質、知識、跨領域技能以及聯繫和分析事實的能力。根據市場情報機構Evalueserve的調查報告，到2013年KPO的全球市場金額將達到170億美元，屆時，應該會有略超過100億美元的KPO業務進入印度，印度在「知識流程外包」全球市占率將達60%，會有25萬印度人在這一細分市場工作。全球經濟蕭條影響了各行各業，但是進行業務外包的一些企業實際上反而因成本節省而獲益。美國和歐洲的企業正大舉尋求向印度的KPO公司外包，獲利最大的KPO

3　*University and Higher Education*, Ministry of Human Resource Development Government of India, available from: http://mhrd.gov.in/overviewh。

4　Annual Report 2011-2012, Department of School Education & Literacy, Department of Higher Education Ministry of Human Resource Development Government of India, p. 80.

5　"India: The next university superpower?," BBC News, available from: http://www.bbc.co.uk/news/business-12597815。

公司包括從事銀行業和金融業的公司。[6]

第二節　印度高等教育新趨勢

一、尋求與國際大學合作

　　2010年印度通過「海外教育機構法案」（Foreign Educational Institutions Bill），正式實施後，國外大學將可以在印度設立學校，提供碩士和博士課程學位，以及其他各種課程。該法案規定任何想在印度開辦學校的海外大學必須向監管機構預存1,100萬美元以上的資金，監管機構將不允許海外投資者將這筆資金撤回其國內，而且必須將相關盈餘再投入印度的教育領域，其目的在於外國高等教育機構進入印度投資時，能依據印度設立的理想監管框架下保持教育的品質和標準，以確保印度學生的受教權益。[7] 自2000年2月份以來，印度就允許外資就教育服務業進行百分之百的海外直接投資（Foreign Direct Investment, FDI），但該政策並不允許投資者頒授海外學位。一旦新法案生效成為法律，印度將允許國外大學在印度開設學校，並向參加他們課程的學生授予這些大學自己的學位。全印度技術教育委員會（All India Council for Technical Education, AICTE）已經制定了外國大學在印度提供技術教育的核准和作業規範。允許外國高等教育機構與大學在印度辦學的目的之一是要確保印度的「人才流入」，而不是「人才流失」。根據印度國家知識委員會（National Knowledge Commission）的數據，每年有約16萬名學生赴海外留學，整體的留學學費支出超過40億美元，外匯外流的總成本更高達100億美元。准許外國大學在印度辦學之後，除了能帶來高收入的教職工作和行政管理職位外，這些資金的大部分都將留在印度國內。[8]

　　根據美國的國際教育協會（Institute of International Education, IIE）的數據，自2001-2002年以來，印度已經成為美國國際學生僅次於中國的第二大輸出國。印度學生已經占美國國際學生的15%以上，2011-2012學年，統計有10萬3,895名來自印度的國際學生在美國求學，中國則有15萬7,558位留學生赴美求學。[9] 實際上，最近幾年間，印度高等教育機構和美洲、歐洲、澳洲以及其他地區的大學和學院之間已經達成多項成果豐碩的合作計畫。印度政府過去已允許他們與印度高等學校進行合作，目前約有150所國際機構與印度大學之間有合作關係，而且這項數字還在增加。很多印度管理學院和

6　《領航印度雙月刊》，經濟部，2011年6月15日 第6期，頁31。

7　*Annual Report 2011-2012*, Department of School Education & Literacy, Department of Higher Education Ministry of Human Resource Development Government of India, p. 84.

8　「印度高等教育吸引全球名校」，《領航印度雙月刊》，經濟部，2011年4月15日 第5期，頁51。

9　*U.S. and Australian International Student Data Collection: Key Differences and Practices*, Institute of International Education (IIE), May 2012, p. 5.

印度技術學院已經與國際頂級機構進行了合作。例如：位於阿美達巴的印度管理學院分校（Indian Institute of Management Ahmedabad, IIM-A）與杜克大學福庫商學院（Fuqua School of Business）進行合作，共同提供公司教育課程。IIM-A亦與巴黎艾塞克高等經濟商業學院（Essec Business School）以及維吉尼亞大學的達頓商學院（Darden School of Business）有合作關係。至於印度管理學院的班加羅爾分校（Indian Institute of Management Bangalore, IIM-B）則與90多所國際高等學府有合作或附屬關係，包括史丹福大學（Stanford University）的商學院、耶魯大學（Yale University）的管理學院以及倫敦商學院（London Business School, LBS）等。

海德拉巴（Hyderabad）、班加羅爾（Bangalore）、清奈（Chennai）、浦那（Pune）和昌迪加爾（Chandigarh）等城市正逐步成為印度重要的教育中心，吸引著來自世界各地的大學。例如，海德拉巴已經被選為位於加拿大多倫多的約克大學Schulich商學院（Schulich School of Business）的新校址所在地。約克大學已經與印度基礎設施建設巨擘GMR集團攜手合作，準備在安得拉邦首府城市海德拉巴建一處面積巨大的校園。新建學校將提供MBA和高階管理教育課程。其提供的課程與Schulich商學院加拿大校區所提供的課程相同，確保擁有相同的課程、師資和學生質量。設立新校區的目的是大幅削減學生的國際教育成本。

美國的喬治亞理工學院（Georgia Institute of Technology）也計畫在海德拉巴設立一處研究型校區，該校正在與多家印度大企業和國際公司商討以開展研發上的合資合作。2010年2月總部設在美國的卡內基美隆大學（Carnegie Mellon University）與旁遮普邦（Punjab State）邦政府簽署了一份協議，將在盧迪亞納（Ludhiana）附近建立一處占地35英畝的旁遮普邦國際大學。根據iCarnegie（卡內基美隆大學的教育附屬機構）執行長兼卡內基美隆大學副教授Gil Taran指出，這項計畫是在新校區內設立五個學院，其中將包括與工程和技術、交易和教師培訓、應用科學、人文和語言以及管理和商業學習有關的學院。這些課程將與其在美國校區的課程一樣，而費用遠較赴美求學為低。但是進入這些在印度新成立的國際大學求學，花費相對於印度現有的大學仍然較高。印度人力資源開發部（MHRD）計劃成立一個國家教育資金融通公司，為設計高等教育機構的組織提供資金融通的幫助，同時透過資助銀行來為學生提供貸款。人力資源開發部正在與計畫委員會討論相關事宜。[10]

2009年經濟合作暨發展組織（OECD）提出《邁向2030年的高等教育》（Higher Education to 2030）評估報告書，於第六章「印度和中國高等教育系統之現況與未來」中即指出，2008年印度全國僅吸收2萬名國際學生，大部分來自南亞與非洲，以及印度海外僑民子女。雖然印度高等教育體系具備英語教學基礎與發展國際教育的潛力，但印度尚只有少數大學擁有國際水準的基礎設施和教職人員，然而，若不更加整合更一致

10　Ibid., pp. 53-54.

的政策（coherent policy）和吸引外國投資基礎建設，印度高等教育的國際化會很難成功。[11] 顯示印度必須更加緊現代化的腳步投入教育建設，朝向更為競爭的國際化高等教育市場。

二、強化大學投入研發與創新

印度全國科技教育委員會（All India Council for Technical Education, AICTE）設立於1945年，為印度全國科學教育最高層級的指導和諮詢機構，通過各校申請之研究計畫案，並給予金融資助，促進印度整體科技研究的發展。科技教育委員會也透過「研究暨院校發展」（Research & Institutional Faculty Development, RIFD）計畫補助大學和科技學院投入基礎科學研究，並成立品質促進計畫（Quality Improvement Programme, QIP）年輕教師職業獎助（Career Award for Young Teacher, CAYT）等方案給予年輕的大學教職員以客座教授、研討會補助、國家博士獎助、財政資助專業研究等方式，激勵其投入科技與研發。AICTE更於2010年改組架設新的入口網站（http://www.aicte-india.org/），強調資訊公開，確保研究計畫案決策過程、財務控管以及人員編制的透明度（transparency），並注重行政人員對於民眾抱怨公共部門時，能保有友善親切的回應。未來AICTE將重點加強下列政策的執行：

1. 建立19個研究品質促進中心（QIP center），提升印度整體數學與計算技術學院（Mathematics and Computing , M.Tech.）博士生與博士候選人數量。
2. 應與AICTE認可的科技學院（Technical Institutions）建立免學費機制（Tuition Fee Wavier scheme），給予科研領域資優的大學或研究生3至4年的免學費的優惠，並與大學協商設立5%免學費生人數的門檻，藉以促進科技教育，使高教資源得以妥善利用。
3. 增加高教機構線上申請研究計畫案的處理效率。
4. 促進與國外學術部門的合作交流。
5. 計劃由2012-2013年度起改由AICTE主導印度的共同管理認證考試（Common Management Admission Test, CMAT）[12]。
6. 發展國家技職教育資格架構（National Vocational Education Qualification Framework, NVEQF）之相關技能（skill）認定標準與學位資格認定（參見表20-2），特別在技職業教育專業領域（specialized fields）的應用層面，如：汽車、行動通訊、與資訊科技（IT）等，並與印度超過150所技職高等教育機構整合學生專業技術證照認證（certification），與技職學校品質、師資課程認可（accreditation）的相關措施。

11　*Higher Education to 2030 Volume 2 Globalisation*, OECD (2009), p. 188.
12　共同管理認證考試（Common Management Admission Test, CMAT）是印度人民可透過線上電腦測驗，以取得基本能力認證的考試，該測驗主要項目包含：1.量化技能（Quantitative technique）；2.邏輯思考（Logical reasoning）；3.語言綜合判斷（Language comprehension）；4.基本認知（General Awareness）。

表20-2　印度國家技職教育資格架構（NVEQF）與認證時數

Cenrtification Level	Vocational in Hrs	Formal
I	200	800
II	200	800
III	350	650
IV	350	650
V	400	600
VI	450	550
VII	700	300
1000/1200 hrs/year, 500/600 hrs/semester	Flexibility available +100 on each	Flexibility available +100 on each

資料來源：National Vocational Education Qualification Framework, AICTE, p. 27 (http://www.aicte-india.org/downloads/NVEQF_180611.pdf).

三、拓展遠距教學：成立開放大學課程

　　1985年印度國會通過英迪拉甘地國立開放大學（Indira Gandhi National Open University, IGNOU）法案，確立印度大學設立開放式學習與遠距授課系統（open learning and distance education system）的基本標準及規範，主管機關為印度遠距教育委員會（Distance Education Council, DEC）。開放大學的設立目標聚焦於，賦予印度偏遠弱勢地區人民有獲得就業所需技能的機會，進而促進地區就業和經濟發展。英迪拉甘地國立開放大學在印度全國有67個區域中心，以及遍布全國3,700個學習中心。[13] 英迪拉甘地國立開放大學設有11個學院，既有普通教育各專業的學士學位課程或證書課程，也有電腦應用的證書課程、遠端教育的碩士學位課程、人力資源開發的證書課程等專業範圍廣泛的學位與證書課程；共有專業125個，提供各類課程1,000餘種，在校學生數也由1986-1987年度的4,381名發展到2006-2007學年的大約150萬人，其註冊學生數占全印度在校大學生總數的十分之一以上，自稱「世界上最大的大學」。尤其是，英迪拉甘地國立開放大學現有16個博士學位和20個碩士學位課程。它的16個博士學位科目是教育學、經濟學、歷史學、旅遊研究、圖書館與資訊科學、公共管理學、社會學、政治學、數學、物理學、印地語、英語、管理學、商貿學。[14]

　　英迪拉甘地國立開放大學在教學管理中實行學分制，學生獲得1個學分要進行30個

---

[13] *Annual Report 2011-2012*, op. cit., p. 95.
[14] IGNOU, The People's University, *About IGNOU*, available from: http://www.ignou.ac.in/ignou/aboutignou/profile/2.

小時的學習，包括閱讀文字材料，收聽、收看教學節目和參加輔導活動等。學生在1年的學習中最高能得到32學分，而文學士、理學士和商學士學位的授予標準是96學分。攻讀學位課程的學生可以3年畢業，最長可以延長為8年。各種文憑證書課程也有學分上的要求，一般是1年結業，最多可以延長為4年。學生的成績主要由兩部分組成，即作業成績和期末考試成績。一門6-8學分的課程的作業成績，一般包括1次電腦評分的作業成績和2次教師評分的作業成績。作業成績占總成績的25%-30%。作業成績和考試成績都有最低標準，如其中一個成績低於最低分數標準則不能畢業。作業成績不及格的學生不能參加期末考試。為了堅持開放教育的原則，提供了必要的「彈性學期制」以鼓勵學生展開大學修業。學士學位3年的課程學生可以用8年完成。一年的專業證書學習可以用4年完成。6個月的學習（學歷證明）最長可以用2年完成。[15]

目前有13所國家開放大學（State Open Universities, SOUs）提供多元的遠距大學課程。然而這些開放大學受限於印度各邦相關法案，無法讓開放大學擁有開放所有課程給的權限。此外，國家開放大學除了受到地方邦政府的金融援助外，而在課程資料建置、學生協助服務、教職員訓練、資訊新科技應用、圖書館研發以及品質保證措施等領域之整體發展也受到印度中央政府遠距教育委員會（Distance Education Council）的資助。[16]且依照印度政府的十一項建設五年計畫（The Eleventh Five Year Plan 2007-2012）指出，因應印度本身國情需要，未來印度將把總體國家開放大學（SOUs）透過開放遠距學習的人數提升一倍，以占所有高等教育的20%人數為目標。該報告亦指出過去企業雇主對國家開放大學畢業生所產生的偏見，因為開放遠距學習教育機構所提供的靈活課程和學習節奏，和畢業生的能力表現良好，企業已經逐漸淡化對接受開放遠距學習教育的偏見，而各邦財政當局和印度人力資源開發部未來將於更多行政區設立更多的開放大學。[17]

四、增加獎學金項目

為提升高等人力素質和獎助從印度到海外留學的傑出學生，印度政府設立了聯邦政府獎學金計畫（Commonwealth Scholarship/Fellowships Plan），該獎學金獎助涵蓋遙感科技（Remote Sensing Technology）、通信工程、生物科技、生化工程、機器人學（Robotics）、農業科學、社會科學、基礎應用科學、經濟學、管理學、環境學等。2011年在英國的印度聯邦政府獎學金委員會從人力資源發展部所提名的63人中選出32個頒發獎學金。印度政府也積極拓展文化交流計畫（Cultural Exchange Programmes, CEP）、教育交流計畫（Educational Exchange Programmes, EEP）與日本、中國、墨西哥、以色列、

---

[15] Ibid.
[16] *Annual Report 2011-2012*, op. cit., p. 95.
[17] *State Open Universities (SOUs)*, WinEntrance News, available from: http://www.winentrance.com/news/state-open-universities-sous.html.

挪威、比利時、義大利、馬來西亞、捷克、葡萄牙和斯洛伐克共和國簽署合作協議，該
獎學金候選名單由人力資源發展部對外獎學金處（External Scholarship Division）提供，
包括給予印度到該國留學生保障獎學金名額。

　　歐洲聯盟則透過與印度政府簽署諒解備忘錄（Memorandum of Understanding,
MoU），提供印度學生參與歐盟內部伊拉斯摩斯計畫（Erasmus Mundus Programme）在
歐洲求學的機會，使印度學生能獨立於歐盟與第三國的教育合作方案，使印度學生能單
獨直接申請歐洲國家的大學。另外，牛津大學聖安東尼學院（St Antony's College）給予
在印度歷史、經濟和政治科學鑽研的印度學者，每人一年27,603英鎊的津貼補助。根據
印度對外獎學金處提供的資料，2011-2012學年度總共有107位印度留學生透過文化交流
計畫（CEP）和教育交流計畫（EEP）獲得與印度高教交流的11個國家提供獎學金，該
計畫共有219人提出申請。[18]（參見表20-3）

表20-3　印度學生接受國外教育交流計畫獎學金人數

SLNo	County	2011-12		
		Nominated	Awarded by Donor Country	Utilized
1.	Japan	58	38	26
2.	China	18	28	15
3.	Israel	07	06	05
4.	Mexico	03	03	03
5.	Korea	08	02	02
6.	U.K.	63	32	22
7.	Belgium	02	02	02
8.	Italy	32	32	32
9.	Malaysia	08	Awaited	—
10.	Turkey	10	Awaited	—
11.	New Zealand	10	Nil	Nil
	Total	219	133	107

資料來源：Annual Report 2011-2012, Department of School Education & Literacy, Department of Higher
　　　　Education, Ministry of Human Resource Development Government of India, p. 97.

18　*Annual Report 2011-2012*, op. cit., p. 97.

第一節　臺灣的高等教育問題

　　臺灣過去曾經以有限的資源創造經濟奇蹟，然而，隨著全球化趨勢下產業結構轉變，當臺灣面臨由出口導向經濟轉型為服務導向的同時，卻無法像歐洲先進國家有效的利用教育再度提升人力素質。臺灣高等教育近十幾年來快速擴展大學數量，不僅稀釋了有限的經費，也衍生若干學位膨脹、招生困難、學生素質下降等問題，值此全球化的激烈競爭環境下，臺灣近來面臨經濟發展停滯，且全球最低出生率的少子化趨勢（參見圖21-1）使學生來源大幅減少、教育行政體系政策失調、教授薪資福利僵化而使優秀人才出走的種種困境。對外則有世界各國優秀大學評比之競爭，確實可謂國家發展的最重大問題。臺灣的高等教育近年來因為社會急遽的變遷，面臨許多衝擊與挑戰，導致高等教育問題叢生，亦使得社會大眾殷切要求政府正視高教之改革；此外，國人也更需要極度重視當前高等教育弊病的因由，與可能衍伸出的問題。以下分述我國高等教育之問題，再論當前世界高等教育之大趨勢，以及歐盟高等教育整合政策對臺灣之啓示。

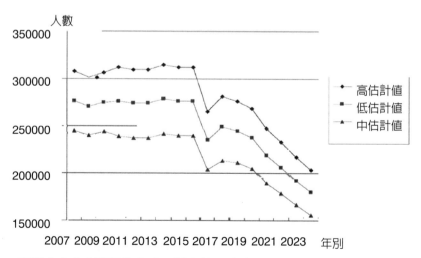

圖21-1　臺灣未來高中職畢業生升大學人數預估值

資料來源：國家教育研究院（編），《中華民國教育年報99年》（台北：國家教育研究院，2010年），249頁。

一、高等教育品質良莠不齊數量過多

　　1994年，民間教育改革開始啟動，提出「廣設高中大學、小班小校、教育現代化、訂定教育基本法」等四大主張，在政府積極的回應下，不僅大學校院積極籌設，招生人數亦屢創新高。在師生比和每位學生之教育支出上，公私立高等教育機構之間仍存有相當大的差距。雖然近年我國對私立大學的獎助方式，朝向「增加獎助所占比例，減少補助所占比率」的方向，但私立學校的學費依然受政府之管制，私立學校的教師退撫制度不如公立學校，因此在吸引優秀教師上，仍處於不利的局面。[1] 整體而言，我國尚未提供私立大學發展成世界一流大學的有利條件與環境，但是，過去十幾年來卻陷在立委、行政首長、民意代表及家長等利益相關者認為地方縣市一定要成立大學的困局，導致當前臺灣2300萬人口就有163所大專院校（參見表21-1）。然而，對照歐美先進國家平均約一百萬人才設一所大學，未來臺灣面臨大學整併是必然的趨勢。在實務上我建議師法日本等國家如何推動大學整併、建立退場機制。自2002年起，29所國立大學已整併至14所，私立大學部分，自1995年起，因應200間私立大學面臨學生不足問題，日本政府准許私立學校破產，並要求破產學校協助學生轉往他校就讀。

　　目前在臺灣的國立大學校數高達50所，其中不乏規模過小的學校，連帶影響學校的競爭力與學生的學習環境。雖然教育部過去一直努力推動國立大學整併，但礙於大學法規範，相關整併必須由學校提出，並經由校務會議同意，教育部只能扮演協助角色，因此推動並不順利。2011年初，立法院三讀通過大學法第七條修正案，正式授予教育部主導國立大學整併的權力。教育部今年6月據此完成訂定「國立大學合併推動辦法」，清楚規範合併的條件、程序、經費補助與行政協助方式等相關權利與義務，作為教育部未來主導國立大學整併的依據。教育部高教司專門委員倪周華說：「教育部在今年6月22日也制訂合併推動辦法，予以發布，這個合併辦法內容，將教育部主導的方式跟程序，跟相關考量條件，跟學校相關保障予以制定，目的是把工具準備好，也向各個國立大學跟社會各界宣示，我們將會對整個高等教育資源分配做一個考量。」倪專門委員強調，

表21-1　1998-2011年臺灣大專院校數量（87-100學年）

學年度	87	88	89	90	91	92	93	94	95	96	97	98	99	100
大學	39	44	53	57	61	67	75	89	97	100	102	105	112	116
學院	45	61	74	78	78	75	70	56	50	49	45	44	36	32
專科	53	36	23	19	15	16	14	17	16	15	15	15	15	15
總數	137	141	150	154	154	158	159	162	163	164	162	164	163	163

資料來源：教育部統計處（http://www.edu.tw/files/site_content/b0013/u.xls）。

1　國家教育研究院（編），《中華民國教育年報99年》（台北：國家教育研究院，2010年），頁251。

該辦法的公布不是要消滅哪一所學校，而是考量整體國立大學扮演高等教育發展角色；合併過程中，教育部也會邀請超然、客觀的學者專家組成「合併推動審議委員會」，由教育部長或政務次長擔任召集人，並邀請學者列席會議，聽取學校的意見，在滿足社會期待和保障學生權益的前提下，順利推動合併。[2]

　　然而，大學整併的問題每年都吵得沸沸揚揚，但最後卻依然是不了了之。依照教育部評估，至少要有六千名學生，才能維持一所大學的營運。但根據教育部統計，163所大專院校中，約30所學校，學生不到六千人門檻。尤其是私校，甚至有應屆招生未滿一百人的窘況。儘管如此，招生困難的學校，還是苦撐著，並沒有一間因此倒閉、退場。私立大學院校協進會理事長、世新大學校長賴鼎銘點出關鍵：私校苦撐，最大原因是土地處分問題。若學校關閉，因為是法人，校地必須充公。私校董事會寧願改組轉賣學校，也不會輕易退場，讓土地歸公。[3]

　　臺灣在大學過多所面臨整併的浪潮中，還衍伸另外一個重大的議題，即是教育部在其「教學卓越計畫」及「邁向頂尖大學計畫」的框架下，引發了各大學校院皆以追逐「研究型大學」為其終極目標，因為，縱使將大學分為研究、教學、專業和社區四大類型，教育部仍以「加強補助研究型大學」為首要之務。然事實證明，就各先進國家之整併經驗分析中得知：「研究大學並不等同於卓越的大學，只是研究型大學是成為卓越型大學的基本條件之一。」因此，建議教育主管機關應及早提出足以讓各大學校院進行整併之配套措施，以免影響廣大學生之受教權，而剷平了原本具有辦學特色的大學，更犧牲了高等教育的品質。

二、高教技職體系產學結構失聯

　　政府大量放寬職業學校升級技術學院、技術學院升等為科技大學，堪稱教育亂象之最。1970年代，政府為配合發展資本、技術密集工業，高職與高中生比例為六比四。到了1980年代，為發展高科技工業及石化產業，廣設高職，將高職與高中學生比調高為七比三，這個時期高職成為就業人力最堅實的主力。然而近十多年來，政府號稱因應知識經濟、產業轉型！技職教育政策也大幅轉向，高職與高中學生的比例又向下修正為五比五。但更值得注意的是，高職升學率從二十年前的10%，最近這三年大幅揚升到77%的高峰。在弭平高中高職差異、延後專業分流之下，高職升學主義抬頭。換句話說，有七成七的高職生，念的是職校，但仍以上大學（包括科技大學與技術學院）為目標。為什麼高職生想要繼續升學？這又跟高等技職教育的盲目擴張有關。政府一方面縮減高職，另一方面，卻自1996年開始，大力鼓勵專科改制為技術學院；技術學院改為科技大學，

2　江昭倫，「國立大學整併教育部制定推動準則」，中央廣播電臺，2012年7月4日，http://news.rti.org.tw/index_newsContent.aspx?nid=363857。
3　林秀姿，「為求生存教授扛起招生業務」，《天下雜誌》，507期（2012-10-03），http://www.cw.com.tw/article/article.action?id=5043895。

彷彿是一場拚升格的競賽。[4] 這場競賽令原本70多所的專科,大幅減少到現今僅存的15所。可是幾與此同時,技術學院卻年年暴衝,自1974年成立第一所開始,2002年已經達到56所的高峰。現在技術學院減為31所,因為已有20多所升格為科技大學,因此,科技大學在過去10年間,由2000年的11所增加到2011年的46所。

臺灣過去十幾年來大量開放專科升級的結果,加上升等評鑑政策的誤導,許多為求升等的學校因為缺乏博士師資人力,一時創造了短暫的「博士假性需求」。原因在於,政府沿用一般研究型大學的評鑑標準,讓想要升級的專科為了滿足教育部的評鑑要求,大量引進了有研究學歷、卻無實務經驗的博士進入技職校院。技職學校在學術老師充斥下,升格後反而變成了臺灣職業教育的殺手,甚至連原來為專業技術開放的「技術老師」(也就是不要求學歷,以專業技術資格任用的廚師、技術士等教師),也為了得到終身教職的鐵飯碗保障,紛紛迎合升等的需求,做出一大堆不務實的研究報告、社區教學,或競相輔導學生參加比賽、鑑定,做為升等的條件。[5] 然而,職業教育的本質應強調「學有所用」的產學合作模式,老師應該與產業界交流頻繁,甚至定期轉換身分於業界工作,才能確實掌握市場最新資訊和技術。臺灣的現況令人十分憂心,當技術教師也在追求教授升等之路與終身職,向學術傾倒,這表示技術學院、科大所傳授的課程已經無法與市場接軌,技職教育的教育目標正在加速崩毀當中。

根據OECD統計,2012年歐盟國家15到24歲青年人口失業率,平均高達22.8%,西班牙甚至高達53%。而德國青年人口失業率卻能維持在8%左右,是歐盟國家最低。也比臺灣的青年失業率12.6%還低。德國企業與社會各部門參與教育的方式,最可貴的不在於臺灣企業所習慣的捐錢、捐硬體,而是提供了跨界的專業、創意與腦力連結所產生的綜效。[6] 德國能於歐洲保持如此低的青年失業率,並帶領歐洲脫離歐債危機而穩定成長,與其深耕已久的職業教育傳統大有關係。德國的職業教育承襲自中古歐洲的「行會」(guild)與藝徒制度,政府與企業皆能以務實的態度培育技職體系的師資和學生,約有七成的青年選擇就讀二元制的職業教育。德國技職高等教育階段為應用科技大學,其特色之一,就是其師資除了必須具備博士學位外,也要求應具備相當於博士後之工作經驗,一般而言需要3到5年以上,有些較熱門的學校可能有更高的要求。除了專任教師外,德國應用科技大學引進許多學有專長工商界人士擔任兼任教師,藉此達到充實師資、引進新技術,與業界建立合作,提供學生實習場地等多項目的。[7]

應用科技大學提供企業與業界緊密合作,採用學校與企業緊密結合的雙元合作教育模式;德國的應用科技大學是隨著企業需求增長而發展,與企業有著密切的聯繫,

---

4　嚴長壽,《教育應該不一樣》(台北:天下文化,2011),頁160-161。

5　同前註,頁162-164。

6　許芳菊,「德國企業扎根教育,學校成創新基地」,《天下雜誌》,536期,http://topic.cw.com.tw/2013edu/article/global_graman_pg1.aspx。

7　〈德國教育體系中的應用科技大學〉,《教育資料集刊》,第43輯(2009),頁258。

學校與企業相互依存。企業是學校生存的依靠、發展的源泉；學校則是企業發展、技術革新的人才庫。應用科技大學一般設立在知名大企業的周圍，如埃斯林根應用科技大學（Hochschule Esslingen）的附近的博許（Bosch）；福斯汽車附近有渥分比特爾應用科技大學（Fachhoschule Braunschweig/Wolfenbüttel）的車輛工程科系；雷庭根應用科技大學（Hochschule Reutlingen）附近則有紡織工業，上述應用科技大學設置的專業符合鄰近企業的需求，並能根據企業產品結構調整和轉型作相應的調整和補充，學校與企業休戚與共。同時人才培養由學校與企業共同承擔，學校負責理論教學，企業負責實踐教學，並為畢業生提供工作職缺。[8] 目前在臺灣科大、專科的技職教師也不見得懂技職教育。現行的評鑑制度與科大政策，迫使技職體系大量聘用博士教師，但博士教師普遍沒有實作能力，故對學生的實務訓練無法落實，只能要求學生做理論探討，技職體系的研究生變成追求SCI、SSCI的學術論文發表，完全違背技職教育的目標。此外，我國政府越來越不重視技職教育，我國高等教育中，綜合大學與技專院校的比例約為2：3，但普通教育與技職教育的經費比例卻為68：32，教育資源分配嚴重不均！[9] 教育部前端竟然做出如此的辦學政策，談再多的產學合作也是惘然。

　　2013年12月6日國科會舉辦第二屆「科技學術諮議會」，探討臺灣博士生數量與未來發展。科技龍頭代表台積電董事長張忠謀則直指，「廣設大學是個錯誤政策！」臺灣並不需要太多大學，而且「博士生不等於創新人才」！企業對創新人才的需求與培養多少博士生不相關。張忠謀說，「人才」是一切基本！早期臺灣年輕人覺得，大學教育能擁有更好未來，但「幻想已破滅」，臺灣目前的產業問題太嚴重了，產學落差造成失衡。他強調，臺灣並不需要一百多所大學，也不需要三、四十所研究型大學，而是需要更多的技職學校教育；臺灣不需背誦式學習、考試，這些需要改變。張忠謀直言，產業競爭力和未來十年會有多少博士生，完全不相關。臺灣企業對研發的投資不夠，企業成長也降低，無法僱用更多博士生，因此造成不良循環。但他對博士生的創新力也不滿意。張忠謀認為，有三項失衡問題，應該刻不容緩解決，包括產業找不到人才問題、不同領域的訓練與實務不盡相符，及年輕人的期望和事實有落差等。他建議應舉辦全國教育會議，讓企業、政府等機構討論，徹底改造臺灣高教方針。[10]

三、大學評鑑無法全然反映高等教育品質與爭議問題

　　教育部在1998年推出的「追求高等教育卓越發展」方案中，並沒有對「卓越」一詞給予明確的內涵定義。在該方案中所列的五項執行內容，分別是：一、修正大學法；

8　同前註，257頁。

9　「SOS！搶救台灣技職教育」公聽會聲明稿（2013），台灣教授協會，http://taup.net/index.php/taup-activities/2013/719-2013-03-30-00-00-04。

10　吳柏軒，「張忠謀：博士生不等於創新人才」，自由新聞網，2013年12月6日，http://www.libertytimes.com.tw/2013/new/dec/6/today-life8.htm。

二、研議設置高等教育審議委員會；三、加強提升大學水準之配套措施，發展各具特色之高等學府；四、辦理私立大學校院獎補助；五、辦理技專校院整體發展獎補助。至此以後，教育部就以追求卓越為名，來推動教師評鑑制度與大學多元評鑑發展，導致今日種種高等教育之亂象。這一場由教育部主導的「追求卓越」工程，不僅涉及高等教育最為重要的法制變革，也使得傳統以降我國大學教師儘管專注於任教本職與知識傳承任務，而不太需要去關注自身工作權益問題的文化背景為之動搖；同時，政府為此因而投入的各種名目預算與資本支出，也呈現前所未有的規模。影響所及，不僅僅是我國現今高教體系內實際從事專任職務的約八萬名教職員及其家庭的生計與福祉，同時也涉及現今仍然在學就讀的約一百三十五萬的學生權益。[11]

　　2005年大學法修正，教育部成立「高教評鑑中心」，自2006年起全面展開大學評鑑。當時目的是：以評鑑結果來分配補助大學的經費，形成「獎懲機制」；藉此淘汰部分校院系所，形成「退場機制」。大學評鑑馬上成為全國大專院校最大的壓力來源。高教評鑑中心由上而下貫徹各種「客觀」評鑑指標，改變了大學社群原本的自主審查習性。為了符合指標要求，各校院系所也發展出各種荒謬的因應之道，評鑑制度很快引發各方怨言。教育部於是在2008年宣稱「評鑑與退場機制脫鉤」、評鑑只是幫各大學調整體質。然而，五年一輪的大學評鑑仍持續進行。[12] 評鑑涉及經費分配、招生、名聲，各校院系所只能無奈配合，結果是：同質化、形式化、指標化和作假文化。更嚴重的是，外部評鑑內化為大學校方考核教師的制度：凡事量化記點、重研究而輕教學。評鑑實施至今，校方辦學不見得有進步，但教師勞動條件變差、學生受教品質降低則很確定。在各界批評中，教育部近日又做出回應：獲「頂尖大學」和「教學卓越」補助的34所大學，可不參加評鑑中心的評鑑，只需自我評鑑。也就是，教育部主觀的將大學分為「前段班」和「後段班」，獲得愈多政府補助的前段班，愈不用接受外部評鑑。這是典型的分化策略，其動機及合理性都相當可議。首先，頂尖與教卓補助和大學評鑑完全是兩回事，目的不同標準也不同，教育部故意混淆兩者，是對評鑑的不尊重。其次，在外部監督標準不明下，讓34所大學自辦評鑑，將強化這些學校校方的對內控制權，對弱勢學門系所不利。最後，這種做法將鞏固傳統大學排名，傷害多元辦學、大學特色發展的高等教育理念。

　　大學法第21條規範大學應建立教師評鑑制度以來，各校紛紛開始擬訂其所屬的教師評鑑相關辦法，對教師之工作與服務成效進行績效的考核，以作為決定教師升等、獎勵或繼續聘任與否的參考依據。學校對於評鑑結果的運用可分為三類：1.作為升等與續聘與否之參考；2.作為升等申請資格的審查門檻；3.作為優良教師或傑出獎勵表揚的依

11　張國盛，「魔鬼眼中的『追求卓越』遊戲－從『退場機制』看我國高教發展的變調」，《教育與社會研究》，第24期（2012年6月），頁79。

12　陳尚志，「誰來評鑑「大學評鑑」？」，新頭殼New Talk，2012年10月2日http://newtalk.tw/blog_read.php?oid=11779。

據。儘管許多學者專家主張大學實施教師評鑑之目的，主要是在於協助教師專業成長與改進，而不是用以做爲淘汰教師之依據。然而，評鑑教師的制度設計基礎，既然係源於大學法中將教師工作績效與其工作權得否存續予以相互結合的規範，那「不適任教師」的思維框架，就自然會伴隨著各大學教師評鑑的逐步實施而如影隨形。[13]

　　教育政策的落實者，也就是大學教師們對於評鑑制度認同低落，亦對評鑑結果無所適從。高教工會2012年公布七百位大專教師回覆問卷結果顯示，近八成教師認爲評鑑結果不可信，還有近九成教師認爲評鑑嚴重干擾正常教學。也有八成教師認爲委員太主觀，有七成六則認爲委員看不到系所現況。若以滿分100分計算，「評鑑的評鑑」分數僅24.4分。高教工會祕書長陳政亮直言，評鑑讓高教淪爲形式主義，就像軍隊的高裝檢，大家忙做表面工夫。曾任系所主管的南華大學教授周平說，爲「迎接」評鑑委員，校方還安排師生迎接；爲通過評鑑，還得去借有經驗的他校報告來「參考」。[14]筆者曾擔任大學系所行政主管與大學之評鑑委員，深切體認爲了應付系所評鑑大費周章，甚至動員許多畢業校友於訪談時來幫忙抬轎，且聯合眾人之力熬夜撰寫評鑑報告淪爲長篇「作文比賽」的情景。許多大學爲了評鑑耗費大量資源，有些學校甚至爲此動支鉅額經費、召開數場會議。大學評鑑與大學教師評鑑確實有其必要，此對提升辦學績效與教育品質亦有其貢獻，惟是否盡量做到客觀公正而已。西方先進國家之大學評鑑可資借鑑與仿效。大學之獎助與補助須從寬，但學術以及大學之財務與執行預算之審查稽核要從嚴公正。

　　依照現行高教評鑑制度大學教師個人學術績效，關乎系所評鑑之績效，也與取得教育部資源的多寡有絕對關係。中央大學中文系專任副教授、知名美食家焦桐也曾批評國科會計畫補助經費越來越少，教授們爲了拿到補助，計畫案的篇幅必須越寫越長，好像作文比賽般，還要用許多措辭來包裝，藉以搏得評審信服。過去各大學訂定「教授休假研究辦法」，普遍給予教授任教七年可以休假一年、或任教三年半可以休假半年的休假研究。焦桐指出，高教評鑑讓多數大學爲了拚業績，經常要求教授必須「每三年申請到兩次以上的國科會計畫」，才有辦法休假研究，迫使教授們不得不提出申請。早年申請國科會計畫並非難事，幾乎只要提出申請，人人都能夠「中獎」。但近年隨著國家經費逐漸減少，相對弱勢的人文領域，已嚴重出現粥少僧多情形。爲了通過審查，許多教授經常得花兩三個月時間寫計畫，砸下去的時間成本，「根本可以直接產出論文」。除此之外，相同領域的學者，因爲會相互受邀擔任國科會計畫審查委員，爲了提高自己計畫雀屏中選的機會，難免出現私心，刻意不讓他人的申請案通過。[15]

13　張國盛（2012），前揭書，頁84-85。

14　「高教評鑑8成師認無助教學品質」，自由時報，2012年9月26日，http://www.libertytimes.com.tw/2012/new/sep/26/today-life3.htm。

15　蔡永彬，「申請補助像作文賽？焦桐槓國科會」，聯合新聞網，2012年10月12日，http://mag.udn.com/mag/edu/storypage.jsp?f_ART_ID=417875。

　　國科會的研究計畫案，早即爲學術界多數有志有識之士所詬病與厭惡、厭棄，因早已淪爲「少數學閥」所把持，其審查者早期絕大部分皆操之在國立大學，也無審查標準可言，尤其私立大學社會與人文科學領域的教授幾乎不可能獲得國科會贊助的研究案，特別是在學術會議上曾依學術良知評論過同行，而得罪對方，屆時儘管你的研究計畫案如何下工夫花了數週撰寫完畢後提出申請，審方大筆草草一揮【不值得研究】，那麼你就被排斥拒絕了，況且尙有外行審內行者！該審查制度確實有嚴重問題存在，造成不公不義，更何況有很多私立大學不明究理，把獲得國科會的研究案做爲升等的重要績效，實有偏頗。國科會研究案之經費來自人民納稅血汗錢，怎能如此不正邪行！必須檢討改善以維公正以昭公信。

　　更何況國科會研究案之研究成果及其品質亦未受評審，如何得知其成果是否達到一定之學術水準，既然如此，國科會研究案怎能做爲教育部評鑑與個人升等及獎助之依據，此並非客觀，應廣泛檢討改善，否則除了造成不公不義與浪費國家公帑人民血汗錢。

　　針對臺灣現行已經被扭曲的教師評鑑與教師升等制度，教育部高等教育司專門委員倪周華坦言，「這不是大學的錯，是教育部的錯。」相較歐美國家採用多元升等制度，臺灣目前還是單軌制度，當學校要求學生生涯多元化發展時，教師職涯卻是單元發展。他指出，教育部過去十年積極推動五年五百億頂尖大學計畫、教學卓越計畫，「但大學眞的建立自己特色了嗎？」若要扭轉臺灣當前困境，正在試辦的「多元升等」自然成爲重要的一環。「多元升等」主要授權各校制定出自己的標準，並強調研究、教學、服務、輔導四方面各給予適當比重，而非專偏向研究。政大講座教授錢致榕認爲，大學應回歸教育本質，學術不該「只數篇數」，以致研究論文多寡變相成爲遊戲。[16]

　　行企業視爲能提升競爭力的績效評估（KPI）制度應用在高等教育上，使得大學教師們爲了升等而讓自己成爲產出論文的「集點機器」。大學教師集點，是從評鑑制度開始，而評鑑又跟錢（獎金、補助）綁在一起。過去教育部委託高教評鑑中心，進行五年一週期的大學系所強制評鑑。評鑑結果，會左右大學的招生名額和政府補助。同時間，大學也開始對教師實施「N年條款」（在規定年限內，必須升等）、教師評鑑，做爲升等與續聘的依據。在這種績效評估（KPI）制度驅使下，累積點數，是大學獲得政府補助，大學教師升等、保住工作的最重要途徑。「大學老師像信用卡，大學是卡片持有人，刷卡累積點數，向銀行（教育部）兌換補助」。[17]高教產業工會就發表調查，84%的大學教師認爲，評鑑無法提升教育品質。在《天下》雜誌的調查中，也有65%的

16　李佳怡，「持教師多元升等論壇籲勿獨尊研究」，國立政治大學高等教育評鑑論壇，2013年10月24日，
　　http://www.nccu.edu.tw/mobile/news_content/526976121d41c8618b000001。

17　林秀姿、林偉妃、蕭emph富元，「高教悲歌／求生存！教授招生衝業績」，《天下雜誌》，507期，2012年10月3日，http://www.cw.com.tw/article/article.action?id=5043869&page=2。

大學教師認為，臺灣高教最大的問題是「評鑑制度浮濫」。[18]用點數當作教師的績效考核，並不是壞的設計，大學和大學教師的確需要績效考核。問題出在，大學教師忙著累積的點數，大部分和研究發表有關，教學成效、教學熱情卻被低估了。現在臺灣的高教環境不佳，猶如中古世紀，是個混亂的黑暗年代。教育部對大學施行評鑑制度，各大學為應付繁瑣的評鑑要求，疲於奔命。教授們本該是要專注於備課與研究，卻被迫騰出許多時間累積各種點數，一切都是為求符合評鑑標準。

綜上，我國高教體系在面臨少子化與產業化的威脅處境下，這種欠缺教師尊嚴與工作權制度性保障配套機制的環境，將難以吸引人才投身其中。因為，當大學需要「你」時，「你」就是「人才」，一旦「你」的價值用盡，或者該大學以後因「心另有所屬」而「琵琶別抱」時，「你」就隨時會成為該大學所「評鑑通過」的「不適任教師」，儘管「你」還是「你」（也儘管「你」得過該校的「優良教師」獎項）就此而言，在新大學法下，這個理由也會讓「你」投訴無門至於那個「你」曾經為「它」奉獻青春與歲月的「大學」呢，沒錯！那個「大學」正是透過於對「你」的棄置而宣告「它」正在「追求卓越」！[19]

大學評鑑與大學教師評鑑確實有其必要，此對提升辦學績效與教育品質亦有其貢獻，惟是否盡量做到客觀公正而已。西方先進國家之大學評鑑可資借鑑與仿效。大學之獎助與補助須從寬，但學術審查以及大學之財務與執行預算之稽查要從嚴公正。

四、高教政策欠缺通盤考量，資源分配嚴重不均

高等教育經費的補助，主要含行政運作經費及公私立大學基本需求兩大類，約占總體高等教育經費85.23%。行政運作經費含高等教育基本行政運作經費、國立大學校務基金補助二項；私立大學則以整體私立學校獎補助經費為主。此外，政策引導性經費（含邁向頂尖大學計畫、獎勵大學教學卓越計畫等）約占總體高等教育經費14.77%。[20]過去高等教育經費補助強調滿足各大學校務運作的基本需求，近年來教育部以提升大學競爭力為口號，過度強調績效責任（accountability）[21]，鼓勵學校發展特色。競爭性經費透過計畫及嚴謹的審查程序，造成未獲得競爭經費大學之反彈聲浪。

2006至2010年，教育部分兩階段撥款執行5年500億補助大學成為世界一流學府、研究中心的計畫。2007年度發展國際一流大學經費為100億元；2009年度發展國際一流大學經費為新臺幣50億元，簡稱5年500億計畫。自2011年起，第二期的5年500億計畫開

18　「四成教授：台灣教育制度無助提升學生素質」，《天下雜誌》，507期，2012年10月3日，http://www.cw.com.tw/article/article.action?id=5043846&page=2。

19　張國盛（2012），前揭書，頁88。

20　國家教育研究院（編），《中華民國教育年報100年》（台北：國家教育研究院，2011年），頁240。

21　教育績效責任是指教育組織為了建立權責相稱的理念，進而提升教育成效，達成教育理想，教育機構和學生及家長各自負起教育和學習成敗的責任，透過科學化的管理，並對工作表現加以評鑑與獎懲，從而發現其達成教育目標的程度與謀求改進之道。

始實施，並將計畫名稱改為「邁向頂尖大學計畫」。臺灣投入高等教育的經費占GDP
1.92%，雖然比經濟合作暨發展組織（OECD）投入高等教育的經費平均為1.5% 較高，
但是未來教育部的補助並不再完全按學校規模、教師人數、學生人數為補助重點，而是
以計畫型為補助要項，因此大學必須自行籌措其他包括來自學雜費、宿舍管理費、財務
（利息收入），捐助與建教合作與推廣教育之管理費等經費。[22]然而，這種公開招標
式的競爭方案與高教評鑑掛鉤，使得各大學爭相討好、汲汲營營該如何贏得計畫補助
款，而非積極辦學樹立大學特色與倡導多元教學，並藉由評鑑將大學改造為單一特色大
學，無視教育樹人之百年大計，長此以往大學之道必將蕩然無存。

　　高等教育的市場化導致資源分配不平均，更強化了社會不公。教育部5年投資500億
的頂尖大學計畫，台大前5年獲得的150億元中，四成被用來興建博雅教學館、動物研究
中心、卓越研究中心，從建築體到內部儀器。有人形容，台大就像是顆「血鑽石」，不
斷吸納其他大學教授人才，成就它自己。屈居後段私立大學的學生，付出超過台大兩倍
的學費，卻無法擁有更好的教學。因為，優秀的老師很快就會因資源和環境等誘因，被
頂大挖走。[23]教育部現在正展開第二期5年500億邁向頂尖大學計畫，第一期計畫卻被
監委葛永光等調查發現台大等校3年半內，花了1億1700萬購買碳粉匣和墨水匣。[24]因
此，在這種本末倒置的政策氛圍下，無疑也讓臺灣的高等教育環境轉變為一種「M型社
會」的病態，最後犧牲的只是國家青年們的受教權，以及長期國家發展的競爭力。

　　依據教育部資料，我國國立大專每生培育成本約18.2萬元、私立約10.5萬元。致私
立大學學費遠高於國立大學，而就讀私立大學者又以經濟弱勢家庭者居多，導致反公平
現象，有違社會公義。對私立大學產生之問題有：[25]

1. 稅賦待遇不同：公立可以100% 免稅；私立須透過財團法人私立學校興學基金
　會，未指定捐款予特定之學校法人或學校者，於申報當年度所得稅時，得全數
　作為列舉扣除額或列為費用或損失，若指定對象者，個人最高70%、營利事業
　35%。
2. 公餘款處理方式不同：公立大學之結餘款留供校務基金滾用，私立大學須繳庫。
3. 教職員退撫制度不同：公立比照公務人員辦理，私校則建議私校公保轉勞保。
4. 人事、會計控管程度不同：私立人事、經費較有彈性，但採購均比照行政機關辦
　理。
5. 績優學校放寬辦學空間不同：評鑑績優之私立大學得放寬增設系所、招生名額入
　學方式及其名額之分配、校長、專任教師之年齡（75歲）、學雜費調整等限制。

22　《中華民國教育年報100年》，頁243。
23　林倖妃，「血鑽石台大贏者全拿？」，《天下雜誌》，507期，2012年10月3日，http://www.cw.com.tw/
　　article/article.action?id=5043853&page=2。
24　「歐洲教育展龐維德：歐洲有無窮可能」，中央通訊社，2013年10月24日，http://www.cna.com.tw/news/
　　FirstNews/201004040018-1.aspx。
25　《中華民國教育年報100年》，頁242-243。

　　行政府2006年以來推出的五年五百億計畫，反而加重了高等教育的惡性競爭。這個計畫原始構想是希望透過研究經費的挹注，扶植幾所重點大學，盼能進入「世界百大」。立意雖然良善，卻未能注意到國內外教育環境有根本性差異，把資源集中於幾所「頂尖大學」，徹底將大學階級化。大學雖高喊「自治」，但是在市場競爭激烈與民主化的今天，「自治」其實非常有限。今日教育部仍牢牢掌控大學的學費、學生人數、新的學系與研究所的設立、老師員額數量、校長的遴選與各種經費補助。教育部這種「大事小事一把抓」的行政風格，讓大學自由發展的風氣受限，也無從建立各自的特色。然而，正如德語系國家重視學生技能養成的務實辦學制度，培養優質的技術實務人才進而豐沛就業市場之附加價值，才能讓德國經濟歷經2008年金融海嘯後還能屹立不搖，成為歐盟經貿的火車頭；在臺灣真正以技術為本的職業教育，卻不斷的被政府打壓及忽視。臺灣教授協會於2013年3月29日在立法院舉行「SOS！搶救臺灣技職教育！」公聽會政府五年五百億的專案教育經費主要挹注在少數綜合大學。而教育部三年二百億技職教育再造方案目前執行落後，第一年僅編列3億，恐流於無法兌現之空頭支票，無視教育樹人之百年大計。政府應重新檢討教育資源分配的合理性，不應放任臺灣的技職教育繼續崩壞。

　　2013年2月教育部以「改善高等教育反重分配現象」為名，提出了公立學費調漲5%的兩方案，未來大學新生學費最高漲幅將達10%。目前公立大學學生付出的學費僅為私立大學的一半，以致多數就讀私立大學的弱勢家庭反而要負擔更高的學費，形成「高等教育反重分配」的現象，以2013年的教育歲出預算分配為例，整體高教經費約有2004億元，教育部究竟如何以「撙節一般經常性支出原則」來編列預算。首先，用於公私立大學教職員退休撫卹就高達9.75%，國立大學與公家單位退休後轉任私立大學任教人數屢創新高，有1,351人，保守估計領走了27億元，約達私校補助經費的十分之一。教育部應修法明訂卸任部長及其以下官員皆不得轉任私校領取雙薪，以維護公教人員的尊嚴。其次，國立大專院校校務基金及附設醫院作業基金總數高達484.6億，再加頂尖大學計畫100億，兩者合計約占總體高教資源九成，這樣扭曲的分配原則嚴重擠壓到私立學校與科技大學的發展。然而拿得越多的公立大學不願扮演提供低廉學費的教育公共性角色，反而要求依市場機制來調漲學費；而經費不足的私立大學得不到國家任何補助，卻又無法依市場機制來調漲學費。[26]

　　高等教育與國民教育階段互為表裡，國民教育所育成的學生儲備了高等教育階段裡國家人才的素質。就整個教育體系而言，目前臺灣教育的大餅，大部分被人事費吃掉；全國教育經費平均每100元至少75元用在人事費，台北市人事費更高，每100元教育支出只有14元用在孩子身上。分析教育經費結構，各縣市最大負擔是教師的人事及退撫金。

26　戴伯芬，「高教資源重分配避實擊虛」，中國時報，2013年2月27日，http://news.chinatimes.com/forum/11
　　051402/112013022700527.html。

台南市長賴清德說，人事費占去該市教育經費的75%，台北市教育局長丁亞雯則說，台北市的人事負擔更龐大，高達86%。賴清德說，國立高中移撥直轄市政府後，台南市會增加50幾億元支出，但教育部只給30億，20億的退撫金缺口，他要求中央要埋單。[27]

　　二十一世紀的全球性經濟，要求我們具備更高程度的想像力、創造力和創新力，以不斷替全球市場發明更新、更好的服務和產品。因此，創造力和創新力乃是打開終身學習和創造性工作大門的核心要件。創造力和創新力可在學習環境中培養；而這種學習環境必須要能培養學生提出疑問的能力、對新概念抱持開放的心胸、高度信任、從錯誤和失敗中學習，以及耐心。是故，歐盟在推展高等教育整合的策略下，特別強調培養學生創新的能力。2010年3月3日歐洲執行委員會為了因應歐洲經濟上的危機發布了《歐洲2020戰略》報告書，針對未來十年的經濟發展列出具體之目標。歐洲執行委員會在該報告中特別強調驅動歐洲未來發展的方針－「才智成長」（smart growth），乃是構築歐洲下個十年經濟社會願景的優先目標之首，它建立在歐盟國家以知　追求經濟成長創造價值，拓展教育、研究以及數位經濟的潛力。總之，以發展教育健全國民素質，追求創新的社會，進而促進經濟發展、提高人民生活品質，實在是經濟全球化下不可逆之趨勢。

　　前述及這麼多國內的教育問題著實令人惋惜與痛心，未來臺灣必須效法歐盟高等教育整合的精神，將教育與培養創新能力連結為整體政策，藉以提升知識經濟與國家競爭力，整合高等教育與研究發展、就業、社會福利等政策目標。而談到創新這個詞彙，我十分推崇張忠謀先生提出有關「創新」的教育理念。他認為在知識經濟中唯一值錢的，不是知識而是創新。他曾鼓勵年輕人應該「學而優則創」而不是傳統農業社會「學而優則仕」的觀念。

　　創新，而不是知識，這個道理很多人到現在仍不明瞭。然而，一開始談「知識經濟」的時候，人們對這個詞彙有很大的誤解，以為知識經濟是關於知識的，最典型的知識工作者如教師、教授，都以為他們的時代來了。但二十幾年來，教師、教授的收入不但沒有增加，有的甚至還減少。因為在知識經濟時代，光有知識無法獲利，而是要懂得轉知識為經濟，而轉知識為經濟的「創」是百分之一的天才、是靈機一動，加上百分之九十九的「學」，這就是創跟學的關係。創必須要學，要建立學習系統的金字塔，每一個學習系統都是一個金字塔。學習金字塔的最底層是資料（data）的收集；經過分析、整理、查證後成為第二層的資訊（information），這

洞察力

知識

資訊

資料

27　王彩鸝，「100元教育支出僅25元用在孩子」，聯合報文教要聞，2012年8月15日，http://mag.udn.com/mag/edu/storypage.jsp?f_ART_ID=407244#ixzz2kL69aYMd。

是知識工作者（knowledge）可以做的事，就是把沒有條理的資料（data）整理成有條理的、有系統的資訊（information）；之後再加上個人「內化」（internalization）的過程變成更高一層的知識（knowledge），這個階段無需太多的記憶，可是需要徹底的了解及吸收；而最高層的洞察力（insight）則是在足夠的知識基礎上，經過苦思而得。現在講創新，僅僅一個學習系統是不夠的，而是需因應不同的學習目的，建立不同的洞察力金字塔，然後再將不同的洞察力金字塔加以融會貫通，產生「聯想」的能力，這就是創新。[28]

第二節　國際高等教育大趨勢

行綜觀本書中歐盟高等教育整合的發展，經過比較研究，確實與世界其他教育大國的未來政策趨勢不謀而合。亦可謂歐盟透過一種專家治理的政策合作下，能以開放協調法（OMC）的合作模式，輔與國際教育組織之資訊交流；率先發掘高等教育問題、觀察未來教育人力資本及經濟趨勢，協商並制訂出波隆尼亞進程、高教政策各項相關共同的準則（benchmark）和指標（indicator），這些共同教育目標再藉由各會員國立法通過成為國內依循的重要政策，也是領先世界的高等教育指標。以下茲以「學術與研發政策相連，確保學有所用」、「推動職業教育生涯資歷認證與學術接軌」、「提升高等教育國際化與大學品牌行銷」、「以學分轉換系統擴大高教辦學市場」、「積極參與國際組織以提升區域合作」等五大面向分述當前國際上高等教育政策的大趨勢。

一、學術與研發政策相連，確保學有所用

歐洲研究區域（European Research Area, ERA）、歐盟高等教育區（European Higher Education Area, EHEA）為歐盟推動「歐洲2020戰略」建構以知識為本社會之兩大支柱。[29] 因為唯有依靠高等教育培養優秀的人才與創新的競爭力，才能創造經濟與產業上的研發生產力，促進歐洲的永續成長。歐洲執行委員會於2000年1月提案建立一個「歐洲研究區域」，希望能改善上述三項弱點。此倡議包括了以下三個互補且相互關聯的政策概念：[30]

　　1. 建立研究的「內部市場」，即知識、研究人員與科技自由流通的區域，目的是提高研發合作之機會、刺激全歐盟的競爭力，並達到資源的妥善分配。

28　張忠謀，〈學而優則創〉，《全球工商》，653期(2012年8月)，頁10-11。

29　Driss Habti, "The Bologna Process and the Economic Impacts of Research and Development within the Context of Europeanization: the case of Finland," *European Educational Research Journal*, Volume 9 Number 1 (2010), p. 94.

30　COM (2007) 161 final, *Green paper: The European Research Area: New perspectives*, {SEC(2007) 412}, pp. 6-7.

2. 藉由改善各會員國間的研究活動和政策協調，重塑歐洲研究結構。

3. 發展一致的研究發展政策，主要不只針對研究活動的經費補助，也將其它研發相關層面的歐盟和會員國政策一併考量。

行實現歐洲研究區域最主要的手段在於推展「科研架構計畫」（Framework Programme, FP）然而，歐洲研究區域至今仍面臨許多困難，特別是歐洲公共研究基礎的分散性阻礙了歐洲科技潛力的發揮。研究人員的自由流通仍受到法律與實務上的阻礙，企業與其他歐洲國家研究機構的合作仍有困難，歐盟國家與區域研究的補助，例如：研究計畫、基礎設備與研究機構等仍缺乏有效的協調，國家層級的也缺乏凝聚性的革新。【31】

在研究協調預算的分配上，透過ERA-NET的架構將科技研究案的業主（各國部會），管理人員（研究機構和學會）藉由聯合的研究活動、開放給所有參與「歐洲研究區域」成員國的研究人員共同申請之研究計畫案和長期研究計畫，彼此能相互學習和協調，像渦輪增壓裝置般相輔相成。除了鼓勵協調國家和區域級的科研計畫外，ERA-NET特別希望開放國家型的研究成果和計畫，其主要目標在於調整歐洲研究環境，以促進國家和區域相互間科研活動和政策的開放。【32】為了達成目標參與「歐洲研究區域」科研計畫的部會與機構必須遵循ERA-NET的四措施：

1. 於現有的計畫上有系統的訊息交流；

2. 在發現合作與協調的可行性、研究活動的相互利益、跨國研究活動的障礙、實際研究網絡安排上，以及新的研究機會和分歧上，參與者能辨認和分析研究議題的共同策略；

3. 在國家級和區域級科研計畫下發展聯合的研究活動，例如：跨國的評價機制、相互開放研究設施和實驗室的機制、設立共同的研究監管和評鑑機制；

4. 資金補助跨國聯合的「合作型計畫」，目標是實施和呼籲聯合研究計畫的聯合申請。

ERA-NET的角色在於協調參與「歐洲研究區域」的歐洲國家能協調和開放彼此間國家型的科研計畫案，並促進跨國科研計畫案的聯合申請，外國研究人員有更多的接觸和互動。「歐洲研究區域」境內的跨國性科技研究人力每年有8.6%的成長，跨國科技核心人力占總體科技核心人力資源也從2.2%成長到2.9%，特別是西班牙的外國科技研究人力由26,000成長至94,000人，英國的外國科技研究人力也從8萬成長到11萬人的水準。另外，歐盟27國內部於歐盟會員國境外出生的外籍科技核心人力也從2001年的34萬

31　Ibid., pp. 8-9.

32　Susana Elena Pérez, Laura De Dominicis and Kenneth Guy, *Developing the European Research Area: Opening-up of National R&D Programmes and Joint R&D Policy Initiatives* (European Commission Joint Research Centre, 2010), pp. 29-30.

5,000人增加至2007年的49萬6,000人，[33] 這都顯示出歐盟已經建立科技研究的「內部市場」，即知識、研究人員與科技自由流通的區域，更加提高了「歐洲研究區域」的知識創新競爭力。

　　2012年4月26、27日參與歐盟高等教育區的47個歐洲國家代表於羅馬尼亞布加勒斯特（Bucharest），召開協商波隆尼亞進程未來目標的高教部長級會議，會後做出布加勒斯特公報（Bucharest Communiqué）。爲因應廣泛社會需求和知識經濟時代人力市場需要，畢業生需要具備結合許多學科和創新的技術與能力。因此，特別是在發展研究計畫上歐盟高等教育必須透過與企業雇主的合作，提高學生的就業能力（employ ability）和專業發展，以提升大學畢業生的創新、創業和研究潛能。爲了滿足不斷變化的勞動力市場背景下，終身學習的因素格外重要。此一方面，高等教育機構貢獻了創新得以永續發展的環境，維持創新也需要高等教育的教學與學術所有層面，保持與研究強而有力的連結。創新的博士訓練（Doctoral Training）計畫將促進高教品質、就業力和流動性（mobility）三面向的良性循環，而博士候選人將扮演聯結歐盟高等教育區（EHEA）和歐洲研究區域（ERA）的聯繫橋樑，下一階段的博士訓練計畫，也就是波隆尼亞進程學制改革所強調的高品質第二階段循環，其必要前提在於使博士候選人成功連結學習、教學與研究，並增加研究的易讀性。

　　觀察亞洲的韓國高等教育趨勢，也體現韓國政府十分重視教育與研發、產業的結合。韓國教育科技部（MEST）於2011年的年度教育報告書指出，未來韓國將加強大學裡的實務教育，高等教育軌道必須開設專門的實務課程以反映大學生畢業後面臨企業的需求。透過大學、政府、企業三方面緊密的合作將提供學生更多親自動手（hands-on experience）的實務以及企業實習經驗；大學也必須徵募更多具有在企業界有實務經驗的教授，大學教師的評鑑也應該更體現教師對產學合作的貢獻做出反映。[34] 該報告指出韓國將推動產業與大學合作計畫（Project for Industry-University Cooperation），將使有領先領域的50所產業大學的人力資源重整再造，爲促進該計畫之執行，需要以大都會區的人力資源發展，以及產業大學核心資料作爲產學合作的關鍵指標：[35]

1. 改造產業大學爲培訓的核心系統：產學合作招聘教授，以加強特定產業經驗之評估與補充。
2. 厚植勞工就業能力：以工作經驗學分系統（Work experience credit system）爲基礎，成立以企業爲導向的實務課程。
3. 協助企業與大學維持合作關係：透過產學合作會議促進新技術開發、推廣培訓課程。

---

[33] *A more research-intensive and integrated European Research Area Science, Technology and Competitiveness key figures report 2008/2009* (European Commission Directorate-General for Research, 2009), pp. 119-120.

[34] *Major Policies and Plans for 2011*, Ministry of Education, Science and Technology (MEST) Annual Plan, p. 12.

[35] Ibid., p. 13.

二、推動職業教育生涯資歷認證與學術接軌

　　歐盟最初於2002年11月30日哥本哈根宣言（Copenhagen Declaration）設定優先發展職業教育與訓練之學分轉換制度，以作爲促進「不同國家間不同資歷層級之透明性、可比較性、可轉換性、能力或資歷認證」之共通必要衡量方式。2004年12月14日馬斯垂克公報於未來強化歐洲職業教育與訓練合作之優先措施，32個歐洲國家負責職業教育部長及歐洲執行委員會同意優先辦理及實施歐洲職業教育與訓練學分轉換系統（European Credit transfer system for VET, ECVET），以允許學習者於不同學習體系間移動，並建構其學習進路所致之成就。ECVET主要包含的重點如下：[36] 歐盟的歐洲終身學習資歷架構是一個彙集各國資歷系統、扮演各種資歷之轉譯器的共通架構，性質是架構的架構，亦稱爲後設架構（meta framework），共分8個參考層級。

　　ECVET分別由學習成果（Learning outcomes）、學分數（Credit points）、單元（Units）及資歷（Qualifications）所組成。所謂單元爲構成某一部分資歷之一組知識、技能及能力，單元爲一項資歷中可被評估、驗證及可能檢定之最小部分，一項單元可以僅用於某項資歷或幾項資歷共通適用。故需先定義取得整項資歷需有多少學分數，然後再把這些學分數適當的分配至每單元，即各單元需有多少學分數，因爲單元之學分數代表每項單元與整項資歷之相關權重。故ECVET在於評估、驗證及檢定非正規或非正式學習成果並授予單元（如單元課程），每項單元再依其重要性賦予學分數，不同單元則組成不同層級或類別資歷，資歷對照即爲歐洲終身學習資歷架構（European Qualifications Framework for Lifelong Learning, EQF）。形成從學習成就認證－教育與訓練之歐洲學分轉換機制（ECTS）－歐洲資歷架構之無縫銜接之職涯發展爲基礎的終身學習歷程。[37]

　　北歐最具科技研發實力的芬蘭，也公布了針對未來5年期的《教育與研究2011-2016發展計畫》（Education and Research 2011–2016），開宗明義指出芬蘭25-34歲人口相較南韓高等教育受教率63%，芬蘭爲39%；加拿大25-64歲高等教育人口爲50%，芬蘭爲37%。而爲了永續發展經濟、改善福利與社會安全、提高國家競爭力，芬蘭將以科技和教育政策作爲主要策略。未來具體目標爲至少達到30-34歲人口能有42%的高等教育受教率，亦配合歐盟之《歐洲2020戰略》到2020年20-24歲青年能達到90%以上接受繼續教育（post-compulsory）的程度。[38] 目前芬蘭除接軌「歐洲學分轉換機制」（ECTS）外，計畫於2014年與「歐洲職業教育學分轉換機制」（European Credit System for Vocational Education and Training, ECVET）接軌，以強化能力導向的技職教育的專業認證。

36　*The development of ECVET in Europe* (Luxembourg: Publications Office of the European Union, 2010) p. 20.

37　Ibid., pp. 13-16.

38　*Education and Research2011–2016 A development plan Reports of the Ministry of Education and Culture, Finland*, Ministry of Education and Culture Department for Education and Science Policy, 2012, p. 9.

在國內力求整合法制化的職業認證系統，以確實回應勞動市場之需求。[39]

　　職業教育爲厚植人力技術能力以及發展國家經濟之基石。當前世界已開發國家的職業教育趨勢皆朝向建置多元與無縫的教育及訓練制度，以促進終身學習。據筆者研究，在眾多國家的其中，又以澳洲及英國的職業技能的認可和認證制度最足以供我國學習效法。「澳洲資歷架構」（Australian Qualifications Framework, AQF）即爲澳洲的NQF。AQF是澳洲全國學校、職業教育與訓練（VET，主要爲TAFE和私立機構）和高等教育部門（主要爲大學）資歷的統一系統，共分15個層級，各層級規範欲取得該資歷憑證者應具備的能力。又如香港資歷架構（HKQF）是教育局爲促進終身學習所發展出的一套學術資格認可機制。架構共分爲7個層級，由最基本的第一層級（證書程度）至最高的第七層級（博士學歷）。每個層級皆訂有通用指標，具體說明同層級資歷的共同特徵。英國則採國家資歷架構（National Qualifications Framework, NQF）和FHEQ（framework for higher education qualifications，高等教育資歷架構）並行制，適用於英格蘭、威爾斯和北愛爾蘭，其中NQF分爲9個層級。歐盟的歐洲資歷架構（European Qualifications Framework, EQF）則是一個彙總各國資歷系統、扮演各種資歷之轉譯器的共通架構，性質是架構的架構（meta framework，亦稱後設架構），共分爲8個參考層級。[40]

　　NQF著眼於統合義務教育後的資歷，需強調業界用人需求。NQF的要素至少含能力標準、能力評審、機構認證、憑證授與。這些重點和要素都需要從法規、政策、實務、機制等層面切入並做有機統合。例如新加坡NSRS之下的能力標準是和產業合作發展，並經實地測試後，由產業能力標準委員會簽署。在發展產業能力標準（skills standard）之前先描繪出功能地圖（functional map），這種地圖得以呈現特定產業的產業關鍵目的（industry key purpose）、重要功能領域（critical functional areas）、關鍵工作功能（key job functions）和能力單元（units of competence）。每一能力單元通常需40-120小時的學習，可利用紙本或電子媒介，透過工作崗位上訓練、上課或研訓和／或獨立學習。我國發展NQF宜著重當今和未來產業需求，加速會同產官學界研議「產學合作」之趨勢與方向，從法規、政策、實務、機制等層面切入，以統整出未來臺灣高等及職業教育接軌的技術能力認證制度，方能盡快符合國際教育的潮流，強化臺灣學生的國際競爭力與提升學生們的就業能力。

三、提升高等教育國際化與大學品牌行銷

　　歐盟高等教育整合的成果「波隆尼亞進程」是一種以歐盟爲主體的教育品牌，已經吸引48個歐洲國家加入歐盟高等教育區，也代表著歐盟從教育面向植入歐洲共同價值觀

39　Ibid.,

40　李隆盛，「未來我國發展國家資歷架構之探討與建議」，行政院勞工委員會職訓局，2008年第1期，http://www2.evta.gov.tw/safe/docs/safe95/userplane/half_year_display.asp?menu_id=3&submenu_id=464&ap_id=617。

進而影響政治面統合，是一種軟權力之應用。「波隆尼亞進程」將全歐洲整合成歐盟高等教育區，更加吸引國際人才至歐洲留學，使得歐洲展現在高等教育的軟實力，把高等教育的共同市場做大創造共生共榮的歐洲空間。以曾經最為共產極權的俄羅斯也加入波隆尼亞進程，就是歐盟行銷共同教育政策的成功範例。2003年普丁表示加入「波隆尼亞進程」合乎俄國國家重要利益，更有助活化俄國外交事務。俄國教育部負責高教國際事務的Gennady Lukichev指出：俄國加入「波隆尼亞進程」象徵歐陸兩大政治強權合作，建立從里斯本到海參崴的共同教育空間。[41] 俄羅斯藉由加入「波隆尼亞進程」對教育面之影響可歸納為三方面：

1. 畢業生競爭力提升，俄國大學文憑得轉換成被歐洲認可之文憑，對於畢業生有利於就業或進入歐洲外商公司工作。而俄語（Russian）環境就是一個競爭優勢，畢竟為歐洲地區大學生第五普及的語言，歐盟高等教育整合也必須加強設置俄語相關課程，加入歐洲學分轉換制度一方面使得俄羅斯與前獨立國協國家（CIS），取得在學術與人員交流上更緊密的聯結，事實上這也符合俄國本身的基本外交安全戰略－鞏固與CIS國家之關係。[42]

2. 提升研發實力，藉高等教育整合增加與歐盟申請研究計畫：俄國目前有253個大學、研究機構參與現行歐盟「第7期科研架構計畫」（FP7）中的136個研究案，獲得歐盟2,900萬經費資助，可提升科研人員合作能力與擴展學生國際視野。[43]

3. 加入歐洲學分轉換制度能提升俄國提高大學生、科學研究人員的流動性（Mobility）；擴展教育服務、技術人員輸出到歐洲國家，俄羅斯加入「波隆尼亞進程」後，自2004年起已經有1,380個學生申請得到歐盟Erasmus Mundus聯合碩博士學位課程獎學金：碩士每年補助2,4000歐元；博士學位3年補助60,000-130,000歐元。[44]

德國高等教育之國際化主要由「德國學術交流總署」（German Academic Exchange Service, DAAD）負責。DAAD 設立於1925 年，是一個獨立但享有決策權與國家補助的機構。二次世界大戰後，DAAD 負責重建與西方國家之間學術與文化的新國際關係，為德國政府、高等教育機構與外界社會之間的橋樑。過去50年來有60萬德國人，接受其獎學金進行實習、到國外學習或研究而畢業。「德國學術交流總署」也跟「邁向東方倡議」（Initiative Go East）組織合作，鼓勵越來越多德國大學生和研究生到中歐和東歐進行學習和研究。[45] 2011 年，共有25萬名國際學生到德國高等教育機構就讀，占全德

---

41 Voldemar Tomusk (ed.), *Creating the European Area of Higher Education*, op. cit., pp. 230-233.

42 Voldemar Tomusk (ed.), *Creating the European Area of Higher Education*, op. cit., p. 238.

43 European Community-Russia Scientific and Technological Cooperation: a Roadmap for Action 2009-2011, European Commission, DG Research and innovation, p. 3.

44 Erasmus Mundus Scholarship, Come and Study in Europe, News letter, http://ec.europa.eu/education/study-in-europe/doc/russia_en.pdf。

45 Federal Report on Research and Innovation 2010, Bundesministerium für Bildung und Forschung, p. 31.

國高等教育學生人口之11.4%，爲教育服務市場中，國際學生喜愛選擇的主要留學國之一。在所有OECD會員國當中，在德國的國際學生絕對總數，僅次於美國、英國及澳洲排名第四。【46】台北德國學術交流資訊中心爲德國學術交流總署駐台單位，於2000年成立。德國學術交流資訊中心與台北歌德學院德國文化中心、德國在台協會合作，提供德國學術和教育等相關資訊。

歐洲教育展（European Education Fair Taiwan, EEFT）爲一官方非營利組織，教育展的主旨爲推廣歐洲教育及台歐文化、學術交流。歐洲教育展委員會自2002年成立，成員爲具有實質上歐盟駐臺大使館的歐盟經貿辦事處（European Economic and Trade Office, EETO）、法國在台協會，法國教育中心，荷蘭教育中心，及德國學術交流資訊中心，及英國文化協會。2013年歐洲經貿辦事處處長龐維德（Frederic Laplanche）就指出，歐洲的教育系統優勢明顯，適合任何人前往求學深造，他說：「我們的多樣性，這是非常重要的一點，歐盟有28個國家，你可以自由旅遊；其他語言是第2個優勢，你可以在履歷上多加一個語言。」【47】而歐盟會員國透過歐洲教育展的舉辦，也成功將高等教育視爲促進經濟發展的出口商品，並帶動文化交流與觀光收益，成爲歐盟對外政策之一環。

四、以學分轉換系統擴大高教辦學市場

1999年6月19日，波隆尼亞宣言的提出，帶給了歐盟高等教育改革上一項重大的轉折，同時也開啓了歐盟高等教育的新時代，該宣言在高等教育議題上的主要精神和內容，是建構在伊拉斯摩斯計畫上的，像是易判讀（readable）和可比較性（comparable）的學位，建立學分轉換制度，提升人員流動（Ersmus Students），品質保證網絡（ENQA），以及歐洲聯合雙學位制度（joint and dual degrees）【48】，顯示出伊拉斯摩斯計畫在歐盟高等教育改革上之重要性。歐洲學分轉換制度（ECTS）是促成學生交流的良好機制，在非高等教育體系中，只要修習之課程爲大學所認可以也可以獲得學分，如此一來將有助終身學習的推展。在高等教育體系中，可依照各領域不同的參數（Parameters）來定義學分。根據執委會的資料，歐洲早在1989年就已開始推薦使用歐洲學分轉換制度。歐洲學分轉換制度與累積制度（ECTS）學分被分配到所有的課程上，像是模組課程（modules）、一般課程（courses）、實習（placements）以及論文（dissertation）等等，同時，學分也反映了各個課程所需達成的成果品質，【49】所以，歐洲學生

---

46 "Foreign students studying at German universities number over quarter of a million for first time," DAAD, About us, https://www.daad.de/portrait/presse/pressemitteilungen/2012/21295.en.html。

47 「歐洲教育展龐維德：歐洲有無窮可能」，中央廣播電臺，2013年10月24日，http://news.rti.org.tw/index_newsContent.aspx?nid=459356。

48 European Commission, Directorate-General for Education and Culture, *The Impact of Erasmus on European Higher Education: Quality, Openness and Internationalisation* (Brussels: European Commission, 2008), p. 4.

49 ECTS – European Credit Transfer and Accumulation System, http://ec.europa.eu/education/programmes/socrates/ects_en.html。

需要達到該學分所要求的規定及完成該學分所設立之全部課程，並且達到該學分所要求
的成果後，才能獲得學分。

　　該系統於1989年首次被使用，強調以學生為本的制度，目的在要求學生學習後所應
具備的能力。依據該項學分制度的規則與程序，各國學生到境內其他會員國的修習成
果，將能被認可，藉由學分的轉換和承認將進一步的讓各國間的文憑及資格認證更加透
明化。1989年歐洲學分轉換與累積制度（ECTS）實行之初在於學分的轉換，除了簡易
了學生留學期間的學分認可，同時也提升了歐洲地區學生的流動（Mobility）以及品質
的控制，近年來該學分轉換制度發展成學分累積制度，並且已經在各學校機構、地區、
國家、歐盟層級（European level），和參加伊拉斯摩斯世界（Erasmus Mundus）計畫的
第三國留學生來實施，其基本內容與特色包含：(一)修習時數：歐洲學分轉換制度，以
傳統上全修學生課業負荷量來估算，一學年為60學分，歐洲地區全修學生課業負荷量
一學年約為1500至1800小時，因此一個學分的課業標準量，大約需花費25至30小時，並
且，歐洲學分轉換制度的分配是依據修業課程的期限而定，整體的學生課業負荷量，
在獲得第一階段（first cycle），大約三或四年的學歷必須有180或240學分；第二階段
（second cycle）碩士必須修業包含60-120個ECTS學分；(二)學習評估：在歐洲學分轉換
制度下，學生需要在學習後通過測驗，確定該學生確實具備該學門所要求的學習成果；
(三)課業負荷量（Student workload）：歐洲學分轉換制度中，所謂學生課業負荷量包括
聽演講、參加研討會、自修、課業準備、參加考試等等；(四)學分配置：歐洲學分轉換
制度與累積制度（ECTS）學分被分配到所有的課程上，像是模組課程（modules）、一
般課程（courses）、實習（placements）以及論文（dissertation）等等，同時，學分也反
映了各個課程所需達成的成果品質，所以，歐洲學生需要達到該學分所要求的規定及完
成該學分所設立之全部課程，並且達到該學分所要求的成果後，才能獲得學分。(五)成
績等級在歐洲學分轉換與累積制度下，學生的表現依據地方或各國（local/national）的
級數而定，由其是涉及學分轉換的情況，歐洲學分轉換制度評量表是依據統計標準來評
量，而通過成績評定的標準共有「卓越的(A)」至「通過的(E)」五個等級。

　　1999年波隆尼亞會議中決定採用大學及研究所兩階段的高等教育制度。取得第二階
段入學條件者必須獲得大學學歷文憑，第一階段修業年限最少三年，大學文憑將可視為
一種合格的就業申請文件，第二階段則為現行歐洲許多國家已施行多年的碩士或博士學
位制度。歐洲執行委員會也支持由大學創辦的「轉換歐洲教育架構」（Turning Educa-
tional Structures in Europe），該計畫強調波隆尼亞進程的多項目標，特別強調採
用兩階段大學學制與易判讀且可相互比較之學歷制度，該計畫還進一步明定七大學門在
第一與第二階段應培養之基礎與專業能力。各大學應用歐洲學分轉換制度於所有第一與
第二階段課程者，將授予歐洲學分轉換制度的標章，這個標章將會提高學校的形象，在
國際上被視為可信賴之合作夥伴。歐洲學分轉換制度使所有學生（包含本國與外國學
生）所修習的課業容易判讀與比較，成了對學生流動與學術認可上的最佳輔助制度，更

幫助許多大學重組與改善課程的規劃與實施，該項制度並可應用於廣泛的課程，使得歐盟高等教育對來自其它國家的學生更具吸引力；此外，歐盟更把學分轉換制度的實施成效視為高等教育整合的重要指標。藉由增進機構間對學業文憑及短期進修的相互承認，歐洲學分轉換制度（ECTS）的施行，使得所修習的課業對所有學生、本國學校或國外學校容易判讀與比較，歐洲學分轉換制度輔助學生流動與學術認可，鼓勵學生及教師的交流：教師及學生相互交流目的在增強歐盟高等教育的吸引力。學位互認既是針對歐盟內部市場人力的流動，也是針對歐盟高等教育提升國際競爭力的措施。

「歐洲學分轉換制度」至今已在各會員國間廣泛地被採用，2010年時46個會員國已有36國完全立法採行，這樣的情形表示了ECTS是被各國所肯定的一項學分轉換與累積制度，各國學分計算有了一套整合性的制度將能更加促進學生的流動，波隆尼亞進程之目標，並非極權地為了統一全歐洲的學分制度或是學籍制度，而是去創建一套對於歐洲不同國家具有兼容性的教育系統和學制；提升學生和學者的交流，以及提升歐盟高等教育的品質並達到卓越的目標。

有關參與區域性學分轉換的機制上，我國為亞太大學交流會（University Mobility in Asia and the Pacific, UMAP）的會員國，亞太大學交流會（UMAP）創立於1993年，是由亞太地區官方與非官方高等教育組織所組成的協會，其目的在於藉由「學生交換」及「學分承認」，加強國內大學院校與亞太地區各國高等教育機構的學術研究合作以及各大學間學生與教職員的交流，同時推動雙邊、多邊以上的協議，以期能促進亞太地區不同國家及不同地區之間文化、經濟、社會制度的相互了解。國際祕書處為所有UMAP成員間交流及合作之聯絡處，負責日常事務運作。會員國／地區在理事會同意下，可派遣工作人員至國際祕書處。此祕書處於2000年初設於日本，運作至2005年底。2006年移交至泰國。2011年由臺灣輔仁大學承辦。[50] UMAP計畫的目的是推動雙邊、多邊以上、甚至大學集團間的協議，並排除各會員校間交流之障礙，同時發展並維持一套關於學分轉換（給予、承認）系統UCTS（UMAP Credit Transfer Scheme），參與UMAP交換計畫的學生在交換期間需正式修課至少一學期，至多兩學期。接待之大專院校不應向UMAP之交換學生收取學費，原屬學校應承認交換學生在交換期間所修習的學分，大學部學生、研究生及教職員都可以參加UMAP。我國長久以來因主權問題在國際社會上處處遭受中國打壓。然而在全球化的浪潮下，歐盟提倡的歐洲學分轉換制度（ECTS）已經被證實能大幅促進區域間學生、研究人員的流動，提升彼此學術交流及經濟發展，因此，我國教育部應該更積極地倡導各大學參與UMAP，以及廣納系所推動實施UCTS，以學生、教授學者透過UMAP平台與亞太區域的各大學能加速交流與合作，期能以高等教育做為我國拓展國際外交工作的新領域，並勉勵廣大學子能以UCTS為交換學生的利器，勇於邁開步伐走出臺灣、與國際的知識經濟社會接軌。

50　關於UMAP，亞太大學交流會臺灣國際秘書處，https://umap.moe.gov.tw/index.php/tw/introduction。

五、積極參與國際組織以提升區域合作

　　國際組織促使世界教育出現聚合現象，主要經由四個層面達成：資訊交換、制訂憲章（charters and constitutions）、標準設定工具（standard-setting instruments）及技術與財政資源。這四個層面也就是一般國際教育組織的主要職能：訊息與經驗交流、教育合作（如派遣專家、合作開發項目、提供資金、捐贈圖書等）、培訓人員、以及進行教育研究。[51] 歐盟的高等教育整合是開放性的專家治理模式，歐盟教育行政人員不足，藉由部長會議設下共同標準，而需要積極與國際組織合作，取得教育資訊，以及該機構專家對教育趨勢研究與建議。

　　歐盟以歐洲執行委員會擘劃適用於歐洲整體之教育政策時，乃是透過諮詢大量學者專家所組成的專家委員會（experts committee），使其納入歐洲執行委員會及歐盟部長理事會的超國家及政府間協調治理模式下的一種「開放協調法」（Open Method of Coordination, OMC）的開放性政策協商與運作模式。其重要的任務在於協商出歐洲整體高等教育體系的標準（Standards），形塑一個歐洲標準化的跨境的合作平台。在落實和評估波隆尼亞進程使歐洲各會員國國內的教育指標與之接軌的整體目標上，歐盟更需要大量國際性專門機構所提供的報告、數據及分析資料，並與其保持密切的合作關係。在此歐洲教育標準化的重要過程中，歐盟所屬的研究單位和其他國際組織樹立了共同的準則（benchmark）和指標（indicator）。歐洲執行委員會所設立的高等教育目標（objective）不是為了要於短期內創造新的教育指標，而是要確認哪些教育問題是歐洲國家政治上最為關切的。自1978年以來歐盟每年會出版會員國的教育資料，執委會並做出決議強調會員國之間應將教育統計資訊分享，以利於歐盟蒐集、比較會員國不同範疇的教育資料，並發展共同教育的指標。歐盟評估政策的資訊來源包含：經濟合作暨發展組織（OECD）、國際教育評鑑協會（The International Association for the Evaluation of Educational Achievement, IEA）、以及歐盟教育資料庫（Eurydice）和歐盟統計局（Eurostat），進而決定哪些指標能解決相關高等教育問題，以建立適用於波隆尼亞進程會員國的指標。[52] 歐盟為了促進歐盟高等教育區域（EHEA）內學生跨境流動，協商出波隆尼亞進程會員國對歐洲學分轉換制度（ECTS）的學習成果和學習時數的共同標準。職業教育層面，依據歐洲職業教育與訓練學分轉換系統（ECVET）學分所構成的歐洲終身學習資歷架構（EQF）的標準，也逐漸與各會員國本國之國家資歷架構（national framework）相互接軌，以提高歐盟職業教育的透明性（transparency）、可比較性（comparability），以及可移植性，歐洲學分轉換制度與歐洲終身學習資歷架構，都是由歐盟運用國際組織所提供的資料規劃出歐盟高等教育的共同標準規範。

51　沈姍姍（主編），《國際組織與教育》（台北：高等教育出版，2010），頁25。

52　Martin Lawn & Sotiria Grek, *Europeanizing Education Governing a New Policy Space* (Oxford: Symposium Books, 2012), pp. 77-79.

　　歐洲大學聯盟（EUA）[53]對外代表歐洲大學之「整體民意」，與聯合國教科文組織（UNESCO）、經濟合作暨發展組織（OECD）有密切的合作，另外與其他國際機構溝通合作，邁向歐盟高等教育區（EHEA）之共同目標。包括：歐洲學生聯盟（European Students' Union）和歐盟高等教育理事會（Council of Europe and Education International）。致力於推動歐洲研究區域（European Research Area, ERA）：EUA，以學者專家參與歐洲執行委員會研究總署（Directorate General for Research, DG RTD）之論壇，以深化歐盟支持之研究領域於歐洲大學之推廣計畫，如歐盟第七期架構計畫（7th Framework Programme, FP7）。致力於歐盟高等教育區、歐洲研究區域的自主治理和補助經費運用的改革。使歐洲大學加強建立國際對話，包括美國教育理事會（American Council on Education, ACE）、加拿大大學與學院會議（Association of Universities and Colleges of Canada）、歐盟與東協舉辦的歐亞合作進程（Europe-Asia cooperation process），也以會員資格參與國際組織高等教育品質保證國際網路（International Network for Quality Assurance Agencies in Higher Education, INQAAHE）以深化歐洲大學的國際交流。[54]

　　隨著OECD會員國與非會員國社會經濟各方面日益發展，高等教育在其國家所扮演的角色和該國家產業經濟發展的相關性也日漸得到重視。OECD特制定高等教育組織管理計畫（Programme on Institutional Management in Higher Education, IMHE），討論高等教育組織的管理、發展、研究倫理及商業機構之間的夥伴關係。[55]另外，OECD於1990年代起便首先提出「終身教育」（Lifelong Learning）的觀點。因應這樣的發展趨勢，高等教育機構應轉型成為延續成人學習的重要機構，也因此影響歐盟於2000年提出「里斯本策略」強調成為最具動能的知識經濟體，因應國際社會上對終身學習觀念的重視，造成歐盟高等教育的總計畫名稱改為「2007-2013年終身學習計畫」，計畫總預算為69億7,000萬歐元。

　　從國際關係理論分析，新自由制度主義（Neo-liberal institutionalism）認為國際合作可以透過制度與組織的建立進行，國際合作甚至可以制度化，因為正式或非正式制度的建立可降低互賴的成本，或進一步提升互賴的程度，達到降低國家間衝突之目的。在功能性方面，自由主義認為基於人性是樂於合作的、是自利的，以及對絕對獲得的強調，國家或其他行為者會因解決不同功能上共同問題的需求，而進行合作，成立國際組織或機制。換言之，國際組織的成立，是以問題解決、提供功能服務，或追求共同利益為動力與目標。例如，1865年成立的國際電報聯盟（International Telegraph

53　EUA乃是由歐洲大學協會（Association of European Universities）和歐洲聯盟大學校長聯合會會議（Confederation of European Union Rectors' Conferences），於2001年3月31日在西班牙薩拉曼卡（Salamanca）合併所成立。代表主要歐洲高等教育界的主流民意。其參加成員包括歐洲大學的校長和代表國家的學會和協會，以及高等教育機構的網絡。擁有參加歐盟高等教育學區46個國家的850名成員。

54　鄔忠科（2011），「歐洲大學策略聯盟之發展」，2011國際事務主管交流會議高等教育國際化之策略，臺灣高等教國際合作基金會，2011年3月24日，演講資料。

55　沈姍姍（主編），前揭書，頁65。

Union）、1874年創設的萬國郵盟（Universal Postal Union），或今天的國際海事組織（International Maritime Organization）等，都是基於功能上的需求、解決共同問題、資訊交換，或降低成本等原因而成立的國際組織。因此，國家參與各種國際教育組織，實可節省國家政治上於教育事務所投入的國際成本，也可參加國際組織會議、得到國際教育研究報告、政策建議，獲取教育研究資訊，是故，我國政府宜擴大高等教育合作至國際外交層級，例如研擬參與經濟合作暨發展組織（OECD）、世界銀行（World Bank）舉辦之教育論壇或國際交流計畫。

　　整體而言，歐盟高等教育整合就足以代表著世界高等教育之大趨勢。美國學者愛德蒙（Adelman）於其著作《美國眼中的波隆尼亞進程：再學習此時高等教育之凝聚》（The Bologna Process for U.S. Eyes: Re-learning Higher Education in the Age of Convergence）即明確的指出，美國無法永遠仰賴50所研究型大學及50所藝術學院主導高等教育的世界領先地位。依照美國各州學區貧富和特色的差異，美國應向歐盟波隆尼亞進程取法設立共同教育指標的做法；美國如醫科學院還有副學士學位（Associate degree）、不同大學的系所課程實際教學內容差異甚大，且學分還只是強調學生與教師課堂時間為主，無法反映各州的差異性。學分制度上宜效法歐洲學分轉換制度（ECTS）和文憑補充（Diploma Supplement），建立一套參照標準，來促進美國各州學生的流動和提升辦學品質。職業教育上，美國也應學習類似德國的資歷架構（qualification framework）提供像科學和藝術等學門課程更多元的學分認證探討，與銜接「K12教育」[56]的升學進路，方能制度化的培養美國青年之知識和技能。[57]

56　「K 12」是將初等和中等教育結合的統稱，這個名詞多用於美國、加拿大及澳洲的部分地區。

57　Clifford Adelman, *The Bologna Process for U.S. Eyes: Re-learning Higher Education in the Age of Convergence* (Washington, DC: Institute for Higher Education Policy, 2009), pp. 188-198.

　　波隆尼亞進程開啓歐盟高等教育之新紀元，各項高等教育相關計畫之施行成就今日知識經濟社會成果，但是會員國間之政策調合仍是需進一步跨越的障礙。2010年落實之歐盟高等教育區勢已爲歐盟高等教育整合歷史奠定新的里程碑，且許多分析顯示歐盟也因爲高素質的人力資源（human capital）讓產業順利升級，已逐漸擺脫歐債危機的衰退情勢然。然而，歐盟高等教育之整合歷程將持續往前，朝向知識歐洲之理念持續邁進。歐盟境內約有3,300所高等教育機構，全歐洲大約4,000所。[1]臺灣近年來大學數量不斷攀升，但高等教育之質量發展卻不均衡，「研究所大學化，大學高中職化」更爲臺灣高等教育之寫照。歐盟高等教育整合之經驗，著實可爲我國參考，雖然整體性質與範圍不盡相同，然而，「他山之石，可以攻錯」，歐盟高等教育其中部分計畫、觀念與對未來的展望，宜爲臺灣陷入困局的高等教育帶來一些重要的啓示。

一、高等教育改革宜整體性規劃

　　歐盟在高等教育政策整合上涵蓋許多層面，以人力資本論的方向出發，從高等教育的利益相關者（會員國政府、企業、大學）的協調行動層面，以策略、架構、方法和活動，強調產學合作與高等教育辦學之成果，最後以影響經濟發展作爲總體教育合作目標。（參見圖22-1）「歐洲經濟教育專家網絡」（European expert network on economics of education, EENEE）計畫，其背景爲2010年制訂的「歐洲2020戰略」，將人才教育培訓列爲歐洲經濟與社會發展的重要主題；在歐盟各國財政緊縮下，如何有效的運用經費，並發揮最大效益，成了新的課題。歐洲執行委員會成立EENEE之目的就在組成一專家網絡，以經濟學觀點，檢視各項教育及培訓措施。該網絡需至少包含8名學者專家，1名行政協調人，1名科技協調人，且成員必須兼顧歐盟地區及性別的平衡，歐盟地區以外之學者專家，亦可納入成員。主要工作有三：提供歐洲執行委員會每年於制訂重大教育政策前端之分析及建議，估計每年約20個主題；蒐集並分析與經濟教育有關之議題，並撰寫報告，提供會員國作政策時之參考。[2]總之，正如歐盟高瞻遠矚未來至

1　The role of universities in the Europe of knowledge, http://europa.eu/legislation_summaries/education_
　training_youth/lifelong_learning/c11067_en.htm# 。
2　「歐盟文教總署2項教育計畫公開招標」，國家教育研究院，國際教育訊息電子報，第11期，http://
　fepaper.naer.edu.tw/paper_view.php?edm_no=11&content_no=640 。

圖22-1　歐盟產學合作整體效益

資料來源：Science-to-Business Marketing Research Centre in, "The State of European University-Business Cooperation Final Report - Study on the cooperation between Higher Education Institutions and public and private organisations in Europe" (Munster: Science-to-Business Marketing Research Centre, 2011) prepared for the European Commission DG Education and Culture, p. 9.

2020年人力策略，高等教育要改善不是單一政府部門朝夕能解決的問題，而是整體國家發展的結構性問題。未來政府部門宜取法歐盟，以第三方研究智庫機構的通盤性報告，制訂出國家人力發展與高等教育之改革目標。

　　2012年5月「歐洲經濟教育專家網絡」公布一份研究報告「改善教育、培訓與勞動市場之變革」（Improving the transition between education/training and the labour market），再再強調，為了促進整體歐洲經濟永續發展、改善歐盟2010年15-24歲青年21.1%的失業

率，一定要學習德國和瑞士的雙元學制（Dual System），能夠在義務教育後取得在業界公司實習的機會，並獲得一份工作保障合約，以及累積技能資歷和檢定考試。這種從學校到工作（school to work）導向的學制已經造成英國、義大利、挪威、芬蘭、愛爾蘭和瑞典等國家引進或開發相關配套措施。[3] 同時也揭示未來歐盟將以歐洲職業教育與訓練學分轉換系統（ECVET）做爲職業教育的共同學分（技能）認證標準的大趨勢。2012年國內主流媒體天下雜誌首次針對大學教育工作者進行民調，這份大學教師的「臺灣高等教育診斷白皮書」顯示，高等教育究竟該怎麼做，才會對學生有幫助？受訪教師認爲，最有效的兩種方法，分別是「增加能與就業技能銜接的課程」（77%）；與「引進企業資源，協助學生提升就業能力」（69%）。可見，課程改革、師資改革，都是重點。[4] 其中，教學內容變得更有實用性、更接近工作現場，是普遍的共識。

前國安會副秘書長張榮豐於2013年12月9日指出2016年的臺灣，面臨的重大挑戰是教育、科研脫離社會、產業實際需求更加嚴重，而使國家喪失競爭力。從人口結構變遷來看，2015年臺灣勞動人口比重達74.4%高峰後，開始逐年下降（亦即人口紅利遞減）。2017年65歲以上人口比重超過14%，正式進入老年社會。其在經濟上意義，代表臺灣將進入一個：一、經濟結構性減速。二、財政、年金、健保等收入下降。三、養老、老年照護、健保和其他老人社福支出遞增的年代。面對這樣一個經濟結構性減速、財政惡化的臺灣，唯有靠技術創新、透過教育提高人口素質，才可以維持經濟成長動能。但問題是：[5]

1. 臺灣教改在有錢有勢的家長團體影響下，入學不再以學生能力爲衡量標準，反而以家長社、經實力爲考量；而政府推動的十二年國教以及廢除大學指考，將使情況更形嚴重。這一方面阻斷寒門子弟「階級翻身」之路，另一方面也讓一些能力不足的權貴富豪子弟，憑藉形式化的學歷側身高階人力市場。再加上職業教育體系崩壞，未來臺灣勞動素質勢必江河日下。

2. 在技術創新方面，臺灣學界多年來獨尊SCI、SSCI期刊，作爲升遷、分配研究資源的標準，以及研究資源掌握在少數「學閥」手中，早已脫離臺灣社會、產業的需求。

3. 李總統時代在吳京主導下，「廣設大學，輕視職教」的教改，使目前勞動供給呈倒三角形狀態，而社會、產業需求卻是正三角形。這不但造成目前白領階級供過於求，更是大學畢業生薪水，一直在二十二K附近掙扎，以及高階人才不得不遠

3　Marc Piopiunik & Paul Ryan, *Improving the transition between education/training and the labour market: What can we learn from various national approaches?* European Expert Network on Economics of Education (EENEE) Analytical Report No. 132012), p. 12.

4　吳挺鋒，「六成六教授：我們不反對大學退場」，《天下雜誌》，507期，2012年10月3日，http://www.cw.com.tw/article/article.action?id=5043901。

5　張榮豐，「2016年的總統要當雍正或咸豐」，自由時報，2013年12月9日，http://www.libertytimes.com.tw/2013/new/dec/9/today-republic1.htm。

走他鄉的主因。另一方面則是藍領階級供不應求，以致每年需進口四、五十萬外勞。而這一「廣設大學」的政策，在「少子化」衝擊下，到2016年時也將造成大量私校倒閉的現象。

最後，以上這些問題都將在2015至2017年更加惡化，而嚴重傷害臺灣的國家競爭力。教育為培育百年樹人的國家大計，因此臺灣未來要改善上述問題必須向歐盟學習，把高等教育、產學合作、職業技能認證制度當作國家發展策略研擬整體發展方案。

高等教育階段的產學合作模式包括歐盟的ECVET、韓國的「學分銀行制度」（Credit Bank System, CBS）、澳洲、英國、德國、芬蘭等國國內已經實施的國家資歷架構（National Qualifications Framework, NQF）。因此，有鑑於產學落差已成為臺灣高等教育問題之首，未來政府教育有關部門宜會同產官學界研議「產學合作」之趨勢與目標，統整出未來臺灣高等及職業教育接軌的技術能力認證制度，並鼓勵企業與技術型大學合作，擴大在學學生到實習方案之名額與加強就業輔導之配套措施，進而與國際職業技能認證制度接軌。例如，未來政府宜大力推動過去行政院勞工委員會與教育部合作引進之「台德菁英計畫」，以德國「雙軌制」（Dual System）職業訓練制度為基礎，發展本土化之雙軌訓練制度，同時嘗試利用外交或大學交流等管道，與亞太區域國家簽署職業技術之國際認證合作計畫。強化臺灣學生的國際競爭力與提升學生們的就業能力。

二、臺灣應擬定跨國學分轉換制度促進人員交流

伊拉斯摩斯計畫從1987年初次實施，至今已有20餘年，自2004年起歐盟對第三國展開伊拉斯摩斯世界計畫，也搭建起與第三國高等教育交流的橋樑，同時也擴大其卓越的高等教育市場。今日的歐洲教育已不再是單一國家的內政事務，而是一項實實在在的潛力產業，聯繫起每一個參與的會員國，同時也增進了有效培訓菁英人才的機會，經過多年的努力，歐盟在預算上、在專業人才的投入下，伊拉斯摩斯計畫有了相當的成果，歐盟所致力的高等教育上，伊拉斯摩斯計畫僅是拼圖上的一塊，但是經由數據的顯現以及實行過程的報告書及計畫書，都可以看出歐盟在高等教育上所投下的心力，未來的歐盟也將朝著深化知識的歐洲此一理念前進，並將歐洲經驗及歐洲文化傳播給世界各國。

近來隨著2012年4月26日布加勒斯特高教部長會議的召開，歐盟更加關注波隆尼亞進程的執行成效。根據歐洲執行委員會、歐盟統計局、歐洲教育資訊網、歐洲學生資訊等四個單位合作撰寫，由歐洲執行委員會的教育視聽文化執行署於2012年4月所出版的《波隆尼亞進程成效報告》顯示，從1997/1998學年以伊拉斯摩斯計畫申請進入四年制大學的人數從1997/1998學年的3%，至2009/2010學年已成長到近歐洲總體大學招生人數的4%，該報告分析據此成長趨勢，推估其長期趨勢於2020年以伊拉斯摩斯計畫申請進入四年制大學的人數可達全歐洲5%之大學總人數，依照短期趨勢則可能達到7%之目標申請人數。眾多教育學者皆指出，這個世代因為歐盟高等教育整合與提倡師生流動成效卓著，下一個世代的青年學子將必然成為「伊拉斯摩斯世代」。

　　歐洲學分轉換與累積制度（ECTS）為推動伊拉斯摩斯計畫、促進歐洲區域學生與學術人員流動的基石，1989年開始實施後，即以學生為本的制度設計，規劃學生學習後所應具備的能力。依據該項學分制度的規則與程序，各國學生到境內其他會員國的修習成果，將能被認可，藉由學分的轉換和承認將進一步的讓各國間的文憑及資格認證更加透明化。1989年歐洲學分轉換與累積制度實行之初在於學分的轉換，除了簡易了學生留學期間的學分認可，同時也提升了歐洲地區學生的流動以及品質的控制，近年來該學分轉換制度發展成學分累積制度，並且已經在各學校機構、地區、國家及歐盟層級和留學歐盟的外籍生來實施。我國長久以來因主權問題在國際社會上處處遭受中國打壓。然而在全球化的浪潮下，歐盟提倡的歐洲學分轉換制度（ECTS）已經被證實能大幅促進區域間學生、研究人員的流動，提升彼此學術交流及經濟發展，因此，我國教育部應該更積極地倡導各大學參與類似亞太大學交流會（UMAP）的交流機制，以及廣納系所推動實施亞太大學學分轉換制度（UCTS），以學生、教授學者透過UMAP平台，與亞太區域的各大學能加速交流與合作，期能以高等教育做為我國拓展國際外交工作的新領域，並勉勵廣大學子能以UCTS為交換學生的利器，勇於邁開步伐走出臺灣、與國際的知識經濟社會接軌。

三、臺灣應積極參與教育國際組織

　　綜觀歐盟高等教育統合的發展，1999年時今日歐盟中26個國家和冰島、挪威以及中立國瑞士皆已加入「波隆尼亞進程」，2001年賽普勒斯加入，甚至歐盟2012年新成員克羅埃西亞和候選國土耳其都早已加入歐盟設計的歐盟高等教育政策統合；獨立國協國家加入歐盟高等教育整合也影響俄國跨入歐洲化的合作意願，2003年後更加入了俄羅斯和許多前蘇聯國家，拓展了歐盟與俄羅斯的實質關係。因此，經過筆者研究發現，「波隆尼亞進程」將全歐洲整合成歐盟高等教育區，更加吸引國際人才至歐洲留學，使得歐洲展現在高等教育的軟實力，吸引國際學生與人才，把高等教育的共同市場做大創造共生共榮的歐洲空間，使「波隆尼亞進程」做為歐盟對外政策的一環。故歐盟的歐盟高等教育整合政策是要把歐盟所謂的共同價值觀：民主、自由、法治、人權、社會正義（European Common Values: Freedom, Democracy, Human Right, Rule of Law and Social Justice）植存於各波隆尼亞進程會員國的青年學子，有朝一日使其發酵。歐盟即可於經濟、商務、外交事務上節省國際交流之成本，也互蒙其利，同時更加促進歐洲區域的和平穩定與成長。

　　歐美先進國家平均約一百萬人才設一所大學，人口約八百萬的以色列，也不過八所大學，但都辦得很好；香港更是如此，也因經費集中，教授薪水可以是臺灣三到四倍，能吸引頂尖學者任教。[6] 在當前全球化的社會，教育國際化是最常被提及的高等教育

6　「大學退場學者把脈50所差不多」，聯合報系（願景工程），2013年8月26日，http://vision.udn.com/

議題之一。整體而言，高達九成的受訪教師認為，臺灣高等教育缺乏國際化；而且，也有超過八成的教師認為，應加強臺灣高等學府的國際化程度。在參與國際組織教育事務方面，我國能努力的空間確實有限。目前臺灣能夠參與之國際性文教組織僅有APEC、UMAP或舉辦東南亞大學會議等區域論壇，再者只能靠各大學自行參加一些大學聯盟（university league）性質的組織，或與國外大學簽訂姊妹校關係。就國際關係理論分析，國家參與各種國際教育組織實可節省國家政治上於教育事務所投入的國際成本，也可參加國際組織會議、得到國際教育研究報告、政策建議，獲取教育研究資訊，是故，我國政府宜擴大高等教育合作至國際外交層級，例如研擬參與經濟合作暨發展組織（OECD）、世界銀行（World Bank）舉辦之教育論壇或國際交流計畫。

四、公立大學宜邁向法人化

　　大學法人化已經是世界主要教育潮流。國外幾乎每個學校都有成立自己的公司，把研發成果轉為利潤，雖然學術界扯上「商業化」行為，難免讓大學感到害怕，但大學不該只想仰賴政府補助，將研發成果轉成商業收入，未來將是無可避免的事情。[7]1980年開始美國透過拜杜法（Bayh-Dole Act）同意聯邦政府資助的研究案可以申請專利（patent），造成了大學申請專利開始大幅增加，1979年美國大學共取得264項專利，1997年則共取得2436項專利，成長近十倍。根據經濟合作暨發展組織（OECD）的統計，美國大學所取得的專利，在1963年只占全國專利數的0.3%，至2008年已提高至6%。[8]但這些取得專利的研究，很大一部分是關於生物醫學領域，而其中大部分都有接受聯邦政府所資助，且大部分都是基礎研究或研究工具的專利。該法原本的用意，只是想要讓聯邦資助的研究能夠多一點商品化而不要被埋沒，想要讓這些政府資助的研究成果，能夠移轉到民間使用，獲得更多的商業化應用，也就是希望這些成果有更多人願意取授權使用。另外一項考量，則是擔心美國政府補助的研發成果，若不申請專利，就會被外國人拿去使用。因此，拜杜法無疑促進了大學與產業實務之間的聯結。

　　而日本自2004年4月1日起開始實施國立大學法人化，該政策中一項主要改變，即是引入外界「有識之士」參與校內運作機制，其中包括理事會必須至少有一位學校以外人士擔任，另外在「經營協議會」必須有半數以上的校外人員參加，然後在校長選考會議（校長遴選委員會）亦必須由「經營協議會」（包含校外人士）及「教育研究評議會」派代表組成。在這種架構下，一方面教學與經營分開規劃，一方面在理事會及經營協議會有校外人士「無限制」的參與。教育部從2000年起展開《大學法》修正，並在擬具的草案當中增訂「行政法人國立大學」專章。主要著眼點在於法人化有如下優點：政府與

storypage.jsp?f_MAIN_ID=14&f_ART_ID=1053&pno=1。

7　游婉琪，「曾志朗：大學不能只靠政府補助」，聯合新聞網，2012年10月12日，http://mag.udn.com/mag/edu/storypage.jsp?f_ART_ID=418119。

8　OECD, "Compendium of Patent Statistics 2008," http://www.oecd.org/dataoecd/5/19/37569377.pdf.

大學由上下的支配關係，調整為權利義務相對的法律關係，大學組織、人事及財務可以鬆綁，有利於大學的經營，從而提升學術水準與競爭力。一些歐洲國家如德國、奧地利及盧森堡只有法定公務人員（statutory civil servants）才享有終身僱用身分，其餘政府公務人力皆以私法合約僱用。因此，有關於國立大學教職員適用公教人員退休撫卹規定，新任人員有無公教人員身分，即為國立大學法人化亟待克服之難題，另外包括國立大學財源自主、人事組織安排、校務基金管理，以及預算來源等諸多問題仍然使得我國公立大學法人化停滯不前。

五、高等教育評鑑宜參照國際標準

根據波隆尼亞宣言（Bologna Declaration）於2000年成立的「歐盟高等教育品質保證網絡」自2004年11月起，此一網絡轉型改名為「歐盟高等教育品質保證協會」（ENQA）。在推動高等教育品質保證上，歐盟並非要求各國均建立一套同樣的制度，而且由於歐盟各國高等教育的政策改革與管理仍是掌握在各國政府手中，故歐盟在強調高等教育的品質保證方面，主要是促使每個會員國以歐盟建構的文憑資格架構為目標，各自負責確保及提升高等教育的品質，此項策略乃代表歐洲統合「求同存異」（united in diversity）的特色。歐盟高等教育品質保證協會負責審核各國高等教育品質保證機制，至2013年11月為止，歐盟高等教育品質保證協會共有來自23個歐洲國家的39個高教品質保證機構，換言之，ENQA乃是歐洲會員國國內教育評鑑機構所參加之外部認可組織，形同波隆尼亞會員國國內評鑑機構被ENQA「再度保證」的國際機制。

各國高等教育評鑑制度的建構與其高等教育體系發展有密不可分的關聯。大部分歐洲、亞洲國家的評鑑制度仍以「政府－評鑑機構－大學」之科層化模式為主，而在此一模式之下，評鑑機構皆是在政府的支持下成立，或直接隸屬於政府部門，也接受政府的財務補助，而政府當然也扮演認可評鑑機構的角色，但也間接造成外界對評鑑機構專業自主性與行政獨立性的批判，以及大學與評鑑機構之間的對立緊張關係。然而，現今已有少許先進國家，已將品質保證制度發展為「認可機構－評鑑機構－大學」的自我管制模式，也就是對評鑑機構的認可，是由一非政府的專業專責單位負責，[9] 目前美國、英國及德國已較具有制度性，且歐洲國家普遍樂於加入ENQA的認可機制。反觀我國的高等教育評鑑則越趨狹隘，教育部已宣布開放34所一般大學、26所科技大學與技術學院，合計共60所大學校院申請試辦自我評鑑，通過審查後將可免受教育部的外部評鑑。此舉被外界解讀為政府有意以大學自我評鑑逐步取代外部評鑑機制，一方面希望更加落實大學自主，讓大學更能發揮辦學特色，另一方面也可降低外部評鑑機構辦理評鑑所衍生的爭議，但是當前大學自我評鑑的問題在於國立大學的經費補助既來自於人民的納稅

9　侯永琪，「高等教育機構認可之國際探討」，《評鑑雙月刊》，第18期，2009年3月1日，epaper.heeact.edu.tw/archive/2009/03/01/1353.aspx。

錢，就應該建立課責制，因為錢領愈多就該被監控愈多，對大眾負責，但現在教育部放手讓前段34所大學自我管理，後段大學反而得繼續接受評鑑，[10]對後段或經營不善的大學校院是否有其他的輔導機制，目前並不清楚且令學校無所適從。

　　教育評鑑的目的在於改善辦學效能，而非證明學校的缺失。未來我國在教育部訂定教育政策目標後，應學習歐盟把評鑑的權力賦予第三方的公正機構，確實落實績效評估，以符合高等教育認可制的精神。更重要的是，面臨高等教育區域化的整合浪潮，就像歐盟高等教育整合的歷程，以ENQA建立共同標準使得波隆尼亞進程會員國的評鑑制度走向國際化。國際性之認可組織認可各會員國本國的評鑑機構，也鼓勵國內大學接受國外評鑑機構評鑑。所以，未來我國應建立一套高等教育品質保證系統，比擬歐盟經驗，透過跨國研究、高教會議、講座、實習等相關經驗之累積，以培訓教育評鑑之專家人才，並藉由參與國際評鑑組織，以了解國際高等教育指標、擬定適合臺灣國情的評鑑標準。期能有效提升高等教育之品質，建構一套具有公信力、透明化之國際評鑑基準。

六、臺灣宜增加經費擴大投資高等教育

　　歐盟的財政收入主要由兩大部分組成：各成員國按本國GDP的比例上交的份額和統一徵收歐盟工商增值稅等直接收入。歐洲執行委員會2014-2020年7年期財政預算支出共10,250億歐元，比前期預算增長5%，年財政支出約占歐盟當年GDP的1.05%。歐洲執行委員會促進2020戰略落實的另一項舉措是確保教育經費的投入。近日，歐洲執行委員會向歐洲議會提交了2014-2020年財政預算建議案，其中教育經費預算增加最多，從87.6億歐元增至152億歐元，增幅高達71%。[11]

　　目前，歐盟教育培訓經費主要用於以下方面：促進高等教育國際交流的「伊拉斯摩斯計畫」、促進職業教育跨國流動的「達文西計畫」（Leonardo da Vinci Programme）、促進師資培養的「康門尼斯計畫」（Comenius）以及關注成人教育的「古德偉計畫」（Grundtvig Programme）。此外，還有與非歐盟國家開展教育交流的「伊拉斯摩斯世界計畫」（Erasmus Mundus Programme）。近年來，隨著歐盟的國際交流方案日益受到學生歡迎，申請各種跨國學習資助的人數不斷增加，導致平均獎學金額度下降。在大多數加入伊拉斯摩斯計畫的國家，旺盛的需求大大超過歐盟提供獎學金的能力。

　　歐洲執行委員會主席巴羅索（Barroso）和教育文化青年執行委員瓦西利烏（Vassiliou）在不同的場合都強調，新預算對於年輕人是一個極好的消息，投資教育和青年，就是投資歐洲未來的經濟增長。瓦西利烏表示：目前每年約40萬歐洲青年從歐盟支持的

10　陳曼玲，「自辦評鑑與外部評鑑的拔河」，《評鑑雙月刊》，第42期，2013年3月1日 epaper.heeact.edu.tw/archive/2013/03/01/5937.aspx。

11　European Commission staff working document, *Progress toward Common European Objectives in Education and Training: Indicators and benchmarks*, SEC (2011)526, Directorate-General for Education and Culture, pp. 10-13.

赴國外研究、培訓和志願服務項目中受益，但名額仍不能滿足實際需要。增加的撥款意味著每年可以多支持30多萬青年的學習需求。同時，歐洲執行委員會提出了教育培訓和青年領域的綜合計畫「教育歐洲」（Education Europe），以簡化現有各教育合作計畫的申請和監測評估程序。教育歐洲計畫包括三個重點優先領域：支持跨國學習的流動性；推動教育機構與產業界的全球合作，以促進教育、創新和創業的現代化；提供政策支持，搜集關於教育投資效益的證據，並幫助成員國實施有效的政策。[12]

　　歐盟面臨的另一個挑戰在於各會員國國情天差地別。歐盟統計局2011年6月公布的數據顯示，2010年歐盟會員國以購買力平價計算的人均GDP分化較大，最高的盧森堡人均GDP為歐盟平均值的283%，而最低的保加利亞人均GDP僅相當於歐盟平均值的43%。差異同樣反映在教育領域。以青少年輟學率為例，根據歐洲統計局的最新數據，歐盟會員國中輟學率最低的國家分別是斯洛伐克、波蘭和捷克。相比之下，南歐的3個國家情況最糟，西班牙和葡萄牙均為31.2%，馬爾他則高達36.8%。[13]在高等教育領域，法國25-34歲人口中，已有42%完成了高等教育，可以說已經提前完成了《歐洲2020戰略》提出的目標。而捷克、羅馬尼亞等東歐國家人口中接受高等教育的比例仍在20%以下。高等教育的發展非一朝一夕之事，要實現《歐洲2020戰略》提出的目標，仍然面臨著如何求同存異的歐洲化挑戰。

　　歐洲執行委員會研究總署與歐洲研究及科技組織、歐洲大學聯盟（EUA）、歐洲研究型大學聯盟（League of European Research Universities, LERU）、北歐應用合作研究組織（NORDFORSK）、科學歐洲組織（Science Europe, SE）於2012年7月簽署一備忘錄，將結合歐洲執行委員會的歐洲研究區域計畫（ERA），建立一個科研人員、就業、研究成果等知識自由移動的開放市場－歐洲知識單一市場，透過加強合作，追求卓越與成長。備忘錄顯示，研究總署與歐洲各重要研究機構聯盟達成共識，希冀打破現在歐洲研究人員、職缺、研究成果等移動的藩籬，使知識的相關元素，在歐洲境內自由的跨國移動，以建構歐洲的知識單一市場計畫。歐洲1990年代將貨物、服務等納入單一市場，掃除關稅障礙，至終促進當代的經濟成長，因此歐洲也應該規劃建立知識的單一市場。[14]展望未來，歐盟除了現存之人員、貨物、服務、資本四大自由流通外，歐盟正邁向第五類自由的流通，也就是「知識」的自由流通。臺灣也位處亞洲的關鍵地理位置，為了提高人才的世界競爭力，實在應於高等教育層面快馬加鞭加速改革，爭取參與國際組織取得高教合作之訊息，並鼓勵青年出國留學，促成與其他國家或區域發展共同

---

[12] "Speech by Commissioner Vassiliou: Education and culture – a linchpin for economic success and peace" (European Commission), noodls, 2013.08.11, http://article.wn.com/view/2013/11/08/Speech_by_Commissioner_Vassiliou_Education_and_culture_a_lin/#/related_news.

[13] European Commission staff working document. *Progress toward Common European Objectives in Education and Training: Indicators and benchmarks*, op. cit., p. 86.

[14] 駐歐盟兼駐比利時代表處教育組，「歐盟文教系列報導之十--第5類自由：知識移動的自由」，教育部電子報，國際視窗，2012年8月23日，http://epaper.edu.tw/windows.aspx?windows_sn=10844。

學分及資歷（證照）認證的可能性，並以既有華人文化基礎吸引外籍學生來我國就讀，以歐盟爲榜樣將高等教育塑造爲臺灣的軟實力，建立臺灣特有的知識流通。

七、臺灣須建立大學財務透明公正之稽查制度

　　臺灣可仿效歐美先進國家之做法，大學之獎助與財務補助從寬，然學術之審查與大學財務之稽查必須從嚴並且須透明公正。臺灣須建立大學財務透明公正之稽查制度，由產、官、學界以及公正之社會團體組成大學財務稽查，以確保大學財務預算之落實並依法正當貫徹執行，如此方能防弊杜絕，善用資源興學與提升教育品質。

參考文獻

中文文獻

江愛華（2006）。「澳洲高等教育政策改革框架解析」。《教育資料集刊》，32，279-300。

李長華（2005）。「推進歐洲高等教育一體化的博洛尼亞進程」。《外國教育研究》，4，69-72。

沈姍姍（2007）。「澳洲高等教育改革－作為全球經濟競賽的籌碼」。《教育資料集刊》，35，115-132。

梁忠銘（2012）。「日本教育」。載於楊深坑、王秋絨、李奉儒（主編），《比較與國際教育》（395-434頁）。台北：高等教育。

翁麗芳（2006）。「日本的教育改革」。《教育資料集刊》，32，41-60。

張福昌（2010）。「CORDIS: 臺灣與歐盟科技合作的橋樑」。載於卓忠宏（主編），《歐洲聯盟柔性權力之應用》（65-103頁）。台北：時英。

許琇媛（2005）。「從歐盟憲法條約探討歐盟與會員國間之權限劃分」，《歐洲國際評論》，1，65-102。

張國蕾（2011）。「歐洲學分互認體系之內涵與現況分析」。《教育資料集刊》，52，97-111。

楊瑩（2007）。「歐洲高等教育品質保證機制九大進展－「波隆那歷程」執行成效高峰會最新成果報告」。《評鑑雙月刊》，8，55-59。

楊瑩（主編）（2008）。《歐盟高等教育品質保證制度》。台北：財團法人高等教育評鑑中心。

楊思偉（2005）。「日本國立大學法人化政策之研究」。《教育研究集刊》，第51卷第2期，1-13。

黃筠凱（2012）。「歐盟高等教育整合：論歐洲聯盟對俄羅斯軟權力之影響」。載於郭秋慶（主編），《歐洲聯盟的新發展》（165-174頁）。臺北：淡江大學歐洲研究所。

黃亦筠（2013）。「衝最猛的小龍　韓國：全速進攻贏者圈」。《天下雜誌》，488，136-137。

詹聖如、林永豐（2009）。「英國高等教育改革之政策建言」。《教育資料集刊》，第44輯，113-130。(新增)

鄒忠科（2011）。「歐盟與東協重要關係之演進與展望」。中華歐亞基金會通訊專論。

鄒忠科（2004）。《93年度歐盟學制研究報告》。教育部委託之專題研究成果報告（編號：9320011）。台北：教育部。

鄒忠科（2007）。「歐洲聯盟21世紀高等教育整合與發展：機會與前瞻－以Bologna Process為例」。載於徐慧韻（主編），《歐洲文化：與歐洲接軌文化交流》。高雄：文藻外語學院。

鄒忠科（2010）。「21世紀歐盟高等教育政策：對臺灣之啟示與機會」。載於戴萬欽（主編），《2010年臺灣與世界關係》（11-31頁）。台北：淡江大學國際研究學院。

鄒忠科（2011）。「歐盟高等教育整合與知識經濟競爭力」。載於戴萬欽（主編），《認識變動中的世界》（161-199頁）。台北：淡江大學國際研究學院。

鄒忠科、沈娟娟、蔡裕鎮（民100）。《歐洲聯盟史》。台北：五南圖書。

蔡相廷（2010）。「歷史制度主義的興起與研究取向－政治學研究途徑的探討」。《臺北市立教育大學學報》，第41卷第2期，39-76。

戴曉霞、潘琇櫻（2006）。「全球化或區域化？主要地區及國家之外國學生來源分析」。《教育政策論壇》，第9卷第4期，21-48。

N B Rao（2013）。「印度高等教育吸引全球名校」。《領航印度雙月刊》，5，50-56。

林淑玲（2012）。「經濟潛力仍在，印度具長期投資價值」。《Smart智富雜誌》，169。取自：http://smart.businessweekly.com.tw/webarticle.php?id=47695&p=4

侯永琪、蔡小婷、洪維佳（2011年11月）。「澳洲大學品質保證局（AUQA）的轉型與新任務－高等教育品質與標準署（TEQSA）的新角色」。《評鑑雙月刊》，34。取自http://epaper.heeact.edu.tw/archive/2011/11/01/5055.aspx。

謝卓君、詹盛如（2012年11月）。「歐洲高等教育區域品保機制的發展：後波隆納時期的歐盟標準與指導方針」。《評鑑雙月刊》，40。取自http://epaper.heeact.edu.tw/archive/2012/07/01/5892.aspx。

駐大阪辦事處派駐人員組（2009年12月24日）。日本國立大學法人化後現況（上）【教育部電子報】。取自http://epaper.edu.tw/windows.aspx?windows_sn=4879。

駐大阪辦事處派駐人員組（2012年3月1日）。日本富山縣立大學將法人化【教育部電子報】。取自http://epaper.edu.tw/windows.aspx?windows_sn=9488。

駐日本代表處教育組（2012年7月12日）。日本教育改革案重點整理【教育部電子報】。取自http://epaper.edu.tw/windows.aspx?windows_sn=10503。

駐韓國代表處教育組（2012年5月10日）。南韓新目標2020年招20萬外籍生 2012年約50家企業資助大學【教育部電子報】。取自http://epaper.edu.tw/windows.aspx?windows_sn=10021。

駐澳大利亞代表處教育組（2009年3月19日）。澳洲高等教育檢視報告 提出高等/技職教育整體改革建議【教育部電子報】。取自http://epaper.edu.tw/windows.aspx?windows_sn=2992。

駐澳大利亞代表處教育組（2010年7月29日）。澳洲高等教育應建構公開化機制 【教育部電子報】。取自http://epaper.edu.tw/windows.aspx?windows_sn=6069。

駐澳大利亞代表處教育組（2011年12月15日）。澳洲政府整併高等教育、產業與科學研究部門【教育部電子報】。取自http://epaper.edu.tw/windows.aspx?windows_sn=8995。

駐澳大利亞代表處教育組（2012年5月31日）。澳洲重視高等教育與技職教育更緊密的結合【教育部電子報】。取自http://epaper.edu.tw/windows.aspx?windows_sn=10187。

駐歐盟兼駐比利時代表處教育組（2012年8月23日）。歐盟文教系列報導之十一－第5類自由：知識移動的自由【教育部電子報】。取自http://epaper.edu.tw/windows.aspx?windows_sn=10844。

澳洲辦事處教育暨研究處（2013）。取自http://www.aei.org.tw/AEI_ABOUT.aspx。

國家圖書館歐盟資訊中心（2013）。取自http://eui.ncl.edu.tw/ch/int.htm。

淡江大學歐洲聯盟研究中心（2013）。取自http://w3.tku.edu.tw/eurc/mnplan-example.asp。

沈子涵（2010）。美國大學中國大陸留學生數量超過2.6萬增長率居首位【中央日報網路報】。取自http://www.cdnews.com.tw/cdnews_site/docDetail.jsp?coluid=115&docid=101351152。

許琇媛（2006）。Eurydice資料庫。淡江大學圖書館資料選介。取自http://blog.lib.tku.edu.tw/post/6/812。

陳蓓（2011）。德國「Agenda 2010」初探【臺灣新社會智庫網路文章】。取自http://www.taiwansig.tw/index.php?option=com_content&task=view&id=3864&Itemid=117。

劉芳欣（2012）。日本強震影響2012年後續汽車產業佈局【財團法人車輛研究測試中心知識庫】。取自http://www.artc.org.tw/chinese/03_service/03_02detail.aspx?pid=2146。

無作者（2012）。韓國政府將整併海外教育及文化中心【臺灣服務貿易商情網】。取自http://www.taiwanservices.com.tw/org2/3/news_detail/zh_TW/45273/I。

外文文獻

專書

Adelman, Clifford (2009). *The Bologna Process for U.S. Eyes:Re-learning Higher Education in the Age of Convergenc.,* Lumina Foundation for Education to the Global Performance Initiative of the Institute for Higher Education Policy.

Amaral, Alberto; Neave, Guy; Musselin, Christine & Maassen, Peter (2009). *European Integration and the Governance of Higher Education and Research.* Matosinhos: Springer.

Arnove, Robert F. & Torres, Carlos Alberto (2007). *Comparative education: the dialectic of the global and the local.* New York: Rowman & Littlefield.

Bartch, Tim-C (2009). *Europäische Hochschulpolitik.* Baden-Baden: Nomos Verlagsgesellschaft.

Bhaskara, Rao D. (2001). *Education For The 21St Century.* New Delhi: Discovery Publishing House.

Bhikhu C. Parekh (2002). *Rethinking Multiculturalism–Cultural Diversity and Political Theory.* New York: Palgrave.

Brown, Roger (2011). *Higher Education and the Market.* New York: Routledge.

Cameron, Fraser (2004). *Prospects for EU-Asia Relations. EPC Working Paper N° 12.* European Policy Centre.

Cantor, Leonard Martin (1986）. *Further Education in England and Wales.* London: Routledge.

Chong–Ko Peter, Tzou (2011)."Europe 2020 Strategy", *Major trends in Contemporary World Affairs.* Taipei: College of International Studies, Tamkang University, 2011.

Chorafas, Dimitris N. (2011). *Education and Employment in European Union.* Farnham: Gower.

College Board Staff (2009). *International Student Handbook 2009.* USA: College Board.

Crosier, David; Purser, Lewis & Smidt, Hanne (2007). *Trends V: UNIVERS ITIES SHAPING THE EUROPEAN HIGHER EDUCATION AREA.* Brussels: European University Association.

Crosier, David; Purser, Lewis & Smidt, Hanne (2007). Trends V: UNIVERS ITIES SHAPING THE EUROPEAN HIGHER EDUCATION AREA. Brussels: European University Association.

Eisenberg, Rebecca S. (1997). Public Research and Private development: Patents and Technology Transfer in Government-Sponsored research. Virginia Law Review 1677.

Garben, Sacha (2011). *EU higher education law: the Bologna process and harmonization by stealth. Alphen* aan den Rijn: Kluwer Law International.

Geeraerts, Gustaaf & Gross, Eva (2011). *Perspectives for a European Security Strategy Towards Asia: Views from Asia, Europe and the US.* Brussels: Brussels University Press.

Geeraerts, Gustaaf, Gross, Eva (2011). *Perspectives for a European Security Strategy Towards Asia: Views from Asia, Europe and the US.* Brussels: Brussels University Press.

Griffin, C. & Brownhill, R. (2001). "The Learning Society," in P. Jarvis (ed.). *The Age of Learning: Education and the Knowledge Societty.* London: Kogan Page.

Hall, Peter A. (1986). *Governing the economy: The politics of state intervention in Britain and France.* New York: Oxford University Press.

Hijden, Peter van der (2012). *Mobility Key to the EHEA and ERA*, Adrian Curaj, Peter Scott, Lazăr Vlasceanu and Lesley Wilson (eds.) *European Higher Education at the Crossroads.* New York: Springer.

Hijden, Peter van der (2012). *Mobility Key to the EHEA and ERA,* Curaj, Adrian; Scott, Peter; Lazăr Vlasceanu and Lesley Wilson (eds.) (2012). *European Higher Education at the Crossroads.* London: Springer.

Joo Menelau Paraskeva, J. M. Pareskeva , J. M. Paraskeva (2010). *Unaccomplished Utopia: Neoconservative Dismantling of Public Higher Education in the European Union.* The Netherlands: Sense.

Kim, Eun Young & Choi, Sheena (2011). "Korea's Internationalization of Higher Education: Process, Challenge and Strategy," in David W. Chapman, William K. Cummings, Gerard A. Postiglione (eds.), *Crossing Borders in East Asian Higher Education.* New York: Springer.

Kuhn, Michael & Remøe, Svend (2005). *Building The European Research Area: Socio-Economic Research In Practice.* New York: Peter Lang.

Marina Larionova. (2012). *The European Union in the G8: Promoting Consensus and Concerted Actions for Global Public Goods.* England: Ashgate.

Marino Regini.(2011). *European universities and the challenge of the market.* UK: Edward Elgar.

Nye Jr, Joseph S. (2004). *Soft Power: The Means to Success in World Politics.* New York: Public Affairs.

Nye, Joseph (2004). Soft Power: The Means to Success in World Politics. New York: PublicAffairs.

Palfreyman, David (ed.) (2001). *The Oxford Tutorial.* Oxford: Oxford Centre of Higher Education

Policy Studies.

Parekh, Bhikhu (2000). Rethinking Multiculturalism – Cultural Diversity and Political Theory. Basingstoke: Palgrave.

Păunescu, Mihai , Florian, Bogdan , and Hâncean, Gabriel-Marian (2012). Internalizing Quality Assurance in Higher Education: Challenges of Transition in Enhancing the Institutional Responsibility for Quality," *European higher education at the crossroads: between the Bologna process and national reforms*. New York: Springer.

Pérez, Susana Elena, Laura De Dominicis and Kenneth Guy. (2010). *Developing the European Research Area: Opening-up of National R&D Programmes and Joint R&D Policy Initiatives*, European Commission Joint Research Centre, 2010.

Pfeiffer, D. & Eschenburg, R. (2003). Globalisierung, Standortwettbewerb und berufliche Qualifizierung - Situation und Probleme der Berufsausbildung in Deutschland und Brasilien.

R., Smits (2001). I*nnovation studies in the 21st century: Questions form a user's perspective*. Technological Forecasting and Social Change.

Racké, Cornelia (2007). "The Emergence of the Bologna Process: Pan-European instead of EU Governance" in De Bièvre, Dirk; Neuhold, Christine; Reynolds, Christopher (2007)(eds.). *Dynamics and obstacles of European governance*. London: Edward Elgar.

Sala-i-Martin, Xavier (2011). *The Global Competitiveness Report 2011-2012*. Geneva: World Economic Forum.

Shattock, Michael (Ed.) (2009). *Entrepreneurialism in Universities and the Knowledge Economy: Diversification and Organizational Change in European Higher Education*, New York: UNESCO & Open University Press.

Shore, Chris (2000). *Building Europe: The Cultural Politics of European Integration* .London: Routledge.

Smart, John C. (2008). *Higher Education: Handbook of Theory and Research*. New York: Springer.

Sprokkereef, Annemarie (1993). "Developments in European Community education policy," in Juliet Lodge (ed.), The European Community and the Challenge of the future, London: Pinter Publisher.

Tim-C. Bartsch (2009). *Europäische Hochschulpolitik*. Deutschland: Nomos.

Tomusk, Voldemar (2006). *Creating the European Area of Higher Education*. The Netherlands: The Springer.

Tomusk, Voldemar (ed.) (2007). *Creating the European Area of Higher Education.* Dordrecht: Springer.

Trow, Martin A. & Burrage, Michael (2010). *Twentieth-Century Higher Education: Elite to Mass to Universal.* Baltimore: The Johns Hopkins University Press.

Vachudova, Milada Anna (2005). *Historical Institutionalism and the EU's Eastward Enlargement.* State of the European Union Conference, Princeton, 16 September 2005.

Veiga, Amélia & Amaral, Alberto (2012). "The Impacts of Bologna and of the Lisbon," Guy Neave and Alberto Amaral (eds.), *Higher Education in Portugal 1974-2009: A Nation, a Generation.* London: Springer.

Watanabe, Yasushi & L. McConnell, David (2008). *Soft Power Superpowers: Cultural and National Assets of Japan and the United States.* N.Y. : M.E. Sharpe.

Westerheijden, Don F. & Stensaker, *Bjørn & João Rosa Maria* (2007). *Quality Assurance in Higher Education.* Dordrecht: Springer.

Würmseer, Grit (2010). *Auf dem Weg zu neuen Hochschultypen Eine organisationssoziologische Analyse vor dem Hintergrund hochschulpolitischer Reformen.* Berlin: Springer Fachmedien Wiesbaden.

Zubieta, Fernández and Guy, Ken (2010). *Developing the European Research Area: Improving Knowledge Flows via Researcher Mobility*, European Commission Joint Research Centre Institute for Prospective Technological Studies.

期刊

Abbasi, Nadia Mushtaq (2000). "EU-ASIA: An Expanding Partnership," *Strategic Studies*, Vol. 22, No. 1, pp. 107-145.

Alexiadou, Nafsika; Fink-Hafner, Danica & Lange, Bettina (2010). "*Education Policy Convergence through the Open Method of Coordination: theoretical reflections and implementation in 'old' and 'new' national contexts,*" *European Educational Research Journal,* Vol. 9, No. 3, pp. 215-233.

Angelis, L. (2003). "From the white paper to the concrete future objectives of education and training systems in Europe," *European Education*, Vol. 35,No. 2, pp. 23-35.

Aref', Ev A.L. (2009). "What Instructors and Administrators of Russia's Higher Educational Institutions Think about the Bologna Process," *Russian Education and Society*, Vol. 51, No. 5, pp. 3-29.

Blitz, Brad (2003). "From Monnet to Delors: Educational co-operation in the European Union," *Contemporary European History*, Vol. 12, No. 2, pp. 197-212.

Douglass, John Aubrey (2007). "The Entrepreneurial State and Research Universities in the United States Policy and New State-based Initiatives," *Higher Education Management and Policy*, Vol. 19, No. 1, 95-131.

Fitriani, Evi (2011). "Asian perceptions about the EU in the Asia–Europe Meeting (ASEM)," *Asia Europe Journal,* Vol. 9, pp. 43-56.

Gänzle, Stefan & Meister, Stefan & King, Conrad (2009). "The Bologna process and its impact on higher education at Russia's margins: the case of Kaliningrad," *Higher Education,* Vol. 57, pp. 533-547.

Jo, Seog Hun (2012). "The track of policies for educational equality and its implications in Korea, *Journal of Educational Change,*"Springer, pp. 73-94.

K., Trigwell (2005). "Teaching-research relations, cross-disciplinary collegiality and student learning," *Higher Education*, Vol. 49, No. 3, pp. 235-254.

Lee, Insook (2006). "Korean Content Management in e-Higher Education: Here and Hereafter" in *Educational Technology Research and Development*. New York: Springer, pp. 23-43.

Kandel, I. L. (1959). "*The Methodology of Comparative Education,*" *International Review of Education*, Vol. 15, No. 3, pp. 271-272.

Kova, E.V. Dobren' (2008)."Problems of Russia's Entry into the Bologna Process," *Russian Education and Society*, Vol. 50, No. 4, pp. 38-55.

Kremer, Lya (1981). "The committee on youth, culture, education, information and sport of the European parliament," International Review of Education, Vol. 27, No. 3, pp 327-348.

Mellini, Chiara (2008). "Growth and development of Lifelong Learning European policies, the role of e-Learning and its programmes," *Jounarl of e-Learning and Knowledge Society*, Vol. 4, No. 1, pp. 241-246.

Papatsiba, Vassiliki (2006). "Making Higher Education More European through Student Mobility? Revisiting EU Initiativesin the Context of the Bologna Process,"*Comparative Education*, Vol. 42, No. 1, pp. 93-111.

R. Smits (2001). "Innovation studies in the 21st century: Questions form a user's perspective," *Technological Forecasting and Social Change*, Vol. 69, pp. 861-883.

Tjeldvoll, Arild (2009). "Finnish Higher Education Reforms: Responding to Globalization," *European Education*, Vol. 40, No. 4, pp. 93-107.

Vught, Frans van (2009). "The EU Innovation Agenda: Challenges for European Higher Education and Research," *Higher Education Management and Policy*, Vol. 21, No. 2, pp. 1-22.

Wahlström, Ninni (2010). "A European Space for Education Looking for Its Public," *European Educational Research Journal,* Volume 9 Number 4, pp. 203-223.

Watson, Pam (2009). "Regional themes and global means in supra-national higher education policy," *Higher Education,* Vol. 58, pp. 419-438.

Yoon, Yoon Hee & Kim, Sin Yong (2008). "Correlation analysis between university research competitiveness and library's scholarly information in OECD nations and Korea," *Scientometrics*, Vol. 74, No. 3, pp. 345-360.

官方資料

A Test oF Leadership: Charting the Future of U.S. *Higher Education,* U.S. Department of Education, September 2006.

Australian Government, Department of Education, Skills and Training. *The Bologna Process and Australia: Next Step.* April 2006.

Austrian Federal Ministry of Science and Research, *The European Higher Education Area.*

Battelle the Business of innovation (2010). *2011 R&D Funding Forecast*, December 2010.

Berlin Conference of European Higher Education Ministers (2003). Realising the European Higher Education. Contribution of the European Commission, Brussels, 30 July 2003.

BIBB (2010). *Ausgewählte Neuzugänge in der Literaturdatenbank Berufliche Bildung.*

Bologna Process Stocktaking Report 2009, Report from working groups appointed by the Bologna Follow-up Group to the Ministerial Conference in Leuven/Louvain-la-Neuve.

Bundesministerium für Bildung und Forschung, *Federal Report on Research and Innovation 2010.*

Case 293/83. Francoise Gravier v City of Liege.

Centre for International Mobility (2009). *Across the Borders: Internationalisation of Finnish Higher Education*, Helsinki: Libris.

COM (2007) 161 final, Green paper: The European Research Area: New perspectives, {SEC (2007) 412}.

COM (2001) 469 final. *Communication from the Commission, Europe and Asia: A Strategic Framework for Enhanced Partnerships*, Brussels, 4.9.2001.

COM (2011) 567 final. Supporting growth and jobs – an agenda for the modernisation of Europe's higher education systems (Brussels: European Commission.

COM (94) 314 final. Brussels, 13.07.1994, *Communication from the Commission to the council, Towards a New Asia strategy.*

Commission of the European Communities (1991). ERASMUS: European Community Program for the Development of Student Mobility in the European Community, European Education, 23 (2).

Commonwealth of Australia (2008). *Department of Education, Employment and Workplace Relations, Review of Australian Higher Education Final Report.*

Communication of the Commission for the implementation of an RTD information service, SEC (1988)1831, 12.12.1988.

Communiqué of the Conference of Ministers responsible for Higher Education in Berlin on 19 September 2003 The Council. OJ C 38, 19. 2. 1976. "Realising the European Higher Education Area."

Council of International Schools (2009). *CIS Higher Education Directory 2010*, John Catt Educational Ltd, 2009.

DBIS (2008). *Science & innovation investment framework 2004-2014,* Department of Business, Innovation and Skills, London: Department of Business, Innovation and Skills.

DBIS (2011). *Higher Education: Students at the Heart of the System*, Department for Business, Innovation & Skills.

Department of Business, Innovation and Skills (2011). *International comparative performance of the UK research base: 2011*, A report prepared for the Department of Business, Innovation and Skills.

Department of Higher Education Ministry of Human Resource Development Government of India.

Directorate-General for External Relation Directorate H Horizontal Matters – ASEM Counsellor, *Vademecum Modalities for Future ASEM Dialogue Taking the Process Forward* (Brussels: European Commission, 2001).

European Commission DG Education and Culture (2009). *ECTS Users' Guide.*

ENQA report (2005). Standards and guidelines for quality assurance in the European Higher Education Area, DG Education and Culture.

ENQA report (2007). Standards and guidelines for quality assurance in the European Higher Education Area 2nd (ed.), Helsinki, Finland.

ENQA Report (2011). *Review of the Agency for Science and Higher Education.*

European Commission (2011). *ERASMUS MUNDUS 2009-2013 Programme Guide.*

Erasmus Mundus Students and Alumni Association (2008). *Erasmus Mundus Students Handbok.*

Erasmus Mundus Students and Alumni Association (2011). *Erasmus Mundus Students Handbook (Action 1).*

EU Bilateral Trade and Trade with the World-Asian ASEM Countries, European Commission DG Trade 2010.

EUA Report 2007, Trends V: Universities shaping the European Higher Education Area, European University Association.

European Commission (1989). Report on the Experience Acquired in the Application of the ERASMUS Programme 1987-1989.

European Commission (1993). *ERASMUS Programme Annual Report 1990-1993.*

European Commission (1997). *The ERASMUS Experience-Major findings of the Erasmus evaluation research project.*

European Commission (2003-2004). *Focus on the Structure of Higher Education in Europe 2003/04 National Trends in the Bologna Process.*

European Commission (2005). SEC (2005) 430, *Commission staff working document. Impact Assessment and Ex Ante Evaluation* COM (2005) 119 final.

European Commission (2006). *The history of European cooperation in education and training. Europe in the making – an example.*

European Commission (2007). *Regional Strategy for Asia Strategy Document 2007-2013.*

European Commission (2007). *European Union Regional Policy Cohesion policy 2007-2013 Commentaries and official texts.*

European Commission (2007). *Green paper: The European Research Area: New perspectives,* {SEC (2007) 412}.

European Commission (2007a). *Focus on the Structure of Higher Education in Europe 2004/05 National Trends in the Bologna Proces.*

European Commission (2007b). *Focus on the Structure of Higher Education in Europe 2006/07 National Trends in the Bologna Process.*

European Commission (2008). *The Impact of Erasmus on European Higher Education: Quality, Openness and Internationalisation*.

European Commission (2009). *A more research-intensive and integrated European Research Area Science, Technology and Competitiveness key figures report 2008/2009*.

European Commission (2009). Consultation on EU 2020: *A New Strategy to Make the EU a Smarter, Greener Social Marke*.

European Commission (2010). *A vision for strengthening world-class research infrastructures in the ERA,* Report of the Expert Group on Research Infrastructures.

European Commission (2010). *A vision for strengthening world-class research infrastructures in the ERA*.

European Commission (2010). Europe 2020 – public consultation: First Overview of Responses, European Commission Staff Working Document, February 2, 2010.

European Commission (2010). *EU-Russia Common Spaces Progress Report 2009*.

European Commission (2010). Focus on Higher Education in Europe 2010 The impact of the Bologna Process. Brussels: European Commission.

European Commission (2010). Pérez, Susana Elena, De Dominicis, Laura and Guy, Kenneth. *Developing the European Research Area: Opening-up of National R&D Programmes and Joint R&D Policy Initiatives*, European Commission Joint Research Centre.

European Commission (2010). Zubieta, Fernández and Guy, Ken (2010). *Developing the European Research Area: Improving Knowledge Flows via Researcher Mobility,* European Commission Joint Research Centre Institute for Prospective Technological Studies

European Commission (2011). SEC (2011)526, staff working paper. *Progress toward Common European Objectives in Education and Training: Indicators and benchmarks*, Directorate-General for Education and Culture.

European Commission Directorate-General for Research (2009). A more research-intensive and integrated European Research Area Science, *Technology and Competitiveness key figures report 2008/2009*, The Bologna Process: Guidelines for Compatibility with the European Credit Transfer System (ECTS), Imperial College London.

European Commission launches consultation (2009). *Europe 2020：A New Strategy to Make the EU a marter, Greener Social Market*.

European Commission Research Directorate-General Directorate (2010). S*tudy on mobility* *patterns and career paths of EU researchers,* European Research Area, Universities and Researchers. Brussels.

European Commission Staff Working Document (2010). *Europe 2020：public consultation: First Overview of Responses.*

European Commission, DG Research and innovation, *European Community-Russia Scientific and Technological Cooperation: a Roadmap for Action 2009-2011.*

European Commission, *Erasmus Mundus 2009-2013 Programme Guide*

European Commission., *The history of European cooperation in education and training. Europe in the making – an example* (Luxembourg: Office for Official Publications of the European Communities, 2006), pp. 45-263

European Credit transfer system for VET, ECVET TECHNICAL SPECIFICATIONS, Brussels: Directorate-General for Education and Culture, 2005.

European Higher Education Area (EHEA) The Bologna Process, Council of Ministers of Education, Canada.

European Parliament (1969). *Final Text,* OJC 139, 28.

European Parliament (1992), working document-changes made by the Treaty of *European* Union with regarded to education, vocation training and culture, People's Europe, vol.2.

Hoeckel, Kathrin and Schwartz, Robert (2010). *Learning for Jobs OECD Reviews of Vocational Education and Training Germany,* OECD country report.

Maassen, Peter & Olsen, Johan P. (2007). *University Dynamics and European Integration.* Dordrecht : Springer Netherlands.

Ministry of Education, Finland (2009). *Strategy for the I nternationalisation of Higher Education Institutions in Finland 2009- 2015,* Helsinki: Helsinki University Print.

Ministry of Education, Science and Technology (MEST) (2011). *Major Policies and Plans for 2011,* Annual Plan.

Ministry of Education and Culture Department for Education and Science Policy (2012). *Education and Research2011–2016: A development plan Reports of the Ministry of Education and Culture,* Finland.

OECD Economics Department Working Papers, Randall S. Jones, Education Reform in Japan No. 888, OECD.

OECD Publishing, R. S., Jones, & Tsutsumi, M. (2009). "Sustaining Growth in Korea by

Reforming the Labour Market and Improving the Education System," OECD Economics Department Working Papers, No. 672.

OECD (2012). *Education at a Glance 2012*: OECD Indicators, OECD Publishing.

Peter A. Hall (1986). *Governing the economy: The politics of state intervention in Britain and France*, New York: Oxford University Press.

Pérez, Susana Elena, Dominicis, Laura De and Guy, Kenneth (2010). *Developing the European Research Area: Opening-up of National R&D Programmes and Joint R&D Policy Initiatives*, European Commission Joint Research Centre.

Nicole Fontaine (2000). Presidency Conclusions. In Nicole Fontaine (Chair), *Employment, Economic Reform and Social Cohesion*. Conducted at Lisbon European Council.

Russian-European Centre for Economic Policy (2005). *The Bologna Process and Its Implications for Russia*.

Schwab, Klaus (Ed.) (2011). *Global Competitiveness Report 2012-2013*, Geneva: World Economic Forum.

Shattock, Michael (Ed.) (2009). *Entrepreneurialism in Universities and the Knowledge Economy: Diversification and Organizational Change in European Higher Education*, New York: UNESCO & Open University Press.

Sursock, Andree & Smidt, Hanne (2010). *Trends 2010: a decade of change in European Higher Education*. European University Association.

The Bologna Process Independent Assessment (2009). *The first decade of working on the European Higher Education Area Volume 1 Detailed assessment report*, International Centre for Higher Education Research Kassel contracted out by the Directorate General for Education and Culture of *the* European Commission.

The Delegation of the European Union to the United States Brussels (2010). *Europe 2020: A European strategy for smart, Sustainable and Inclusive Growth, eufacts*.

The Higher Education Academy (2010). *Bologna Process Responding the Post 2010 Challenge*.

U. S. Department of Education (2006). *A test of 1eadershp: Charting the future of U.S. Higher Education*.

UK Council for the International Students Affairs (2010). *International students in the UK: facts, figures and fiction*.

UNESCO Institute for statistics (2011). *Global Education Digest 2011 Comparing Education Statistics Across the World.*

網路資料

BBC News, India: The next university superpower?, available from: http://www.bbc.co.uk/news/business-12597815.

BBC News, Students face tuition fees rising to £9,000, available from: http://www.bbc.co.uk/news/education-11677862.

BMBF, Hochschule, available from: http://www.bmbf.de/de/655.php.

Bologna Policy Forum Statement, Bologna Policy Forum, Vienna, March 12, 2010, available from: http://www.ond.vlaanderen.be/hogeronderwijs/bologna/forum2010/Vienna_BPF_Statement.pdf.

Budapest-Vienna Declaration on the European Higher Education Area, European Higher Education Area, March 12, 2010, available from: http://www.ond.vlaanderen.be/hogeronderwijs/bologna/2010_conference/documents/Budapest-Vienna_Declaration.pdf.

Budget Allocation in Euro for LLP/Erasmus decentralized action in 2008, available from: http://ec.europa.eu/education/erasmus/doc/stat/budget08.pdf.

Bundesinstitut für Berufsbildung, Aufgaben des BIBB, available from: http://www.bibb.de/de/1420.htm.

Bundesinstitut für Berufsbildung, Über das BIBB, available from: http://www.bibb.de/de/26173.htm.

Bundesministerium für Bildung und Forschung, Leitung und Organisation, available from: http://www.bmbf.de/de/5625.php.

CIA The World Factbook, Asia Southeast Asia, Korea South, available from: https://www.cia.gov/library/publications/the-world-factbook/geos/ks.html.

Communiqué of the Conference of Ministers responsible for Higher Education in Berlin on 19 September 2003, available from: http://www.bologna-bergen2005.no/Docs/00-Main_doc/030919Berlin_Communique.PDF.

Cooperation in higher education and training between the EU and Australia, Japan, New Zealand and the Republic of Korea, Joint selection 2008 – Description of selected projects, available from: http://ec.europa.eu/education/programmes/eu_others/australia/doc/sele08.pdf.

DAAD, available from: http://www.daad.de.

DFG, available from: http://www.dfg.de.

Directgov, Money you can get to pay for university – from 1 September 2012, available from: http://www.direct.gov.uk/en/EducationAndLearning/UniversityAndHigherEducation/StudentFinance/DG_194804.

Directorate-General for External Relation Directorate H Horizontal Matters – ASEM Counsellor, *Vademecum Modalities for Future ASEM Dialogue Taking the Process Forward* (Brussels: European Commission, 2001) available from: http://www.aseminfoboard.org/content/documents/vade.pdf.

ECTS – European Credit Transfer and Accumulation System, available from: http://ec.europa.eu/education/programmes/socrates/ects_en.html.

Endeavour Postgraduate Award, Department of Education, Employment and Workplace Relations (DEEWR), International, available from: http://www.deewr.gov.au/International/EndeavourAwards/IntApp/Pages/PostgraduateAwards.aspx.

ERASMUS for Students – experiencing Europe from a new perspective, available from: http://ec.europa.eu/education/erasmus/doc1051_en.htm.

Erasmus Mundus - Opportunities for Higher Education Institutions (Actions 1, 2, 3, 4) available from: http://ec.europa.eu/education/programmes/mundus/univ/scholar_en.html.

Erasmus Mundus - Selected projects, Nationality of selected scholarship grantees, available from: http://ec.europa.eu/education/programmes/mundus/projects_en.html.

Erasmus Mundus 2009-2013 Programme Guide, available from: http://ec.europa.eu/education/external-relation-programmes/doc/call09/guide_en.pdf.

Erasmus Mundus Action 2 EM students by nationality and gender (main list), selection decision for 2007/2008, available from: http://ec.europa.eu/education/programmes/mundus/doc/nationality07.pdf.

Erasmus Mundus Action 2 EM students by nationality and gender (main list), selection decision for 2008/2009, available from: http://ec.europa.eu/education/programmes/mundus/doc/nationality08.pdf.

Erasmus Mundus Scholarship, Come and Study in Europe, News letter, available from: http://ec.europa.eu/education/study-in-europe/doc/russia_en.pdf.

Erasmus Mundus-Opportunities for Higher Education Institutions (Actions 1, 2, 3, 4)- Enhancing

Attractiveness (Action 4), available from: http://ec.europa.eu/education/programmes/ mundus/univ/enhance_en.html.

Erasmus Student Mobility 1987/88-2006/07, available from: http://ec.europa.eu/education/ erasmus/doc/stat/chart1.pdf.

Erasmus teacher Mobility 1997/98-2006/07, available from: http://ec.europa.eu/education/ erasmus/doc/stat/table3.pdf.

EU Cohesion Policy 2014-2020, EurActiv EU news & policy debates, available from: http://www. euractiv.com/regional-policy/eu-cohesion-policy-2014-2020-linksdossier-501653.

EU Institute in Japan, EUIJ, available from: http://www.euij-tc.org/about/about.html

EU Trade with the World, Russia, Main Indicators, available from: http://trade.ec.europa.eu/ doclib/docs/2006/september/tradoc_113440.pdf.

EU-Korea Cooperation in Higher Education and vocational Training, available from: http:// ec.europa.eu/education/programmes/eu_others/korea_en.html

European Commission (2007-2013). Country Strategy Paper RUSSIAN FEDERATION, available from: http://ec.europa.eu/external_relations/russia/docs/2007-2013_en.pdf.

European Commission DG Trade, bilateral relations, Russia, available from: http://ec.europa.eu/ trade/creating-opportunities/bilateral-relations/countries/russia/.

European Commission, CORDIS, Help, Guide for Information Providers, available from: http:// cordis.europa.eu/ip-manual/home_en.html.

European Commission, Education & Training, Treaty basis, available from: http://ec.europa.eu/ education/lifelong-learning-policy/doc30_en.htm.

European Commission, Modalities for Future ASEM Dialogue Taking the Process Forward, available from: http://www.aseminfoboard.org/content/documents/vade.pdf.

European Commission, Teaching and Learning – towards the learning society, available from: http://aei.pitt.edu/1132/01/education_train_wp_COM_95_590.pdf.

EUSA-Japan, available from: http://wwwsoc.nii.ac.jp/eusa-japan/index-e.html.

Export income from education services by the top 50 nationalities, Australian Education International, available from: http://www.tda.edu.au/resources/AEI_research_snapshot.pdf.

Exzellenzinitiative für Spitzenforschung an Hochschulen, BMBF, available from: http://www. bmbf.de/de/1321.php.

Finnish science and technology information service, available from: http://www.research.fi/en/

resources.

Foreign students enrolled in institutions of higher education in the United States, by continent, region, and selected countries of origin: Selected years, 1980-81 through 2008-09, Institute of Education Science, available from: http://nces.ed.gov/programs/digest/d10/tables/dt10_234.asp.

Global Higher Ed., available from: http://globalhighered.wordpress.com/2011/04/20/mapping-bologna-process-membership/.

Education International (AEI), available from: www.aei.gov.au/AEI/SIA2010.htm.

Gross domestic expenditure on R&D (% share of GDP), European Commission, Eurostat, available from: http://epp.eurostat.ec.europa.eu/statistics_explained/index.php?title=File: Gross_domestic_expenditure_on_R%26D_（%25_share_of_GDP）.png&filetimestamp=2 0101214170453.

Higher Education Pact, BMBF, available from: http://www.bmbf.de/en/6142.php.

Higher Education Statistics Agency, Finance Data Table, available from: http://www.euractiv. com/regional-policy/eu-cohesion-policy-2014-2020-linksdossier-501653.

IGNOU, The People's University, About IGNOU, available from: http://www.ignou.ac.in/ignou/aboutignou/profile/2.

International Vocational Training Cooperation, BMBF, available from:http://www.bmbf.de/en/17127.php.

Leonardo da Vinci Programme , available from: http://ec.europa.eu/education/lifelong-learning-programme/doc82_en.htm.

London Communiqué Towards the European Higher Education Area: responding to challenges in a globalised world, available from: http://www.ond.vlaanderen.be/hogeronderwijs/bologna/documents/MDC/London_Communique18May2007.pdf.

Making the Most of Our Potential: Consolidating the European Higher Education Area, Bucharest Communiqué, Bologna Process Minsterial Conferences, available from: http://www.ehea. info/Uploads/%281%29/Bucharest%20Communique%202012%281%29.pdf.

Marie Curie Actions, available from: http://alfa.fct.mctes.pt/apoios/mariecurie/irg.phtml.en.

Minister Henna Virkkunen: The Universities Act promulgated, available from: http://www. minedu.fi/OPM/Tiedotteet/2009/06/Yliopistolaki.html?lang=en.

Ministry of Education, Culture and Science of the Netherlands, available from: http://www. minocw.nl/english/index.html.

National Register of Higher Education Providers, Tertiary Education Quality and Standards Agency (TEQSA), available from: http://www.teqsa.gov.au/national-register.

Nationality of Erasmus Mundus students and scholars selected for the academic year 2005/2006, 2006-2007, 2007-2008, 2008-2009, available from: http://ec.europa.eu/education/programmes/mundus/projects_en.html.

Number of educational institutions, by level and control of institution: Selected years, 1980-81 through 2008-09, Institute of Education Science, available from: http://nces.ed.gov/programs/digest/d10/tables/dt10_005.asp.

OECD, Compendium of Patent Statistics 2008, available from: http://www.oecd.org/dataoecd/5/19/37569377.pdf.

OECD, Country statistical profiles, available from: http://stats.oecd.org/Index.aspx?DatasetCode=RFOREIGN#.

OJ NO. L 395,30/12,1989. Available from: http://eur-lex.europa.eu/LexUriServ/LexUriServ.do?uri=CELEX:31989D0663:EN:HTML.

Ranking Web of World universities, available from: http://www.webometrics.info/top12000.asp.

Research and Development, Samsung Electro-Mechanics, available from: http://www.samsungsem.co.kr:8080/en/company/overview.html.

RIA Novosti, *Putin urges modernization of Russian higher education*. Available from: http://en.rian.ru/russia/20110824/166118624.html.

ROAD MAP FOR THE COMMON ECONOMIC SPACE, European Commission, pp. 48-49. Available from: http://www.eeas.europa.eu/russia/docs/roadmap_economic_en.pdf.

South Asia, India, CIA-The World Factbook, available from: https://www.cia.gov/library/publications/the-world-factbook/geos/in.html.

State Open Universities (SOUs), WinEntrance News, available from: http://www.winentrance.com/news/state-open-universities-sous.html.

Statistics - Students and qualifiers at UK HE institutions, Higher Education Statistics Agency (HESA), available from: http://www.hesa.ac.uk/content/view/1897/239/

Streeck, Wolfgang (2003). *From State Weakness as Strength to State Weakness as Weakness: Welfare Corporatism and the Private Use of the Public Interest*. Max Planck Institute Working Papers, available from: http://www.mpifg.de/pu/workpap/wp03-2/wp03-2.html#4.

The Bologna Process 2020 - The European Higher Education Area in the new decade, available from:http://www.ond.vlaanderen.be/hogeronderwijs/bologna/conference/documents/ Leuven_Louvain-la-Neuve_Communiqué_April_2009.pdf 2009.0530.

The data of Erasmus Mundus statistics, available from: http://eacea.ec.europa.eu/ erasmus_mundus/results_compendia/documents/statistics/emmcscol_country_2004to2011. pdf.

The Future of Funding is Critical, Irish Times , available from: http://www.irishtimes.com/ newspaper/sciencetoday/2011/0526/1224297779124.html.

The Korean Credit Bank System, Effective Implementation of Continuing Education at the Grassroots, available from: http://www2.unescobkk.org/elib/publications/effective/KOREA. pdf.

UNESCO Institute for Statistics, Montréal, *global education digest 2003   Comparing Education Statistics Across the World,* available from: http://www.uis.unesco.org/TEMPLATE/pdf/ged/ GED_EN.pdf.

Universities UK International Strategy, Universities UK, available from: http://www. universitiesuk.ac.uk/Publications/Documents/intlstrategy.pdf.

University of Cambridge, "The University's Mission and Core Values," available from: http:// www.admin.cam.ac.uk/univ/mission.html.

Wirth, M.（2006）, Die deutsche Universität—Wissenschaft, Ausbildung und die aktuelle Hochschulreform, available from: http://v4.uebergebuehr.de/de/themen/ ; Siebtes Gesetz zur Änderung des.

Hochschulrahmengesetzes (7. HRGÄndG) Vom 28. August 2004, BMBF, available from: http:// www.bmbf.de/pubRD/HRG_7_bgbl_.pdf.

其他資料

Chong –Ko Peter Tzou (2009). *The EU's Higher Education Integration in the 21st Century: Erasmus Mundus Scholarships and Bologna Process.* European Higher Education Fair Committee (France), 1 st Taiwan-Europe Higher Education Conference (TEHEC). Foundation for International Cooperation in Higher Education of Taiwan, National Sun Yat-sen University. November 10, 2009 Keynote speech.

Huang, Yun-Kai (黃筠凱). (2012, February). Erasmus Mundus: the EU's Soft Power towards Asia. *Asia EU International Conference on "EU-Asian Relationship and cooperation,"* Pusan National University EU Centre in Busan, South Korea.

國家圖書館出版品預行編目資料

21世紀歐洲聯盟高等教育整合與世界高等教育
大趨勢：兼論台灣高等教育問題及因應之道／
鄒忠科著. ――初版.
――臺北市：五南，2014.03
　面；　公分
ISBN 978-957-11-7556-0（平裝）
1.高等教育 2.文集
525.907　　　　　　　　　　　103003468

1PAD

21世紀歐洲聯盟高等教育整合與世界高等教育大趨勢—兼論台灣高等教育問題及因應之道

作　　者― 鄒忠科（330）

發 行 人― 楊榮川

總 編 輯― 王翠華

主　　編― 劉靜芬

責任編輯― 宋肇昌

封面設計― 斐類設計工作室

出 版 者― 五南圖書出版股份有限公司

地　　址：106台北市大安區和平東路二段339號4樓

電　　話：(02)2705-5066　　傳　　真：(02)2706-6100

網　　址：http://www.wunan.com.tw

電子郵件：wunan@wunan.com.tw

劃撥帳號：01068953

戶　　名：五南圖書出版股份有限公司

台中市駐區辦公室/台中市中區中山路6號

電　　話：(04)2223-0891　　傳　　真：(04)2223-3549

高雄市駐區辦公室/高雄市新興區中山一路290號

電　　話：(07)2358-702　　傳　　真：(07)2350-236

法律顧問　林勝安律師事務所　林勝安律師

出版日期　2014年3月初版一刷

定　　價　新臺幣500元